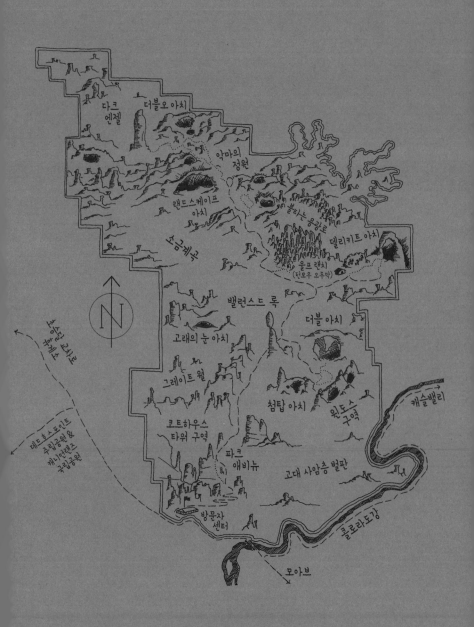

사막의 고독

Desert Solitaire

사막의 고독

황야에서 보낸 침묵의 날들

에드워드 애비 지음 | 황의방 옮김

라이팅하우스

추천사

미국 펜실베이니아주립대학교에서 유학 생활을 시작한 지 2년째
되던 1981년 나는 애리조나 사막에서 여름을 보냈다. 애리조나 치
리카와 준국립공원(Chiricahua National Monument) 사막에서 길앞잡이
의 행동과 생태를 연구했다. 『사막의 고독』은 에드워드 애비가 애리
조나와 접한 유타 남동부에 있는 아치스 준국립공원(Arches National
Monument)에서 기간제 공원 관리원으로 일하며 1956년 봄부터 이듬
해까지 쓴 두 해 동안의 일기를 바탕으로 재구성한 자연 에세이다.
저자와 나는 모두 20대 후반에 비슷한 사막 생태를 경험한 셈이다.

사막을 직접 가 보지 못한 사람들은 황량하고 건조한 사막을 자칫
생명의 불모지로 착각한다. 천만의 말씀이다. 생명이 버겁도록 득시
글거리는 열대 정글과는 다르겠지만 사막에도 나름의 풍요로움과
묘한 아름다움, 그리고 신비가 있다. 저자 스스로 이 책에는 그 어떤
'숨겨진 뜻이나 비밀의 메시지'가 담겨 있지 않다고 말하지만, '단식
도 해보고, 명상이나 종교적 체험에 가까운 시도까지 해본' 그의 글
은 결코 평범하고 단순한 서술에 그치지 않는다. 그가 사막에서 관찰

4

하고 그려낸 자연의 외형은 형이상학이 아니라 근본적인 실체다.

'서부의 소로'라는 별명을 얻은 저자는 종종 헨리 소로와 더불어 레이첼 카슨, 존 뮤어, 존 버로스 등에 비견된다. 그러나 나는 왜 알도 레오폴드가 거론되지 않는지 의아하다. 『사막의 고독』은 『모래 군의 열두 달』과 느낌이 참 비슷하다. 야생에 대한 문명의 접근 방식을 비판한 「관광산업과 국립공원」이란 제목의 장에서 저자 스스로 지적했듯이, "아치스에서 일어난 일은 서부 전체, 아니 이 지구 전체에서 일어났고 또 계속 일어나고 있는 일의 작은 표본이다."

그러나 환경주의로 시작해서 생태주의에 도달한 『사막의 고독』과 같은 진정한 생태 문학은 환경 파괴 현장을 취재하며 성급하게 해결책을 촉구하는 환경 고발 문학과는 결이 다르다. 불멸을 갈구하기보다 지금 이 순간 우리에게 주어진 자연을 즐기라고 권유한다.

'모든 책은 알에서 갓 깨어난 거북이 새끼처럼 자신의 일생을 시작한다'는 저자의 말처럼 책은 그 자체로 살아 있는 생명체다. 나는 1968년에 처음 출간된 미국 생태 문학의 고전인 이 책이 21세기 대한민국에서 화려하게 거듭나길 기대한다. '단단한 갑주를 갖춘 거대한 바다거북'으로 자라나기를 바란다. 그 화려한 부활을 위해 그의 기도에 동참한다. "당신의 오솔길이 구불구불 구부러지고 외롭고 위험하게 하옵소서. 당신의 산들이 구름 속에서 구름 위로 솟게 하소서. 당신의 강들이 끝없이 흐르게 하소서."

바람 앞 촛불 같은 이 땅의 자연을 지키는 데 이 책이 큰 힘이 되리라 믿는다.

— 최재천(이화여대 에코과학부 석좌교수/ 생명다양성재단 이사장)

개정판 서문

이 책은 지금으로부터 31년 전인 1956년 여름에 시작되었다. 믿기 어렵겠지만 사실이다. 내게는 그때가 다른 시대, 다른 세상처럼 느껴지고 그때 일어났던 일들이 아득한 옛날 일처럼 느껴진다. 그해 여름 나는 유타주의 아치스 국립공원에서 공원 관리원으로 일했다. 당시 그곳은 너무 외진 곳이라 도로는 곳곳이 바위투성이로 거칠었고, 그 덕분에 그곳을 찾는 관광객도 거의 드물었다.

모아브의 가장 가까운 마을에서도 32km 떨어진 그곳에서 나는 혼자 일하며 살았다. 내가 할 일은 그리 많지 않았다. 나는 대부분의 시간을 하늘의 구름을 쳐다보거나 잠깐 스쳐 지나가는 호우가 오기를 기다리면서, 또는 숨겨진 자연의 경이를 찾아 협곡을 탐험하면서 보냈다. 자유시간이 많았으므로 나는 일기를 썼다. 일기라기보다는 저널이라고 하는 편이 더 정확할지 모른다. 매일 빼놓지 않고 일기를 쓰지는 않았기 때문이다. 나는 고독한 생활 속에서 야생동물, 책, 꽃, 새, 생각, 느낌 등에 대해 틈틈이 적었다. 특히 긴 외로움과 관련된 감정에 대해서 많이 적었다.

다음 시즌에 재고용된 나는 1957년 봄부터 다시 일기를 쓰기 시작했다. 그해 10월쯤에는 메모, 스케치, 그림, 감상문들로 가득 차 있는 일기장이 네 권이나 쌓였다. 나는 그 일기장들을 잘 보관해 두었다. 그 무렵 나는 작가가 되어 있었다(아니, 작가라고 스스로 생각하고 있었다). 그리고 작가의 괴팍한 본능 같은 것을 지니고 있었다. 구체적이고 경험적인 사실과 연결되지 않는 상상력이나 단순한 기억은 전혀 믿을 것이 못 된다고 생각했다. 예를 들자면, 소로(Henry Thoreau)는 일기장이 17권이나 되었다. 그리고 에머슨도 일기를 썼다. 버지니아 울프, 마크 트웨인, 앙드레 지드, 에드먼드 윌슨, 미셸 드 몽테뉴, 로버트 버튼, 제임스 보스웰도 마찬가지였다. 그리고 도스토예프스키까지도. 심지어 컴퓨터의 데이터 저장소와 같은 머리를 지녔던 톨스토이조차도 일기를 썼다. 작가에게는 그 오래된 노트가 언제 필요하게 될지 모르기 때문이다.

세 번째 시즌에 나는 곧장 아치스로 돌아가지 않았다. 그곳에서 진행되고 있던 이른바 '개발'이 불쾌하고 못마땅했기 때문이다. 살아 있는 대지 위에 마구 쏟아붓는 아스팔트의 냄새는 지금도 나를 괴롭힌다. 또한 친절하고 야심 많은 공원의 책임자는 나와 나의 수염을 달가워하지 않았다. 그의 주된 관심사는 오로지 유타주 남동부의 관광산업을 활성화시키는 데 있었다. 수염이 덥수룩한 공원 관리원은 그런 계획과 잘 어울리지 않았다.

그래서 나는 몇 년 동안 떠돌이 생활을 했다. 유타에서 캘리포니아로, 다시 뉴욕으로, 플로리다로, 네바다로. 그사이 결혼도 두 차례나 했고, 직장도 임시직으로 이리저리 옮겨 다녔다. 낙관적이고, 무

책임하고, 걱정 없는 이런 삶은 그 시절 수백만 명의 젊은이들이 따르던 생활 방식이었다. 1957년에서 1965년까지 나는 세 권의 소설을 썼다. 그중 두 권은 뉴욕의 출판사들로부터 퇴짜를 맞아 나는 풀이 죽어 있었다. 한 편집자는 내게 구두 수선공이나 기계공 쪽으로 직업을 바꾸는 것이 어떻겠느냐는 말까지 했다.

나는 데스밸리에서 스쿨버스 운전사로 취직을 했다. 일주일에 5일간 하루 네 시간씩, 오전 두 시간, 오후 두 시간만 일하면 되었다. 나는 하루의 절반을 거대한 미루나무 아래 주차해 놓은 버스 안에 앉아서 내가 태우고 갈 22명의 아이들이 돌아오기만을 기다리면서 보냈다. 처음에는 시간이 잘 흘렀다. 그러나 얼마쯤 지나고 나서 나는 머리를 긁적이며 이 생각 저 생각을 하게 되었다. 내가 이 인생에서 하고 있는 일이 무엇인가? 아무것도 없지. 이 존재의 의미는 무엇인가? 그걸 누가 알겠어? 우리는 어디서 와서 어디로 가고 있는가? 아무려면 어때.

그날 밤, 불현듯 나는 트렁크를 뒤져서 오래된 일기장들을 꺼내 놓고, 아치스에서 보낸 그 완벽했던 두 해 동안에 내가 한 일들을 타자기로 정리하기 시작했다. 알리시아라는 심리 치료사가 좀 도와주기는 했지만 대부분은 내가 타이핑했다. 우리는 원고를 뉴욕에 있는 내 출판 에이전트에게 부쳤고, 『사막의 고독』은 한겨울이었던 1968년 1월에 출판되었다. 나는 이제 데스밸리의 스쿨버스 운전사 일일랑은 그만두고, 하늘에서 내려오는 만나처럼 명성과 돈이 내게 쏟아지기만을 기다렸다.

그러나 아무 일도 일어나지 않았다. 이 책은《뉴욕타임스》의 호평을 받았고, 다른 몇 개의 매체들로부터는 짧막하나마 혹평은 겨우 면한 평을 받았다. 그게 다였다. 이달의 책으로 선정되지도 않았고 퓰리처상이나 내셔널북상을 받지도 못했으며, 베스트셀러 리스트에도 오르지 못했다. 다만 유타주의 모아브와 펜실베이니아주의 홈(내가 태어난 곳이다)에서 베스트셀러가 된 게 고작이었다. 출판사는 초판 1만 권을 찍고는 더 이상 찍지 못했다. 1년도 못 되어 이 책은 수명을 다하고 망각의 늪으로 사라져 버렸다. 10년, 15년 후였더라면 사정이 좀 더 나았을지도 모르겠다. 그러므로 이 책은 조산아였는지도 모른다.

나는 실망했지만 놀라지는 않았다. 나는 계절 따라 이동해야 하는 공원 관리원으로, 소방대원으로, 화재 감시원으로 되돌아갔고, 그러면서도 소설을 계속해서 썼다. 돈이나 영광을 얻겠다는 희망 때문이 아니라, 그저 소설을 쓰는 것이 좋았기 때문이다. 또 내가 가장 흥미롭다고 생각하는 종류의 이야기를 아무도 쓰려고 하지 않았기 때문이기도 했다. 1971년 내 소설 『검은 태양』이 출판되었고, 4년 후에는 『몽키 렌치 갱』이 나왔다. 이 소설들 역시 동부의 매체들로부터는 별 반응을 얻지 못했다. 내 책의 서평이 실린 전국 규모의 매체는 《플레이보이》뿐이었다. 그래도 이 책들은 그런대로 생명을 유지하며 팔렸고 절판되지는 않았다. 그리하여 1975년부터 나는 궂은일을 하지 않아도 되었다.

한편 『사막의 고독』은 1971년에 페이퍼백으로 되살아났다. 먼저 사이먼 앤드 슈스터에서 페이퍼백으로 나왔고, 다음에 밸런타인북스에서 보급판 문고본으로 나왔다. 두 페이퍼백 판은 두더지처럼 모습을 드러내지 않으면서도 생명을 이어갔다. 나는 내가 오래전에 탄생시킨 이 책의 끈질긴 생명력에 깊은 인상을 받았고 또 자랑스러움을 느꼈다. 모든 작가들이 아는 사실이지만 작가와 책의 관계는 세월이 지나면서 점점 멀어지고 희미해져 간다. 작가에게 지금 문제가 되는 책은 구상중이거나 집필중인 책뿐이다.

19년 전에 처음 출판되고 21년 전에 원고가 타이핑된 『사막의 고독』은 31년 전의 개인적 경험에 기초하고 있다. 1956년의 미국은 지금과 비교할 때, 유쾌하고 양지바른 살기 좋은 땅이었다. 아니, 유타와 애리조나의 산과 사막에서 목가적인 생활을 즐기고 있던 나에게는 그렇게 보였다.

그 후로 많은 것이 변했지만, 좋은 쪽으로 변한 것은 드물다. 누구나 과거를 두고 이런 말을 하는데 사실 그 말이 맞다. 그런 변화와 발전의 희생물 가운데 하나가 내가 사랑했던 아치스 국립공원이다. 내가 근무했던 1956년과 1957년의 그곳은 토종 야생동물들의 서식지였고, 모험을 즐기는 인간들이 찾는 원시의 오지였으며, 원초적 공간과 고요, 깨끗한 공기가 고스란히 보존된 지역이었다. 내가 그곳을 떠난 직후에 아치스 국립공원은 개발되었다(1971년 아치스는 내셔널 모뉴먼트에서 국립공원으로 승격되었다—옮긴이). 이른바 '현대화'라는 명목 아래 산업으로서의 관광 그리고 과학적 관리라는 거미줄 속으로 빨려들어간 것이다. 수석 공원 관리원을 이제는 '유닛 매니저'라 부르고 다른 공원 관리원들은 '공원 기술자'라 부른다. 옛날 자연 상태의 야영지는 공식적으로 지정된 캠핑 구역으로 대치되었다. 이곳은 전기는 물론이고 수세식 화장실도 구비되어 있으며, 아스팔트로 포장된 넓은 캠핑 구역에는 일일이 번호가 붙어 있다. 그리고 언제나 그렇듯이 규칙, 규정, 제한구역, 허가구역, 입장료, 벌금 등이 복잡하게 정해졌고, 이것을 관리하기 위해서 자동차를 탄 경찰관들이 순찰하고 있다.

나는 '관광산업과 국립공원'이란 제목의 장에서 이 문제를 다루고 있다. 어쨌든 아치스에서 일어난 일은 서부 전체, 아니 미국 전체, 이 지구 전체에서 일어났고 또 계속 일어나고 있는 일의 한 작은 표본이다.

『사막의 고독』이 끈질기게 생명을 이어가는 바람에 내게는 '자연 작가(nature writer)'라는 딱지가 붙어 버렸다. 이 딱지는 내가 얻어 낸 것도 아니고 원한 것도 아니다. 나는 이런 수식어를 즐기지도 않는다. 그러나 서점 관계자, 사서, 서평자들은 나의 책들을 애니 딜라드, 배리 로페즈, 존 맥피, 에드워드 호글랜드, 레이첼 카슨, 앤 즈윙거, 존 미첼, 존 뮤어, 존 버로스, 존 헤이, 로버트 핀치, 짐 해리슨 그리고 그 밖에 일일이 열거하기 어려울 정도로 많은, 진지하고 훌륭한 저자들의 저서들과 같은 부류로 분류해 버린다(때로는 내가 쓴 소설이 자연 저작물로 분류되기도 한다).

물론 나는 자연을 사랑한다. 바보가 아닌 다음에야 어찌 자연을 사랑하지 않을 수 있겠는가. 자연은 우리의 어머니요, 아버지요, 신부요, 아내이며 우리 삶의 원천이기 때문이다. 우리의 행복을 지탱해 주는 것도 자연이며, 우리가 마지막으로 뼈를 묻을 곳도 자연이다. 하지만 나는 자연 작가로 불리기를 바란 적이 없고, 작가 이외의 그 무엇이 되기를 바라지도 않았다. 그저 작가가 되기만을 바랐을 뿐이다. 픽션과 에세이 그리고 시를 쓰는 작가가 된 것으로 나는 만족한다. 나는 인생과 사회 그리고 문명 등 모든 것을 내 글의 소재로 삼고 있다. 내가 받는 메일로 미루어 독자들도 내가 어떤 작가인지를 잘 이해하고 있는 듯하다. 엉뚱한 딱지를 붙이는 사람들은 전문가와 문사들—다른 작가들과 다른 비평가들—뿐이다.

하지만 그런 것은 문제가 안 된다. 모든 책은 알에서 갓 깨어난 거북이 새끼처럼 자신의 일생을 시작한다. 어린 거북은 해변을 필사적으로 달려 바닷물로 뛰어든다. 굶주린 게, 요란하게 울어 대는 갈매기, 왕퉁쏠치, 먹장어, 쥐가오리, 칠성장어, 가오리, 왕조개 그리고 먹물을 뿜어내는 다리가 여덟 개 달린 문어 등등이 어린 거북의 생명을 노린다. 이 고비를 무사히 넘겨야 거북은 단단한 갑주를 갖춘 거대한 바다거북으로 자라날 수 있다. 책도 마찬가지다.

문학이란 무엇인가? 문학은 불후의 작품이 되겠노라 선언한 그런 책들로 이루어져 있다. 불후라고 하지만 마크 트웨인은 그것을 '30에서 35년쯤'이라고 정의했다. 나도 그 정도로 만족하겠다. 그보다 더 오래 사는 책은 고전이 될 위험에 빠지게 된다. 고전이란 만인이 칭송하지만 아무도 읽지 않는 책이다. 문학 교수들의 영웅적 노력에 의해 박물관의 밀랍인형처럼 박제된 것이 바로 고전이라는 책들이다. 우리 대신 그 책들을 읽고, 그 책들에 관해 이야기하고, 그 책들에 관한 글을 쓰는 교수들에게 우리는 돈을 지불한다. 그럴 만도 하다. 사실 그 일은 쉬운 일이 아니므로. 우리들 대부분은 가죽 장정을 한 그 책들을 사서 침대 옆 탁자 위에 놓아둘 뿐이다. 잠 못 이루는 밤을 위해서다. 찰스 디킨스의 『피크위크 페이퍼』보다 더 좋은 수면

제가 어디 있겠는가?

"책은 바나나와 같아서 신선할 때가 가장 좋다"고 장 폴 사르트르는 말했다.

자연 저작(nature writing), 나 자신은 그런 책을 좀처럼 읽지 않는다. 나는 뮤어나 버로스의 책을 읽은 적이 없고, 읽겠다고 생각해 본 적도 없다. 내가 존경하는 자연 작가는 소로처럼 단순히 자연에 대한 찬미를 훨씬 넘어서서 사회, 국가 그리고 우리가 사는 현대 산업사회에 대해 비평하는 작가들이다. 요즘은 많은 자연 작가들이 활약하고 있고, 그들 중 일부는 이름을 날리는 성공한 작가들이다. 그러나 내가 존경하는 몇 안 되는 자연 작가들은 자연을 묘사할 뿐만 아니라 그들의 글과 삶을 통해서 자연을 지키려고 하는 사람들이다(자연을 이해하는 것만으로는 충분치 않다. 그것을 구해 내는 것이 중요하다). 그런 작가들은 요즘 몇 안 된다. 대개 나이가 들었거나 이 세상을 떠났다. 월리스 스태그너, A. B. 구스리, 팔리 모왓, 게리 스나이더, 조지프 우드 크러치가 내가 존경하는 환경주의 작가들이다. 이들은 막연하게 '자연 글쓰기'라고 이름 붙이는 것에서 그치지 않는다. 이들은 소설가요 시인이며, 수필가며 또 훌륭한 작가들이다. 내 생각에는 이분들의 작품이 전문가의 작품보다 훨씬 더 흥미로운 것은 이들의 적극적인 자세 때문인 것 같다. 이들은 환경 문제에 용감하게 뛰어들어 무엇이 옳고 무엇이 그른지 대담하게 시시비비를 가리기도 한다. 반면에 대부분의 미국 작가들은 안전 제일주의로 논쟁에 휩싸이는 것을 피하고 곤경에 빠지지 않으려고 한다. 대부분의 작가들이 위험을 피하고 주요 문제에 말려들기를 꺼린다면, 결국 소수의 작가들이 그 모든 짐을 떠맡아 자기 몫보다 더 많은 일을 해야 할 것이다.

　다시 이 책『사막의 고독』으로 돌아가서 이 책이 내게 갖는 의미를 말해야겠다. 우선 나는 이 책의 마지막 결정판을 준비할 기회를 갖게 된 것을 기쁘게 생각한다. 근본적인 것은 아무것도 바뀌지 않았다. 그러나 나는 약간의 첨가와 삭제를 했다. 어처구니없는 잘못은 이제 없어졌기를 바란다. 몇몇 부적절한 표현도 수정되었다. 이 책의 그 무엇도 완벽에 가깝지는 않지만, 그래도 나는 나름대로 최선을 다했다.

　한 가지 덧붙이고 싶은 것은『사막의 고독』은 숨겨진 뜻이나 비밀의 메시지를 담고 있지 않다는 점이다. 이 책은 세상에서 가장 멋진 장소 가운데 하나인 아치스에서 보낸 길고 달콤했던 시절에 대한 평범하고 단순한 서술일 뿐이다. 이 책이 단순한 외형, 사물의 표면만을 다룰 뿐, 존재의 진정한 실체를 형성하고 있는 통일된 관계의 본질을 밝혀내지 못한다고 불평하는 사람들이 있을지 모르지만, 그런 사람들에게 내가 할 수 있는 대답은 나는 표면과 외형에 만족한다는 것이다. 나는 '근저에 숨어 있는 실체'에 대해 아무것도 모른다. 그런 것을 접한 경험도 없다.

　나는 관찰하고 또 관찰하고, 사막에서 단식도 해보고, 명상이나 종교적 체험에 가까운 시도까지 해보았지만, 바위 위의 도마뱀, 하늘을 나는 매, 햇볕 아래 말라죽은 돼지보다 더욱 근본적인 실체를 접해 보지 못한 것 같다. 돌을 들춰 보면 또 돌이 나오고 양파의 껍질을 아무리 벗겨 봐야 특별한 것이 나오지 않는다. 외형이 실체이다. 우리들 대다수는 겉모양으로 족하다. 시간을 뛰어넘는 불멸을 갈구하기를 제발 그만두고, 할 수 있는 동안 우리에게 주어진 이 멋진 지구를 즐겨라. 당신은 내게 저기서 냇물을 건너려고 드레스를 걷어 올리는 미녀가 실은 유기 에너지의 일시적 소용돌이에 불과하다고 말하려는가? 거기 앉아서 그런 말을 하는 것은 당신의 자유다. 좋다, 당신은 근본적인 우주에 대해 사색하라. 나는 그 미녀와 사랑을 나눌 테니까. 형이상학은 개에게나 던져 주어라. 나는 산속의 사자가 자기 영혼이 어떻게 될까 걱정되어 큰소리로 울었다는 이야기를 지금까지 들어본 적이 없다.

독자 여러분께 감사드린다. 19년 동안 여러분들이 이 작은 책의 생명을 이어주었다. 어떤 독자는 이런 편지를 보냈다. "당신의 책들이 내 인생을 바꾸어 놓았습니다." 그분의 넓은 마음에 축복이 있기를 바랄 뿐이다. 어떤 작가도 그 이상의 보상을 바랄 수는 없을 것이다. 친애하는 친구들이여, 당신들의 친절하고 사려 깊은 편지들이 내 인생을 바꾸어 놓았다. 내가 작가 생활을 계속하고 있는 것이 좋은 일인지 나쁜 일인지 모르겠지만, 그 친구들의 좋은 의도만은 높게 사고 싶다. 그래서 나는 『사막의 고독』의 이 최종 개정판을 나의 독자들, 내가 직접 만나 보지는 못할 친구들에게 바친다. 나는 또한 이 책을 야생 상태로 남아 있는 아메리카의 자유롭고 광대한 환경을 사랑하고 구하기 위한 우리의 노력에 동참하고 있는 사람들에게 바친다.

기도 : 가장 놀라운 경치로 인도하는 당신의 오솔길이 구불구불 구부러지고 외롭고 위험하게 하옵소서. 당신의 산들이 구름 속에서 구름 위

로 솟게 하소서. 당신의 강들이 끝없이 흐르게 하소서. 종소리 쩔렁대는 목가적인 계곡을 지나서 사원과 성, 시인의 탑을 지나 호랑이가 트림하고 원숭이가 찍찍거리는 어두컴컴한 원시의 숲으로, 독기 서린 신비의 습지를 지나 붉은 바위, 푸른 바위언덕, 돔과 뾰족한 봉우리, 동굴이 있는 사막으로, 다시 햇살이 깎아지른 벼랑을 태우는 깊고 광대한 미지의 협곡으로, 사슴이 하얀 모래밭 위를 거닐고 폭풍이 일면 번개가 높은 바위를 때리는 곳, 꿈속에서도 볼 수 없는 그 경이로운 곳으로…
안녕.

에드워드 애비
애리조나주 오라클에서
1987년 6월

초판 서문

10년 전 나는 유타주 남동부 모아브 근처의 아치스 내셔널 모뉴먼트(National Monument, 미국 국립공원 시스템에서 준국립공원에 해당—옮긴이)에서 기간제 공원 관리원으로 일했다. 내가 그때 왜 그곳에 갔는지는 중요치 않다. 내가 그곳에서 무엇을 발견했는지야말로 이 책의 진정한 주제이다.

공원 관리 일은 1956년 4월 첫날에 시작되어 9월 마지막 날 끝났다. 나는 그 일과 협곡 지대가 마음에 들었기 때문에 이듬해 두 번째 시즌에 그곳으로 다시 돌아갔다. 안타깝게도 내가 처음 갔을 때의 원시적인 아치스는 그 후 너무 잘 개발된 곳이 되어 나는 떠나야했다. 하지만 몇 년 후 어떻게든 다시 돌아와서 공원 전체를 한 바퀴 돌아보고 한동안 머물렀다. 그렇게 해서 내가 없는 동안 일어났던 변화를 더 깊이 이해할 수 있었다.

모든 시간이 좋았지만, 특히 처음 두 시즌은 관광객도 거의 없었고 마치 시간이 그곳을 건너뛴 것처럼 매우 느리게 지나갔다. 어린 시절의 여름날처럼 길고 넓고 느릿느릿 흐르는, 영원할 것만 같던 시간이었다. 할 게 아무것도 없거나 아무것도 하지 않아도 좋을 만큼 충분한 시간이 있었다. 이 책 내용의 대부분은 그 경이로운 여름의 완벽한 날들 동안 내가 채워 나간 일기장에서 때로는 직접적으로, 때로는 약간의 변형을 거쳐 가져온 것이다.

이것은 사막이 주인공인 책이 아니다. 자연 경관에 대한 인상을 기록할 때면 나는 무엇보다도 정확성을 위해 노력했다. 단순한 사실에 일종의 시(詩), 심지어는 진실이 있다고 믿기 때문이다. 하지만 사막은 바다만큼이나 깊고 복잡하고 다양하며 광활한 세계다. 대양과 같은 세계다. 무한한 사실들 속에서, 언어는 단순한 사실을 포착하기 위해 강력하고도 느슨한 그물을 만든다. 만약 내가 향나무에 대해 충분히 알고 있다면 한 권의 책을 쓸 수 있을 것이다. 일반적인 향나무가 아니라 아치스 내셔널 모뉴먼트의 오래된 입구 근처 벌거벗은 사암 바위틈에서 자라는 하나의 특별한 향나무 말이다. 그때 내가 시도한 것은 조금 다른 것이었다. 어부가 그물로 바다를 끌어 올리는 것처럼, 사막을 책에 담을 수는 없기에 나는 사막이 소재가 아닌 매개체로서 등장하는 말의 세계를 만들어 보려고 했다. 그러니까 모방이 아니라 환기가 목표였다.

이 겸손한 허세를 제외하면 책은 상당히 평범하고 직선적이다. 물론 일반 독자에게는 분명 어떤 결함이 보일 것이다. 그에 대해서는 사과하고 싶다. 나는 책의 많은 부분이 거칠고, 무례하고, 성마르며, 과격한 편견에, 비건설적이고 심지어는 솔직히 반사회적인 관점처럼 보여질 것이라는 데 상당히 동의한다. 진지한 비평가, 진지한 사서, 진지한 영어과 부교수가 이 작품을 읽는다면 그들은 격렬하게 싫어할 것이다. 적어도 나는 그렇기를 바란다. 다른 사람들에게 나는 책에 미덕이 있다면 결점으로부터 분리될 수 없으며, 또한 때때로 필연적으로 옳은 틀린 방법도 있다고 말할 수밖에 없다.

이 책이 한낱 겉모습, 사물의 표면만을 너무 많이 다루고 존재의 진정한 근본 실체를 형성하는 통일된 관계의 패턴은 드러내지 못한다고 불평하는 사람들이 있을 수 있다. 여기서 나는 진정한 근본 실체에 대해 아무것도 알지 못하며, 접해 본 적도 없다는 것을 고백하지 않을 수 없다. 알고 있다고 말하는 사람들이 많다는 것을 나도 안다. 인정한다. 그들이 나보다 운이 좋았다. 내 입장에서는 표면적인 것만으로도 충분히 만족한다. 사실 내게는 표면적인 것도 매우 중요한 것처럼 보인다. 예를 들어, 아이의 손을 잡는 느낌, 사과의 맛, 친구와의 포옹, 여인의 실크 허벅지, 바위와 나뭇잎에 비치는 햇살, 음악의 느낌, 나무의 껍질, 화강암과 모래의 까끌함, 웅덩이로 떨어지는 맑은 물, 바람의 얼굴… 그 외에 무엇이 더 있을까? 무엇이 더 필요할까?

유감스럽게도 나는 내 기간제 고용주인 미국 내무부 국립공원 관리청에 대해 가혹한 말을 쓰는 게 불가피하다는 것을 알게 되었다. 정부 자체도 비난을 완전히 피하지는 못한다. 그러나 나는 공원관리청이 수십 년 동안 힘센 세력으로부터 심한 압력을 받아왔으며 그 상황에서도 지금까지 업무를 꽤 잘 수행해 왔다는 점만은 높이 사고 싶다. 정부기관으로 치면 공원관리청은 다른 어떤 기관보다 훨씬 우수한 기관이다.

이는 공원관리청의 행정가들, 즉 무능하고 평범하기 짝이 없는 관리자들이 아니라 주로 현장에서 실제로 일하는 레인저와 환경주의자들 덕분인데, 이들은 대부분 유능하고 정직하며 헌신적인 사람들이다. 내가 개인적으로 알고 지낸 사람들 중 가장 뛰어난 사람은 캐니언랜드 국립공원의 창시자라고 할 수 있는 유타주 모아브의 베이츠 윌슨 씨다.

이 책에 표현된 의견들에 대해 그가 책임질 수는 없지만, 우리가 사랑하는 나라에 대해 이해하는 데 있어 그는 많은 부분을 책임지고 있다.

이 책에 언급된 모든 인물과 장소는 실존했거나 실재한다. 하지만 사생활 보호를 위해 모아브 지역에서 내가 아는 몇몇 사람들은 가상의 이름을 지어냈고, 몇몇의 경우에는 시공간을 옮겨 놓았다. 혹시 이 글을 읽게 된다면 이해하고 용서해 주기 바란다. 마지막으로 당부할 것이 있다. 부디 다가오는 6월에 자동차에 올라 이 책에서 내가 표현하고자 했던 협곡을 보고 싶다고 서둘러 캐니언랜드로 떠나지 말기를 바란다. 애초에 자동차에서는 아무것도 볼 수가 없다. 그 망할 기계에서 내려 손과 무릎을 이용해 사암 위를, 가시덤불과 선인장 사이를 걸어라. 더 나은 방법은 기어가는 것이다. 핏자국이 트레일에 흔적을 남기기 시작하면 비로소 무언가를 볼 수 있을 것이다. 아닐 수도 있고. 두 번째로 내가 이 책에 쓴 대부분의 내용은 이미 사라졌거나 빠르게 사라지고 있다. 이 책은 여행 가이드가 아니라 '슬픈 노래(elegy)'다. 문명의 비가이다. 당신의 손에는 묘비가 들려 있다. 피 묻은 돌이다. 발에 떨어뜨리지 말고 크고 유리 같은 호수에 던져라. 잃을 게 뭐가 있겠는가?

에드워드 애비
뉴저지주 호버컨, 넬슨의 마린 바에서
1967년 4월

차례

추천사 *4*

개정판 서문 *6*

초판 서문 *17*

• 첫날 아침 ― *27*

• 고독 ― *38*

• 낙원의 뱀 ― *49*

• 절벽장미와 유카 ― *61*

• 관광산업과 국립공원 ― *91*

• 바위 ― *121*

• 카우보이와 인디언 1 ― *152*

• 카우보이와 인디언 2 ― *173*

• 물 — 199

• 정오의 열기 — 222

• 도망친 말 — 234

• 강을 따라서 — 255

• 하바수 — 317

• 그랜드뷰 포인트에서 죽은 사람 — 331

• 사막의 섬 — 346

• 에피소드와 비전 — 366

• 미지의 땅 — 393

• 기반암과 패러독스 — 416

역자 후기 428

나에게 침묵을, 물을, 희망을 다오.

나에게 투쟁을, 철을, 화산을 다오.

—파블로 네루다

첫날 아침

Desert Solitaire

이곳은 세상에서 가장 아름다운 곳이다.

아름다운 곳은 많다. 누구나 자기 마음속에 이상적인 장소의 이미지를 간직하게 마련이다. 카슈미르의 선박주택, 브루클린의 애틀랜틱 애버뉴를 내려다보는 경치, 알레게니산맥의 오솔길 끝에 자리 잡은 고딕 양식의 회색 2층 농가, 푸른 호숫가의 오두막집… 또 감성이 좀 둔한 사람들에게는 맨해튼이나 시카고, 파리, 동경, 리오 또는 로마의 부드러운 스모그에 싸인 편안한 아파트에서 바라다보는 세상이 가장 멋진 광경이 될 수도 있을 것이다.

나 자신은 유타주 모아브를 가장 아름다운 장소로 꼽겠다. 물론 마을을 가리키는 것이 아니다. 마을을 둘러싸고 있는 지역―즉 협곡으로 이루어진 그 땅이 아름답다는 것이다. 매끄러운 바위로 이루어진 사막, 붉은 흙, 타는 듯한 절벽 그리고 외로운 하늘―도로가 끝나는 곳 너머에 있는 모든 것이 내게는 아름답기 그지없다.

나의 이런 선택은 오늘 아침 아치스 내셔널 모뉴먼트(Arches National Monument)의 붉은 바위 첨탑 위로 떠오르는 해를 난생처음 보기 위해 내가 공원의 트레일러하우스에서 나왔을 때 분명해졌다.

어젯밤에는 주위의 풍경을 제대로 볼 수가 없었다. 나는 앨버커키에서 하루 종일 차를 몰아 720Km를 달려온 끝에 날이 지문 후에야 모아브에 도착했다. 바람이 불고 구름이 낀 데다 싸늘한 날씨였다. 나는 마을 북쪽에 있는 공원 본부에서 공원 책임자와 수석 공원 관리원(잡역부 한 사람을 제외하면 이 외진 공원의 유일한 상근 직원이었다)을 만났다. 커피를 마시고 나자, 그들은 나에게 트레일러하우스의 열쇠를 주면서 나의 숙소가 될 그 트레일러가 주차되어 있는 위치를 일러주었다. 나는 공원 본부에서 지내는 것이 아니라 공원 안으로 32km 쯤 들어가 있는 1인용 초소에서 혼자 상주하도록 되어 있었다. 물론 이것은 내가 원한 생활 방식이었다. 이런 조건이 아니었다면 나는 이 일을 맡지 않았을 것이다.

공원 본부를 떠나 모아브의 불빛을 뒤로 하고 북쪽으로 고속도로를 19km쯤 달리니 오른편에 비포장도로가 나왔고, 조그만 나무판에 '아치스 내셔널 모뉴먼트 8마일'이라는 이정표가 있었다. 나는 포장도로를 버리고 동쪽으로 꺾어 거친 황야로 들어갔다. 북서풍이 요란하게 불고 있었고 하늘에는 검은 구름이 가로지르고 있었다. 내가 볼 수 있던 것은 관목 그루터기와 길가에 산재한 향나무뿐이었다. 얼마 후 또 다른 작은 표지판이 나왔다.

경고 : 퓨사

(QUICKSAND, 사람이나 차량이 휩쓸려 들어가는 유동성 모래)

물이 흐르고 있을 때는 도랑을 건너지 말 것.

헤드라이트 불빛으로 보니 도랑은 완전히 말라 있는 것 같았다. 나는 차를 몰고 도랑을 건넌 다음 암흑 속으로 들어갔다. 기기묘묘한 모양의 바위들이 양옆으로 어렴풋이 보였다. 코끼리 같은 모양도 있었고, 공룡 같은 바위도 있었으며 도깨비 모양도 있었다. 이따금 살아 있는 생물이 도로를 가로질렀다. 캥거루생쥐, 잭토끼 그리고 너구리와 다람쥐의 중간쯤 되어 보이는 동물도 있었다. 링테일이었다. 저 앞에서 한 쌍의 퓨사슴이 덤불에서 나와 먼지를 일으키며 헤드라이트 불빛 속을 비스듬히 달리기 시작했다. 그놈들은 내 픽업트럭보다 더 빨리 달렸으므로 얼마 동안 보였다 안 보였다 하다가 어둠 속으로 사라져 버렸다. 바위투성이인 좁은 도로는 왼쪽 오른쪽으로 마구 꺾였으며, 깎아지른 듯한 협곡으로 들어갔다 벗어났다를 거듭했다. 도로는 점점 정상을 향해 오르고 있었는데 그 정상은 날이 밝아야 볼 수 있을 듯했다.

내가 철책 없는 선을 넘어 공원의 경계선 표지를 지났을 때쯤 눈이 날리기 시작했다. 400m쯤 더 달리니 공원관리소가 나왔다. 도로의 넓은 장소에 임시 대피소가 있고 안내판이 붙어 있었다. 거기서 50m쯤 떨어진 곳에 정부 소유의 트레일러하우스가 있었다. 이 트레일러가 내가 앞으로 6개월 동안 머물 집이었다.

춥고 바람이 부는 데다 색종이 조각 같은 눈이 날리고 있었다. 트

첫날 아침

29

럭 헤드라이트 불빛의 도움을 받아 나는 트레일러의 문을 연 다음, 이부자리와 가방을 꺼내 들고 안으로 들어갔다. 손전등을 켜고 침대를 찾은 나는 슬리핑 백을 열고 부츠를 벗은 다음 슬리핑 백 안으로 기어들어 곧 잠이 들었다. 나는 잠들기 전 바람에 트레일러가 흔들리는 것을 느꼈고, 또 굶주린 생쥐들이 길고 궁핍한 겨울이 끝나고 그들의 친구 겸 식품 조달자가 마침내 도착했다는 사실에 너무 기뻐 이리저리 뛰어다니는 소리를 들었다.

오늘 아침 나는 해가 뜨기 전에 잠에서 깼다. 나는 머리를 슬리핑 백 밖으로 내밀고 성에가 긴 창문을 통해 안개에 덮인 뿌연 바깥 경치를 내다보았다. 난생처음 보는 신비스러운 풍경이었다.

자리에서 일어난 나는 긴 내복 차림으로 낮은 트레일러의 천정과 출입구에 부딪히지 않으려고 몸을 구부린 채, 조심스레 돌아다녔다. 아주 효율적으로 설계된 주거 공간인 트레일러는 너무 좁아서 숨을 쉴 공간의 여유조차 없어 보였다. 창문과 햇빛을 가리는 블라인드가 달린 이 트레일러는 (사람으로 치면) 철로 만든 폐라고 표현하면 좋을 듯했다.

생쥐들도 조용했다. 은신처에서 나를 지켜보고 있는 모양이었다. 그러나 아직 바람이 불고 있었고 바깥은 눈으로 덮여 있었다. 무덤이나 감방이나 동굴 속처럼 추웠다. 나는 먼지로 덮인 바닥에 누웠다. 차가운 리놀륨 바닥에는 생쥐의 배설물들이 여기저기 흩어져 있었다. 나는 엎드려서 부탄 히터를 켰다. 그러자 실내가 빠른 속도로 더워졌다. 트레일러 안에는 온갖 편리한 설비들이 갖추어져 있었다. 가스 곤로, 가스 냉장고, 온수기, 수도꼭지가 달린 싱크대(파이프가 얼어 있지 않아야 물이 나온다), 물건을 넣어 두는 캐비닛, 선반… 이런 것들이 모두 팔만 뻗으면 닿을 수 있는 위치에 있었다. 가스는 바깥 창고에 있는 두 개의 강철제 가스통에서 온다. 물은 가까운 언덕에 있는 탱크로부터 중력에 의해 흘러 내려온다. 야생 상태의 생활치고는 아주 사치스럽다. 샤워 꼭지와 수세식 변기까지 있다. 변기에는 죽은 쥐 한 마리가 들어 있었다. 이 정도면 꽤 좋은 시설이다. 가엾은 우리 어머니는 이런 시설조차 하나도 없는 곳에서 다섯 자녀들을 키우셨다. 2차 세계대전 이후 이어진 전반적인 호경기가 없었더라면 어머니는 지금도 그런 생활을 계속하고 계셨을 것이다.

이제 옷을 입고 나가서 주위를 한번 둘러본 다음, 아침식사를 해결해야 할 시간이다. 부츠를 신으려고 했지만 추위로 굳어진 부츠는 쇠처럼 딱딱했다. 곤로에 불을 켠 다음 불꽃 위에 부츠를 거꾸로 들고 녹였다. 코트를 걸치고 밖으로 나갔다. 세계의 중심, 하느님의 배꼽, 나의 땅, 붉은 황야로 나는 발을 내디뎠다.

태양은 아직 떠오르지 않았지만 곧 떠오르리라는 기미는 역력했다. 연보라색 구름들이 함대처럼 연녹색의 새벽하늘을 가로지르고 있었다. 바람을 타고 흘러가는 구름장의 아랫부분은 불타는 황금색이었다. 남동쪽으로 32km 떨어진 곳에 시에라 라살의 봉우리들이 우뚝우뚝 솟아 있었다. 해발 3,600m에서 3,900m에 이르는 이 봉우리들은 모두 눈으로 덮여 있었고, 아침햇살을 받아 장밋빛으로 물들어 있었다. 차가운 공기는 건조하며 맑았다. 어젯밤 폭풍우의 잔해인 마지막 안개가 유령처럼 물러나면서 바람과 햇빛 앞에서 점점 스러져 가고 있었다.

첫날 아침

시야가 사방으로 넓게 트여 있었다. 다만 서쪽만은 지대가 높아서 몇백 미터 앞까지밖에 보이지 않았다. 산맥 쪽을 보면 8~9km 떨어진 곳에 있는 콜로라도강의 협곡이 보였다. 그러나 사암이 침식되어 이루어진 협곡 밑을 흐르는 강물은 보이지 않았다. 남쪽으로 강 건너편 300m 높이의 바위벽 사이에 모아브 계곡이 있었다. 그 계곡 바닥 어딘가에 모아브 마을이 있겠지만 너무 작아서 여기서는 보이지 않았다. 모아브 계곡 너머로는 협곡과 평평한 땅이 80km 남쪽에 있는 블루산맥까지 뻗쳐 있었다. 북쪽과 북서쪽으로는 2층 모양으로 된 유인타고원의 론절벽과 책절벽(Book Cliffs)이 보였다. 내가 서 있는 곳에서는 보이지 않지만, 50km쯤 떨어져 있는 그 절벽들 밑으로 미국의 동서간 동맥인 6~50번 도로와 덴버와 리오그란데 사이의 철도가 달리고 있을 것이다. 동쪽으로는 떠오르는 태양 밑으로 수많은 절벽과 테이블 모양의 땅과 협곡들이 콜로라도까지 뻗어 있는 사막의 바다였다.

이 한가운데에 3만 3천 에이커의 아치스 내셔널 모뉴먼트가 자리 잡고 있었고 나는 그곳의 유일한 거주자요, 사용권자요, 관찰자요, 관리자였다.

아치스란 이름은 무엇을 뜻하는가? 내 트레일러 앞에서도 몇 개의 아치를 볼 수 있다. 이 공원에서는 이런 아치들이 수백 개나 발견되었다. 이것들은 자연적으로 생긴 아치, 바위에 뚫린 구멍이다. 돌에 생긴 창문이라고도 할 수 있는 이 아치들은 크기나 모양이 각양각색이다. 크기는 사람이 겨우 지나갈 수 있을 만한 것에서부터 워싱턴의 국회의사당 돔이 들어갈 만한 것까지 다양하다. 단지의 손잡이 모양이 있는가 하면, 플라잉 버트레스(flying buttress, 두 벽 사이에 아치 모양으로 가로지른 지주) 모양도 있고, 자연의 다리 모양을 한 것도 있다. 엄밀히 말해서 밑에 물이 흐르고 있지 않으므로 자연의 다리는 아니다. 이런 아치들은 수십만 년 동안 거대한 사암 벽이 풍우에 깎여 생긴 것이다. 많은 사람들은 절대자가 손으로 빚은 조각, 또는 모래를 머금은 바람에 의해 빚어진 조각품이라고 믿고 싶어 하지만, 아치들은 빗물이나 녹은 눈, 서리, 얼음 등이 쐐기와 같은 작용을 하고 거기에 중력이 힘을 보태서 만들어졌고 앞으로도 계속 만들어질 것이다. 색깔도 희뿌연 색에서 황갈색, 분홍색, 갈색, 적색 등으로 다양하며 색조도 하루의 시각, 빛의 강도, 날씨와 하늘의 상태에 따라 변한다.

그곳에 서서 그 괴상하고 기이한 이국적인 바위와 구름과 하늘과 공간의 장엄한 경관을 바라보노라니 우스꽝스러운 욕심과 소유욕이 나를 사로잡는 것을 느꼈다. 나는 그 모든 것을 알고 소유하고 싶었다. 또한 한 남자가 한 아름다운 여인을 욕망하듯이 그 모든 경치를 깊고, 완벽하고, 친밀하게 포옹하고 싶었다. 정신 나간 소망일까? 어쩌면 그렇지 않을지도 모른다. 적어도 나와 소유권을 다툴 사람이나 그 무엇도 없을 테니까 말이다.

눈에 덮인 땅은 하늘과 다가오는 일출을 반사해서 푸른빛으로 번쩍이고 있다. 언덕과 바위의 미로 한가운데에 좁은 비포장도로가 구불구불 나 있다. 도로가 구부러지는 곳에 있는 한 무더기의 아치들 부근에 15m 높이의 밸런스드 록(Balanced Rock)이 하나 있다. 그 바위는 같은 높이의 바위 위에 절묘한 균형을 이루며 놓여 있다. 그것은

마치 이스터섬의 두상 같다. 석신(石神)이나 석화된 도깨비를 닮았다.

신이나 도깨비 같다니. 자연물의 인격화는 내가 가장 싫어하는 것이다. 나는 잠시나마 문화의 소음과 때, 혼란에서 벗어나 원초적인 존재의 본질을 캐기 위해, 또한 나를 떠받치고 있는 바탕을 직접 대면하기 위해 이곳에 왔다. 나는 한 그루의 향나무, 한 조각의 석영, 한 마리의 독수리, 한 마리의 거미를 있는 그대로, 인간이 그것들에 준 모든 특질을 배제한 채 볼 수 있었으면 한다. 심지어 나는 종이니, 속이니, 강이니 하는 과학적인 분류까지도 무시하려고 한다. 하느님이나 메두사와 직접 대면해 보고 싶다. 그것이 내 속에 있는 인간적인 모든 것을 잃을 위험을 무릅쓸지라도 말이다. 나는 벌거벗은 자아가 비인간적인 세계와 하나가 되면서도 온전하게 개성을 유지한 채 살아남는 신비주의를 꿈꾼다.

이제 몇 분 후면 태양이 떠오를 것이다. 그런데 나는 아직 커피마저 끓이지 못했다. 픽업트럭에서 요리기구 등, 짐을 더 가져와서 아침식사 준비를 하기 시작했다. 이런 곳에서는 단순히 숨을 쉬는 것만으로도 식욕이 솟아난다. 오렌지주스는 얼어 있고 우유도 얼음이 섞여 서걱서걱한다. 트레일러 안은 여전히 추워서 내가 내쉬는 숨이 하얀 입김으로 변한다. 첫 햇살이 절벽에 비치기 시작할 무렵, 나는 컵에 커피를 채운 다음 문께에 자리를 잡고 앉아서 태양이 가져다줄 온기를 기다렸다.

갑자기 태양이 솟았다. 태양은 산봉우리들과 첨탑 같은 바위들과 균형을 이룬 모양의 바위들 그리고 협곡의 절벽과 사암의 벽에 난 창문들에 찬란한 햇살을 쏘아댔다. 태양과 내가 1억 5천만 킬로미터의 허공을 사이에 두고 서로 인사를 나누었다. 눈이 우리들 사이에서 반짝인다. 바라보기가 고통스러울 정도의 드넓은 다이아몬드 밭이다. 햇빛에 노출된 눈은 한 시간 이내에 모두 사라지고 축축해진 바위는 김을 내뿜을 것이다. 내가 바라보고 있는 몇 분 사이에도 눈 녹은 물이 가까이 있는 향나무 가지에서 떨어지기 시작했다. 트레일러의 벽을 타고 물방울들이 천천히 미끄러져 내려왔다.

하긴 나는 혼자가 아니었다. 세 마리의 갈까마귀들이 서로를 향해서 또 새벽을 향해서 깍깍거리며 밸런스드 록 근처, 하늘을 선회하고 있었다. 나는 생각했다. 그놈들도 나처럼 태양이 다시 돌아온 것을 기뻐하고 있다고. 그들이 주고받는 말을 알아들을 수 있다면 얼마나 좋을까. 어느 먼 행성에 살고 있는 인간 비슷한 존재와 의사소통을 하는 것보다는 이 지구에 사는 새들과 의사소통을 하는 것이 더 먼저 해야 할 일이라는 생각이 든다. 갈까마귀들은 황금빛 하늘을 배경으로 검푸른 날개를 퍼덕거리면서 목쉰 소리로 울고 있다. 어깨 너머로 지직거리는 소리를 내면서 베이컨이 튀겨지는 냄새가 난다.

고독

Desert Solitaire

아직 첫날이다. 오늘은 4월 1일, 만우절이다. 베이츠 윌슨과 로이드 피어슨―공원 책임자와 수석 관리원―이 정오에 나타났다. 그들은 탱크트럭으로 500갤런(약 1,900리터)의 물을 싣고 왔고 단파라디오와 소방기구, 등산용 로프, 삽, 견인 체인, 응급상자, 들것, 도끼 등을 갖춘 파크 서비스(park service) 픽업트럭 한 대도 가져왔다. 픽업트럭과 장비는 내게 주고 갈 것들이다. 나는 공원 내 도로를 순찰하고 조난당한 관광객을 구조하고, 야영지로 땔나무를 실어 나르고, 야영지에서 쓰레기를 실어 내오는 데 이 트럭을 사용하게 될 것이다. 1주일에 한 번씩 나는 연료와 보급품을 받아오기 위해 이 트럭을 몰고 공원 본부가 있는 모아브로 가야 한다.

우리는 트레일러 위쪽 비탈에 묻힌 물탱크를 채우고 트레일러 입구 근처에 있는 목제 피크닉 테이블에 앉아서 햇볕을 쬐며 함께 점심을 먹었다. 공원 책임자인 베이츠는 나이가 50살쯤 된 호리호리한 체격에 우아한 외모를 가진 사람이다. 엄숙하지만 표정이 풍부한 잘생긴 얼굴은 평생을 거의 바깥에서 살아온 탓으로 단단하게 단련되었지만 그렇다고 딱딱한 느낌을 주지는 않았다. 그는 뉴멕시코주의 조그만 목장에서 태어나서 자랐고, 버지니아대학교에 다녔으며 소(牛) 목장의 목동, 휴가 관광용 목장 관리인으로 생계를 이어왔으며, 1940년 이후로는 국립공원관리청 관리원으로 일해 왔다. 그는 나에게 다정하고 관대하며 성정이 좋다는 인상을 주었다. 그러나 그는 여러 해 동안 관청의 서류와 씨름을 하다 보니 위궤양이 걸릴 것 같다고 가볍게 불평했다. 결혼해서 세 자녀를 두고 있으며, 맏아들은 유타대학교에 다니고 있다고 한다.

로이드 피어슨은 나이가 30살쯤 된 키가 크고 힘이 센 사람으로, 수련 중인 고고학자이며 결혼해서 두 자녀를 두고 있었다. 관심 분야나 학력으로 보아 그는 선사시대 유적이 많은 메사버드(Mesa Verde)나 차코 협곡(Chaco Canyon)에서 일하면서 먼지 쌓인 유적을 쑤시고 다녀야 제격이겠지만, 최소한 그의 시간의 일부를 사무실 밖에서 지낼 수 있는 자유가 있기 때문에 현재의 직장에 만족해했다. 공원관리청 직원인 그가 가장 두려워하는 것이 두 가지 있는데, 하나는 봉급을 더 많이 받는 대신 책임이 무거운 행정직으로 진급하는 것이고, 또 하나는 아포맷톡스나 게티스버그나 타이콘데로가 같은 동부의 전적지 공원으로 전근되는 것이다. 나와 마찬가지로 그도 시베리아 같은 동부에서 잘 먹고 살찌는 것보다 서부에서 굶주리는 편을 더 좋아할 것이다. 실망을 예감하는 지독한 편견일지 모른다.

그러나 유타 사막에 눈부신 햇빛이 내리쬐고 있는 이 순간에는 나쁜 소식은 저 멀리로 사라지는 것 같다.

"애비 씨, 사막 한가운데 와 있는 기분이 어떻습니까?" 베이츠가 물었다.

나는 아주 좋다고 대답했다. 두 사람은 미소를 지었다.

"좀 외롭지요?" 로이드가 물었다.

나는 괜찮다고 대답했다.

점심을 먹은 후 우리는 관리청 픽업트럭을 세 사람이 함께 타고 공원을 둘러보았다. 아치스 내셔널 모뉴먼트는 현재 관리청이 미개발지역으로 부르는 상태에 머물러 있다. 그러나 내가 보기에는 아주 적절하게 개발되어 있는 듯 보였다. 여러 갈래로 되어 있는 도로는 주요 아치들이 있는 장소까지 쉽게 걸어갈 수 있는 거리로 인도해 준다. 볼 만한 아치치고 도로 끝에서 3km 이상 떨어져 있는 것은 하나도 없다. 도로가 포장되어 있지 않은 것은 사실이지만, 비가 심하게 오는 중이거나 온 직후가 아니라면 어떤 자동차라도 쉽게 다닐 수 있다. 오솔길도 잘 정비되어 있어 길을 잃을 염려가 없다. 야영장이 세 군데 있고 각 야영장에는 식탁과 불을 피우는 장소, 쓰레기통, 재래식 화장실이 있다(물은 가져와야 한다). 우리는 땔나무까지 공급해 준다. 피니언소나무의 통나무와 철책 기둥으로 썼던 삼나무를 공급해 주고 있는데, 이런 땔나무를 찾아서 야영장으로 운반하는 일은 앞으로 내가 해야 할 일이다.

우리는 비포장길을 달렸고 오솔길도 걸어 보았다. 모든 것이 아름답고 그야말로 때묻지 않은 야생 상태 그대로다. 기기묘묘한 모양의 아치들은 사실 이 지역의 전반적인 아름다움에서 별로 중요하지 않은 일부일 뿐이다. 우리는 바위라고 하면 보통 흙 밑이나 식물에 가려진 바위를 생각한다. 그러나 이곳의 바위는 모두 벌거벗은 모양으로 노출되어 있다. 땅 위로 불쑥 솟은 거대한 사암 덩어리가 수 킬로미터에 걸쳐 뻗어 있는 풍경이 주조를 이루고 있다. 어떤 것은 평평하고 어떤 것은 밑에서 작용하는 압력으로 인해 기울어져 있거나 비틀려 있다. 이런 바위들이 물로 침식되고 비바람에 깎여서 협곡, 동굴, 균열, 통로, 깊고 좁은 골짜기의 복잡한 미로를 이루고 있다.

언뜻 보면 그야말로 뒤죽박죽인 것처럼 보인다. 그러나 이곳에도 엄연한 질서가 존재한다. 바위에 생긴 홈은 통로로 이어지고 통로는 도랑과 작은 협곡, 계곡으로 연결되고 이렇게 모여 넓어진 수로는 협곡 바닥의 강이 되어 콜로라도강으로 흘러가서 결국은 바다로 흘러든다.

예측했던 대로 이때쯤에는 눈은 흔적없이 사라졌고, 수로들도 솔트 크리크(Salt Creek)라고 알려진 샘을 수원으로 하는 1년 내 마르지 않는 시내가 하나 있을 뿐 그밖에는 모두 말라 있었다. 솔트 크리크는 수정처럼 맑은 물이 몇 센티미터 깊이로 표사의 사주나 하얀 알칼리성 지각 위를 흐르는 시내이다. 이 시냇물은 언뜻 보기에 먹을 수 있을 듯 보이지만, 너무 짜서 사람은 먹을 수 없다. 말과 소는 마실 수 있지만 사람은 못 마신다. 베이츠와 로이드에게 들은 바로는 그렇다. 나는 정말 마실 수 없는지 실험해 보기로 했다. 나는 물가에 웅크리고 앉아서 물을 한 웅큼 떠서 약간을 마셔 보았다. 맛이 고약했다. 먹을 수 없을 뿐 아니라 맛까지 고약한 물이었다. 매일 이 물을

고독

조금씩 마시면서 그 양을 늘려간다면 사람도 이 물을 먹을 수 있지 않겠느냐고 내가 말했다.

"한번 해봐요." 베이츠가 말했다.

"그러세요. 여름이 끝날 때 우리에게 결과를 알려주세요." 로이드가 맞장구를 쳤다.

오후 늦게 우리는 트레일러로 돌아왔다. 로이드가 내게 공원 관리원 셔츠를 빌려주었다. 자기는 이제 더이상 필요없으니 제복 대신 입으라는 것이었다. 관광객들을 대할 때 그 셔츠를 입으면 공무원 같은 인상을 줄 수 있다는 얘기였다. 또 셔츠에 달고 다닐 은배지도 주었다. 은배지가 내게 비행을 저지르는 자들을 체포할 수 있는 권한을 준다고 로이드가 설명했다.

나는 즉시 베이츠와 로이드를 붙들었다. 그들에게 더 있다가 나와 함께 저녁식사를 하자고 권했다. 나는 곤로불에 콩을 한솥 가득 삶고 있었다. 그러나 두 사람은 더 있으려고 하지 않았다. 약속이 있어서 가 봐야 한다는 것이었다. 얼마 후 그들은 물을 싣고 온 트럭을 타고 모아브로 떠났다. 나는 트레일러 뒤쪽 언덕에 올라가서 그들이 가는 것을 지켜보았다. 트럭은 1.5km까지는 보이다가 도로가 구부러지며 모래언덕과 바위 뒤로 들어가는 바람에 시야에서 사라졌다.

고속도로 너머 약 16km 떨어진 곳에 데드호스 메사(mesa, 꼭대기는 평평하고 주위는 벼랑인 지형)의 사면과 붉은 수직벽이 솟아 있다. 마치 하늘에 떠 있는 무인도 같다. 데드호스 메사는 그린강과 콜로라도강이 만들어 놓은 두 협곡 사이에 남북으로 수십 킬로미터나 뻗어 있다. 메사 위로 바람에 밀리는 구름장들이 흘러간다. 또 폭풍우가 올

모양이다.

그러나 지금 내가 있는 이곳의 대기는 평온하다. 나는 오늘 날이 밝은 후 처음으로 내가 광대한 고요 속에 묻혀 있다는 사실을 인식했다. 고요라기보다는 거대한 정적이다. 몇 가지 소리가 들리기는 한다. 향나무에서 새가 재잘거리는 소리, 한숨소리 같은 바람소리, 내 손목에서 시계가 째깍거리는 소리… 절대적 정적을 깨는 이런 사소한 소음들이 나를 둘러싸고 있는 압도적인 평화로움을 더욱 또렷하게 인식하게끔 한다. 시간이 정지되고 현재가 끝없이 계속되고 있는 느낌이다. 내 팔목에 매어져 있는 조그만 장치의 숫자들이나 움직이는 바늘이 아무 의미도 없는 것 같고, 우스꽝스럽기까지 하다. 오늘 이 사막에 들어온 사람은 어떠한 여행자나 야영객이나 방랑자도 없었다. 잠시 동안 나는 내가 완전히 혼자라는 것을 절감한다.

아무런 할 일도 없다. 트레일러로 돌아가서 캔맥주를 하나 따 놓고 저녁을 먹었다.

그런 다음 나는 모자를 쓰고 코트를 걸치고 다시 밖으로 나가서 테이블 옆에 앉아 하늘과 사막이 서서히 황혼의 신비 속으로 녹아드는 것을 지켜보았다. 불이 필요했다. 나는 트레일러 주위를 돌아다니며 향나무 밑에 떨어진 죽은 나뭇가지를 모아서 작은 모닥불을 피웠다. 모닥불을 친구로 삼기 위해서였다.

머리 위에서 검은 구름장은 별들이 깔린 하늘을 가로지르고 유난히 가까워 보이는 별들은 차갑게 빛나고 있다. 푸른 에메랄드 같기도 하고 황금 같기도 하다. 내 앞에는 북쪽, 남쪽, 동쪽으로 아치와 절벽, 봉우리, 균형 잡힌 바위들이 어느새 지는 해의 장밋빛 색깔을 잃고 부드러운 자주색 그림자로 바뀌었다.

노란 행성이 서쪽에 떠 있다. 하늘에서 가장 밝게 빛나는 그 별은 금성이다. 나는 올빼미나 비둘기, 쏙독새의 울음소리가 들리지 않나 귀를 기울여 보지만 들리는 소리라고는 내가 피워 놓은 모닥불이 타닥거리는 소리와 바람소리뿐이다.

향나무가 타는 냄새보다 더 향기로운 냄새가 이 세상에 또 있을까. 단테의 천국에서 나는 냄새도 이보다 더 향기롭지는 못할 것 같다. 비 온 후의 산쑥 향기 같은 향나무 연기 냄새를 한 모금 깊이 들이마시니 마술적인 카타르시스 효과가 난다. 마치 음악을 듣는 것처럼. 미국 서부의 때 묻지 않은 낯선 풍경을 감상하는 것처럼. 아무쪼록 이 불이 오래 타기를 빌어 본다.

작은 불꽃이 흔들리더니 사그라진다. 나는 내 무릎 위에 있던 향나무 가지 하나를 꺾어서 모닥불 위에 던진다. 바싹 마른 향나무 가지가 푸른 연기를 피우더니 불꽃이 다시 일어난다.

　　너 내 화덕에서 피어오르는 향이여
　　신들에게 이 맑은 불꽃을 용서해 달라고 청하라.

별빛 아래 조용하고 참을성 있게 나를 둘러싸고 있는 사막과, 아치와, 모래와, 황량한 바위와, 외로이 서 있는 향나무와, 흩어져 있는 산쑥들을, 나는 기다리면서 지켜본다.

다시 불이 사그라지기 시작한다. 불이 꺼지도록 내버려 둔 채, 나는 지팡이를 집어 들고 도로를 따라 더욱 짙어가는 암흑 속으로 산책을 떠난다. 나는 손전등을 가지고 있지만 짐승 소리가 나서 살펴볼 필요가 있기 전에는 그것을 사용하지 않을 생각이다. 영국인들이 전기횃불이라고 부르는 손전등은 어떤 상황에서는 유용한 도구이지만, 그것 없이도 나는 도로를 잘 볼 수 있다. 오히려 더 잘 볼 수 있다.

손전등을 사용하면 또 다른 불리한 점이 있다. 많은 다른 기계장치들처럼 그것은 인간을 주위의 세계와 격리시키는 경향이 있다. 손전등을 켜면 내 눈은 그 빛에 적응되어 그것이 내 앞에 만드는 조그만 빛의 연못만을 보게 된다. 그리하여 나는 주위와 격리된다. 손전등을 주머니 속에 넣으면 나는 내가 걷고 있는 주위 환경의 일부로 남는다. 내 시각은 제한되지만 분명한 경계선을 갖지 않는다.

이 같은 도구 사용의 한계는 내가 트레일러로 돌아오면서 더욱 분명하게 드러난다. 나는 잠자리에 들기 전에 편지(나 자신에게 쓰는)를 쓰기로 작정했다. 촛불 대신 낡은 발전기를 돌려 빛을 얻기로 했다. 발전기는 트레일러에서 그리 멀리 떨어지지 않은 나무토막 위에 놓여 있는 작은 4기통 가솔린 엔진이다. 솔직히 거리가 너무 가까운 것 같다. 스위치를 켜고 초크를 조절한 다음 크랭크를 돌린다. 엔진이 탁탁거리는 소리를 내면서 점화되어 힘을 받더니 요란한 소리를 내며 돌아간다. 전기가 전선으로 전달되고 트레일러의 전등들이 빛을 내기 시작하더니 점점 밝아져서 백열의 빛을 낸다. 그 빛이 너무 밝아서 나는 물건을 제대로 볼 수 없다. 눈을 가늘게 뜨고 트레일러의 열린 문을 향해 다가간다. 발전기가 돌아가는 소리 외에 아무 소리도 들리지 않는다. 나는 자연의 세계와 완전히 격리된 것이다. 인공의 빛과 폭군 같은 소음의 상자 속에 완전히 갇혀 버린 것이다.

고독

트레일러 안으로 들어서자 내 시각은 새로운 환경에 곧 적응된다. 편지를 쓰면서 나는 빛과 모터의 소음을 인식하지 못한다. 하지만 인간이 만든 이 껍데기를 둘러싸고 있는 더 큰 세계와는 완전히 격리되어 있다. 사막과 밤이 멀리 도망가 버린 것이다. 나는 이제 그 안에 참여할 수도, 그것들을 관찰할 수도 없다. 경계가 없는 넓은 세상과 작고 보잘것없는 세계를 바꾼 것이다. 내 선택에 의해서, 그 교환이 일시적으로 편리하기는 하지만 나는 언제고 원한다면 다시 바꿀 수 있다.

편지 쓰기를 마친 나는 밖으로 나가 발전기의 스위치를 껐다. 전등이 희미해지더니 꺼져 버리고 요란하게 움직이던 피스톤도 동작을 멈춘다.

나는 기다린다. 이제 밤이 다시 돌아오고 장엄한 정적이 나를 포용한다. 별이 다시 보이고 별빛의 세계가 다시 돌아온다. 나는 가장 가까이 있는 인간과 32km 이상 떨어져 있다. 그러나 나는 외로움 대신 사랑스러움을 느낀다. 사랑스러움과 조용한 환희 같은 것을 느낀다.

낙원의 뱀

Desert Solitaire

사월의 아침은 청명하고, 맑고, 평온하다. 오후가 되어서야 바람이 불기 시작한다. 깔때기 모양의 회오리바람이 빙글빙글 돌면서 먼지와 모래를 불어 올린다. 그런 다음 본격적으로 바람이 불기 시작한다. 사막에 미친 사람의 고함소리가 일어나고, 하늘과 태양이 먼지와 모래가 섞인 노란 구름 뒤로 사라져 버린다. 새들도 바람에 날리고 작년에 떨어진 오크나무 잎새들, 꽃가루, 메뚜기의 시체, 향나무 껍데기도 바람에 날린다.

눈이 벌겋게 충혈되고, 콧구멍도 쓰라리고, 코피가 나기도 한다. 이런 폭풍 속을 차를 몰고 나가는 어리석은 사람이 있다면 차의 앞유리창은 모래가 잔뜩 쌓여 앞이 안 보일 것이다. 실내에 앉아 영원히 끝나지 않을 편지를 쓸 시간이다. 고운 먼지가 문 밑과 창틀에 소복히 쌓인다. 그러나 봄바람은 정적이나 멋진 풍경과 마찬가지로 이 협곡 지방의 일부이다. 여기서 오래 살다 보면 이 봄의 폭풍도 사랑하게 된다.

오후에 고약한 바람이 불 것임을 알기 때문에 오전은 더 달콤하다. 나는 아침 허드렛일을 시작하기 전에 뜨거운 커피를 한 컵 손에 들고 맨발로 맨땅을 디딘 채 문턱에 앉아서 해돋이를 바라보곤 한다. 공기는 아직 차지만 트레일러 안의 부탄 히터 덕분에 내 등은 따뜻하고, 떠오르는 태양이 내 앞가슴도 덥혀 준다. 또 커피는 내 내장까지 덥혀 준다. 이때가 하루의 가장 아름다운 시간이다. 그밖에도 아름다운 시간은 많기 때문에 단언할 수 없지만.

계절에 따라 아름다운 시간도 달라진다. 한여름에 가장 감미로운 시간은 오후의 끔찍한 열기가 사그라진 다음인 해가 지는 시간에 시작된다. 그러나 4월인 지금은 그 반대다. 해돋이와 함께 감미로운 시간이 시작되는 것이다. 겨울이면 어디론가 사라졌다가 이맘때쯤 돌아오는 새들도 나의 생각에 동의하는 것 같다. 어치들이 이 나무에서 저 나무로 떼지어 날아다니면서 조잘거린다. 몇 마리의 커다란 갈까마귀가 하늘을 선회하며 꺼억꺼억 울어 댄다. 놈들은 가끔 그 큰 날개를 퍼덕거리며 생쥐를 찾는다. 가끔 절벽 위 어디선가에서 굴뚝새가 또렷한 목소리로 울어 댄다. 플루트의 저음 같은 그 울음소리는 아마 새로 마련한 둥지의 소유권을 주장하는 소리일 것이다. 역시 보이지는 않지만 어디선가 산비둘기의 처량한 울음소리도 들린다. 그 울음소리는 잃어버린 짝을 찾으려는 간절한 부름인 것 같다.

그들은 이렇게 외치고 있는 것 같다. "여보세요… 당신은… 누구신가요…?"

다른 곳에서 대답이 들려온다. "여보세요… (잠시 쉬었다가) … 당신은 …어디… 있나요?"

물론 이런 나의 상상은 얼토당토않은 생각이다. 그들 나름의 중대한 관심사를 가진 비둘기들에게 인간의 감정에 맞는 사연을 덮어씌우는 것은 어리석고 불공평한 일일 것이다. 그러나 비둘기 울음소리는 짝을 부르는 소리인지 상대방에게 보내는 경고인지 분명치 않지만, 이 쓸쓸한 세계와 외로움에 대한 사색처럼 들린다.

내가 아직 무슨 새인지 확인하지 못한 다른 새들도 조용하게 근처에 숨어서 나를 지켜보고 있다. 조류학자들이 작은회색새들(l.g.b.=little gray birds)이라고 부르는 이 새들은 소리없이 이곳에서 저곳으로 날아다닌다.

앞에서도 말했듯이 나는 트레일러를 여러 마리의 생쥐들과 공유하고 있다. 나는 생쥐가 몇 마리인지 모른다. 그리 많은 것 같지는 않다. 어쩌면 한 가족인지도 모른다. 그놈들은 나를 성가시게 하지 않고 내가 흘린 빵 부스러기나 찌꺼기를 깨끗하게 처리해 준다. 그놈들이 어디서 왔는지, 어떻게 트레일러 안으로 들어왔는지, 내가 도착하기 전에 어떻게 살아남았는지(트레일러는 6개월 동안 잠겨 있었다) 나는 모른다. 이것은 내가 풀 길이 없는 수수께끼이다. 생쥐들과 관련해서 한 가지 걱정되는 점은 그놈들이 방울뱀을 끌어들인다는 사실이다.

어느 날 아침 일찍, 늘 그러듯이 문지방에 앉아서 해돋이를 바라보며 커피를 마시고 있던 내가 우연히 아래를 내려다보니 내 맨발 발뒤꿈치에서 불과 얼마 떨어지지 않은 곳에 내가 걱정하던 방울뱀이 있었다. 쐐기 모양의 머리와 똬리 밖으로 나와 있는 뿔 모양의 꼬리, 방울뱀이 틀림없었다. 그놈은 땅과 공기가 아직 매우 찬 문지방 밑 그늘에 있었다. 기온이 차서 동작이 굼뜬 상태였으므로 내가 조심성 없게 놈을 자극하지 않는 한 그놈이 나를 공격할 것 같지는 않았다.

트레일러 안에는 권총이 있었다. 큼지한 영국제 웨블리 45구경 권총이 장전된 채 있었지만 내 손이 거기까지 닿지는 않았다. 권총을 들고 있다고 해도 나는 놈을 그렇게 가까운 거리에서 쏘는 것은 주저했을 것이다. 불과 75cm 떨어진 단단한 바위 위에 있는 살아 있는 목표물을 내 다리 사이로 쏜다는 것은 어려운 일이다. 그것은 살인 행위와 다름없기 때문이다. 게다가 커피를 어디다 놓을까도 생각해야 할 문제였다. 나의 벚나무 지팡이가 불과 몇십 센티미터 떨어진 트레일러 벽에 기대어 놓여 있었지만, 그것을 집으려는 내 동작이 뱀을 자극하지 않을까 두려웠고, 그러다가 뜨거운 커피를 놈의 비늘 위에 쏟을지도 몰랐다.

문득 다른 생각이 떠올랐다. 아치스 내셔널 모뉴먼트는 무엇보다 야생 생물들을 보호하는 데 그 목적이 있다. 모든 형태의 야생 생물을 보호해야 한다. 공원 관리원으로서의 나의 의무는 공원 경계 안에 있는 모든 야생 생물을 보호하고 보존하며 지키는 일이다. 여기에 예외가 있을 수 없다. 이런 의무가 아니더라도 나에게는 개인적인 신념이 있다. 이상(理想)이라고 해도 좋다. 나는 동물을 죽이는 것을 좋아하지 않는다.

어떻게 할까. 나는 커피를 좀 더 마시면서 내 발뒤꿈치 근처에서 움직이지 않고 있는 이 파충류를 관찰했다. 내가 맞서고 있는 상대는 무시무시한 다이아몬드백 크로탈루스 아트록스(*Crotalus atrox*)가 아니고, 이 지방에서 뿔방울뱀이라고 부르는 그보다 더 작은 종류였다. 이놈의 정확한 이름은 '색바랜 꼬마(Faded Midget)'였다. 방울뱀으로서는 모욕적인 이름이다. 아마 이놈의 성질이 나쁘다고 해서 그런 이름이 붙은 것 같다. 하지만 적절한 이름이라고 할 수 있다. 놈은 작은 데다 흙색깔이며 눈 위에 작은 돌기가 있다. 뿔이다. 이놈에게 물리면 일시적으로 마비 상태에 빠지지만 건강에 이상이 없는 성인이라면 이놈에게 물렸다고 죽지는 않는다고 알려져 있다. 하지만 나는 이놈이 내 주위에 있는 것이 달갑지 않다. 그렇다면 바깥에 나갈 때마다 부츠나 구두를 신어야 할까? 전갈, 타란툴라(독거미), 지네, 검은과부거미들 역시 골칫거리다.

나는 커피를 다 마신 후, 발을 얼른 들어서 트레일러 문 안으로 집어넣었다. 즉시 밑에서 윙 하는 소리를 내면서 방울뱀이 머리를 들어 올렸다. 놈은 두 눈을 반짝이며 혀를 낼름거려 공기의 온도를 맡았다.

나는 부츠를 가스 불에 녹여 신고 다시 문께로 돌아왔다. 손님은 아직도 문지방 밑에서 경계심을 늦추지 않은 채 햇볕을 쬐고 있었다. 트레일러에는 문이 두 개 있다. 나는 다른 문으로 나가서 픽업트럭에서 손잡이가 긴 삽을 꺼냈다. 그리고는 삽으로 놈을 떠서 바깥으로 던졌다. 독이빨이 강철에 부딪치는 소리가 들렸고, 삽날에 묻은 독액도 보였다. 놈은 몸을 곤두세우고 나와 싸우려고 했다. 그러나 나는 참을성을 가지고 놈을 트레일러에서 멀리 몰아갔다. 놈은 삽처럼 생긴 머리를 높이 들고 경계태세를 유지한 채 꼬리를 흔들면서 천천히 옆으로 미끄러져 갔다. 마침내 놈은 납작한 사암 밑의 은신처로 들어갔다.

"친구, 거기 있는 게 좋을 거야. 트레일러 근처에서 너를 또 발견 하게 되면 그땐 네 머리를 삽으로 찍어 잘라 놓고 말겠어." 내가 놈 에게 경고를 했다.

1주일 후, 놈이 다시 돌아왔다. 아니면 놈의 쌍둥이 형제인지도 모 른다. 나는 그놈을 어느 날 아침 트레일러 밑 주방 싱크대 하수관 근 처에서 발견했다. 놈은 그곳에서 생쥐를 기다리고 있는 듯했다.

그냥 넘길 일이 아니었다. 꼬마 방울뱀들이 여기 있다면 다이아몬 드백 역시 있을지 모른다. 다이아몬드백은 길이가 1.5~2m나 되고 굵기가 어른 팔뚝만 한 위험한 놈이다. 나는 그런 놈들이 내 집 밑에 있다는 것을 달가워할 수 없었다. 아무래도 쥐덫을 놓아야겠다고 생 각했다.

그런데 쥐덫을 놓기 전에 다행히도 나는 인디고뱀(gopher snake) 한 마리를 잡았다. 어느 날 아침 쓰레기 더미에서 쓰레기를 태우고 있 는데, 길고 가는 누런 갈색의 뱀 한 마리가 깡통과 플라스틱 피크닉 접시들이 쌓여 있는 더미 밑에서 기어나와 모래가 덮인 협곡 바닥 을 기어 내려가는 것이 보였다. 내 픽업트럭 운전석 옆에는 누런 자 루가 하나 있었다. 도로를 달리다가 덤불이나 선인장에 걸린 클리 넥스 화장지를 수거하는 데 쓰는 자루였다. 나는 그 자루와 지팡이 를 들고 뱀을 쫓아가서 관목의 노출된 뿌리 밑으로 뱀을 몰아넣었 다. 그놈이 쓸모 있는 인디고뱀이라는 것을 확인한 후, 나는 자루 끝 을 벌리고 한참 동안 실랑이를 한 끝에 뱀을 자루 속으로 몰아넣었

다. 인디고뱀(학명은 *Drymarchon Corais Couperi*)은 황소뱀(bull snake)이라고도 불리며 방울뱀들의 천적으로 알려져 있다. 이 뱀은 방울뱀을 만나면 죽이거나 다른 곳으로 쫓아버린다. 이 매끈매끈하고 잘생긴, 독이 없고 순한 파충류를 길들이면 좋겠다고 생각한 나는 놈을 트레일러 안에 놓아주고 그 안에 며칠 동안 머물도록 했다. 놈에게 먹이를 주어야 할까? 나는 주지 않기로 했다. 생쥐들을 잡아먹게끔 하자. 필요로 하는 수분은 생쥐의 살에서 취할 수 있을 것 같았다.

이 인디고뱀과 나는 사이좋게 잘 지낸다. 놈은 낮에는 히터 뒤 따뜻한 구석에 고양이처럼 웅크리고 있다가 밤이면 제 볼일을 보러 다닌다. 이놈이 온 후로 생쥐들은 좀처럼 소리를 내지 않고, 눈에 잘 띄지도 않는다. 놈은 별로 움직임도 없고 겉보기로는 이 생활에 만족하고 있는 것 같다. 내가 두 손으로 놈을 들어 올려서 팔에 감거나 목에 걸어도 아무런 저항도 하지 않는다. 내가 놈을 밖으로 데리고 나가서 바람도 쐬게 하고 햇볕도 쐬게 해줄 때, 놈이 가장 좋아하는 장소는 내 셔츠 속이다. 놈은 몸으로 내 허리를 감고 내 허리띠 위에서 쉰다. 이런 자세로 놈은 가끔 셔츠 단추 사이로 머리를 내밀고 바깥 날씨를 살피는데, 그때 나와 우연히 함께 있게 되는 관광객들은 놈의 이런 모습을 보고 놀라기도 하고 즐거워하기도 한다. 뱀의 비늘은 건조하고 매끄러워서 피부에 닿으면 기분이 좋다. 뱀은 냉혈동물이기 때문에 가까이 있는 환경에서 열을 받아 체온을 높인다. 이 경우에 열원(熱源)은 나의 몸이다.

우리는 서로 궁합이 맞는다. 물론 이것은 나의 사견이다. 이렇게 가깝게 지낸 지 일주일쯤 지난 어느 날 나는 놈을 트레일러 문지방

옆에 있는 따뜻한 사암 위에 놓아두고 공원 순찰에 나섰다. 정오에 돌아와 보니 놈은 어디론가 가 버리고 없었다. 나는 트레일러의 안과 바깥을 샅샅이 찾아보았지만 내 친구의 모습은 보이지 않았다. 이곳을 완전히 떠나버린 것일까, 아니면 근처 어딘가에 숨어 있는 것일까? 어쨌든 나는 이제 문 밑에 웅크리고 있는 방울뱀 때문에 골치를 앓지는 않게 되었다.

그러나 뱀의 얘기는 아직 끝난 것이 아니다.

인디고뱀이 사라지고 약 한 달이 지난 5월 중순의 어느 무척 더웠던 날 저녁, 장밋빛 사막이 불이 꺼지고 난 후의 석쇠처럼 식고 있을 무렵, 놈이 다시 나타났다. 그런데 이제 그놈은 혼자가 아니라 짝까지 대동하고 있었다.

나는 캔맥주 한 개를 따 들고 숨막힐 듯한 트레일러 안의 열기 속에 있었다. 맨발로 밖에 나가서 구름을 관찰하면서 지친 피로를 풀어 보려 하던 참이었다. 내가 냉장고 가까이 있는 작은 창밖을 내다보니 트레일러의 베란다에서 두 마리의 인디고뱀이 일종의 의식을 거행하듯이 춤을 추고 있는 모습이 내 눈에 들어왔다. 그들은 꾸불꾸불 서로 몸을 감았다 풀었다 하면서 우아한 움직임으로 춤을 추고 있었다. 보이지 않는 어떤 열정이 그놈들을 그렇게 결합시키고 있는 것 같았다. 성적인 열정일까? 아니면 투쟁적 열정일까? 아니면 그 둘을 겸한 감정일까? 부끄러움을 모르는 관음증 환자처럼 두 연인들을 지켜보던 나는 더 가까이에서 보고자 밖으로 뛰어나가 트레일러를 돌아 뒤쪽으로 갔다. 나는 내가 그들에게 겁을 주거나 그들의 흥을 깨지 않기를 바라면서 두 손으로 땅을 짚고 무릎을 꿇은 채 춤추고 있는 뱀들에게로 다가갔다. 나는 1.8m 이내로 접근해서 배를 땅에 깔고 엎드린 자세로 뱀의 눈과 같은 눈높이에서 그들을 지켜보았다. 춤에 도취된 뱀들은 나의 존재를 알아차리지 못한 듯했다.

두 마리의 인디고뱀은 길이나 색깔이 거의 같았다. 내가 전에 데리고 있던 놈이 어느 쪽인지 나로서는 분간할 수 없었다. 하는 행동이 연인들의 대무(對舞)라는 느낌은 강했지만, 나는 사실 그놈들이 수놈과 암놈인지조차 확신을 가질 수 없었다. 놈들은 서로 뒤엉켰다가 떨어지고, 나란히 미끄러지다가 정확한 대칭을 이루며 도는가 하면 다시 합쳐져서 뒤엉켰다가 다시 떨어지곤 했다. 이런 동작이 기본 패턴이었지만 때로는 다른 모양을 보이기도 했다. 일정한 간격으로 머리를 한껏 높이 들어 올리고 마치 상대를 능가하거나 상대에게 겁을 주려는 것처럼 서로를 노려보기도 했다. 그들의 머리가 자꾸자꾸 위로 올라가다가 함께 쓰러지면서 의식은 계속되었다.

나는 놈들에게 더욱 가까이 기어갔다. 그들의 동작 하나하나를 놓치지 않고 보고 싶었기 때문이다. 그들과 나 사이의 거리가 불과 1m밖에 안 되었을 때, 놈들이 갑자기 동시에 나를 발견했다. 춤은 중지되었다. 잠시 가만히 있던 두 마리의 뱀은 여전히 일치된 동작으로 나를 향해서 곧장 다가왔다. 두 갈래로 갈라진 혀를 날름거리면서, 또 강렬한 노란 눈으로 내 눈을 쏘아보면서 놈들은 내 얼굴을 향해 곧장 다가왔다. 한순간 나는 경이로움으로 몸이 마비되었다. 이어 걷잡을 수 없는 두려움에 휩싸인 나는 무릎을 꿇은 자세로 뒤로 물러났다. 놈들은 방향을 바꾸더니 역시 나란한 대형을 유지하며 나에게서 물러났다. 그들의 가늘고 우아한 몸뚱이가 부드러운 쉭쉭 소리를 내며 모래와 바위 위를 미끄러져 갔다. 여전히 호기심에 이끌려 잠시 그들을 쫓아가던 나는 이쯤에서 그들을 놓아주는 것이 도리라는 생각을 했다. 조용히 그들을 보내 주자고 나는 생각했다. 나는 그들의 행운을 빌어 주었다. 만약 그들이 연인이라면 많은 자손을 낳기를 그리고 오래오래 행복하게 살기를 빌었다. 그것은 그들에게 좋은 일일 뿐 아니라 우리들에게도 좋은 일일 테니까.

앞으로 나는 다시 그들을 보지 못할 것이다. 그러나 나는 토템 신들처럼 나를 지켜보면서 방울뱀들을 덤불로 쫓아주고 지나치게 늘어나는 생쥐들을 솎아 주어 자연의 균형을 유지해 주는 그들의 존재를 느낄 수 있을 것이다.

내가 이 같은 인간 중심의 논리를 펴는 것이 타당한 일일까? 어쩌면 타당하지 않을지도 모른다. 하지만 나는 인간이 갖는 중요한 요소를 내 주위의 뱀이나 새들에게 부여하고 있는 것이 아니다. 그들이 나에게 이로운 일을 하는 것은 순전히 그들의 이기적인 이유 때문이라는 것을 나는 알고 있다. 하지만 인간과 인간이 기르는 개 이외의 다른 동물들은 감정을 가지고 있지 않다고 생각하는 것은 어리석고 단순한 합리주의일 거라는 생각이 든다. 그것은 모슬렘이 여자에게는 영혼이 없다고 생각하는 것만큼이나 잘못된 생각이다. 인간이 길들이지 않은 다른 많은 동물들도 우리가 모르는 정서를 갖고 있을 것이라는 생각이 든다. 코요테가 달을 보고 울부짖는 것은 무슨 이유 때문이겠는가? 우리에게 어떤 말을 하려는 듯한 돌고래의 행동은 어떻게 설명할 수 있겠는가? 내 눈을 향해 곧장 달려올 때 그 두 마리 인디고뱀이 품었던 감정은 어떤 것이었을까?

때로는 속으로 절반쯤 그것이 사실이 아니기를 바라면서도 우리는 모든 인간은 형제라고 말하기를 좋아한다. 그 말은 맞는 말일 것이다. 그러면 단세포동물이 진화해서 인간이 되었다는 말은 어떻게 생각해야 할까? 그 말 역시 아마 맞는 말일 것이다. 그렇다면 이런 말을 듣는 것이 어떤 사람에게는 고통스럽고 괴로울지 모르지만, 우리는 '모든 지구상의 생물은 일가친척'이라는 소식을 퍼뜨려야 한다.

절벽장미와 유카

Desert Solitaire

메이데이(mayday, 5월 1일 노동절)다.

금빛 줄무늬를 드리운 진홍색 아침햇살이 밸런스드 록과 아치들과 구멍 뚫린 바위들 너머 그리고 콜로라도의 그랜드 메사 너머에서 빛났다. 새벽 바람이 시에라 라살 봉우리들의 남은 눈을 녹이고 있다. 모아브 일대에서 가장 큰 산인 투쿠니키바츠(Tukuhnikivats)도 이 바람이 멎지 않는다면, 곧 그 화강암 몸체를 드러내게 될 것이다. 30km쯤 떨어진 곳에서 바람에 날리는 눈이 푸른 스카프처럼 보인다. 이런 날씨에 해발 3,900m가 넘는다는 그곳에 가 있기를 원하는 사람은 아마 없을 것이다.

노동절을 기념해서 나는 진홍색 스카프를 들보에 매달았다. 들보에는 중국에서 건너온 풍경(風磬)들도 매달려 있다. 풍경들이 미풍에 흔들리며 쟁그랑쟁그랑 소리를 냈다. 풍경 위 스카프가 시와 혁명의 붉은 깃발처럼 펄럭였다. 그런 다음 나는 입구에 있는 깃대에 성조기를 달았다. 공평한 중립주의자인 나는 노사 양편에 똑같이 행운을 빌었다.

인디고뱀들은 나를 버리고 떠나 버렸다. 그들과 함께 생쥐들도 대부분 없어졌다. 그래서 오늘 아침 트레일러는 외로운 느낌을 준다. 나는 커피를 최대한 낮춘 불꽃 위에서 천천히 끓도록 놓아둔 채 벚나무 지팡이를 들고 식전 산책에 나섰다. 바람은 내 이빨 사이로 모래를 밀어넣고 있지만, 절벽장미의 꽃향기와 희미한 눈 냄새를 신고 와 그쯤은 보상받고도 남는다.

바야흐로 정원을 둘러볼 때다. 특별히 가꾼 정원이 있는 것은 아니다. 여기서 산맥까지, 여기서 책절벽까지, 여기서 강도들의 둥지(Robbers' Roost)와 땅끝(Land's End)까지 뻗어 있는 내 주위의 온 천지가 바로 정원이다. 네게브사막만 한 크기의 이 지역에는 나와 모아브 마을에 모여 살고 있는 사람들 이외에는 사람이 살고 있지 않다.

정원의 식물 목록을 살펴보자. 커다란 노란 야생화(mule's ear)들이 비포장도로를 따라 피어 있다. 도로에서 흘러내리는 물 때문에 수분이 다른 곳보다 약간 많은 편이라 도로가에는 식물이 더 많다. 야생화 사이에서도 자라고, 사막의 다른 지역에 더 성글게 흩어져 있는 식물들로는 노란 보리지, 인디언 페인트브러시, 진홍색 펜스테몬, 스칼렛길리아, 부채선인장, 고슴도치선인장, 자주색 로코풀, 산호처럼 붉은 글로브맬로, 서양소루쟁이, 분꽃 등이 있다. 그러나 가장 아름다운 것은 오렌지꽃 같은 향기에다 예쁜 소녀처럼 쾌활하고 감미로운 절벽장미(cliffrose, *Cowania stansburiana*)이다. 이 꽃나무는 사슴덤불, 키니네나무라는 예쁜 이름도 가지고 있다.

절벽장미는 마디투성이의 줄기와 구불구불하게 구부러진 가지를 가진 강인한 관목으로 때로는 사람의 키에 두 배만큼 자라기도 한다. 꽃이 피지 않을 때는 사람들의 시선을 끌지 못한다. 그러나 겨울에 눈이 내리고 봄에 약간이나마 비가 오고 나면 이 나무는 갑자기 백조처럼, 또한 처녀처럼 성장을 한다. 하얀 우윳빛 또는 연한 노란색의 야생장미 같은 꽃송이들이 빽빽하게 피어나서 앙상한 가지를 감추어 버린다. 각각의 꽃은 5개의 꽃잎을 완전히 갖추고 있고, 그 중심은 황금색으로 장식되어 있다.

트레일러 뒤, 창고 근처에 절벽장미 한 그루가 있어 그 눈부신 꽃송이들이 바람에 흔들리고 있다. 또 한 그루는 트레일러 입구 옆 단단한 사암에 뿌리를 박고 3m 높이로 자랐는데, 역시 꽃이 활짝 피어 있다.

절벽장미는 아름다울 뿐 아니라 실용적인 식물이다. 이 무렵에는 꽃 때문에 숨겨져 있지만, 그 잎새들은 작고 단단하며 수액으로 덮여 있어 혀에 닿으면 쓰다(그래서 키니네나무라는 별명을 갖게 되었다). 그러나 이 잎새들은 사슴의 먹이로 인기가 높다. 다른 먹을 만한 것이 별로 없기 때문이다(그래서 사슴덤불이란 이름도 갖게 되었다). 인디언들은 옛날에 이 나무의 껍질로 샌들이나 매트, 밧줄을 만들었으며 호피 인디언의 치료사들은 오늘날에도 이 나무의 잎새를 이겨서 최토제(구토를 일으키는 약)로 사용하고 있다고 한다.

빽빽하게 피어나는 많은 꽃들 덕분에 절벽장미는 이 협곡지대에서 가장 눈에 띄는 식물이다. 그러나 하나하나의 꽃의 아름다움을 본다면 대부분의 사람들은 선인장의 꽃이 가장 아름답다고 의견을 모을 것이다. 여러 종류의 선인장 꽃들은 제각기 특징이 있다. 어떤 것은 꽃의 크기가 크고 어떤 것은 섬세하며 어떤 것은 찬란하고 또 어떤 것은 피어 있는 시간이 유난히 짧다. 선인장의 꽃은 대부분 1년 중 단 하루 동안만 피어 있다. 미인은 박명하기 때문일까? 글쎄, 잘 모르겠다. 나로 말하면 특별히 더 좋아하는 꽃이 없다. 자유롭게 저절로 피어나는 야생화라면 어느 것이나 다 좋다(온실이나 화분에 있는 꽃들은 질색이다).

선인장의 꽃들은 모두 모양이 엇비슷하다. 속의 색깔만이 다를 뿐이다. 예를 들면 부채선인장(prickly pear)은 보라색, 짙은 황색, 또는 적색의 꽃을 피운다. 꽃의 모양은 컵 모양이고 황금색 수술이 가득 차 있는데, 이 수술들은 벌이 들어오면 부드럽게 맞아들인다. 이 꽃은 그야말로 곤충들에게 아주 매력적이다. 꽃 속을 들여다보면 영낙없이 꽃가루를 잔뜩 묻힌 채 취한 걸음걸이로 이리저리 돌아다니고 있는 벌 한 마리를 발견하게 된다. 달콤한 꿀을 포식하고 있는 것이다. 이 벌을 쫓아버리는 것은 불가능하다. 좀처럼 나오려고 하지 않기 때문이다. 풀 줄기로 찔러도 보고 건드려 보기도 하는 등, 나는 벌을 쫓으려고 최선을 다해 보았지만 선인장 꽃 속에 있는 벌은 끄떡도 하지 않았다. 벌은 꽃이 시들 때까지 그곳에 머물러 있다. 꽃집이 문을 닫을 때까지.

내 생각에 선인장 꽃의 특별한 점은 꽃과 그 꽃을 피우는 식물의 모양이 대조적인 데 있는 것 같다. 사막 한가운데 사는 선인장은 작고 지저분하며 보잘것없는 식물로, 그 가시에 찔리지 않는 한 사람들은 그것을 눈여겨보지 않는다. 그러나 이 가시의 둥지, 낚싯바늘처럼 매서운 가시의 덫에서 매년 멋진 꽃 한 송이가 피어난다. 이 꽃은 꺾을 수도 없고 곤충이 아니고서는 가까이 다가갈 수도 없다. 그러나 장미보다도 더 부드럽고 사랑스러우며 달콤하다.

나는 제멋대로 뻗어 있는 부채선인장을 피해 드러난 사암 위를 몇 발짝 걸어 선인장처럼 방어 무기를 지닌 한 식물 쪽으로 갔다. 이 식물은 사방으로 뻗은 총검 모양의 잎사귀들로 이루어져 있다. 하나하나의 초록색 잎사귀는 칼처럼 단단하며 그 끝은 바늘처럼 뾰족하다. 이 범접할 수 없는 칼의 둥지 한가운데에는 우아하게 구부러진 가느다란 줄기가 돋아나 있는데, 이 줄기가 크림 색깔에 묘한 향기를 풍기는 종 모양의 꽃들로 이루어진 무거운 꽃송이를 지탱한다. 이 식물은 선인장이 아니고 백합과에 속한다. 스페인총검이라 불리는 유카(yucca)의 일종이다.

유카는 그 무시무시한 방어 수단에도 불구하고, 아니면 그 방어 수단 때문에 어디에서나 특이해 보이고 또 아름답다. 이 식물은 뉴멕시코 남부의 고원 초지, 그랜드캐니언의 가장자리와 내부, 이곳 아치스 공원 일대에 분포하고 있고 유타주의 붉은 모래 지대에서도 듬성듬성 자라고 있다.

유카는 그 모양만 특이한 게 아니고 번식하는 방법 역시 특이하다. 유카의 꽃은 벌이나 벌새가 아니라 프로누바(Pronuba)속(屬)의 나방에 의해서만 수정된다. 이 둘은 오랜 기간에 걸쳐 공생관계를 확립해 왔다. 나방은 적절한 시기에 유카꽃의 씨방에 알을 낳는다. 나방의 유충은 씨방에서 자라면서 자라는 씨를 먹는다. 성충이 될 때

까지 먹어도 꼬투리에는 몇 개의 씨가 남는다. 이 남은 씨가 사막의 바람에 날려가서 다음 해에 유카의 싹을 틔우는 것이다. 이렇게 애벌레를 키워 주는 데 대한 보답으로 나방은 유카에게 중요한 서비스를 한다. 꽃 속으로 들어오는 과정에서 나방은 우리들에게는 우연히 그렇게 하는 것처럼 보이지만 다른 꽃의 꽃가루를 암술에 묻힘으로써 꽃가루받이가 이루어진다.

바람이 멎을 기미를 보이지 않는다. 모래바람이 내 얼굴을 때린다. 그렇지만 아직 보고 놀라워 할 것들이 너무 많다. 세상은 밝은 햇빛과 바람 속에서 생기에 넘치고 또 봄의 열기와 아침의 기쁨에 도취되어 있다. 생명의 신비로움과 경이로움은 이곳 사막에서 더욱 뚜렷이 드러나는 것 같다. 상대적으로 식물과 동물의 밀도가 낮기 때문이다. 이곳에서는 다른 곳처럼 생명체들이 붐비지 않고 띄엄띄엄 흩어져 있기 때문에 각각의 풀이나 관목, 나무 그리고 풀잎 하나하나까지도 넉넉한 공간을 확보하고 있다. 그래서 살아 있는 유기체들은 생명이 없는 모래와 황량한 바위들을 배경으로 대담하고, 용감하고, 생기있게 자신을 드러내고 있다.

모래 위에는 도마뱀, 새, 캥거루쥐 그리고 딱정벌레들이 지나다닌 길이 나 있다. 바람이 야생의 라이스그라스(ricegrass)들을 마구 흔들어 대는 붉은 모래언덕에 원과 반원들이 그려져 있다. 사구 맨 꼭대기에는 곡선의 처마도리가 있고, 그곳에서 끊임없이 고운 모래가 뿌려지고 있다. 은신처가 바람을 막아 주는 초승달 모양의 모래언덕에는 해바라기와 진홍색 펜스테몬이 몇 그루 자라고 있다. 나는 바람을 등지고 모래언덕 가장자리에 배를 깔고 엎드려서 뱀의 눈높이로 꽃들을 올려다보았다. 밑에서 보니 펜스테몬 꽃이 마치 바람에 휘날리는 페넌트(pennant) 같았다. 해바라기는 털 많고 굵은 녹색 줄기 위에서 흔들리며 서걱서걱 소리를 내고 있었는데, 뱀의 눈높이로 보니 해바라기 줄기가 마치 나무둥치처럼 보였다.

나는 일어나서 다시 트레일러를 향해 걷기 시작했다. 오는 길에 커다란 개미집 옆을 지났다. 수확개미의 돔형 도시였다. 무는 힘이 무척 센 이 잡식성의 붉은 악마들은 반경 3m 이내에 있는 식물을 모조리 먹어 버림으로써 자기네 집 주위의 땅을 발가벗겨 놓았다. 나는 지팡이로 그들의 집을 후려쳐서 망가뜨려 놓고 싶은 충동을 억제할 수 없었다. 사실 나는 개미를 좋아하지 않는다. 작은 개미들을 보면 신경질이 난다. 개미에 비한다면 털이 있는 전갈은 매력과 위엄, 사랑스러움을 갖춘 동물이다.

내가 좋아하는 향나무가 햇빛에 그 앙상한 자태를 드러내고 눈 앞에 서 있다. 너덜너덜한 뿌리가 바위를 움켜쥐고 있고, 텁수룩한 가지에는 청록색 열매들이 다닥다닥 달려 있다. 이 향나무는 암나무다. 이 늙은 할머니 나무의 나이는 300살쯤 되었을지도 모른다. 성장이 느린 향나무는 조건이 좋은 장소에서도 4.5~6m 이상의 높이로 자라는 경우가 드물다. 이 향나무는 아직도 열매를 맺고 활기에 차 있지만 일부는 죽어 있다. 갈라진 둥치의 반쯤에서 나온 가지가 말라죽어 발톱 모양으로 하늘을 향해 솟아 있다. 이 가지는 잎도 없고 껍질도 벗겨진 데다 햇볕과 바람에 시달려 은색으로 변해 버렸다. 이 가지는 내가 너무 가까이 있지 않을 때 까치나 갈까마귀들이 즐겨 앉는 장소다.

나는 아치스에 도착한 이후로 줄곧 이 나무를 눈여겨 살펴왔다. 그 나무에서 무언가를 배우고 싶었다. 그 모양에서 어떤 의미를 발견하고 싶었다. 그러나 실패하고 말았다. 향나무의 본질이 계속 나를 비껴가고 있다. 내가 지금 의심하고 있는 것처럼 그 표면이 또한 본질인지도 모른다. 두 생물이 똑같은 땅 위에서 공통의 매개물로 호흡을 하고 있다. 그러나 우리는 서로 접촉은 하지만 직접적인 의사소통은 하지 못한다. 직관, 공감, 감정이입, 그 어느 것도 나를 이 나무의 마음속으로 인도하지 못한다. 나무에 마음이 있는지도 확실치 않지만.

가끔 나는 향나무의 정적인 자세가 짜증스럽다. 하늘을 향해 뻗어 있는 죽은 발톱 같은, 호소하는 듯한 몸짓이 강경증(强硬症, catalepsy, 일정한 자세를 강박적으로 지속하는 긴장병 증후군)에 걸린 사람을 떠올리게 한다. 어쩌면 이 나무는 미쳤는지도 모른다. 그러나 바람이 불 때마다 가지들이 내는 둔탁하고 고통스런 삐걱거리는 소리는 그런 고통에서 벗어나고자 하는 내적인 노력을 드러내고 있다.

동쪽의 노란 안개로부터 바람이 불어오고 있다. 아침 바람, 태양의 바람이다. 오늘은 폭풍은 불지 않을 듯하다. 폭풍이 불면 먼지와 모래가 바람에 날려 공기가 탁해진다.

아직 꽃은 피지 않았지만 갓 돋아난 잎사귀들의 신선한 녹색이 사막의 담갈색과 좋은 대조를 이루는 관목이 있다. 싱글리프 애시(singleleaf ash)라고 알려진 이 나무는 소나무와 향나무 등, 상록수들이 주종을 이루고 있는 이곳에서 찾아볼 수 있는 몇 안 되는 낙엽수이다. 사막에 사는 대부분의 나무들은 잎사귀가 아주 빈약하거나 아예 없다. 그래야 습기를 보존할 수 있기 때문이다. 이렇게 볼 때 잎사귀가 큼직한 싱글리프 애시는 시들어 죽을 수밖에 없는 운명인 이곳에 어울리지 않는 식물인 듯 보인다(이 나무의 학명은 *Fraxinus anomala*이다). 그러나 이 식물의 잎을 만져 보면 그 잎이 종이처럼 건조하고 조직은 가죽 같아서 사막에서 견딜 만하다는 것을 알 수 있다. 내 정원에 있는 싱글리프 애시는 홀로 길가에 서 있는데, 키는 90cm밖에 안되지만 강인하고 다부지다. 이 나무는 바위를 움켜잡고 있다.

은색과 푸른색 그리고 남청색이 뒤섞여 번쩍이는 샌드세이지(sand sage)가 깃털 같은 줄기를 머리카락처럼 휘날리며 멀리서 반짝이고 있다. 손톱만 한 크기의 자주색 꽃들이 반짝이는 잎사귀에 반쯤 가려 있다. 자주색 세이지, 이 잎사귀를 엄지손가락과 둘째 손가락으로 비비면 독특한 독한 냄새가 난다. 협곡지대, 고도가 높고 외로운 메사랜드, 멀리서 불어오는 바람의 냄새라고나 할까.

또 하나 주목해야 할 식물은 이 부근 여기저기에 외로이 서 있는 피니언소나무(pinyon pine)들이다. 몇 년 자라면 열매가 달리는데 그 열매는 먹을 수 있을 뿐 아니라 나무는 좋은 연료가 된다. 소나무는 깨끗하게 천천히 타며 검댕이나 재가 조금밖에 안 나오고 냄새가 향나무처럼 좋다. 그런데 이 지역의 소나무들은 죽었거나 죽어 가고 있다. 호저(豪猪)의 등쌀 때문이다. 이런 사태가 초래된 원인은 야생생물관리청(Wildlife Service)이라고 알려진 연방기관의 의식적인 노력 때문이다. 이 기관은 사람들을 시켜 덫을 놓고 총이나 독극물을 사용해서 야생동물, 특히 코요테와 퓨마를 잡도록 하고 있다. 야생생물 전문가들은 그들이 천적들을 거의 멸종시킴으로써 호저들이 매우 빠르게 번식할 수 있게 했고, 이렇게 번식한 호저들이 살아남기 위해서 소나무 껍질을 갉아먹게 된 것이라고 보고 있다.

그밖에 또 무엇이 있을까? 트레일러가 보이는 곳에서 나는 키 큰 총상화서(總狀花序, raceme, 긴 꽃대에 꽃자루가 있는 여러 개의 꽃이 어긋나게 붙어서 밑에서부터 피기 시작하는 꽃차례)를 가진 공주깃털(princess plume)을 볼 수 있다. 모르몬차라고도 하는 녹색의 마황(ephedra)도 보인다. 인디언들은 이 식물에서 치료용 즙을 추출했다(그 즙에는 에페드린이 들어 있다). 회전초(tumbleweed)로 알려진 보기 싫은 러시아 엉겅퀴도 보인다. 다닥냉이, 수박풀, 뱀풀, 겹물망초, 해골풀도 있다. 해골풀 (skeletonweed)은 너무 섬세해서 거의 보이지 않을 정도이다. 모래언덕을 안정시켜 주는 왜소한 오크나무들도 보인다. 절벽장미의 가난한 사촌격인 아파치깃털, 사막의 식물 가운데 가장 천하고 흔한 회색 검은덤불도 보인다. 검은덤불은 다른 식물들이 포기한 땅에서도 자란다. 이 밖에 달맞이꽃, 사워독(sourdock), 노란색과 자주색의 벌풀, 장대나물, 야생 메밀, 그라마풀(grama grass) 등의 일년초가 자라고 있다. 그리고 이곳에서 북쪽으로 8km 떨어진 소금계곡 바닥에는 수 에이커에 걸쳐 산호 색깔의 글로브맬로가 자라고 있다.

눈으로 볼 수 있는 거리는 아니지만 그래도 가까운 곳에 그늘지고 습기 있는 외진 장소에서는 신비스런 흰독말풀이 밤에 꽃을 피운다. 흰색 나팔 모양의 부드러운 이 꽃들은 어둠 속에서만 열리고 열기가 느껴지면 닫힌다. 흰독말풀을 신성한 풀로 숭배하는 사람들도 있다. 시각적 환상을 유도하는 알카로이드계의 강력한 마약인 아트로핀이 함유되어 있기 때문이다. 인디언들은 흰독말풀이 이런 효능을 가지고 있다는 사실을 사이키델릭 열풍이 시작되기 훨씬 전에 발견했다. 그들이 독으로 목숨을 잃지 않고도 어떻게 그런 발견을 할 수 있었는지는 아무도 모른다. 하긴 소위 원시인이라고 불리던 사람들이 어떻게 그렇게 많은 발견을 했는지를 아는 사람도 없다. 우리는 과학이 새로운 것이 아니라는 사실을 인정해야 한다. 그런 연구, 경험론적 논리, 실험하는 용기는 사람이 생겨날 때부터 존재해 왔다.

　내가 지금까지 열거한 식물들의 대부분은 환경학자들이 피니언 소나무―향나무 식물군이라고 부르는 것에 속하는 것들이다. 다시 말해 고원의 높고 건조하고 소금기 있는 토양에서 흔히 자라는 식물들이다. 소금계곡의 알칼리성 평지에 내려가면 갯능쟁이(shadscale), 솔트브러시, 그리스우드, 가시말나무(spiny horsebrush), 애스터, 자운영, 버드세이지, 갈레타풀(galletagrass) 등, 전혀 다른 식물들을 만나게 된다. 습지와 아주 드문 상수하천 양옆에서는 제3의 식물군을 발견하게 된다. 포플러(미루나무), 버드나무, 타마리스크(tamarisk), 래빗브러시, 여러 종류의 사초(sedge), 왕골, 골풀, 갈대, 부들 등이다. 아치스 지역의 제4의 식물군은 샘과 협곡의 벽에서 물이 새어나오는 곳 주위에서 발견된다. 이런 곳에는 고사리, 물꽈리아재비, 나도여로(death camas), 매발톱꽃, 금난초, 양치류, 패닉그래스(수수속의 잡초), 나도기름새, 덩굴옻나무, 스컹크부시 옻나무(Skunkbush Sumac) 그리고 협곡지대에서만 발견되는 이 지방 토산의 달맞이꽃이 공중에 매달린 정원을 이루고 있다.

　식물 목록은 이쯤에서 그치기로 하자. 이렇게 긴 식물 목록을 접한 독자는 아치스 내셔널 모뉴먼트를 사막이 아니라 정글로 상상하게 될지도 모른다. 그러나 그렇지 않다는 사실을 명심하기 바란다. 내가 정원이라고 했지만, 그것은 바위의 정원이다. 다양한 생물들이 발견되긴 하지만, 지표의 대부분, 최소한 4분의 3은 모래와 사암으로 이루어져 있다. 마치 달의 표면처럼 단조롭고 벌거벗은 황량한 풍경이다. 이곳은 분명히 사막이다. 깨끗하고 순수하지만 아무짝에도 쓸모가 없고 수익성이라고는 전혀 없는 사막이다.

태양이 윙윙 소리를 내는 황색 바람을 뚫고 떠오르고 있다. 아침 식사 시간이다. 트레일러로 들어간 나는 베이컨을 굽고 달걀을 부친다. 군침이 돈다. 바람에 날린 모래가 트레일러의 금속 벽에 부딪치고 창틀을 스치고 지나가는 소리가 들린다. 고운 모래는 문 밑과 창밑에 쌓인다. 트레일러가 갑자기 몰아치는 돌풍에 흔들린다. 그래도 나는 상관없다. 모래바람이 불든, 햇빛이 나든, 먹을 것이 있고 건강이 좋고, 땅이 나를 지탱해 주고 태양이 내 뒤에서 비춰 주기만 한다면 나는 만족한다.

8시에 나는 배지를 달고 레인저 모자를 쓰고 일하러 간다. 무전으로 본부와 연락을 취하고 입구 초소에 자리를 잡고 관광객이 나타나면 맞아서 안내해 주어야 한다. 관광객은 나타나지 않는다. 한 시간쯤 기다리고 나서 나는 픽업트럭을 타고 공원 순찰에 나선다. 픽업트럭에는 점심과 커피도 실려 있다. 내가 알기로는 현재 이 공원 안에서 캠핑을 하고 있는 사람은 한 사람도 없다. 그러나 확인해 본다고 밑질 것은 없다.

바람이 북쪽에서 불어오고 있다. 그래서 아까보다 더 차가워졌다.

밤이 되기 전에 진눈깨비나 비 또는 눈 혹은 그 세 가지 모두를 보게 될는지도 모른다. 날씨가 나빠지면 공원 진입도로의 통행이 불가능해진다. 야영객이나 방문자들에게 이런 위험을 알려서 그들이 너무 늦기 전에 이곳에서 빠져나갈 수 있게 해 주는 것도 내 임무 가운데 하나이다.

먼저 윈도스 도로로 접어들어 툭 튀어나온 밸런스드 록 밑으로 차를 달린다. 이음새도 없는 3,500톤의 엔트라다 사암 덩어리가 카르멜층이라는 볼품없고 불안정한 받침대 위에 놓여 있다. 받침대의 부드럽고 부식된 바위는 바람에 깎이고 또 위에 놓인 바위의 무게로 일그러져 있다. 언제고 바위는 굴러떨어질 것이다. 10년 이내에 떨어질 수도 있고 50년, 혹은 100년 이내에 굴러떨어질 수도 있다. 이제 불쑥 튀어나온 선반 모양의 바위 가장자리 주변에 독립해 서 있는 뾰족한 바위들 옆을 차가 지난다. 도처에 절벽장미꽃이 피어 있다. 노란 꽃들이 바람 속에서 떨고 있다.

도로 위에 하트 모양의 사슴 발자국이 또렷이 찍혀 있다. 그 사슴은 지금 어디 있을까, 잘 지내고 있을까, 사슴들의 먹이는 충분할까, 궁금하다. 호저와 마찬가지로 사슴들도 인간이 자연에 간섭함으로써 희생자가 되고 있다. 코요테의 수가 충분치 않고 퓨마가 거의 멸종되었기 때문에 사슴이 토끼처럼 수가 불어나서 먹이란 먹이는 모조리 먹어치우고 있다. 이렇게 되면 매년 많은 사슴들이 천천히 굶주려 죽을 수밖에 없다. 사슴사냥꾼들이 남아도는 '잉여'사슴들을 수확한다면서 매년 가을 솔트레이크와 캘리포니아에서 수천 명씩 몰려오지만, 그들은 그 일을 하기에는 적합하지 않은 사람들이다.

도로는 더블 아치(Double Arch) 야영지에서 끝난다. 야영장에는 아무도 없다. 나는 다람쥐가 혹시 갇혀 있지 않나 해서 쓰레기통을 들여다보았다. 병마개 몇 개를 주워 올리고 '위생시설'을 돌아보았다. 두루마리 화장지, 석회 깡통, 한구석에 매달려 있는 검은과부거미 등 모든 것이 제대로 되어 있는 듯 보였다. 문 안쪽에 누군가가 다음과 같은 경고를 적어 놓았다.

주의: 변기에 앉기 전에 방울뱀, 산호뱀, 채찍뱀, 식초전갈, 지네, 노래기, 진드기, 검은과부거미, 침노린재, 독거미, 두꺼비, 미국독도마뱀, 붉은개미, 불개미, 꼽등이, 자이언트 사막전갈이 있나 살필 것.

오솔길을 따라 더블 아치와 윈도스 아치(Windows Arch) 쪽으로 걸어나갔다. 바람이 바위와 바위 사이의 좁은 공간과 바위에 난 구멍 그리고 죽은 소나무 옆을 통과하면서 기분 나쁜 소리를 내고 있다. 하늘은 뿌옇고 노랗지만, 어느 정도 바람을 막아 주는 바위 사이의 이 장소에서는 공기가 여전히 맑다. 몇 마리 새가 총알처럼 날아간다. 검은목참새와 삼색제비 그리고 흰색과 검은색의 무늬가 선명한 까치들이다. 흙길과 모래언덕 위에는 다른 동물들이 지나간 흔적도 나 있다. 수사슴의 커다란 발자국도 나 있고 새, 생쥐, 도마뱀 그리고 곤충들이 지나간 작은 흔적도 있다. 스라소니나 코요테의 발자국이 있나 찾아보았지만 한 개도 찾지 못했다.

우리는 더 많은 포유동물을 필요로 한다. 목축업자들은 코요테가 그들의 양을 잡아먹는다고 불평한다. 코요테가 양을 잡아먹는 것은 사실이지만 그렇다고 몇 마리나 잡아먹겠는가? 코요테는 생명을 유지하기 위해 최소한의 양을 잡아먹을 뿐이다. 이건 어디까지나 나의 생각이지만, 몇 마리 양의 희생은 코요테의 수를 유지하기 위해 치러야 할 작은 대가일 뿐이다. 자연의 섭리를 알고 있는 양은 불평하지 않는데, 공유지에 양을 풀어놓고 기르면서 정부의 보조금까지 받고 있는 양의 주인들이 불평을 하고 있다. 양의 주인들은 그 정도의 손실쯤은 감당할 여유가 있다고 나는 생각한다.

우리에게는 더 많은 코요테, 더 많은 퓨마, 더 많은 늑대와 여우 그리고 살쾡이, 더 많은 올빼미와 매, 독수리가 필요하다. 목축업자들과 그들의 용병인 농무부의 직원들은 근 1세기에 걸쳐 무자비하게 이들을 학살했다. 그들은 총에서 덫, 비행기, 심지어 화학 무기와 생물학 무기까지 사용하면서 이들을 멸종 상태로 몰아넣었다. 비행기에서 코요테를 사살하고 개들을 풀어 퓨마를 사냥하는 것도 부족해서 무자비한 사냥꾼들과 자칭 스포츠맨들, 정부의 고용원들은 독이 든 고깃덩어리들을 여기저기 놓아두는가 하면 독을 섞은 기름덩이를 수 톤씩 공중에서 살포하고 미끼를 건드리면 발사되는 청산가리 총을 땅이나 덤불에 숨겨 놓기까지 한다. 이런 장치는 동물뿐 아니라 사람들에게도 위협이 되고 있다. 그래도 성이 차지 않았는지 그들은 먹으면 생식능력을 잃어버리는 생화학 약품까지 개발해서 사용하기 시작했다.

이런 생각을 하면서 눈과 바람을 맞으며 내가 절벽 모퉁이를 돌았을 때, 암사슴 한 마리와 새끼사슴 한 마리가 불과 10m밖에 떨어지지 않은 거리에서 절벽장미를 뜯어먹고 있는 것이 보였다. 그들은 꽃을 뜯어먹고 있었다. 내가 다가가는 소리도 듣지 못하고 나를 보지도 못했던 암사슴이 순간적으로 나를 발견했다. 그러나 내가 그 자리에 딱 멈추어 섰기 때문에 암사슴은 내가 위험한 존재인지 확신이 가지 않는 모양이었다. 암사슴은 새끼를 옆에 데리고 몇 초 동안 나를 쏘아보았다. 내가 숨을 내쉬며 약간 움직이자 사슴은 트램펄린에서 튀어오르듯 깡충 뛰어오르며 달아나 버렸고 새끼가 그 뒤를 따랐다. 그들의 날카로운 발굽이 바위에 부딪쳐서 나는 탁탁하는 소리가 들렸다.

"이리 와!" 내가 소리쳤다. "난 너희들과 얘기하고 싶단 말야."

그러나 그들은 아무 말도 없이 다음 순간 바람 속으로 사라져 버렸다. 원한다면 나는 그들을 뒤쫓을 수도 있었다. 그들의 발자국을 따라 모래언덕을 내려가서 향나무와 절벽장미가 있는 탁 트인 넓은 황무지로 따라갈 수도 있었다. 하지만 내가 그들을 괴롭힐 이유가 있을까? 설사 내가 그들을 찾아서 내 우정과 호의를 보이는 데 성공한다 하더라도 인간도 믿을 만한 존재라는 인식을 그들에게 심어 주는 것이 옳은 일일까? 그것은 친구로서 할 일이 못 된다.

나는 노스 윈도 아치(North Window Arch)로 왔다. 암벽에 15m 높이의 구멍이 뚫려 있다. 나는 그 구멍을 통해서 구름 낀 하늘과 안개에 덮인 산맥을 보고 구멍으로 불어오는 바람을 느끼며 잠시 있었다. 그리고 개미가 해골의 눈구멍을 기어오르듯이 그 위로 올라가서 다른 쪽으로 내려갔다. 800m쯤 내려가면 사람들이 좀처럼 찾지 않는 협곡 어귀에 작은 샘이 있다. 이곳에는 바람이 불지 않아서, 나는 파이프에 불을 붙이고 눈에 먼지가 들어갈 염려 없이 주위를 둘러볼 수 있다. 사방이 쥐 죽은 듯 고요했다.

여기서 나는 여러 마리의 사슴들이 지나간 자국 위에 코요테 한 마리가 지나간 발자국이 있는 것을 발견했다. 그렇다면 이 지역에 적어도 한 마리의 코요테가 살고 있는 것이 분명했다. 두 주일 전에 내가 저녁 달을 보고 우는 소리를 들은 바로 그 코요테인지도 모른다. 발자국으로 보아 코요테는 서쪽의 사암에서 내려와 향나무 밑의 모래를 지나 검은 녹색의 물이 새어나와 갈대가 몇 그루 자라고 있는 곳으로 올라간 것으로 보였다. 그놈은 향나무 밑에 토끼털이 뒤엉켜 있는 회녹색의 배설물 두 덩어리를 남겨 놓았다. 나는 그놈에게 나의 존재를 알리기 위해 모래 위에 내 사인을 그려 놓았다. 나는 샘물을 한 모금 마신 다음 그곳을 떠났다.

아래쪽에 솔트 크리크 협곡이 있다. 협곡은 콜로라도의 저지대까지 이어져 있다. 운이 좋으면 이곳에서 큰뿔양의 발자국을 찾을지도 모른다. 소문으로는 큰뿔양이 이곳 벼랑 끝 바위 은신처에 숨어 있다고 한다. 나는 미국 남서부의 협곡과 사막 산지(山地)를 헤집고 다니기 여러 해째지만, 야생 상태에서 자유롭게 살고 있는 퓨마나 큰뿔양을 한 번도 본 적이 없다. 아마 나의 무능력 탓이리라. 그놈들의 배설물과 발자국을 본 적이 있기 때문이다. 그들은 분명 이곳 어딘가에 살아 있을 것이다.

트럭이 있는 야영지로 돌아가고 있는데 솜꼬리토끼 한 마리가 덤불에서 뛰어나와 오솔길을 가로지르더니 두 번째 덤불 밑으로 들어가 꼼짝 않고 있는 것이 보였다. 토끼는 두 귀를 뒤로 젖힌 채 숨을 헐떡이며 반짝이는 눈으로 나를 쏘아보고 있다.

절벽장미와 유카

나는 그 토끼를 대상으로 실험을 해보고 싶은 충동을 느꼈다. 가령 내가 아무 무기도 없는데 야생에서 지금 배가 고파서 죽을 지경이라고 치자. 그렇다면 내가 할 수 있는 일은 무엇이겠는가?

오솔길에는 돌멩이가 몇 개 있었다. 나는 그중 가장 던지기에 적당한 돌 한 개를 주워 들었다. 그리고 덤불 밑의 엉성한 은신처에 숨어 있는 토끼를 노려보았다. 하지만 토끼에게 달아날 기회를 주고 달려가는 그놈을 맞혀야 하지 않을까? 아니면 있는 그 자리에서 그놈의 골통을 맞혀 버릴까?

스포츠맨이란 사냥감에게 목숨을 건지기 위해서 달아날 기회를 주는 사람을 말한다. 그것이 바로 페어플레이, 스포츠맨십이다. 동물들은 스포츠맨십 같은 것은 모른다. 퓨마처럼 사나운 놈은 공격받으면 자신을 지키기 위해 싸운다. 겁이 많은 토끼 같은 놈들은 도망을 친다.

그러나 나는 스포츠맨이 아니라 과학자이고 우리는 지금 중요한 실험을 할 참이다. 저 토끼는 스스로 실험대상이 되겠다고 자원한 놈이다. 나는 뒤로 돌아가서 토끼의 머리를 향해 똑바로 돌을 던졌다.

놀랍게도 돌은 명중했다. 토끼의 골통이 컵처럼 부서졌다. 놈은 쓰러졌고 피가 흘러나왔으며 잠깐 버둥거리더니 그대로 뻗어 버렸다. 토끼는 죽어 버리고 말았다.

잠시 동안 나는 내 행동으로 충격을 받았다. 나는 조용히 늘어져 있는 토끼를 바라보았다. 초점을 잃은 눈과 흙에 스며들어 말라가고 있는 피를 내려다보았다. 뭔가 중요한 것이 빠진 느낌이었다. 그러나 곧 충격은 사라지고 우쭐한 기분이 들었다. 내가 죽인 토끼는 독수리와 구더기의 밥으로 남겨 두기로 했다. 그놈들이 나보다 더 맛있게 그것을 먹을 테니까. 그리고 토끼의 살이 야생토끼병균으로 오염되어 있을지도 몰랐다. 나는 우쭐해진 기분으로 산책을 계속했다. 이해하기 어려웠지만 우쭐한 기분이 된 것만은 분명했다. 토끼의 잃어버린 에너지와 정신이 어떤 헤아릴 수 없는 과정을 통해 나에게로 이입된 것 같았다. 죄의식을 느껴 보려 했지만 전혀 느껴지지가 않았다. 내 영혼을 살펴봐도 눈처럼 희었고 내 손에는 피 한 방울 묻어 있지 않았다. 나는 이제 내 주위의 빈약하고 은밀한 생명체들과 격리된 것 같은 느낌, 다른 세계에서 온 이방인인 듯한 느낌이 들지 않았다. 나는 이 세계로 들어온 것이다. 우리는 모두 한 식구인 것이다. 살해자와 희생자, 포식자와 먹이, 나와 교활한 코요테, 솟아오르는 말똥가리, 우아한 인디고뱀, 떨고 있던 그 토끼, 우리의 내장을 먹는 고약한 벌레들, 이 모두가 다 한 식구이다.

이런 떳떳함과 힘을 느끼면서 나는 풍우에 깎여 코끼리 모양이 된 바위 밑 오솔길을 걸어 내려왔고 더블 아치의 그림자를 지났다. 실험은 완전한 성공이었다. 그런 실험을 다시 할 필요는 이제 없을 것이다.

따뜻한 픽업트럭으로 돌아온 나는 샌드위치를 먹고 커피를 마신 다음 바람에 날리는 흙먼지와 모래 구름을 뚫고 다시 10km를 운전해 턴보우 오두막(Turnbow Cabin)으로 갔다. 이곳은 델리키트 아치(Delicate Arch)로 가는 오솔길이 시작되는 곳이다.

옛날에 동부의 어느 도시(도시의 이름은 여기서 밝히지 않기로 한다)에 턴보우라는 사람이 살았다고 한다. 이 턴보우가 결핵에 걸렸다. 의

사들은 그가 6개월밖에 못 산다고 했다. 절망에 빠진 턴보우 씨는 이 건조한 사막지대로 도망쳐 나와서 바로 이 자리에 오두막을 짓고 오래오래 살다가 죽었다고 한다.

그 오두막은 먹을 수 없는 물이 흐르는 솔트 크리크의 둑 위에 아직도 서 있다. 솔트 크리크는 표사 위를 흐르는 얕은 내이다. 먹을 물을 얻으려면 상류로 800m쯤 올라간 곳에 있는 샘으로 가야 한다. 턴보우 오두막은 잘 보존되어 있는 폐허이다(이곳에서는 무엇이나 썩지 않는다). 오두막은 향나무와 소나무, 미루나무로 지어졌는데 목재의 모양이나 크기가 그야말로 가지각색이다. 집이 엉성하게 지어진 것은 목재가 부족했기 때문이지 집 짓는 기술이 부족했기 때문은 아니었을 것이다. 목재의 갈라진 틈은 아도비 점토로 메꾸었다. 말라붙은 점토 조각이 아직도 몇 개 남아 있다. 벽은 칙칙한 초록색을 띠어 근처의 언덕들과 조화를 이루고 있는데, 그것은 모리슨 지층에서 날아온 먼지 때문이다. 모리슨 지층은 산화구리, 마노, 석영 그리고 바나듐과 우라늄이 약간 함유된 부서지기 쉬운 푸석푸석한 이판암으로 되어 있다. 오두막은 문지방은 있지만 문은 없고 창문이 하나 있는데 유리는 끼워져 있지 않다. 바닥은 뒤틀린, 크기가 제멋대로인 판자로 이루어져 있다. 한쪽 구석에 말구유가 있는데 이것은 턴보우 씨가 죽고 한참 후에 첨가된 것이다. 천정 밑 어두운 구석에는 검은 과부거미가 줄을 잔뜩 쳐 놓았다. 방 한가운데 있는 굵직한 향나무 기둥이 무너져 내리기 직전의 지붕을 떠받치고 있다. 나뭇가지와 진흙과 돌멩이로 만든 지붕은 비가 많이 샌다. 은신처로 이 오두막을 수리하기는 불가능하다. 다만 더운 날 햇볕을 피하는 그늘로는 쓸모가 있을 듯하다.

오두막 뒤로 황량한 모리슨 언덕이 자리 잡고 있다. 이 언덕은 생명체라고는 찾아볼 수 없는 진흙과 이판암 그리고 부서진 바위로 이루어져 있어 음침해 보인다. 앞에는 드라이 메사의 암벽과 솔트 크리크 협곡이 있다. 이곳은 움푹 파인 덥고 황량한 장소이다. 닫혀 있어 조용하긴 하지만 시야가 가려 답답하다. 징기스칸이 인도에 대해 했던 말이 여기 해당될 것 같다. "물은 나쁘고 더위가 사람들을 병들게 한다." 내가 보기에는 이곳에서 외롭게 죽은 사나이의 혼백이 떠도는 으스스한 장소이다.

나는 이 우울한 폐허에 등을 돌리고 긴 선반 모양으로 생긴 나바호 바위 위로 난 멋진 오솔길을 따라 델리키트 아치로 향했다. 솔트 크리크 위로 놓인 구름다리를 건너는데 쇠파리 한 쌍이 달려들어 나를 괴롭혔다(목동들은 이 파리를 사슴파리라고 부른다). 쇠파리든 사슴파리든 이름이야 무엇이든 간에 이놈들은 피를 좋아한다. 특히 사람의 피를 좋아한다. 이놈들은 내 피의 맛을 보든, 나에게 죽임을 당하든, 또는 두 가지 일이 다 일어나든, 하여간 결말이 날 때까지 모기처럼 끈질기게 사람을 공격한다. 가장 꾀가 많은 놈은 머리 위에 올라앉아 두피를 뚫고 피를 빤다. 그렇게 할 경우 그놈을 미리 발견하기는 쉽지 않다. 하지만 그놈들은 자기네들이 사는 곳을 떠나지 않는 곤충이다. 일단 다리를 건너 그 질척질척한 시내에서 멀어지면 그놈들은 쫓아오지 않는다.

많은 사람들이 델리키트 아치에 올라간다. 너무 많은 사람들이 올라가서 부드러운 사암 위에 인간의 발에 의해 닳아 버린 자국이 생겼다. 이 꼬불꼬불한 길을 따라 2.5km쯤 올라가면 손잡이 모양, 돔, 탑 모양 등 기기묘묘한 모양의 형상들이 있는 곳이 나온다. 한 개의 커다란 바윗덩어리가 깎여서 이런 모양의 조각품이 된 것이다. 이곳을 찾는 순례자들은 무엇을 볼까? 오솔길을 따라 더 올라가면 외로이 서 있는 소나무와 향나무들을 지나서 바위 골짜기에 이른다. 이곳을 내리누르고 있는 정적으로 미루어 천년 동안은 아무 일도 일어나지 않았을 것 같은 장소이다. 공중에 '기다림'의 느낌이 떠돌고 있는 듯하다. 이 골짜기에서 다시 절벽면에 불쑥 튀어나온 두 번째 선반 바위로 올라가서 오솔길이 끝나는 곳의 모퉁이를 돌면 델리키트 아치가 앞에 서 있는 것을 볼 수 있다. 150m 높이의 절벽 가장자리에 차려진 자연의 원형극장 저편에 자리 잡은 곧 부서질 듯한 바위 고리가 델리키트 아치이다. 그 고리를 통해서 드라이 메사의 가장자리가 보이고, 그 너머로는 라살(La Sal)산맥의 봉우리들이 보인다.

델리키트 아치를 보는 몇 가지 방법이 있다. 자기가 가지고 있는 선입견에 따라 그것은 침식되고 남은 사암 덩어리가 될 수도 있고 거대한 돌 약혼반지, 돌로 변한 두 명의 카우보이, 천사들이 행진을 하는 개선문이 될 수도 있다. 하여간 자연의 변화가 만들어 낸 걸작품으로 이와 똑같은 모양은 과거에도 없었을 것이고 앞으로도 없을 것이다. 거대한 한 개의 바위가 바람과 시간에 의해 깎여서 만들어진 델리키트 아치는 알 수 없는 미래에 부서져 내려 돌무더기로 변할 것이다(델리키트 아치에 모종의 접착제를 뿌리자고 제안하는 사람들도 있다. 공원관리청 직원들 가운데도 그런 생각을 가진 사람들이 있다). 뙤약볕 아래서 2.5km를 걸어 올라와 이 아치를 보고는 신의 존재를 느끼는 경건한 사람들이. 있는가 하면, 아치를 보고 자연의 균일한 성질을 확인하는 지질학도들도 있다. 그러니까 이러한 장엄한 경관이 신의 존재를 증명하는 증거가 될 수도 있고, 반대로 신의 존재를 부정하는 증거가 될 수도 있다. 각자 자기 좋을 대로 보게 된다. 이 아치가 하나의 상징, 하나의 표적, 하나의 사실이 될 수도 있고, 의미 없는 돌덩이, 모든 것을 포함하는 의미를 가진 것일 수도 있다.

협곡 아래쪽에 있는 타마리스크 나무, 절벽 위에서 까악까악 우는 검푸른색의 갈까마귀, 그리고 우리들 자신의 신체에 대해서도 비슷한 얘기를 할 수 있을 것이다. 델리키트 아치의 아름다움은 그 무엇에 대한 설명도 되지 않는다. 이 세상 만물은 그 나름대로 존재할 때, 그 속성에 충실할 때, 모두 똑같이 아름답다(자연에는 아름다움이 없다고 보들레르는 말했다. 또한 자연은 일요일에 빈 맥주 깡통을 던지는 장소일 뿐이라고 멩켄은 말했다). 나는 이렇게 주장하고 싶다. 만약 델리키트 아치가 어떤 의미를 갖는다면, 그것은 그 기묘하고 예기치 못한 모양으로 우리의 오감을 놀라게 하는 힘, 우리의 지성을 놀라게 해서 그 일상적 궤도에서 벗어나게 하는 힘, 우리로 하여금 경이로운 것, 놀라움으로 가득 찬 것을 재인식하게 하는 힘에 있다고 하겠다.

델리키트 아치와 같은 이상하고, 아름답고, 환상적인 자연물은 바위와 햇빛과 바람과 황야나 마찬가지로 우리에게 '저 바깥에' 우리의 세계보다 훨씬 더 오래되고 더 크고 더 심오한 다른 세상, 바다와 하늘이 배를 둘러싸고 떠받쳐 주듯이 인간의 작은 세계를 둘러싸고 떠받쳐 주는 세상이 있다는 것을 상기시켜 주는 이상한 능력을 가지고 있다. 실재의 충격이라고나 할까. 잠시 동안 우리는 어린아이

절벽장미와 유카

처럼 경이로움의 세계를 다시 볼 수 있게 되며, 아무것도 당연한 것은 없다는 사실을 발견하게 된다. 이 바위 고리가 경이롭다면, 그것을 만든 모든 것이 경이로우며, 이 신비로운 만물 한가운데서 보고 만지고 들을 수 있는 이 세상에서의 우리의 여행이야말로 가장 신기하고 대담한 모험이기 때문이다.

델리키트 아치를 보고 나니 다른 것들은 좀 시시해 보이지만, 그래도 나는 그것들을 둘러보기로 했다. 그 일을 하라고 월급을 받는 몸이니까. 턴보우 오두막을 출발한 나는 트럭을 몰고 소금계곡 위로 구불구불한 도로를 달린다. 바위 봉우리들 사이로 난 미로를 지나 악마의 정원(Devils Garden)으로 향한다. 가는 길에 나는 스카이라인 아치(Skyline Arch)를 지났다. 스카이라인 아치는 암벽에 뚫린 커다란 구멍이다. 이곳에서 몇 년 전에 지질학의 가설을 입증하는 듯한 일이 일어났다. 1940년 11월의 어느 날 밤, 주위에 아무도 지켜보는 사람이 없는 가운데 아치에서 거대한 바위 조각이 떨어져서 먼젓번 크기의 절반 정도 크기만큼 더 크게 구멍의 크기를 넓혀 놓았다. 전과 후에 찍은 사진들이 그런 일이 있었음을 입증했다. 이 사건은 틀림없이 수백 년, 아니 수천 년에 걸쳐 준비되었을 것이다. 눈이 내려서 녹고, 그 물이 미세한 틈으로 스며들어 사암의 입자들을 서로 붙여 주고 있는 시멘트를 녹였을 것이고, 또 물이 얼어 팽창함으로써 작은 틈을 더욱 벌려 놓았을 것이다. 그러나 이런 오랜 준비의 결과는 아마 몇 분 동안 지속된 소음과 솟구치는 먼지 구름이 전부였을 것이다. 거대한 판석이 갈라져서 밑으로 떨어져 미끄러지며 그 밑의 더 오래된 판석과 부딪쳤을 것이고, 그래서 수천 년 동안 이어져 오던 평온을 잠시 깨뜨렸을 것이다. 그러나 이 장엄한 광경을 본 사람은 아무도 없었다. 다만 이 부근에 살던 도마뱀과 생쥐, 땅다람쥐들이나 그 광경을 보았을 것이고, 한 쌍의 갈까마귀가 놀라서 날아갔을지도 모른다.

도로가 끝나는 곳에 다다른 나는 인적이 없는 오솔길을 걸어 랜드스케이프 아치(Landscape Arch)와 더블오 아치(Double O Arch)로 향했다. 가는 길에 주말에 누군가가 버린 몇 개의 과자봉지를 줍고, 누군가가 옮기려고 했던 듯한 길 안내판도 바로 세웠다. 누군가가 껍질을 벗겨 진이 흐르는 피니언소나무 한 그루가 보였다. 사암 벽에 몇몇 모자라는 친구들이 자기 이름을 쓰려고 긁적여 놓은 보기 싫은 흔적들도 지웠다(소더런드, 알바 사비스, 밥 리들, 잭 뢰플러, 데이브 피터슨, 너희들은 지금 어디 있느냐).

바람이 여전히 불고 있고, 작은 회색 새들이 공중에 뿌린 색종이 조각들처럼 하늘을 날고 있다. 아직도 기온이 떨어지고 있는 걸 보니 아마 눈이 오려나 보다. 몇 시간째 순찰을 돌았으니 이제 나의 안식처인 따뜻한 트레일러로 돌아가야겠다. 나는 오늘 아치스 내셔널모뉴먼트 안에서 사람이라곤 한 사람도 보지 못했다.

저녁에 바람이 그쳤다. 구름이 낮은 회색 천정처럼 사막 위에 걸려 있다. 서쪽에 구름 사이로 약간 하늘이 보일 뿐이다. 그 틈으로 지는 해가 삐죽 얼굴을 내밀고 있다. 몇 분 동안 기괴한 바위들이 황금색으로 불타다가 해가 지면서 장밋빛, 푸른빛, 자줏빛으로 변하며 희미해진다. 내 향나무가 하늘을 향해 내뻗은 죽은 발톱처럼 외로이 서 있다. 절벽장미는 꽃잎을 접고 있고, 진홍색 펜스테몬과 유카의 총검들도 어스름 속에 희미해져 간다.

　대기에 이상한 기운이 감돌고 있다. 나는 기상대로 가서 계기들을 살펴보았다. 기상대라고는 하지만 측우기와 풍속계, 하루의 최고 기온과 최저 기온을 재는 온도계들이 전부다. 풍속계의 작은 컵들은 거의 움직이지 않고 있다. 그러나 공기가 남서쪽에서 밀려오고 있는 게 분명하다. 아침에 영상 3도이던 기온이 지금은 12도로 올라갔다. 이 정도의 기온이라면 눈은 내릴 것 같지 않다. 머뭇거리면서 균형을 유지한 채 이 사막 고원은 여름을 향해 가고 있다.

관광산업과 국립공원

Desert Solitaire

나는 이 직업이 좋다. 보수도 괜찮은 편이다. 일을 하든 안 하든 시간당 1달러 95센트가 보장돼 있으니 후하다고 할 수도 있다. 봉급 외에 다른 혜택이 더욱 값진 것들이다. 맑은 공기(이제 봄의 모래폭풍도 지나갔으므로), 정적, 고독, 드넓은 공간 그리고 매일매일 즐길 수 있는 탁 트인 전망, 해와 하늘과 별, 구름, 산, 달, 절벽장미와 협곡, 무한을 느끼게 해 주는 시간 감각 그리고 이런 외진 곳에서의 친밀한 어떤 것—그 이름을 댈 수는 없지만—을 발견하는 즐거움.

하는 일은 단순해서 머리를 쓸 필요가 거의 없다. 여러모로 나에게는 좋은 일이다. 거의 머리를 쓰지 않고 하는 일이 나의 일이다. 나는 그 일을 정부의 시간표에 따라 한다. 그 스케줄을 살펴보면 다음과 같다.

나의 일은 목요일에 시작된다. 목요일에 나는 대개 도로를 순찰하고 오솔길을 걸어다니며 보낸다. 금요일에는 야영지를 살펴본다. 땔나무를 운반하고 화장지를 화장실에 비치한다. 토요일과 일요일이 바쁜 날들이다. 주말에 몰려오는 관광객들과 캠핑객들을 상대해야 하기 때문이다. 질문에 대답하고, 모래에 빠진 차를 끌어내고, 바위에 올라간 아이들을 내려보내고, 길 잃은 할아버지들을 찾아내고, 피크닉하는 사람들을 감독한다. 토요일 밤 캠프파이어를 하는 사람들과 내가 나누는 대화는 아주 간단하다. 유쾌하게 즐기고 있는 듯한 사람들에게 배지와 제복을 갖춘 차림으로 다가가면서 내가 말한다.

"별일 없죠?"

"별일 없습니다. 한잔 하시겠습니까?" 그들이 말한다.

"좋죠." 내가 말한다.

일요일 저녁때쯤 되면 사람들은 모두 집으로 가 버리고 따라서 나의 무거운 짐도 가벼워진다. 이튿날 아침 나는 '이제 월요일이구나' 하고 월요일을 반긴다. 월요일이 나는 좋다. 쓰레기통을 비우고, 버리고 간 신문을 읽고, 화장실 청소를 하고, 절벽장미와 선인장에 걸린 화장지를 걷어 낸다. 오후에는 투쿠니키바츠산의 벌거벗은 봉우리 위로 흘러가는 구름들을 지켜본다(이런 일도 누군가가 해야 한다고 생각한다).

화요일과 수요일은 쉬는 날이다. 수요일 저녁에 나는 모아브로 가서 보급품을 보충하고 업무상 만나는 관광객들 이외의 몇 안 되는 사람들과 인간적으로 만나기도 한다. 사막에서 1주일을 보낸 나에게 모아브(우라늄 붐이 한창일 때 인구가 5,500명이었다)는 현란한 대도시처럼 느껴진다. 나는 타임스 스퀘어를 처음 찾은 시골 소년처럼 네

온불빛과 소음에 얼이 빠진 채 하나뿐인 중심가를 걷는다.

밀러 슈퍼마켓에서 얼룩배기 강낭콩과 다른 필수품을 챙긴 나는 홀가분한 기분으로 맥주집을 찾아간다. 맥주집마다 사람들로 붐빈다. 탐광자, 채광업자, 지질학자, 카우보이, 트럭운전사, 양치기 목동들이 욕지거리를 섞어 가며 떠들썩하게 대화를 나누고 있다. 가끔 언쟁이 벌어지기도 하지만 폭력으로 이어지는 경우는 드물다. 이 사람들은 존경심과 예의바른 태도로 상대방을 대하고 있다. 내가 지금까지 보아온 다른 곳의 술집에는 정장을 차려입은 신경질적인 사람들이 술잔을 앞에 놓고 TV나 시계를 쳐다보며 생각에 잠겨 있는 우울한 분위기가 감도는 게 보통이었지만 이곳의 일반적인 분위기는 자유롭고 우호적이다. 왜 이런 차이가 생기는 것일까?

이 문제를 놓고 생각해 본 결과 나는 다음과 같은 결론에 도달했다.

1. 이들 탐광자, 광부들은 대부분이 해발 1,500m가 넘는 야외에서 하루 종일 활발하게 신체활동을 했으므로 알맞게 지쳐 있으며 따라서 정신적 긴장이 풀려 있다.

2. 이 사람들은 대부분이 혼자서 일하고 있다. 따라서 술집에서 몸을 부딪치는 혼잡이 이들에게는 짜증나는 일이 아니라 모처럼 맛보는 즐거움이다.

3. 이들 대부분은 좋은 급료를 받고 있으며, 설사 급료가 충분치 않더라도 자기가 좋아하는 일을 하고 있다. 한마디로 이들은 행복하다고 할 수 있다(물론 우라늄 붐이 영원히 지속되지는 않겠지만 이들은 그런 생각은 잊고 있다. 우라늄 이용을 둘러싼 도덕적, 정치적 논쟁 따위는 이 사람들에게는 관심 밖이다).

4. 이들이 하는 일은 기술과 지식, 좋은 건강과 자신감을 필요로 한다. 따라서 이 사람들은 자신을 의심할 필요가 없다.

5. 마지막으로 모아브는 이상한 관습을 가진 모르몬 마을이다. 은밀하고 특별한 술집에 가지 않는 한, 이곳에서는 독한 술은 팔지 않는다. 한다 하는 술꾼들이 3~2도짜리 맥주로 취하려 하고 있는 것이다! 이들은 취했다기보다는 물배가 차서 트림을 하며 무겁게 자리에서 몸을 일으킨다.

그러나 다른 모든 술집이 그렇듯, 모아브의 술집들도 내 성미에는 맞지 않는다. 양치기 목동에서 관광목장 관리인으로 직업을 바꾼 내 친구 비비아노 자케스와 몇 순배 술잔을 주고받은 나는 자정쯤 해서 술집에서 나와 픽업트럭에 올라 북동쪽으로의 긴 드라이브길에 올랐다. 조용한 바위, 무한정한 공간 그리고 깨끗하고 감미로운 공기로 이루어진 아치스의 내 처소로 돌아가기 위해서다.

분명 이건 좋은 직장이다. 가끔 며칠 동안 내 미래를 곰곰이 생각해 보는 때가 있지만, 그럴 때도 나는 매년 시즌이 올 때마다 이곳으로 돌아오는 나 자신의 모습을 그려볼 수 있다. 그게 뭐가 나쁘단 말인가? 물질적 욕구는 적고 욕망은 무한하며 철학적 사색을 좋아하는 나 같은 사람에게 이보다 더 좋은 직장이 어디 있겠는가? 1년의 대부분을 황야에서 보내고, 겨울은 이보다는 못하지만 역시 기분 좋은 분위기인 호보컨, 티후아나, 노갈레스, 후아레스 같은 변경 마을에서 보내면 되지 않을까. 매춘이 법적으로 허용되는 네바다의 광산도시 토노파도 괜찮을 것이다. 오클랜드나 뉴올리언스도 괜찮겠지. 더럽고 싸고(실업보험으로 살아야 하니까) 쇠락하고 구제불능으로 부패

한 곳이면 될 것이다. 다가올 멋진 겨울을 그려 본다. 초콜릿색 피부의 여자가 내 등을 문질러 주고, 커다란 두 개의 은촛대에 꽂힌 촛불 사이에 신문이 펼쳐져 있다. 풋고추를 넣은 스크램블드 에그, 한 구석에서는 내가 담근 술이 항아리 안에서 발효되고 있다. 용감한 젊은 친구들과 떠들썩한 술잔치를 벌인다… 그러나 이것은 낭만적인 꿈에 불과하다.

지평선에 한 조각 구름이 떠 있기 때문이다. 내 손바닥만 한 조그만 검은 구름이다. 그 이름은 '개발'이다.

내가 아치스에서 비교적 자유롭고 편안한 일자리를 가질 수 있는 것은 수백만의 자동차 관광객이 이곳을 상대적으로 잘 찾지 않기 때문이다. 그들이 이곳을 멀리하는 것은 비포장 진입로와 야영지의 재래식 화장실 그리고 그들 대부분이 아치스 내셔널 모뉴먼트에 대해 들어본 적조차 없다는 사실 때문이다. 그러나 이 모든 것은 변화할 것이다.

나는 이미 경고를 받았다. 내가 이곳으로 부임해 오던 첫날 베이츠와 로이드는 개발, 개선 그리고 듣기 싫은 마스터 플랜에 대해 언급했었다. 나는 그것이 단순한 그들의 꿈이라고 생각하고 별 관심을 갖지 않고 그 일을 잊어버리고 있었다. 그러나 며칠 전에 나를 이 행복한 무관심에서 벗어나게 하는 일이 일어났다.

나는 신발도 안 신고 셔츠도 입지 않은 채 3만 3천 에이커나 되는 내 테라스에 나가 앉아서 모래 속에 발가락을 묻고 찬 음료를 마시며 사막 위로 번져 가는 저녁을 감상하고 있었다. 하루의 가장 좋은 시간이었다. 태양이 서쪽에 낮게 걸려 있고 숨어 있던 새들이 활

동을 시작하고 있었으며 반짝이는 산맥 바로 밑까지 수 킬로미터의 바위와 모래 위에는 그림자가 드리워져 있었다. 나는 테이블 근처에 작은 모닥불을 피워 놓고 있었다. 어둠을 밝히거나 냉기를 쫓기 위해서가 아니라 향나무 향기를 맡으며 맑은 불꽃을 감상하기 위해서였다. 이것은 일종의 의식이었다. 그때 내 어깨 너머에서 희미한 소리가 들려왔다. 돌아보니 50m 떨어진 곳에 사슴의 행렬이 보였다. 세 마리의 새끼사슴과 벨벳 같은 뿔이 있는 수사슴 한 마리였다. 사슴들은 해가 진 하늘을 배경으로 검은 윤곽을 드러내고 있었다. 사슴들이 움직이기 시작했다. 내가 휘파람을 불자 사슴들은 다시 멈추어 서서 나를 쏘아보았다.

"이리 와, 한잔 해." 내가 말했다.

사슴들은 내 제의를 받아들이지 않고 아무 일도 없었다는 듯이 우아한 걸음걸이로 마치 유령들처럼 멀어지더니 언덕 너머로 사라졌다. 나는 미소를 지으며 편안하게 음료를 마시고 작은 모닥불을 감상하면서 내 앞에서 시시각각으로 변해 가는 장엄한 경치를 감상했다. 곧 보름달이 떠오를 것이다.

그때 나는 이 풍경과는 어울리지 않는 소리를 들었다. 사륜구동 지프차의 엔진 소리였다. 지프차 소리는 엉뚱한 방향에서 들려오고 있었다. 밸런스드 록에서 코트하우스 워시(Courthouse wash)를 거쳐 모아브의 공원 본부로 통하는 오래된 마찻길 근처에서 들려오고 있었던 것이다. 언덕을 넘은 지프차가 내 시야에 들어왔다. 그 차는 비포장도로로 들어서더니 곧장 트레일러 쪽으로 다가왔다. 국립공원의 오솔길에서 자동차를 운행하는 것은 엄격하게 금지되어 있다. 이것은 내가 진심으로 지지하는 규정이다. 내 가슴에 정의로운 분노가 끓어올랐다. '이럴 수가! 이 나쁜 놈들에게 딱지를 떼 주어야겠군' 하고 나는 생각했다. 나는 음료 깡통을 내려놓고 공원 관리원 배지를 가지러 트레일러로 걸어갔다.

그러나 내가 배지가 달린 셔츠나 구두, 딱지 묶음, 레인저 모자를 찾기도 전에 지프는 곧장 진입로를 달려오더니 트레일러 바로 문앞에 멈췄다. 측면에 도로관리청이라는 글자가 찍혀 있는 회색 관용 지프차였다. 차는 먼지로 덮여 있었고, 차 안에는 토목기술자 차림을 한 세 사람이 타고 있었다. 차 안에는 삼각대, 여러 묶음의 장대 등 장비가 잔뜩 실려 있었다(오, 안 돼). 먼지투성이가 된 그들이 차에서 내리더니 운전수가 나에게 웃어 보이며 자기의 말라붙은 입을 가리키면서 무언지 알아듣기 힘든 소리를 냈다.

"좋습니다. 안으로 들어오시죠." 내가 말했다.

바깥보다 트레일러 안이 더 더웠지만 나는 냉장고 문을 열어젖히고 얼음덩어리와 물이 가득 들어 있는 주전자를 꺼냈다. 그들이 돌아가며 물을 마시는 동안 나는 끔찍한 이야기를 들었다. 내 두려움이 현실화된 것이다. 그들은 아치스로 들어오는 새 도로를 설계하기 위한 현장 조사팀이었다.

그렇다면 도로공사가 언제 시작될 것인가? 확실히 아는 사람은 아무도 없었다. 2년쯤 후에 시작될 것 같다는 것이다. 공원관리청이 언제 예산을 확보하느냐에 좌우된다고 한다. 새 도로—물론 포장도로이다— 건설에는 50만 달러에서 100만 달러 사이의 돈이 들어갈 것이라고 했다. 그러니까 1마일에 5만 달러 이상이 소요되는 셈이다. 공원 레인저 10명의 10년 봉급에 해당되는 액수였다. 너무나 많은 돈이다. 워싱턴에서 그런 많은 돈을 내줄 리가 없다는 의견을 내가 제시했다.

세 사람은 웃기지 말라는 태도로 걱정 말라고 말했다. 나는 걱정된다고 말했다. 세 사람 가운데 우두머리인 듯한 사람이 설명했다. "이 도로는 꼭 필요해요." 그는 예의 바르고 목소리가 부드러운 토목 기술자로 자기 일에 충실한 사람처럼 보였다. 그래서 매우 위험한 사람이었다. "왜 그 도로가 필요하죠?" 내가 물었다. 이 공원은 관광객이 별로 없다. 그것이 바로 도로가 필요한 이유라고 그 기술자는 참을성 있게 설명했다. "이보라구요. 도로가 완성되면 이곳에 지금보다 10배, 20배, 30배 더 많은 관광객이 오게 될 거라구요." 그가 말했다. 다른 두 사람도 고개를 끄덕여 그의 말에 동의했다. 토목 기술자는 나를 뚫어져라 쏘아보며 자기 말에 대한 나의 대답을 기다렸다.

"물이나 더 드시지요." 내가 말했다. 물론 나는 대답을 갖고 있었지만, 훗날을 위해 그것을 저축해 둘 생각이었다. 나는 내가 미친 사람과 상대하고 있다는 것을 알고 있었다.

그 회색 지프차를 타고 왔던 목마른 기술자들을 만난 때로부터 몇 년이 지난 지금, 나는 이 글을 쓰고 있다. 지금은 그때 그들이 예언했던 모든 일이 실현되었다. 아치스 내셔널 모뉴먼트가 개발되고, 마스터 플랜이 실현된 것이다. 모험을 좋아하는 몇몇 사람들이 주말에 찾아와서 하루이틀 밤 야영을 하며 때묻지 않은 태고의 경치를 감상하던 그곳에 지금은 봄과 여름 내내 갖가지 모양의 자동차들이 장사진을 이루며 들어오고 나간다. 내가 그곳에서 일하던 당시에는 상상할 수도 없었던 사태가 전개되고 있는 것이다. 그곳을 찾는 사람들의 수가 1년에 3천 명에서 3만 명 그리고 다시 30만 명으로 늘어났다. 그들이 말하는 소위 '방문자'의 수는 지금도 계속 늘어나고 있다. 내가 거짓말과 수박씨로 가득 찬 3일 지난 신문을 읽으며 돌아다니던 작은 야영장들은 지금은 하나의 대형 야영장으로 통합됐는데, 붐비는 시즌에 그곳에 가 보면 교외 마을에 온 듯한 느낌을 갖게 된다. 알루미늄으로 장식된 트레일러하우스와 거대한 캠프트럭들이 즐비하게 서 있고, 그 안에서는 텔레비전이 번쩍이고 있으며 웃음소리가 왁자하게 들려온다. 반바지 차림의 노인들이 오토바이를 타고 구불구불한 아스팔트 도로를 달리는가 하면, 캠핑객들 사이에 싸움이 벌어지기도 하고 숯불 주위에 둘러앉아 고기를 구워 먹는 사람들도 보인다(나무가 충분치 않기 때문에 지상 캠프파이어는 금지되어 있다). 전깃불도 환하게 밝혀져 있고, 각종 시설이 완비된 공중화장실도 마련돼 있다. 다만 발전기가 가끔 고장나서 전깃불이 나가기도 하고 물이 잘 안 나오기도 한다. 지하 900m의 샘에서 분당 5g의 물밖에 나오지 않기 때문에 항상 수요를 충족시킬 수는 없다. 새 도로가 시작되는 공원 본부에 안내소와 방문자 센터가 새로 마련되었다. 레인저는 그곳에 조용히 앉아서 입장료를 받으며 세 가지 기본적인 질문에 하루에 500번씩 대답한다. (1) 화장실은 어디 있죠? (2) 이 공원을 구경하자면 시간이 얼마나 걸리죠? (3) 코카콜라 판매기는 어디 있죠?

100만 년 동안 버려두었던 아치스가 마침내 개발된 것이다. 관광산업의 물결이 이곳에까지 밀어닥친 것이다.

공원관리청의 입장에서는 물론 아치스가 이런 도떼기시장으로 변한 것이 새삼스러운 일이 아니다. 모든 유명한 국립공원들이 더 큰 규모로 똑같은 문제에 봉착하고 있다는 것은 누구나 다 아는 사실이다. 그런 큰 공원은 유타주 남동부의 개발이 덜 된 조그만 공원에까지는 아직 파급되지 않은, 다른 많은 문제들도 안고 있다. 그리고 아치스를 이렇게 변모시킨 똑같은 종류의 개발이 다른 많은 국립공원과 내셔널 모뉴먼트들에서 진행 중이거나 완료되었거나 또는 계획되고 있다. 이중에서 내가 개인적으로 잘 알고 있는 몇 가지 예를 들어 보겠다.

새로 지정된 캐니언랜즈 국립공원(Canyonlands National Park). 그랜드뷰 포인트, 업히벌 돔, 화이트 림의 일부, 케이브 스프링, 스퀴 스프링 야영장, 코끼리 언덕 등, 이 공원의 인기 있는 장소들 대부분은 현재 그런대로 괜찮은 비포장도로를 통해 자동차로 갈 수 있다. 엔젤 아치나 드루이드 아치 같은 더 가기 어려운 곳들도 지프차나 말을 타면 갈 수 있고, 하루 이틀 걸으면 갈 수 있다. 그럼에도 불구하고 공원관리청은 이름 있는 대부분의 장소와 몇몇 이름 없는 장소까지 현대식 포장도로를 건설하는 이른바 마스터 플랜을 세웠다.

그랜드캐니언 국립공원(Grand Canyon National Park). 이 공원의 사우스 림(South Rim, 협곡의 남쪽 가장자리) 대부분은 고속도로가 가까이까지 나 있고, 군데군데 수많은 커다란 아스팔트 주차장이 설치되어 있다. 협곡으로 내려가지 않는 한, 이제 사우스 림에서 자동차의 소음을 피하기는 쉽지 않다. 공원의 외진 북서쪽 모퉁이에 자리 잡은 토로윕 포인트는 아직 개발의 손길이 미치지 않고 있지만(갈 수는 있다) 이곳에 대해서도 개발 계획이 추진 중이다.

나바호 내셔널 모뉴먼트(Navajo National Monument). 키트 실과 베타 타킨이라는 가장 아름다운 절벽 주거지를 포함하고 있는 미국 남서부의 작고 외진 이 공원은 많은 관광객이 몰려온다면 원형을 유지하기 어려울 것이다. 한동안 32km의 비포장도로를 달릴 각오가 되어 있지 않은 관광객들을 걸러냄으로써 이 공원이 원시 상태를 유지하고 있다고 알려져 있다. 그러나 이제 사정이 달라졌다. 도로는 포장되었고 야영지는 확장되고 '현대화'되었기 때문이다.

내추럴브리지 내셔널 모뉴먼트(Natural Bridges National Monument). 유타주 남부의 협곡지대에 자연이 만들어 낸 3개의 암석 다리가 협곡에 인접해서 걸려 있는 보석 같은 공원이다. 전에는 3개 다리 가운데 가장 멋진 다리까지 걸어갈 수 있는 장소(걷는 거리 100m 정도)까지 차를 타고(물론 비포장도로로) 갈 수 있었다. 거기서 두세 시간 걸으면 다른 두 다리까지도 갈 수 있었다. 이렇게 하루에 세 다리를 모두 볼 수 있었다. 그러나 개발업자들은 이것으로 만족할 수 없었던 모양이다. 그들은 공원의 심장부(가장 큰 두 다리의 중간)까지 도로를 포장했다.

자이언 국립공원(Zion National Park). 콜롭 캐니언(Kolob Canyon)이라고 알려진 이 공원의 북서부는 최근까지 거의 손대지 않은 황야로 보존되어 있었다. 그러나 건설 과정에서 자연을 마구 훼손할 것이 뻔한 넓은 도로가 이미 건설되고 있다.

캐피톨리프 내셔널 모뉴먼트(Capitol Reef National Monument). 험준

한 지형에 장엄하고 다채로운 절경이 펼쳐지는 유타주 중남부의 공원이다. 이 공원에서 가장 아름다운 부분은 프리몬트강 협곡으로 하이킹과 캠핑, 탐험의 최적지이다. 이곳을 관통하는 주(州)고속도로가 건설되었다.

리스 페리(Lees Ferry). 몇 년 전까지만 해도 콜로라도강을 낀 소박하고 조용하고 원시적인 장소였던 리스 페리가 이제 공원관리청의 '보호'를 받고 있다. 고압선이 이 지역을 둘로 갈라놓았고, 30m 높이의 분홍색 저수탑이 붉은 절벽을 배경으로 우뚝 서 있다. '보호자들'을 수용하기 위한 볼품없는 집을 건설하기 위해서다. 강가의 자연스런 야영장은 폐쇄됐고, 야영객들은 가장 뜨겁고 바람이 많이 부는 지역에 강철과 아스팔트로 지어진 인공의 야영장으로 쫓겨갔다. 유지비가 많이 든다고 역사적인 건물들을 불도저로 밀어 버리면서 필요없는 포장 진입로 건설에는 수십만 달러를 퍼붓고 있다. 관리청 직원들마저 이런 '야만행위'에 대해 불평할 정도다.

나는 지금까지 열거한 공원들에 가해진 불필요하고 파괴적인 개발의 예를 열 가지쯤 더 지적할 수 있다. 내가 조금이나마 알고, 또 너무나 사랑하는 위의 지역들에서 일어난 일들은 다수의 국립공원과 국유림에서 일어났고, 일어나고 있으며, 곧 일어날 것이다. 황야보존법이라는 게 있지만 다수의 시민들이 들고 일어나서 그 법의 시행을 요구하는 정치적 제스처를 힘차게 하지 않는 한 이런 만행은 그치지 않을 것이다.

이 책의 독자들 가운데도 앞에 등장했던 그 토목 기술자처럼 국립공원과 다른 지역에서 이루어지는 모든 형태의 건설과 개발이 좋은 것이라고 굳게 믿고 있는 사람들이 있을지 모른다. 얼마 남지 않은 황야를 아예 밀어 버려서 자연을 산업(인간이 아닌)의 요구에 완전히 종속시켜야 한다는 대담하고 솔직한 주장을 펴는 사람들도 더러 있다. 이런 주장은 그 단순성과 강력함을 높이 살 만한 용기 있는 주장이다. 또 지금까지의 현대사가 그런 주장을 뒷받침하고 있다. 그러나 이것은 정신나간 생각이기도 하다. 내가 여기서 반박할 가치마저 없는 주장이다.

한편 황야는 문명의 필수적인 일부이며 얼마 남지 않은 황야를 있는 그대로 온전하게 보존하는 것이 국립공원 시스템의 주된 책무라는 나의 생각에 동조하는 독자들도 있을 것이다.

그러나 대부분의 독자들은 나의 주장에 대체로 동조하면서도 국립공원관리청의 직원들이 그러하듯, 황야가 좋은 곳이기는 하지만 계속 증가하는 야외 레크리에이션의 수요를 충족시키기 위해 어느 정도의 타협과 조정은 필요하다고 느낄 것이다. 내가 지금 검토하고 싶은 문제가 바로 그것이다.

1916년에 의회에 의해 설립된 공원관리청은 공원의 관리뿐 아니라 "공원을 미래 세대들이 즐길 수 있도록 보존하는 방식으로 일반 시민들이 이용하도록 하는 것"을 목적으로 삼고 있다. 자동차의 홍수가 등장하기 훨씬 이전에 사용된 이 다소 애매한 표현은 이후 여러 가지로(흔히 반대되는 뜻으로) 이해되어 왔다. 공원관리청은 큰 기관들이 그렇듯이 많은 부서를 거느리고 있다. 끗발이 센 부서인 개발부는 '일반 시민이 이용하도록 한다'는 구절을 강조한다. 소수이지만 역시 입김이 강한 부서인 보존부는 '온전하게 보존한다'는 구절을 강조한다. 이런 사정을 감안하면 우리가 개발 대 보존의 문제를 법의 규정이나 조상들의 의도에 근거해서 결정할 수 없다는 것이 명백해진다. 국립공원이 어떤 곳이 되어야 하고 어떤 목적을 가져야 하는가를 우리 스스로 결정해야 한다.

우선 떠오르는 가장 중요한 문제는 '이런 곳에 어떻게 가까이 가느냐' 하는 것이다. 개발주의자들은 공원이 사람들은 물론이고 자동차와 모터보트 같은 그들의 기계까지도 쉽게 접근할 수 있는 곳이어야 한다고 주장한다. 보존주의자들은 황야와 자동차는 서로 상극이며 황야를 가장 잘 경험하고 이해하고 즐기기 위해서는 기계장치들은 그것들이 속한 곳—고속도로와 주차장, 저수지와 선착장—에 있도록 해야 한다고 주장한다.

가까이 간다는 것은 무엇을 뜻하는가? 이 지상에 인간이 그의 가장 단순한 수단—두 발과 두 다리 그리고 심장—을 사용해서 접근하지 못할 장소가 없다는 것이 증명되지 않았는가? 매킨리 봉이나 에베레스트산까지도 사람들은 걸어서 올라갔다(그중 일부는 아마추어 등산가들이었다). 굉장히 덥고 험준한 오지인 그랜드캐니언의 내부를 찾는 관광객들도 매년 여름 수천 명이 넘는다. 이들 대다수는 걸어서—다시 말하면 자가동력으로—이곳을 탐사하고 다른 사람들은 노새를 타고 모험을 한다. 매년 여름 수천 명이 미국 본토 48개 주에서 가장 높은 봉우리인 휘트니산 정상에 오르며 다른 수많은 사람들이 걷거나 말을 타고 시에라, 로키, 그레이트스모키, 캐스케이드 그리고 뉴잉글랜드의 산맥들을 답사한다. 또 수백, 수천 명의 사람들이 새먼, 스네이크, 알라개시, 얌파, 그린, 리오그란데, 오자크, 세인트크루아강과 댐건설자들에 의해 아직 파괴되지 않은 콜로라도 강의 몇몇 지역을 헤엄을 치거나 보트를 타고 내려간다. 가장 괄목할 만한 사실은 어려운 것, 원초적인 것, 진정한 것을 맛보기를 열망하는, 기계 동력에 의존하지 않는 수많은 사람들 가운데는 젊고 운동신경이 발달한 사람뿐만 아니라 노인, 뚱뚱한 사람, 등산용 배낭과 여행가방을 구분하지 못하는 얼굴이 창백한 사무실 근무자, 심지어 어린이들까지 끼어 있다는 사실이다. 그들에게 공통점이 있다면 언제나 깡통 속의 정어리처럼 살고 싶지는 않다는 마음이다. 이들은 적어도 1년에 몇 주일 동안만이라도 자동차에서 나오기로 결심한 사람들이다.

사정이 이러한데 공원관리청이 자동차에만 의존하는 게으른 사람들, 국립공원의 가장 으슥한 구석까지도 포장도로로 편안하고 안전하게 가기를 기대하고 요구하는 수백만의 사람들을 수용하려고 그렇게 안달하는 이유는 무엇일까? 이 의문에 대한 대답을 얻기 위해서는 내가 산업적 관광이라고 부르는 것의 성격과 기계화된 관광객들―전동기 탐험가들―의 성격을 고찰할 필요가 있다. 이들이야말로 산업적 관광의 소비자요 원료이며 희생자들인 것이다.

산업적 관광은 거대한 업종이다. 큰돈이 왔다갔다 하는 사업인 것이다. 이 사업에는 모텔 및 식당업자, 휘발유 소매업자, 석유회사, 도로 건설 계약자, 중장비 제조업체, 주 및 연방의 토목부서 그리고 막강한 자동차 산업이 관여하고 있다. 이 다양한 이익단체들은 잘 조직되어 있고, 웬만한 국가보다 더 많은 돈을 가지고 있으며 의회에 대한 입김도 강하다(요즘의 정치는 돈이 많이 든다. 권력은 돈을 따르게 마련이다). 관광산업은 의회를 통해서 보잘것없는 행정부의 한 부서인 공원관리청이 감당하기 힘든 압력을 행사한다. 이 압력은 지방정부, 주, 지역단체 등 모든 방면으로부터 가해지며 광고와 낭비를 좋아하는 국민들의 굳어진 습관이 그 압력을 뒷받침한다.

국립공원이나 내셔널 모뉴먼트, 국가지정 해변─그 명칭은 아무래도 좋다─등이 새로 지정되면, 산업적 관광의 여러 세력들이 여러 수준에서 즉각 행동을 개시한다. 그들은 도로 건설 계획을 추진한다. 오솔길이나 비포장도로가 있지만, 그들은 이 길이 현대적인 포장도로로 확장될 것을 기대한다. 예를 들면 새로 지정된 공원의 책임자가 그 지역의 상공회의소 회의에 참석해서 받는 질문은 "도로 건설이 필요한가?"가 아니고 "언제 건설공사가 시작되느냐?", "왜 공사가 지연되고 있느냐?"이다.

창설 이후로 줄곧 이런 강한 압력을 받아온 공원관리청이 적자생존의 과정을 거쳐 그런 요구를 기꺼이 수용하고 심지어는 부추기기까지 하는 부서로 진화한 것은 어쩌면 당연한 일인지도 모른다. 그들의 도덕성이 모자라서가 아니라 잘 적응된 관리들 자체가 경제 발전 정책의 신봉자들이기 때문이다. '자원관리'라는 용어가 요즘 흔히 쓰이는 말이다. 오래된 오솔길은 다듬어지지 않은 채 방치되고 후방 경비대 초소는 비어 있기 일쑤이며, 자연해설 및 탐방객 보호 서비스는 부실하기 짝이 없지만, 아스팔트 도로 건설을 위한 수백만 달러의 돈은 즉각 조달될 수 있다는 것을 공원관리청 관리들은 오랜 경험을 통해 알고 있다. 의회가 더 많은, 더 넓은 포장도로 건설에 필요한 돈을 기꺼이 승인해 주기 때문이다. 고리 모양의 우회도로가 있을 때 특히 돈이 잘 나온다. 석유회사가 특히 그런 도로를 좋아해서인데, 그 이유는 자동차 운전자가 출발한 주유소로 다시 되돌아오기 때문이다.

관광산업의 입김이 강하긴 하지만, 그것만으로 공원관리청의 정책을 결정하기에 충분한 것은 아니다. 지나친 개발을 비난하는 여론에 대해 행정가들은 자기네들은 일반 시민들이 원하는 것을 주고 있다고, 그들의 주된 의무는 자연을 보존하는 것이 아니라 일반 시민에게 봉사하는 것이라고 항변할 수 있다. '국민을 위한 공원'이 그들이 내걸고 있는 슬로건이다. 여기에는 '자동차를 탄 국민을 위한 공원'이란 의미가 내포되어 있다. 이 슬로건에는 다수의 미국인들이 관광산업의 경영자들과 똑같이 자동차를 타고 편안하고 안전하게 국립공원을 보기를 기대하고 요구한다는 가정이 담겨 있다.

이런 가정이 올바른 것일까? 아마 그럴지도 모른다. 그렇다고 그것이 계속되는 공원의 잠식을 정당화해 줄까? 그렇지는 않을 것이다. 산업적 관광이라는 문제에서 특히 문제가 되는 것은 바로 산업적 관광업자들이다.

이들은 매우 열심히 일한다. 그들은 자동차를 타고 엄청난 거리를 달린다. 2주일이나 걸리는 대륙 횡단 고속도로를 달리며 전국의 국립공원을 모조리 찾아다니면서 수백만 장의 사진을 찍어 댄다. 그들은 짜증나는 도로 정체, 공원 간이식당이나 도로변 식당의 형편없는 식사, 모텔이나 야영장의 불편한 잠자리, 역겨운 매연 냄새, 끓어오르는 라디에이터와 터지는 타이어, 자녀들의 불평과 아내의 걱정 등 갖가지 어려움을 참을성 있게 견딘다.

그들이 하는 일은 힘들고 위험하다. 고속도로에서의 짜증이 싫어서 조용한 오솔길을 걸어 숲과 산을 찾는 사람들로서는 감당하기 어려운 일이다. 조용한 휴가를 즐기는 사람들이 별을 바라보며 잠자리를 마련할 때, 관광사업자들은 아직도 그들의 자동차를 주차할 곳을 찾고 있다.

관광산업은 국립공원의 위협이 되고 있다. 그러나 이 시스템의 가장 큰 희생자는 자동차를 타고 다니는 관광객들이다. 그들은 중요한 것을 잃어버리고 있는 것이다. 차 밖으로 나오지 않는 한, 국립공원이 간직하고 있는 진짜 보물들을 발견하지 못할 것이며 복잡한 도시생활에서 오는 스트레스를 잠시나마 잊어보려는 그들의 목적을 영영 달성하지 못할 것이기 때문이다.

어떻게 하면 그들을 차 밖으로 나오게 할 수 있을까? 어떻게 하면 그들로 하여금 어머니 대지의 따뜻한 품으로 걸어 들어가게 할 수 있을까? 이것이야말로 공원관리청이 적극적으로 나서서 해결해야 할 문제이다. 편리한 교통수단으로 출발한 자동차는 피에 굶주린 폭군이 되었다(매년 5만 명의 목숨을 앗아간다). 공원관리청과 황야와 문명을 보존하는 데 관심이 있는 사람들은 함께 나서서 자동차에 저항하는 캠페인을 시작해야 한다. 자동차는 우리의 도시들을 질식시키는 데 거의 성공했다. 그것이 국립공원까지 파괴하도록 내버려둘 수는 없다.

계속 늘어나는 인구가 자동차의 억제와 자연보존을 불가능하게 한다는 반대의견이 있을지 모른다. 그것은 사실이다. 인구를 안정시키는 방법이 발견되지 않으면 공원들을 구할 수 없다. 공원뿐 아니라 모든 자연이 파괴를 면치 못할 것이다. 단순한 생존을 위한 투쟁의 압력에 밀려 황야를 보호해야겠다는 생각은 잊혀질 것이고 국토는 완전히 도시화되고 완전히 산업화된 한층 더 붐비는 환경으로 전락하고 말 것이다. 그런 세상에 사느니 나는 차라리 핵전쟁을 택하겠다.

재난이 닥치기 전에 인구 증가가 적정한 수준에서 정지된다는 가정하에 국립공원 같은 문제의 논의가 허용될 수 있다. 공원관리청과 관광산업, 자동차를 애호하는 일반시민들에 대한 가혹한 비난은 이미 앞에서 충분히 했으니, 이제 공원과 국민을 다 같이 구할 수 있는 건설적이고 실용적인 제안을 해야 할 것 같다.

(1) 국립공원에 더 이상 자동차를 끌어들여서는 안 된다. 국립공원을 찾는 사람들은 걷거나 말, 자전거, 노새, 멧돼지 등 무엇이라도 타게 할지언정, 자동차와 오토바이, 그 밖의 비슷한 동력을 쓰는 장치는 얼씬도 하지 못하게 해야 한다. 우리는 성당이나 음악당, 미술관, 의회, 개인 침실 등 우리 문화의 성소(聖所)들에는 자동차를 타고 들어가지 않기로 합의해 놓고 있다. 국립공원에도 같은 대접을 해야 한다. 국립공원이야말로 성스러운 장소이기 때문이다. 점점 종교에서 멀어져 가고 있는 우리들은 마침내 숲과 산과 사막지대의 협곡이 우리 교회보다 더 성스럽다는 사실을 발견하고 있다. 따라서 그에 상응하는 행동을 해야 한다.

구체적인 예로 요세미티 국립공원의 요세미티 계곡을 들 수 있다. 이곳은 자동차와 이동 주택들이 뒤범벅되어 엄청나게 시끄럽고 지저분했지만 모든 방문객에게 공원 입구에서 자동차 대신 미국 정부가 무료로 제공하는 괜찮은 자전거로 바꿔 타게 함으로써 아름답고 질서 있는 모습을 되찾을 수 있었다.

사람들로 하여금 자전거를 타고 가볍고 자유롭게 여행하도록 해야 한다. 등에는 셔츠 한 장 외에는 아무것도 져서는 안 되고 자전거에는 비가 올 경우에 대비한 우비 한 벌 외에는 아무것도 싣지 못하도록 해야 한다. 그들의 친구, 배낭, 텐트, 먹거리, 취사도구 등은 공원관리청이 그들이 선택한 계곡 내 야영지까지 무료로 운반해 주어야 한다. 일단 계곡에 들어가면 공원 관리자들이 방문객의 불편한 점을 보살펴 주고 야영을 원치 않는 사람들에게는 묵을 방이나 식사를 마련해 주어야 한다.

똑같은 조치를 그랜드캐니언이나 옐로스톤 등 모든 야외의 성소들에서 취할 수 있을 것이다. 예를 들어 그랜드캐니언의 사우스 림의 바로 옆까지 관광객들이 그들의 승용차를 몰고 가야만 할 특별한 이유는 없다. 그들은 마지막 1~2km는 걸을 수 있다. 공원관리청이 그랜드캐니언 빌리지 남쪽 16km쯤 되는 지점과 데저트 뷰 동쪽에 거대한 주차장을 건설한다면 더 좋을 것이다. 그 주차장에서 사람들은 자동차에서 내려 말이나 자전거를 타고 남은 여정을 여행하면 된다. 림에는 지금이나 마찬가지로 호텔과 식당이 있어서 방문객들의 요구에 응하면 될 것이다. 림을 따라가며 협곡을 구경하려는 사람들은 걷거나, 말을 타거나, 또는 이미 있는 포장도로를 이용해서 자전거를 타고 관광하면 될 것이고, 한 주차장에서 다른 주차장까지 100km가 넘는 거리를 모두 구경하고자 하는 사람들에게는 타고 간 자전거나 말을 그곳에 반납하도록 하고 공원관리청이 제공하는 버스를 타고 자기 차가 주차되어 있는 곳까지 돌아가게 하면 될 것이다.

아이들은 어떻게 할까? 노인과 병자들은 또 어떻게 할까? 솔직히 말해서 이들 두 그룹에 지나친 동정심을 낭비할 필요는 없다고 본다. 자전거를 타기에는 너무 어리고 부모의 등에 업히기에는 너무 무거운 아이들은 몇 년 기다리도록 해야 한다. 우리가 공원을 보존해서 미래 세대들이 즐길 수 있도록 온전하게 유지한다면, 그들은 자라서 평생 즐거운 모험을 즐길 수 있을 것이다. 오히려 그때까지 자동차에 치이지 않도록 조심해야 한다. 노인들을 동정할 필요는 더욱 없다. 그들은 이 나라가 아직 덜 파괴되었을 때 구경할 기회를 가졌었기 때문이다. 하지만 우리가 구태여 너무 늙거나 병든 사람들을 위해 배려한다면 그들만을 위한 셔틀버스를 운행할 수는 있다.

불평하는 사람들도 있을 것이다. 옛 습관을 버리기 싫어하는 자동차 애용 관광객들은 자동차가 없이는 국립공원을 충분히 '많이' 볼 수 없다고 불평할 것이다. 하지만 이것은 말도 안 되는 소리다. 걷거나 말을 타거나 자전거를 타고 1마일을 가는 사람들이 자동차를 타고 100마일을 가는 사람들보다 더 많이 보고 느끼고 즐길 수 있기 때문이다. 2주일 걸려서 한 공원을 샅샅이 보는 것이 같은 시간에 10여 개의 공원을 주마간산 격으로 훑어보는 것보다 낫다. 두 가지 방식의 여행을 다 해본 경험이 있는 사람들은 이것이 사실이라는 것을 알고 있다. 다른 사람들도 실험을 해보면 그것이 사실이라는 것을 깨닫게 될 것이다.

개척자들의 자손이라는 사람들이 육체적 어려움을 호소하며 불평할지도 모른다. 그러나 이런 불평은 오래가지 않을 것이다. 사지를 움직이고 오관(五官)을 동원해서 자연을 재발견하는 즐거움을 알기만 하면 그들은 자동차를 타라고 해도 타지 않을 것이다.

(2) 국립공원에 도로를 더 건설해서는 안 된다. 개인 자동차들의 진입을 금지하고 나면 두 번째 단계는 쉬울 것이다. 이미 있는 포장도로는 자전거와 셔틀버스, 캠핑장비와 매점 경영자들의 보급품 수송 같은 공원 내 기본적인 서비스를 위해 유지해야 할 것이다. 비포장도로 역시 자동차 이외의 교통수단을 위해 보존해야 할 것이다. 새 도로 건설 계획은 중지하고 대신 일부 국립공원과 대다수의 내셔널 모뉴먼트에 태부족인 오솔길 건설 프로젝트를 추진해야 한다. 산악지대에는 오솔길과 자전거도로를 따라 비상대피소를 건설하는 것이 바람직하며, 사막지대에는 군데군데 물 공급소를 설치해야 할 것이다. 가능한 곳에서는 우물을 파고 수동식 펌프를 설치하는 것도 좋을 것이다.

일단 사람들이 자동차에서 해방되면 하이킹, 탐험, 오지 배낭여행에 대한 관심이 크게 높아질 것이다. 다행히 자동차와 모터보트 등 동력을 사용하는 교통기관의 통행을 금지하기만 해도 공원들은 현재보다 훨씬 더 커 보일 것이며 공간이 엄청나게 늘어나서 더 많은 사람들을 수용할 수 있는 여유를 갖게 될 것이다. 이것은 자동차와 모터보트 같은 동력을 쓰는 교통기관들이 정지해 있을 때 외에는 그 크기에 비해 훨씬 더 넓은 공간을 필요로 한다는 흥미로운 사실에 기인한다. 길이가 대략 16km이고 너비가 평균 1.6km인 호수가 있다고 치자. 한 척의 모터보트는 이 호수를 한 시간 안에 쉽게 돌 수 있다. 그러나 모터보트가 10척 있으면 호수는 벌써 혼잡한 기분이 들게 될 것이다. 모터보트가 20척, 또는 30척 있다면 이 배들이 호수를 휘젓고 다니기 때문에 다른 활동은 거의 불가능하게 되고, 50척이 있다면 위험과 혼란으로 호수가 아수라장이 되어 휴가를 즐기기가 불가능해질 것이다. 하지만 모터보트를 금지시키고 카누와 노 젓는 배들만을 허용했다고 상상해 보라. 즉시 호수가 10배, 아니 100배는 더 넓어진 것처럼 느껴질 것이다. 자동차의 통행을 금지할 때도 똑같은 일이 일어난다. 거리와 공간은 속도와 시간의 함수이기 때문에 그 정도가 한층 더 심할 것이다. 우리가 원하기만 한다면 단순히 자가용의 진입을 금지하는 것만으로 국가 예산을 한 푼도 쓰지 않고 국립공원을 10배 또는 100배 넓힐 수 있다. 이렇게 한다면 2억 5천만의 다음 세대 모두가 우리에게 고마워할 것이다.

(3) 공원 관리원들에게 일을 시켜라. 관리원들은 오랫동안 부스에서 티켓이나 팔고 워싱턴의 통계를 좋아하는 사람들의 비위를 맞추기 위해 책상 앞에서 도표나 그리면서 빈둥빈둥 시간을 보내왔다. 그들에게 일을 시켜야 한다. 그들은 현장을 누벼야 하는 레인저들이다. 그들로 하여금 지나치게 난방이 잘 되고 에어컨이 돌아가는 사무실에서 밖으로 나오게 하라. 순찰차에서 나와서 오솔길을 걷도록 하라. 도시인들을 언덕과 계곡, 황야로 안전하게 안내하는 본연의 임무에 종사하도록 하라. 사무실 근무로 생긴 지방을 좀 뺀다고 그들에게 해될 것은 없다. 오히려 건강에 더 좋을 것이다. 그들로 하여금 동료들의 마누라에 대한 관심을 떨쳐 버리고 상사의 간섭에서 벗어날 수 있는 기회를 갖게끔 하라. 그러면 관계자 모두에게 축복

이 될 것이다.

그들이 필요한 곳은 오솔길이다. 일단 우리가 자동차의 진입을 불법화하고 또 도로 건설을 그만둔다면 많은 사람들이 걸을 수밖에 없게 될 것이고, 그 사람들에게는 리더가 필요할 것이다. 다만 모험심이 많은 소수는 늘 자기들끼리 가기를 바랄 것이다. 그들을 막아서는 안 된다. 그들에게 위험을 무릅쓰고, 길을 잃고, 햇볕에 그을리고, 표류하고, 익사하고, 곰에게 잡아먹히고, 산사태에 생매장당하라고 하라. 그것은 모든 자유로운 미국인의 권리요 특권이다. 그러나 나머지 다수, 야외활동에 서투른 대부분의 사람들은 도움과 지도, 안내를 필요로 할 것이고, 또 그것을 환영할 것이다. 많은 사람들이 말에 안장을 얹을 줄도 모르고, 지형지도를 볼 줄도 모를 것이다. 또 매끄러운 바위 위로 난 오솔길을 찾지도 못하고, 지형지물을 기억하지도, 빗속에서 불을 피울 줄도, 뱀에게 물렸을 때 응급처치를 할 줄도 모를 것이다. 레인저들은 그런 사람들에게 밧줄에 의지해서 절벽을 타고 내려오는 법, 빙하를 미끄러져 내려오는 법, 나침반을 읽는 법, 모래 밑에서 물을 찾는 법, 당나귀에 짐 싣는 법, 부러진 뼈에 부목 대는 법, 펑크 난 고무보트 때우는 법, 눈보라 속에서 살아남는 법, 번개를 피하는 법, 호저 요리하는 법, 뇌우를 만났을 때 여자를 안심시키는 법, 날씨를 예측하는 법, 떨어지는 바위 피하는 법, 협곡에 갇혔을 때 빠져나오는 법을 지도할 수 있다. 레인저들은 이런 것들을 알고 있으며 또 알아야 한다. 모른다면 다시 배워야 한다. 이런 실용적인 안내 외에도 레인저는 박물학자가 되어 자기에게 맡겨진 관광객들에게 그 지역의 자연사 및 인류사를 어느 정도 세세하게 설명해 주어야 한다.

나의 이런 계획을 비판하는 사람들은 이런 혁신적인 개혁을 하기에는 이미 때가 너무 늦었다고 주장할지 모른다. 그들은 다수의 미국인들이 자동차를 이용하는 사치스런 생활에 너무 깊이 빠져 있어서 잠시 동안이나마 자전거나 말을 타거나 걷는 불편을 견디려 하지 않을 것이라고 주장할 것이다. 아마 그럴지도 모른다. 하지만 실험해 보지도 않고 어떻게 그렇다고 확신할 수 있단 말인가? 나는 수백만의 미국인들, 특히 젊은이들이 모험과 어려움, 도전을 열망하고 있으며 그런 기회가 온다면 기꺼이 받아들일 것이라고 생각한다. 우리가 해야 할 일은 공원관리청에 압력을 넣어 이들 젊은이들에게 그런 기회와 도움 그리고 필요한 격려를 보내는 것이다.

이런 일을 가장 쉽게 할 수 있는 방법은 무엇일까? 내가 제시한 단계를 따르고 또 거기 덧붙여 황야 레크리에이션의 비용을 최소한으로 줄여 준다면 가능할 것이다. 레인저들의 안내 서비스는 일반시민들에게 무료로 제공되어야 할 것이다. 공원으로 진입하는 포장도로를 더 건설하지 않음으로써 절약되는 돈이 모든 공원에 자전거와 말을 준비하는 데 충분한 재원이 될 것이다. 동력을 이용하는 교통기관의 진입을 금지하면 공원관리청은 도로 유지, 경찰 업무, 서류 정리 등에 소비되는 수백만 달러를 더 절약할 수 있을 것이다. 경비가 얼마가 들고 그 재원이 어떻게 마련되든 간에 공원 방문객들이 건강과 행복이라는 측면에서 얻는 혜택—통계에 잡히지 않는 이점—은 계산하기 어려울 정도로 많을 것이다.

대도시의 도심 지역에서 자동차를 제거하는 것은 도시문제 연구자들이 진지하게 주장해 온 해법 중 하나다. 이 방법은 국립공원이 안고 있는 문제들에 대해서도 똑같이 적절한 해결책이 될 것이라고 나는 생각한다. 물론 그것은 산업적 관광에 대해서는 큰 타격이 될 것이고 따라서 관광업으로 이윤을 내는 사람들의 심한 저항을 받을 것이다. 뿐만 아니라 자동차의 진입금지는 공원관리청 관리들의 사고방식과 대부분의 미국인 관광객들의 통념을 깨트리는 혁명을 필요로 할 것이다. 하지만 좋든 싫든 그런 혁명이 지금 요구되고 있다. 현재의 추세를 감안할 때 그런 혁명이 없는 한 우리 국립공원들은 서서히 파괴될 수밖에 없을 것이다.

공원관리청 개발지상주의자들의 슬로건을 훔치자. 그들은 국민을 위한 공원이라는 표어를 내걸고 있다. 아주 좋은 얘기다. 우리도 이 슬로건대로 하면 된다. 각 국립공원과 내셔널 모뉴먼트의 입구에 높이 30m, 너비 60m의 거대한 간판을 설치하고 휘황찬란한 네온으로 장식하자. 이 불빛을 배경으로 소나무보다 더 큰 거대한 곰이 나와서 두 눈을 이리저리 굴리고 귀를 쫑긋거리며 당신을 노려보도록 하자. 버튼 하나를 누르면 그 곰이 크고 또렷한 목소리로 다음과 같은 메시지를 낭독할 것이다.

야, 사람들아, 잘 왔다. 이곳은 모든 사람들이 즐기도록 하기 위해 설립된 너희들의 국립공원이다. 이 휴게소 바로 뒤에 세계에서 가장 큰 주차장이 있으니 승용차, 지프차, 트럭, 오토바이, 모터보트, 제트보트, 잠수함, 항공기, 제트기, 헬리콥터, 호버크래프트, 날개 달린 모터사이클, 그 밖의 생각할 수 있는 모든 동력을 이용하는 교통기관들을 맘껏 주차시켜라. 그런 다음 그 교통기관에서 나와서 말이나 노새, 자전거를 타거나 걸어서 안으로 들어와라.

맘껏 즐겨라. 이 공원은 국민을 위한 곳이다.

현장조사팀 책임자와 그의 두 조수는 오래 머물지는 않았다. 더 이상의 논쟁 없이 그들을 조용히 보낸 나는 맥주캔을 또 하나 따 들고 뒤뜰의 테이블로 가서 달이 뜨기를 기다렸다.

나는 건설될 도로와 압력을 받은 물이 개방된 통로로 밀려가듯 그 도로로 밀려들 수많은 사람들을 생각했다. 인간은 모여 사는 동물, 사회적 동물이라고 한다. 그 말이 인간이 떼 지어 사는 동물이란 것을 의미할까? 나는 현대생활의 특성에도 불구하고 그렇다고는 생각하지 않는다. 떼란 말은 사람에게 쓰는 말이 아니라 발굽동물들에 대해 쓰는 말이다. 인간이 안전한 느낌을 갖기 위해 늘 서로를 보면서 살아야 한다면 소나 양보다 나을 것이 무엇이 있겠는가?

우리는 시간에 너무 신경을 쓴다. 우리가 만약 시간에 신경을 쓰는 것만큼 공간을 사랑하는 법을 배운다면, '인간답게 산다'는 말에 담긴 새로운 의미를 발견하게 될지도 모른다.

좋은 이웃이 서로 떨어져 있는 거리는 얼마가 적당할까? 그것은 그 지역사회의 여행양식에 따라 결정될 것이다. 걷는다면 6km, 말을 탄다면 12km, 자동차를 탄다면 40km, 비행기를 탄다면 150km 정도가 적당하지 않을까?

"이웃집에 너무 자주 발을 들여놓지 말아라. 너무 자주 가면 이웃이 당신을 귀찮아하고 미워하게 될지도 모르니까." 이 옛 속담을 상기하기 바란다.

해가 졌고, 석양이 모래와 지평선과 이상한 모양의 바위들을 물들였다. 하늘 여기저기에 별도 몇 개 나타났다. 외로운 올빼미가 울었다.

마침내 달이 떠올랐다. 만월이었다. 마치 밤이라는 어둡고 느린 시냇물에 떠 있는 한 개의 나뭇잎처럼 섬세하고 둥근 달이 가볍게 하늘에 떠 있다. 저편에서 나를 지켜보고 있는 얼굴 같다.

대기가 시원해졌다. 나는 부츠를 신고 셔츠를 걸치고 주머니에 치즈와 건포도를 약간 넣은 다음 산책에 나섰다. 회색 지프차가 처음 내 시야에 들어왔던 장소에 내가 이르렀을 때, 달은 주위를 밝혀 주기 충분할 만큼 높이 떠올라 있었다. 나는 모래 위에 생긴 또렷한 바퀴자국을 볼 수 있었다. 새로 생길 도로의 노선은 바퀴자국뿐 아니라 조사팀이 15m 간격으로 꽂아 놓은 나무막대와 덤불과 나무에 매어 놓은 리본들로 분명히 알 수 있었다.

오늘날의 미국을 만든 것은 팀워크와 창의력이다. 현장조사팀은 그들이 할 일을 한 것이고, 나는 내 일을 해야 할 것이다. 나는 그들이 본부 쪽으로 간 길로 약 8km를 따라가면서 나무막대를 뽑아 버리고 덤불과 나무에 매달아 놓은 리본들을 떼어서 바위 밑에 감추어 버렸다. 장기적으로 볼 때, 이것은 도로가 생겨날 조짐에 불과하지만 그렇게 하니 기분이 좋았다. 그런 다음 나는 절벽을 넘어가는 지름길로 해서 트레일러로 돌아왔다.

바위

Desert Solitaire

암석은 그 이름들도 아름답다. 옥수, 홍옥수, 벽옥, 녹옥수, 마노, 줄무늬마노와 붉은줄마노, 은미정질 석영, 규암, 부싯돌, 처트. 금록석, 리티아휘석, 석류석, 지르콘, 공작석. 흑요석, 터키옥, 방해석, 장석, 각섬석, 홍석류석, 전기석, 반암, 장석질사암, 금홍석. 그리고 희귀금속류인 리튬, 코발트, 베릴륨, 수은, 비소, 몰리브덴, 티타늄, 바륨도 사랑스럽다. 현무암, 화강암, 편마암, 석회암, 사암, 대리석, 점판암, 반려암, 이판암 같은 기본적인 암석들도 빼놓을 수 없다.

이 암석들 대부분이 이 지역에서 발견된다. 오래 자세히 관찰하기만 하면 찾을 수 있다. 이 지역이란 유타주 남동부를 말한다. 이곳은 협곡지대, 나의 세상이다.

예를 들면 다양한 형태의 옥수(chalcedony, 미세한 석영 결정이 모여 이루어진 광석. 보석이나 장식용 돌로 쓰인다)가 솔트 크리크를 따라 우중충

한 진흙 언덕에 마구 뿌려져 있다. 여기서는 또 운모편암에 박힌 석류석의 작은 결정도 발견할 수 있다. 규암의 파편은 도처에 깔려 있다. 그중 어떤 것에는 석영의 결정들이 포함되어 있다. 정동석(geode)도 볼 수 있다. 정동석은 크기와 모양이 타조알 비슷한 사암의 덩어리인데 가끔 그보다 훨씬 더 큰 것도 발견된다. 그것을 다이아몬드 연마기로 잘게 자르면 그 안에서 귀중한 보물인 반짝이는 수정을 찾아낼 수도 있다. 값으로 치면 별것 아니지만 아주 아름다운 보석이다(암석 수집가들에게서 금을 캐는 것보다 보석이나 이상하게 생긴 돌을 수집하는 것이 더 나은 돈벌이가 될 수 있다는 말을 들은 적이 있다). 개울가에는 누군가가 쪼아내서 날카롭게 날을 세운 돌조각들이 있다. 인간이 만든 돌연장이다. 이곳에 인디언들이 살았었기 때문이다. 아마 수백 년 전의 유물일 것이다.

물이 마른 개울을 따라 상류로 올라가서 협곡 암벽 밑의 그늘진 은신처를 들여다보면, 숲쥐들과 다른 동물들이 창고로 사용하는 모래와 진흙 속에서 사람들이 살았던 흔적을 발견하게 된다. 이곳이 바로 벌거벗은 인디언들이 빈둥거리며 농담을 주고받고, 그림을 그리고, 돌을 깨서 석기를 만들던 장소이다. 석기를 만들다 실패한 돌조각들과 물고기의 비늘 등이 흩어져 있다. 운이 아주 좋으면 아주 온전한 화살촉을 발견할 수도 있다. 혹은 창끝을 발견할 수도 있다. 그것들 가운데 일부는 반투명의 흑요석('아파치의 눈물'이란 별명을 가진 화산 유리)이다.

이런 돌들과 석기들은 내셔널 모뉴먼트 경내에 있기 때문에 법에 의해 보호되고 있다. 즉 그것들을 보고 집어 들어서 자세히 살피는 것은 괜찮지만 다른 곳으로 가져가서는 안 된다. 이런 규제는 당연한 것이다. 그런 규제가 없다면 기념물 사냥꾼, 탐욕스런 암석 수집가 그리고 상업적으로 돌을 파는 상인들이 모두 가져가고 이곳에는 아무것도 남지 않을 테니까 말이다. 나로 말하면 어디서 어떤 돌을 발견하든 간에 좀처럼 그 돌을 집으로 가져오지 않는다. 하느님, 다시 말해서 자연이 적당한 자리라고 생각해서 그것들을 놓아둔 그자리에 두고 보는 것이 그 돌들을 즐기는 가장 좋은 방법이라는 것이 나의 생각이다.

이 협곡지대에는 석화된 나무도 흔하다. 석화된 나무는 사암층처럼 지표를 광범하게 덮고 있지 않고, 점토와 이판암, 진흙바위가 나타나는 특별한 장소에서 발견된다. 파리아강 양쪽 강가의 검붉은 언덕, 서 있는 바위들 서쪽의 오렌지 절벽 밑, 프리몬트강 양쪽의 절묘하게 조각된 파사드, 불모지로 분류되는 땅, 또는 오색 사막(painted desert) 지형에서 석화된 나무가 발견되고 있다. 석화림 국립공원(Petrified Forest National Park)처럼 광범위하고 장엄하진 못하지만 흥미롭고 아름답다. 땅에 묻힌 나무등걸에 실리카(이산화규소)를 함유한 물이 스며들어 서서히 세포 하나하나가 대치됨으로써 이런 나무 모양의 바위가 생겨난다. 그 과정이 너무나 정교하고 정확해서 나무의 모양이 세세하게 보존된 바위가 되었다. 그야말로 사막의 보석, 마노(agate)로 변해 바위 속에 박힌 무지개이다. 뜻밖에 이런 보물과 마주치면 가끔 탐욕에 눈이 멀게 마련이다. 소유욕에 눈이 뒤집힌 사람들은 그것들을 주머니나 배낭에 집어넣거나 트럭에 실어 상점이나 차고, 또는 자기 집 뒤뜰로 가져간다. 이해가 가는 충동이다. 숲쥐들이 반지나 알루미늄 은박지, 헌 구두, 플라스틱 숟가락 등을 주워 다 모아 놓는 것과 비슷한 행동일 것이다.

북쪽 론절벽에는 저질의 석탄층이 있다. 그리고 유타와 콜로라도, 와이오밍의 3개 주가 만나는 광대한 지역에는 엄청난 양의 오일셰일(oil shale)이 매장되어 있다. 장차 누군가를 부자로 만들어 줄 자원이다. 그러나 이런 것들은 엄밀히 말해서 암석의 형태를 하고 있지 않다. 콜로라도강과 그 주변에는 미량의 금이 있으며 또 소수의 납, 아연, 은 광산들이 여기저기 산재해 있다. 그러나 협곡지대에서 지금까지 상업적 가치가 있는 것으로 입증된 유일한 암석은 카노타이트라고 불리는 암석이다. 녹황색의 광석인 카노타이트는 라돈가스, 바나듐 그리고 우라늄을 함유하고 있는 광석이다.

여기 보물이 있었던 것이다. 냉전으로 수요가 높아지자, 원자력위원회는 우리의 기술자들이 그들이 할 수 있는 일(히로시마, 나가사키에서 있었던)을 보여 준 직후 우라늄을 찾기 위한 집중적인 탐사를 권장하기 시작했다. 미국 남서부 지방에 이 광석이 매장되어 있다는 사실이 알려져 있었으므로 탐사작업은 이곳에 집중되었다. 한몫 잡으려는 투기꾼들이 이곳으로 몰려들었다. 몇몇은 돈을 벌기도 했다.

전문적인 지질학자였던 찰스 스틴은 몇 년에 걸친 불운과 좌절 끝에 마침내 광맥을 발견하고 광산을 개설한 후 그 광산에 '미 비다'(Mi Vida, 나의 일생)란 이름을 붙였다. 원자력위원회로부터 발견 보너스를 받고 덴버와 솔트레이크시티의 은행들로부터 자금을 융자받은 그는 채광장비와 광석운반용 트럭을 사들이고, 광부들과 트럭운전수들을 고용했으며, 콜로라도강 옆에 제련소를 건설했다. 이렇게 몇 년 노력한 끝에 그는 마침내 백만장자가 되었다. 그는 모아브를 내려다보는 메마른 암반 위에 조촐한 저택을 짓고 친척들과 친구들, 이웃사람들을 초대해서 바비큐 파티를 자주 열었다. 그러나 그는 알 수 없는 사람들로부터 협박과 납치 위협(그에게는 자녀들이 있었다)을 받았고 자신의 재산을 보호하기 위해 위에 철조망을 얹은 철책으로 집을 둘러싸고 경비원과 문지기를 고용했다. 살벌한 풍경을 감추려고 철책을 따라 나무도 심었다. 공직에 출마해서 당선되었으며 독주(毒酒)를 합법화하려다가 실패했다. 그는 제련소를 미국 바나듐회사에 팔고 다른 곳으로 이사했다가 다시 돌아왔고 또다시 다른 곳으로 이주해 갔다.

아마추어 탐광자로서 역시 운이 좋았던 사람으로 버넌 픽이 있다. 중서부 지방 어딘가에서 흘러온 그는 한 번에 몇 주일씩 더티데빌강 위쪽의 거대한 바위들 사이와 귀신이 나올 것 같은 으스스한 협곡을 누비곤 했다. 독성이 있는 강물에 중독되기도 했지만 살아남아 오지에 깊이 숨겨져 있는 우라늄을 발견하고는 그 광산에 '숨겨진 영광'이라는 시적인 이름을 붙였다.

유타주 토박이들 가운데도 몇몇은 돈을 벌었다. 특히 붐이 일어나자마자 황무지로 달려와서 보이는 것을 모두 차지해 버린 약삭빠른 사람들이 재미를 보았다. 이렇게 확보해 놓은 지역 가운데 몇 군데가 개발되었고 그중 어떤 곳에서는 꽤 많은 우라늄이 나왔다. 그러나 대부분의 부(富)는 채광이 아니라 광권과 광산회사의 주식을 매매하는 데서 나왔다. 대단한 투기 바람이 일었다. 미국 전역에서 돈이 모여들었다. 언제나 그렇듯 우리 사회에 많은, 다른 사람들의 노동으로부터 이윤을 챙기려는, 자기가 뿌리지 않은 것을 거두려는 사람들이 한몫 잡으려고 돈을 투자했다. 그러나 돈을 투자한 사람들이 모두 돈을 늘린 것은 아니다. 탐욕 때문에 돈을 날린 사람들도 많았다.

본격적인 탐광은 원자력위원회의 기술자들에 의해 이루어졌다. 강력한 신틸레이터(방사선을 쬐면 빛을 내는 형광체)로 무장한 이들은 비행기를 타고 콜로라도고원 상공을 선회하며 방사선이 강한 지점을 지도에 표시했다. 이렇게 얻은 정보는 일반에 공개되었다. 그러나 때늦은 공개가 되기 일쑤였다. 지프차를 타고 달려온 소규모 탐광업자들은 대규모 광업회사들의 헬리콥터들이 하늘로 날아오르고 웬만한 지역은 이미 여러 회사에서 광권을 신청해 놓았다는 사실을 알고 실망하곤 했다.

이런 불공정한 경쟁에도 불구하고 인내심 많은 아마추어 탐광자들 가운데는 값싼 가이거계수기를 손에 들고 험한 지형을 누빈 끝에 방사선의 원천을 발견하는 데 성공하는 사람들도 더러 있었다. 다음 단계는 그 지역의 광권을 신청하고 그 사실이 카운티 서류에 등록되도록 하는 것이었다. 그러나 이것은 아직 시작에 불과했다. 채광을 위해 필요한 돈을 조달하기 위해서는 먼저 매장된 우라늄의 양과 질을 평가하기 위한 샘플을 채취해야 했다. 그러자면 우선 그 지역까지 도로를 닦아야 했고, 그러고도 돈이 아직 남아 있거나 돈을 더 빌릴 힘이 있다면, 채굴장비를 가진 사람을 고용하거나 채굴장비를 빌려야 했다. 어느 것이나 돈이 많이 들어가는 일이었다. 천신만고 끝에 채굴이 시작되면 비로소 사업을 벌일 준비를 할 수가 있었지만, 여기까지 일을 진행시키고도 광석을 광산에서 제련소로

운반하는 비용 등 다른 요인들로 사업을 포기해야 하는 경우도 종종 있었다.

원자력위원회는 1949년부터 10년 동안 광산업자들이 생산하는 일정한 등급 이상의 우라늄을 보장된 가격으로 팔 수 있도록 보장해 주었다. 또한 1만 달러의 발견 보너스도 지급했다. 그럼에도 불구하고 얼마간의 시간이 지나자, 이 사업에서도 대부분의 다른 사업에서와 마찬가지로 대규모 사업자만이 이윤을 낼 수 있다는 사실이 명백해졌다. 또한 온타리오와 뉴멕시코의 암브로시아 호수지구에서 대규모 우라늄 매장지가 발견되면서 협곡지대에 산재해 있는 소규모 매장지는 곧 무의미한 것이 되고 말았다. 자신들이 캐낸 광석을 타이어가 터지고, 차축이 부러지고, 클러치가 타들어 가는 험준한 협곡지대를 따라 운반할 수밖에 없었던 유타주의 소규모 독립 광산업자들은, 장군과 제독들을 경영진으로 모셔놓고 상원의원들을 후견인으로 확보해 놓은 아나콘다사 같은 거대기업의 경쟁자가 될 수 없다는 것을 차츰 깨닫게 되었다. 원자력위원회의 10년 보장기간이 끝나면서 대부분의 독립업자들은 사업에서 손을 떼고 말았다.

이 사업에서 손을 떼게 되어 홀가분하다고 생각한 사람도 많았을 것이다. 소규모 업체들을 괴롭히는 수많은 악조건과 채광업에 따르게 마련인 위험 외에도 또 다른 위험—핵방사능—에 대한 두려움 역시 무시될 수 없었기 때문이다. 구덩이 깊숙이 들어가 일하는 우라늄 광부들은 늘 먼지를 마시고 매일 다이너마이트를 다뤄야 하는 것 외에 허용치보다 훨씬 높은 알파, 베타, 감마선을 쐬고 있었다. 우라늄 광부들은 모호하고 이론적이며 피부로 느껴지지 않는 이 위험을 모른 척하려 애썼지만, 남은 여생 동안 병이 들거나 건강이 나빠지면 언제나 여러 해 전에 모아브, 몬티셀로, 멕시칸 햇, 그린 리버의 술집과 기계공삭소에서 들었넌 소문이 생삭날 것이다.

이 도박과 모험에 참가한 사람치고 어떤 대가를 치르지 않은 사람은 한 사람도 없을 것이다. 몇 사람에게는 모험이 악몽이 되고 말았다.

예를 들면, 풋내기 보물 사냥꾼인 두 남자가 조그만 모터보트에 통조림과 광물 샘플, 해머, 가이거계수기 등을 잔뜩 싣고 콜로라도강을 따라 내려갔다. 그런데 콜로라도강이 그린강과 합류하는 지점에 이르렀을 때 일이 틀어지고 말았다. 모터가 고장났고 그래서 그들의 보트는 64km에 이르는 캐터랙트 협곡의 수로로 표류해 들어갔다. 캐터랙트 협곡은 그들이 가려고 했던 곳이 아니었다. 약 1세기 전에 이곳을 처음으로 통과한 파월 소령은 캐터랙트 협곡을 이렇게 묘사했다.

1869년, 7월 24일. 우리는 아래쪽의 급류를 살펴보았다. 암벽에서 떨어진 커다란 바위들—뽀족뽀족한 돌덩어리들이 비탈을 굴러 내려와서 수로 여기저기에 나뒹굴고 있다. 우리는 육지를 따라 갈 수밖에 없었다. 거리는 1.2km가 채 못 되고 고도 차이도 22m 정도였다. 바위들 사이로 급류가 소용돌이와 물결을 일으키며 흘러간다. 우리는 지난밤의 캠프에서 불과 1km 내려온 곳에서 다시 밤을 보내려고 자리를 잡았다… 어둠이 깔리고 있었지만 파도가 일으키는 거품이 마치 발광체인 양 시야에 들어왔다. 가까운 곳에서 급류가 15m 높이의 거대한 석회석에 부딪치고 있다. 바위가 가라앉은 곳에서는 물결이 산처럼 부풀어 오른다. 바위가 수면 가까이 있는 곳에서는 물결이 3~4m 치솟았다가 마치 분수처럼 부드러운 곡선을 그리며 떨어졌다.

두 탐광자들은 이 급류를 통과할 수 없었다. 수로에 들어가자마자 보트는 뒤집혔고 그들은 배 밖으로 내던져졌다. 보트는 혼자서 제 갈 길을 가고 말았다. 두 사람은 가까스로 물가로 헤엄쳐서 살 수 있었지만, 인가가 있는 곳까지 가는 가장 좋은 방법에 대해 서로 의견이 갈라졌다. 결국 한 사람은 협곡의 사면을 기어 올라가서 서쪽에 있는 행크스빌로 가기로 했다. 행크스빌까지는 직선거리로 64km쯤 되었다. 다른 사람은 물가를 떠나지 않는 것이 현명한 길이라고 생각하고 콜로라도강을 북동쪽으로 거슬러 올라가서 그들이 출발한 곳인 모아브로 가기로 했다. 강이 구불구불하다는 점을 감안할 때 그가 가야 할 거리는 첫 번째 사람의 두 배나 되었지만 그래도 갈증으로 죽을 위험은 없었다. 두 사람 다 음식이라곤 가진 것이 없었다.

첫 번째 사람은 운이 좋았다. 본격적인 구조작업이 시작된 직후에 그는 비행기에 의해 발견되었고 즉시 구조되었다. 그의 동료는 버드나무 덤불과 강가의 비탈을 며칠이고 걸었다. 모터보트를 탄 수색대가 몇 번이고 강을 오르내렸지만 이상하게도 그를 발견하지 못했다. 그는 수색선을 보았지만 너무 지쳐서 소리를 지를 기력도 없었고 성냥이 없었으므로 불을 피울 수도 없었다. 또 너무 겁에 질려서 한 장소에 머물면서 어떤 종류의 조난 표시를 만들 생각을 하지 못했다. "수색대는 도무지 내가 있는 쪽을 보지 않았지요." 그는 나중에 처절한 목소리로 이렇게 설명했다. 그래서 그는 계속 사막의 뜨거운 태양 아래서 암벽을 기어 올라야 했다. 때때로 도마뱀을 잡아 통째로 삼켰다. "참치 맛과 비슷했다"고 훗날 그는 말했다. 수색이 시작되고 열흘이 지난 후, 데드호스 포인트 아래쪽에 있는 버려진 광부의 오두막 근처에서 마침내 그가 발견되었다. 땅바닥에 앉아서 오래된 콩 통조림 깡통을 힘없이 두드리고 있는 그를 수색대가 본 것이다. 그는 돌로 그 통조림을 따려 하고 있었다. 햇볕으로 인한 화상과

쇼크, 영양부족으로 입원한 그는 캐터랙트 협곡으로 들어가는 입구를 철책으로 막아서 영원히 사람이 들어가지 못하도록 해야 한다고 주장했다[오늘날의 모아브 주민 가운데는 원자탄을 캐터랙트 협곡에 떨어뜨려 그들(모아브 주민들)이 새로 생긴 글렌캐니언의 저수지까지 안전하게 수로를 따라 갈 수 있게 해야 한다고 연방정부에 건의한 사람들도 있다].

방사능을 가진 보물을 찾는 열기에 들떠 있던 그 시절에 아무도 묻지 않은 한 가지 질문이 있다. 그래서 또 하나의 이야기를 하려고 한다. 이 이야기는 사실일 수도 있고 사실이 아닐 수도 있다. 그러나 이 이야기를 하는 사람들은 누구나 이 이야기가 사실이라고 주장한다.

우라늄 열풍에 이끌려 협곡지대로 몰려온 수천 명의 사람들 가운데 텍사스에서 온 앨버트 T. 허스크라는 사람이 있었다. 그는 젊고 예쁜(그러나 가냘프고 걱정이 많은) 두 번째 아내와 11살 된 아들 빌리 조 그리고 그 애보다 더 어린 두 딸을 데리고 왔다. 그는 동부 텍사스에 70에이커의 농장과 트랙터 한 대, 그 밖의 장비들을 두고 왔다. 두 마리의 순종 너구리 사냥개와 그의 아버지 A. T. 허스크 1세도 텍사스의 농장에 남아 있었다. 노인을 제외한 그의 모든 재산은 그의 보물 사냥과 새생활을 위한 자금을 조달하기 위해 저당잡혔다. 앨버트 허스크는 비전이 있는 사람이었기 때문이다.

허스크 일가는 6월의 어느 뜨거운 날, 산비탈에서 굴러 떨어진 것같은 픽업트럭을 몰고 모아브로 왔다. 픽업트럭은 요즘 양몰이꾼들이나 사용하는 고물 트레일러하우스를 끌고 있었다. 그는 코트하우스 워시 입구 근처에서 빈 터를 발견하고 멋진 미루나무 밑에 베이스캠프를 차렸다. 근처에 샘이 있었고, 샘 아래쪽에는 욕조만 한 크기의 물웅덩이가 있어 그의 젊은 아내가 목욕도 하고 머리도 감을 수 있었다. 허스크는 화약을 터뜨려서 충적토에 구덩이 화장실을 파고 그 위에 텐트를 쳤다. 거처가 마련되자 그는 곧장 광부들로 북적이는 클럽66으로 달려갔고, 여기서 그의 은인인 찰스 '척' 그레이엄을 만났다. 그 은인의 이름이 '인' 그레이엄이라는 설도 있다. 이야기가 이 사람에서 저 사람으로 전해지면서 불분명해졌기 때문이다.

어쨌든 그레이엄 씨도 모아브 지역으로 온 지 얼마 안 된 신참자였지만 그래도 허스크보다는 고참이었다. 그는 이곳에 벌써 뿌리를 내리고 있었다. 그는 경비행기와 헬리콥터를 빌려주거나 전세로 임대하는 비행회사를 소유하고 있었고, 파일럿 면허증을 소지하고 있었으며, 마을에 하나밖에 없는 승용차 및 트럭 대여점도 운영하고 있었다. 정중하고 남을 돕기 좋아하는 그는 곧 술집에서 허스크와 우정 어린 대화를 나누게 되었다. 그들은 한쪽 구석에 있는 테이블로 자리를 옮겼고 그레이엄 씨는 커다란 지도를 꺼내 놓고 콜로라도고원에서 새로이 우라늄이 발견될 가능성이 높은 곳이 어느 지역인가를 힘들여 설명했다(허스크는 지질학 지식이 거의 없었기 때문이다).

허스크는 가능성이 높은 지역은 이미 다른 사람들이 광권을 확보했거나 개발중이라는 사실을 알게 되었다. 그레이엄 씨는 허스크에게 장기적으로 볼 때 가능성이 희박한 보물찾기에 매달리는 것보다 텍사스로 돌아가서 저당 잡힌 농장을 되찾는 것이 더 현명할지도 모른다고 충고했다.

허스크도 자신이 성공할 가능성이 희박하다는 점은 인정했지만 그러나 운을 시험해 보지도 않고 텍사스로 돌아갈 생각은 추호도 없다고 말했다. 그러자 그레이엄 씨는 무턱대고 사막을 헤매는 것보다는 가능성이 높은 지역의 광권을 확보한 사람과 동업을 하는 편이 더 좋을 것이라고 말했다.

허스크가 더 자세한 정보를 요구하자 그레이엄 씨는 마지못해서 자신이 샌라파엘강 주변에 우라늄이 나올 가능성이 높은 지역을 확보해 놓고 있다고 털어놓았다. 그레이엄 씨는 조만간 그 지역을 개발할 계획이지만 다른 사업이 바빠서 손을 못대고 있다고 하면서, 자신을 대신해서 먼저 작업에 착수할 동업자가 있다면 받아들일 의향이 있다고 밝혔다.

허스크가 귀가 솔깃해서 어떤 조건으로 동업을 하겠느냐고 물었다. 그러나 그레이엄 씨는 세세한 금전 문제를 얘기하기 전에 허스크가 그 문제를 다시 생각해 보고 또 현장을 둘러볼 것을 고집했다. 그는 허스크가 먼저 투자한 돈을 날리지 않으리라는 확신을 갖기를 바랐다. 그는 자기 친구가 잘 알지도 못하는 일에 무턱대고 뛰어드는 것을 원치 않는다고 설명했다.

허스크가 미소를 지으면서 그레이엄 씨에게 텍사스의 은행에서 발행한 수표의 귀퉁이를 보여 주었다. 자기는 부자는 아니지만 앞가림을 할 만한 능력은 있다고 말하면서. 그러자 그레이엄 씨는 얼굴을 찌푸리며 클럽66 같은 장소에서 돈을 내보여서는 안 된다고 허스크에게 주의를 주었다. 모르몬교도들은 이교도의 돈을 빼앗는 일에 대해 별로 양심의 가책을 느끼지 않는다는 것이었다. 허스크는 그레이엄 씨는 정말 보기 드문 기독교도 신사라면서 아내와 아이들을 소개해 주고 싶다며 그를 집으로 초대했다. 그레이엄 씨는 그의 초대를 받아들였다. 허스크는 비틀거리며 햇빛이 눈부신 밖으로 나왔고 그레이엄 씨가 그의 뒤를 따랐다. 길을 못 찾아 몇 번 헤맨 끝에 그들은 코트하우스 워시의 캠프로 갔다.

허스크 부인은 남편이 데려온 손님을 반겼고 아이들도 스스럼없이 그레이엄 씨를 따랐다. 다만 매우 수줍은 아이인 빌리 조만은 그를 서먹서먹하게 대했다. 그레이엄 씨가 빌리 조에게 자신의 파일럿 면허증을 보여 주자 그것이 다소 도움이 되었다. 허스크 부인도 깊은 인상을 받은 게 분명했다. 그녀는 저녁을 들고 가라고 그레이엄 씨를 초대했고, 그는 초대에 기꺼이 응했다. 그는 허스크 부인이 준비한 점액질이 많은 녹색의 오크라 꼬투리를 특히 좋아했다. 사실 자기는 오클라호마의 채소 농장에서 소년 시절을 보냈다고 그는 말했다. 그는 허스크 부인에게 담배를 권했고 그의 멋진 가스라이터로 불까지 붙여 주었다. 그 후 아이들은 그에게 샘 밑에 있는 물웅덩이를 보여 주었다. 부엉이가 부드럽게 울었고 박쥐들이 어두워지는 하늘을 이리저리 날았다.

그레이엄 씨와 허스크는 헤어지기 전날 밤에 이튿날 아침 다시 만나서 비행기를 타고 샌라파엘강 주변의 광권 확보지를 둘러보기로 합의했다. 그가 떠난 후 허스크 가족은 새로 사귄 친구에 대해 얘기를 나누면서, 모두 그가 아주 좋은 사람 같아 보인다는 데 의견을 같이했다. 이번에도 빌리 조만이 예외였다. 소년은 그레이엄 씨가 '너무 미소를 많이 짓는다'고 생각했다.

이튿날 협곡 공중 정찰은 성공적이었다. 다만 전에 비행기를 한 번도 타본 적이 없는 허스크는 정찰을 마치고 돌아올 때 약간 멀미를 했다. 몇 마리의 소들이 활주로에서 풀을 뜯어먹고 있었기 때문에 그 소들이 물러날 때까지 그레이엄 씨는 포장되지 않은 활주로 위를 세 차례나 그냥 지나쳐야 했다. 그레이엄 씨는 협곡 위를 비행하면서 허스크에게 그의 소유지뿐 아니라 현재 채광작업을 진행 중인 근처의 몇몇 소규모 우라늄 광산들도 보여 주었다. 허스크는 자기 눈으로 시추공과 갱도, 캐낸 돌 부스러기 그리고 암벽 가장자리를 따라 구불구불 나 있는 도로들을 볼 수 있었다. 그들이 그레이엄 씨가 광권을 확보한 지역 위를 날 때, 그레이엄 씨는 비행기에 싣고 다니는 배터리와 연결된 신틸레이터의 스위치를 켰다. 그는 움직이는 바늘을 가리키며 아래쪽 메사 어딘가에 방사능을 띤 광물이 있음을 나타내는 것이라고 설명했다. 그 광물이 묻힌 정확한 지점을 찾아내는 것이 동업자가 할 일이라는 것이다.

허스크는 연신 고개를 끄덕이며 뚫어져라 그곳을 내려다보았다. 너무나 열심히 쏘아봐서 눈에 눈물이 고일 정도였다. 그때 앞에 툭 튀어나온 벼랑이 나타났기 때문에 그레이엄 씨는 급작스럽게 기체를 상승시켰다. 허스크는 위장이 창자 속으로 내려앉는 느낌이었다. 그는 오른쪽에 지평선이 이상하게 솟아오르고 잠시 전까지만 해도 땅이 보이던 왼쪽에는 푸른 하늘만이 있는 것을 보았다.

그날 저녁 그들은 계약을 맺었다. 허스크는 자기 수표의 절반에

바위

135

해당하는 금액인 1만 2,500달러를 내고 핫록산 광업개발회사(그들이 합작회사에 붙인 이름이었다)의 지분 40%를 취득했다. 그레이엄 씨의 비서가 작성한 4페이지나 되는 긴 계약서에 양측이 서명했고, 그레이엄 씨의 비서가 이 계약서를 공증했으며, 그레이엄 씨의 비행기 밑에서 기어나온 기름때 묻은 녹색 작업복을 입은 남자가 더러운 손으로 증인란에 서명을 했다. 먹지로 된 계약서 사본을 들고 집으로 간 허스크는 아내에게 그 희소식을 전했다.

이튿날 아침 일찍 허스크는 일하러 갔다. 그레이엄 씨가 가이거계수기와 탐침, 지질조사용 해머, 표준 우라늄 샘플, 광석을 넣을 자루 그리고 물통과 가솔린통을 준비해 주었다.

처음에 허스크는 그의 아내와 아이들을 강가로 데리고 가려고 했지만, 그레이엄 씨가 가족들은 모아브의 편의시설에서 가까운 현재의 캠프에 있는 것이 더 편안할 것이라고 하면서 그를 말렸다. 그는 자기가 허스크가 없는 동안 그들을 돌보고 필요할 때는 모아브로 가는 교통편을 제공하겠다고 말했다(광권을 확보한 지역이 있는 강 건너까지는 160km나 되는 먼 길이었다. 그중 80km는 지프차나 겨우 갈 수 있는 임시도로만이 있었고, 마지막 16km는 도로나 오솔길이 전혀 없었다). 그래서 허스크는 그의 픽업트럭에 장비와 침구, 2주일분 식량 등을 싣고 아내와 어린 딸들에게 작별인사를 하고 출발했다. 그는 소년만은 데리고 갔다.

그날 오후 늦게 더위가 한창일 무렵, 그레이엄 씨는 사무실에서 나와서 클럽66을 향해 거리를 어슬렁어슬렁 걸어 내려갔다. 맥주를 두어 잔 마신 뒤, 그는 그의 차를 타고 드라이브에 나섰다. 그리고 모아브 북쪽 8km 지점 코트하우스 워시로 들어가는 입구에 있는 커다란 미루나무 밑 그늘에 차를 세웠다. 허스크의 고물 트레일러가 문이 빼꼼히 열린 채 서 있었다. 열린 문으로 파리들이 들락날락했고, 흰나비 한 마리가 문지방 먼지 위에 앉아 있었다. 트레일러 안에는 아무도 없는 것 같았다. 그는 트레일러 벽에 노크를 했다. 아무 응답이 없었다. 그때 멀리서 아이들의 웃음소리가 희미하게 들려왔다. 그레이엄 씨는 숨이 막히는 더위를 참으며 협곡을 천천히 걸어 올라갔다. 첫 번째 모퉁이에서 그는 걸음을 멈추었다. 버드나무 가지 사이로 어린 두 소녀가 물 속에서 첨벙거리며 놀고 있는 모습이 보였다. 허스크 부인은 반쯤 옷을 벗은 채 웅덩이 가장자리에 앉아 있었다. 촉촉하게 젖은 그녀의 긴 금발이 눈가로 내려져 있었다. 그녀는 천천히 머리를 빗어 올렸다. 그레이엄 씨는 잠시 그 모습을 지켜보다가 뒤돌아서서 트레일러로 돌아간 다음 거기서 기다렸다.

여름 내내 허스크 부자는 강가에서 바위와 씨름을 했다. 비탈을 기어오르고 선반처럼 튀어나온 바위를 따라가기도 하고, 바위들이 널려 있는 협곡을 따라 올라가기도 했다. 우라늄이 함유된 회색 암층이 발견되면 그들은 가이거계수기와 탐침으로 일일이 검사를 해서 기계에 반응이 나타나면 해머로 견본을 채취해서 자루에 담았다. 한낮에는 그들이 발견할 수 있는 모든 그늘—튀어나온 바위나 향나무 밑 또는 그들의 트럭 밑—에 들어가 쉬었고, 저녁이면 지친 몸을 이끌고 강가로 내려가 몸을 좀 씻은 다음 물통들을 끌고 오솔길을 올라갔다. 그들은 트럭이 다닐 수 있는 길을 내는 일로 많은 시간을 보냈다. 향나무를 잘라내기도 하고 물에 파인 곳을 메우기도 했으며 벼랑 끝 바위에 구멍을 뚫기도 했다. 밤이 되면 그들은 아무데서나 야영을 했다. 바깥에서 불을 피워 저녁을 준비했고, 전갈과 방울뱀이 무서워서 트럭의 침대에서 잤다. 그리고는 동이 트기도 전에 일어나서 다시 작업을 시작했다. 한낮의 땡볕과 더위가 닥치기 전에 되도록 많은 일을 해야 했기 때문이다.

대략 2주일에 한 번쯤 허스크와 빌리 조는 모아브로 돌아와서 보급품을 공급받고 장비를 수선하고 필요한 부품들을 구했다. 때로는 트럭의 타이어를 갈아 끼우기도 했다. 그럴 때마다 허스크는 자기가 수집한 샘플들을 그레이엄 씨에게 보여 주었다. 그 돌들에는 약간의 우라늄과 토륨이 들어 있는 것으로 판명되었지만, 그레이엄 씨가 분석을 의뢰한 사람의 보고에 따르면 그 어느 것도 상업적 가치를 가질 정도의 함량을 갖고 있지는 못했다. 그레이엄 씨는 허스크를 격려하기 위해 최선을 다했다. 클럽66에 가서 술도 사주고 가이거계수기의 배터리도 갈아 주었다. 허스크는 자기에게 정말 필요한 것은 새 트럭이라고 말했다. 그러자 그레이엄 씨는 웃는 얼굴로 그의 등을 두드리면서 곧 캐딜락을 몰고 다니게 될 테니 걱정말라고 했다.

일에 정신을 모두 빼앗긴 허스크는 자기 아내가 자기를 대하는 태도가 변했다는 사실을 어렴풋이 느꼈을 뿐이었다. 그가 트레일러하우스에 찾아올 때마다 그녀는 조금씩 더 짜증을 내는 것 같았다. 그를 다정하게 대하지도 않았고 어딘지 태도가 서먹서먹했다. 잠자리를 같이 할 때도 별로 달가워하는 것 같지 않았고, 어떤 때는 마지못해 그의 요구에 응하는 것 같았다. 허스크는 다소 마음이 언짢았다. 그러나 한편으로는 그녀가 그들의 저축액이 빠른 속도로 줄어들고 있는 것이나, 그동안의 탐광작업이 아무 성과도 거두지 못한 데 대해 별로 걱정하지 않는 것을 고맙게 생각했다. 그래서 그는 그녀의 태도에 대해 꼬치꼬치 캐묻지 않고 마음이 무거운 채로 다시 작업장으로 달려가곤 했다.

8월 마지막 주의 어느 날 오후, 그레이엄 씨는 자기 사무실에 앉아서 그가 책상에 넣어 두고 있던 조그만 권총이 제대로 작동하는지 시험해 보고 있었다. 사무실에는 그 외에는 아무도 없었다. 그는 탄창에 총알을 넣고 권총에 끼운 후 총신을 뒤로 잡아당겼다 앞으로 밀어서 총알 한 개를 발사 위치에 밀어 넣었다. 권총의 안전장치를 조심스레 잠근 후, 그것을 그가 가끔 입는 웃옷 주머니에 넣었다. 그 웃옷을 입고 그는 헬리콥터로 가서 연료탱크를 채웠다. 그런 다음 조종석에 올라타고는 엔진의 시동을 걸었다.

허스크와 빌리 조는 향나무 가지로 불을 피우고 저녁을 준비하고 있었다. 그때 그들은 메사 가장자리를 넘어오는 소음을 들었다. 해가 지고 있었고, 갓 떠오른 반달이 지평선 위에 걸려 있었다. 황혼 속에서 그들은 잠자리 같은 금속 물체가 동쪽에 나타나는 것을 보았다. 헬리콥터는 그들의 머리 위를 두 번 선회한 후 착륙했다. 헬리콥터가 일으키는 강한 돌풍에 모래와 잔 나뭇가지들이 불과 콘비프와 콩이 담긴 열린 냄비 안으로 마구 떨어졌다. 새로 산 빌리 조의 밀짚 카우보이모자가 벗겨져서 메사의 가장자리 쪽으로 굴러가더니 절벽 밑으로 떨어지고 말았다. 그들은 큰 키의 그레이엄 씨가 헬리콥터의 플라스틱 덮개 안에서 나와, 천천히 돌고 있는 날개 밑을 구부린 자세로 통과해 그들 쪽으로 오는 것을 지켜보았다.

빌리 조는 그 후 모닥불 옆에서 한 시간 동안 오간 대화의 자세한 내용을 분명하게 이해할 수 없었다. 다만 그의 아버지가 기분이 좋지 않고 심지어 그레이엄 씨에게 화를 내고 있다는 것만은 알 수 있었다. 그레이엄 씨가 그의 웃옷 왼편 주머니에서 반 파인트(약 0.5리터)의 위스키를 꺼내 그의 아버지에게 건넸을 때도 언성은 부드러워지지 않았다. 허스크가 그 술병을 받아서 마시고는 무어라고 말하자 그레이엄 씨는 자세가 굳어진 채 아무 말 없이 가만히 앉아 있었다. 그의 얼굴에 나타난 표정을 보고 소년은 겁에 질렸다. 잠시 후 빌리 조는 그레이엄 씨가 그의 새엄마(아버지의 두 번째 아내)에 대해 뭐라고 좋지 않은 말을 하는 것을 들었다.

그의 아버지가 벌떡 일어서더니 고함을 질렀다. 그는 모닥불을 가로질러서 곧장 그레이엄 씨를 향해 다가갔다. 그러자 이미 일어서 있던 그레이엄 씨는 뒤로 물러서면서 그의 웃옷 오른쪽 주머니에서 번쩍이는 검은 물체를 꺼내더니 철컥하고 안전장치를 풀고 앞으로 내밀었다. 불이 번쩍하면서 작은 폭음이 들렸다. 빌리 조는 자기 아버지가 그 자리에 멈춰 서더니 배를 움켜쥐고는 다시 그레이엄 씨에게 덤벼드는 것을 보았다. 또 한 발이 발사되었다. 그의 아버지가 앞으로 고꾸라졌다. 그레이엄 씨는 등에 또 한 발을 쏘았다. 아버지는 배를 움켜잡고 헐떡이면서 천천히 몸을 옆으로 돌렸다.

빌리 조는 일어서서 무어라고 말하고 싶었다. 그레이엄 씨가 손으로 모닥불의 불빛을 가리며 총을 든 채 그를 찾고 있었다. "빌리, 너 어디 있니?" 그가 말했다.

소년은 말이 입에서 나오지 않았다. 그러나 그의 몸과 두 다리가 저절로 움직였다. 그는 뒤로 넘어졌고 돌아서서 뛰기 시작했다. 소년은 미친듯이 어둠 속으로 달아났다. 총소리가 들렸지만 그는 아무 느낌도 없었다. 그는 계속 달렸다. 그를 뒤쫓아오는 그레이엄 씨의 무거운 발걸음 소리가 들렸다. 그는 덤불 속으로, 나뭇가지들을 헤치고 협곡의 가장자리를 넘어 달렸다. 그는 자기가 자꾸 넘어지고 있다고 느꼈다. 그러다가 그는 아찔한 충격을 느꼈다. 모래 위에 '쿵' 하고 떨어진 그는, 미끄러지고 비틀거리면서 모래언덕을 내려가서 협곡 밑바닥에 이르렀다. 움직이려 했으나 한쪽 어깨에 심한 통증이 느껴졌다. 그는 어둠 속에 누운 채 자기가 떨어진 절벽을 올려다보았다. 하늘을 배경으로 그레이엄 씨의 윤곽이 나타났다. 그는 왔다갔다 하면서 내려오는 길을 찾고 있었다. 달빛이 비치는 가운데 희미한 별이 몇 개 보였다. 사막의 밤은 쥐 죽은 듯 적막에 싸여 있었다.

그레이엄 씨는 숨을 헐떡이면서 손전등을 가져오려고 허스크의 캠프로 되돌아갔다. 거기서 그는 그의 동업자가 아직도 살아 있는 것을 발견했다. 그는 이제 꺼져 가는 모닥불을 떠나 트럭 쪽으로 엉금엉금 기어가고 있었다. 그레이엄 씨는 잠시 쉬었다가 허스크 옆을 돌아서 트럭으로 갔다. 트럭은 메사 가장자리 위 경사면에 받침목을 바퀴에 괴어서 주차되어 있었다. 가장자리 너머는 90도의 절벽이 협곡의 밑바닥까지 200여 미터나 이어져 있었다. 그레이엄 씨는 트럭에서 손전등과 허스크의 총을 찾아냈다. 그는 트럭 발판에 앉아서 잠시 쉬며 숨을 고르면서 그를 향해 천천히 기어오는 허스크를 지켜보았다.

바위

허스크가 그의 구두 끝까지 이르렀을 때 그레이엄 씨는 그에게 다시 총탄을 발사했다. 이번에는 라이플로 그의 머리를 쏘았다. 그는 시체를 질질 끌고 가서 트럭의 운전대에 실은 다음 문을 쾅 닫았다. 잠시 생각한 후, 그는 5갤런짜리 휘발유통을 열고 허스크의 시체와 운전대 내부에 휘발유를 들이부었다. 또 한 개의 휘발유통을 발견한 그는 뚜껑을 열고 그것을 운전석 오른쪽 구석 바닥에 놓았다. 그는 땀을 많이 흘리고 있었고, 두 손은 떨고 있었다. 또 가슴이 고통스러울 정도로 답답했다. 그는 담배를 피우려다가 다시 생각해 보고 피우지 않기로 했다. 그는 트럭 근처에 앉아서 잠시 쉬었다.

한참 생각한 그레이엄 씨는 트럭을 움직여 메사 가장자리로 옮겨 세운 다음 그의 동업자에게 성냥불을 던지고 트럭을 절벽 밑으로 밀어 떨어뜨리기로 작정했다. 트럭은 절벽 가장자리를 향해서가 아니라 가장자리와 나란히 세워져 있었다. 그래서 그레이엄 씨는 바퀴에 받쳐 놓은 돌들을 치운 다음 운전석으로 올라가서 허스크의 두 다리를 밀쳐놓고 습관적으로 시동스위치를 돌렸다. 액셀러레이터에 발을 얹기 직전에 그는 위험을 깨달았다. 그래서 그는 시동을 걸지 않고 클러치를 풀고 기어를 뺀 다음 핸들을 돌려 트럭이 절벽 쪽으로 향하게 했다. 핸들이 말을 잘 듣지 않았다. 트럭이 구르기 시작하자 그레이엄 씨는 오른발로 브레이크 페달을 더듬어 찾아서 힘껏 눌렀지만 브레이크는 아무 반응도 보이지 않았다. 겁이 덜컥 난 그는 핸드브레이크를 찾았지만 핸드브레이크의 핸들도 떨어져나가고 없었다. 그레이엄 씨는 어서 트럭 밖으로 빠져나가야겠다고 생각했다.

부서진 문과 씨름을 해서 가까스로 문을 연 그는 몸을 밖으로 날리려고 했다. 그러나 그가 빠르게 움직이는 트럭에서 밖으로 몸을 날릴 때 열려 있던 트럭 안쪽의 툭 튀어나온 문손잡이에 그의 웃옷 주머니가 걸리고 말았다. 그리하여 그레이엄 씨의 두 발이 땅에 닿으려는 순간 그의 몸뚱이는 낚시에 걸린 물고기처럼 휙 낚아채지면서 절벽 밑으로 트럭과 함께 빨려 들어갔다. 문이 열린 트럭과 그레이엄 씨는 한 몸처럼 가볍게 허공으로 사라졌다.

해가 떠올랐을 때 소년은 아직 살아 있었다. 그는 모래 위에서 힘없이 몸을 움직이고 있었다. 얼마 후 그는 신음 소리를 내며 두 무릎으로 일어섰다. 한쪽 눈은 퉁퉁 부어 감겨 있었고, 왼쪽 팔은 탈구된 어깨 밑에 축 늘어져 있었다. 그가 그 팔을 들어 올리려고 하자 온몸에 고통이 밀려왔다. 구토증도 일어났다. 그는 고통과 구토증이 가라앉기를 기다렸다가 부상당한 한 팔을 성한 팔로 감싸안은 후 천천히 일어섰다.

고통이 밀려왔다가 가라앉았다가 다시 밀려오곤 했다. 그의 셔츠가 누더기가 되어 그의 어깨에 걸려 있었다. 그는 찢어진 셔츠의 일부분을 왼쪽 팔에 감아 몸에 고정시켰다. 그리고 천천히 협곡 바닥을 따라 밑으로 내려가기 시작했다. 버드나무 밑을 지나다가 누더기가 된 셔츠가 가지에 걸렸다. 그는 아예 셔츠를 벗어 버리고 다시 비틀비틀 걸었다.

그는 한 번도 뒤를 돌아보거나 위를 올려다보지 않았다.

정오쯤 되어서 그는 물을 발견했다. 개울 바닥에 모여 있는 커다란 돌 밑에 표사가 쌓여 있고 그 한가운데 물이 고여 있었다. 사슴들이 들어왔다 나간 하트 모양의 발자국들도 있었다. 빌리 조는 진창으로 걸어 들어가 배를 깔고 엎드려서 물 표면의 더러운 것들을 걷어낸 다음 그 물을 마셨다. 오후 내내 그는 거기 누워 있었다. 해가 지자 그는 축축한 그 그늘에서 기어나와 다시 걷기 시작했다.

이제 그는 배가 고팠다. 건포도 모양의 붉은 열매가 달린 덤불을 발견한 그는 그 열매를 먹었다. 축축하고 그늘진 곳에서 나팔 모양의 커다란 흰 꽃을 발견했다. 그 꽃들은 향기로웠고 부드러운 게 먹음직스러웠다. 그래서 그 꽃을 따서 먹었다. 그는 마른 개울 바닥을 따라서 계속 밑으로 내려갔다. 약간의 현기증이 일어나자 앉아서 쉬었다.

아직 어두워지지는 않았지만 협곡의 절벽 사이로 금방 떠오른 달이 보였다. 소년은 달 주위에 쇠의 녹 색깔의 달무리가 져 있는 것을 보았다. 하늘을 올려다보니 눈이 아팠다. 그래서 그는 다리 사이의 모래를 내려다보았다.

여기저기 자갈이 흩어져 있는 마른 모래가 마치 살아 있는 것처럼 보였다. 땅의 표면이 마치 숨을 쉬고 있는 것처럼 부드럽게 꾸준히 고동쳤다. 전에는 대수롭지 않게 보였던 자갈들이 모두 보석처럼 빛나고 있었다. 이렇게 아름다운 것은 처음 보는 것 같았다. 그는 그의 자유로운 한 손을 눈 앞으로 가져가 보았다. 그러자 반투명의 살을 통해서 뼈들이 분명히 보였다. 그는 보고 또 보았다. 그때 시야의 한쪽 구석 밖에 있는 그 무엇이 그의 주의를 끌었다.

덤불이 있었다. 뜨거운 햇볕에 말라붙은 진흙에서 덤불이 자라고 있었다. 그 덤불은 살아 있었고 가지 하나하나가 춤을 추듯 발버둥질 치고 있었으며 모두 연기에 싸인 듯한 녹색과 불타는 듯한 청색, 그리고 불꽃 같은 노란색의 후광에 싸여 있었다. 그가 바라보고 있는 동안 그 덤불은 점점 더 커졌고 더 활동적이 되었으며 더 밝아졌다. 갑자기 그것은 폭발해서 불이 되었다.

흐느껴 울면서 빌리 조는 그의 한 손으로 눈을 눌렀다. 뼈의 관절들이 유리처럼 서걱서걱 마찰을 일으키는 느낌이었다. 웅 하는 소리가 온몸으로 퍼져 나갔다. 그 소리는 점점 커지면서 그를 압도했고 그를 사로잡았다. 마침내 고통이 그에게서 사라지면서 모든 것이 다시 조용해졌다. 경이로운 정적이 뒤따랐다.

그는 한 손을 내리고 두 눈을 떴다. 덤불이 전처럼 제자리에 그대로 있었다. 그 덤불은 몸부림 치며 벌겋게 빛나고 있었지만 불타고 있지는 않았다. 협곡의 암벽이 그 위에 높이 솟아 있었다. 그 암벽은 그를 향해 앞으로 기울어졌다 다시 뒤로 물러났다 했지만 아무 소리도 내지 않고 있었다. 암벽도 불에 달구어진 쇠처럼 붉게 빛나고 있었다. 어느 틈에 달은 사라지고 보이지 않았다. 그는 거미줄에 걸린 나방이들처럼 빽빽하게 하늘에 잡혀 있는 별들을 보았다. 그 별들은 살아서 바르르 떨며 도망치려고 버둥거리고 있는 듯했다. 그는 그들의 두려움과 절망을 이해했다. 그래서 그들의 무력함을 동정해서 울었다.

그가 보고 있는데 유성이 하늘을 가로질렀다. 유성은 물결치는 바다를 가로지르는 배처럼 천천히 하늘을 가로지르고 있었다. 소년은 덤불과, 모래 위의 자갈과, 그의 한쪽 손을 내려다보았다. 그가 다시 하늘을 올려다보니 유성은 협곡 사이 하늘의 3분의 2쯤을 가로지르고 아직도 앞으로 나아가고 있었다. 그 유성이 건너편 암벽을 넘어가기 전에 그는 잠이 들고 말았다. 이튿날 아침 늦게 잠에서 깨었을 때, 그는 간밤에 본 모든 것을 기억했지만 그 어느 것도 이상하게 여겨지지 않았다. 다른 모든 것이 똑같이 이상하게 보였기 때문이다.

한낮에 그는 아직도 연기가 나고 있는 트럭의 잔해를 지나쳤다. 갈까마귀들이 꺼멓게 타고 찌그러진 강철덩어리 안에서 탄 살점을 주워 먹고 있었다. 이런 모양 역시 빌리 조에게는 별난 것으로 보이지 않았다. 협곡을 따라 더 밑으로 내려간 그는 사람 몸뚱이의 파편들을 보았다. 웃옷의 소매에 감싸인 한 팔이 있었고, 뼈가 드러난 한쪽 어깨도 나뒹굴고 있었으며, 어떤 믿을 수 없는 힘에 의해 몸뚱이에서 떨어져 나간 남자의 머리도 있었다. 그는 이 모든 것을 보고도 걸음을 멈추지 않았다. 뒤돌아보거나 걸음을 늦추거나 서두르지도 않았다. 그는 계속 비틀비틀 걸었다.

갈까마귀들은 그가 지나가는 것을 지켜보며 만족스러운 듯 까악까악 울어 대다가 다시 먹이를 향해 내려앉았다. 그들은 약간 춤추는 듯한 동작으로 고기를 향해 다가가서 그 윤기 나는 검푸른 날개를 펴서 고기를 가려 버렸다.

오후에 그는 더 큰 협곡으로 들어섰다. 협곡 한가운데로 작은 시내가 흐르고 있었다. 그 장소는 소년에게 낯익은 곳이었지만 그는 그곳을 알아보지 못했다. 그는 물을 마시고 눈을 물로 씻었다. 눈의 부기가 빠지기 시작해서 이제 눈꺼풀을 벌리고 앞을 볼 수 있을 정도가 되었다. 그는 물을 따라 내려갔다.

그날 하루 종일 하늘에 구름이 끼었고 암벽 위로는 바람이 불었다. 저녁때쯤에는 멀리서 천둥치는 소리가 들려오기 시작했다. 밤에 그가 잠깐씩 잠에서 깰 때마다 하늘에 반사되는 번갯불이 보였다. 그러나 그가 있는 곳에는 비가 내리지 않았다. 이제 배고픔이 다친 팔의 고통이나 햇볕에 탄 등이 쑤시는 아픔보다 더 그를 괴롭혔다.

아침이 오자 그는 일어나서 다시 계속 가려고 했지만 멀리 갈 수 없었다. 그는 오래전에 죽은 거대한 미루나무 그늘 밑으로 기어 들어갔다. 축축하고 시원한 모래가 기분 좋게 느껴졌다. 그의 발과 발목 위로는 물이 졸졸 흐르고 있었다. 그는 더 걸을 생각이 없었다. 무슨 일이 일어나든 여기서 기다리고 싶었다. 그는 지쳐 있었다. 그리고 모든 것이 낯설어 보였다.

그는 아마 갑자기 불어난 계곡물이 밀려오는 소리도 듣지 못했을지 모른다. 그것은 멀리서 들려오는 희미한 울림 같기도 하고, 매우 긴 터널의 반대쪽 끝으로 들어오는 기찻소리 같았을 것이다. 그러다 서서히 진동이 강해지더니 마침내 협곡이 둔하고 무거운 포효소리로 가득 찼을 것이다. 그러나 밀려오는 물 자체는 아직 보이지 않았으므로 그는 피할 생각도 못 했을 것이다. 반쯤 의식을 잃은 빌리 조는 집에 있는 꿈을 꾸었다.

하나, 둘, 셋… 네 마리의 작은 회색 새들이 시냇가의 버드나무에서 날아오르더니 원을 그리며 협곡 암벽의 더 높은 은신처를 향해 날아갔다.

바로 그때였다. 협곡 위쪽의 굽이를 돌아 벌건 흙탕물이 쏟아져 내려왔다. 꾸준하게 흐르던 맑은 물은 흙탕물에 묻혀 흔적도 없이 사라졌다. 흙탕물은 울퉁불퉁한 선로 위를 달리는 기관차처럼 방향을 이리저리 바꾸면서 소년과 죽은 미루나무 그리고 앞에 놓인 그 밖의 모든 것을 덮쳤다.

빌리 조는 물이 자기를 향해 굽이쳐 오는 것을 보았다. 그는 또 토마토 색깔의 탁류 위에 비치는 빛도 보았다. 그는 본능적으로 나무의 뿌리 속으로 더 깊숙이 기어 들어가서 성한 팔과 두 다리로 나무에 매달린 채 덮쳐오는 흙탕물을 맞았다.

그 커다란 미루나무는 급류의 충격으로 뽑혀서 물 위로 떠올랐다. 탁류가 넓어지고 깊어져서 협곡의 암벽 사이를 채우자 나무는 그 위에 떠서 처음에는 천천히 움직이기 시작하더니 중앙의 흐름으로 빨려들면서 점점 더 빨리 떠내려가기 시작했다. 마치 아우트리거처럼 양쪽으로 뻗은 큰 나무줄기가 나무가 떠내려갈 때 나무가 회전하는 것을 방지해 주었다.

빌리 조는 나무둥치에 기어올라서 그것을 타고 협곡을 계속 떠내려갔다. 나무가 협곡 입구의 불쑥 튀어나온 바위에 부딪혀 마침내 넓고 깊은 황금색 강물로 미끄러져 들어갔을 때도 그는 아직 나무에 거머리처럼 붙어 있었다. 그는 반쯤 익사한 상태였지만 아직 목숨은 붙어 있었다.

그때부터 소년에게는 며칠 낮, 며칠 밤이 지났는지 헤아릴 수 없는 시간이 계속되었다. 그의 삶은 꿈같은 것이 되었다. 그 끔찍한 악몽은 혼돈 속에 잠긴 채 뒤안으로 사라져 버렸다. 그는 이제 꿈속에 있었고, 날이 갈수록 그 꿈은 황금색 태양이 지켜보는 황금색 물 위에서 더욱 황금색으로 변해 갔다. 그는 그것이 자기가 알고 있는 유일한 일인 것처럼 나무에 매달려 있었다. 그는 그 나무를 떠날 생각이나 힘을 가지고 있지 않았다. 나무가 미로와 같은 협곡 안의 물길을 따라 남서쪽으로 흘러갈 때 햇볕이 그의 벌거벗은 몸을 사정없이 내리쬐었다.

그는 처음 며칠 동안은 나무둥치에서 내려와 물속에서 자기 몸을 식히려고 노력했을지도 모른다. 그러나 힘이 점점 빠지면서 그는 물에서 나무둥치 위로 다시 자기 몸을 끌어올리기가 얼마나 힘든지 알게 되었을 것이다. 결국 그는 그런 노력을 포기하고 나무둥치 위에 머물면서 사정없이 내리쬐는 햇볕을 그대로 받았다. 밤이 오면 그 고통에서 벗어나서 얼마간의 의식을 되찾을 수 있었으나 다시 해가 뜨면 황금색 태양이 그의 타버린 몸뚱이를 더욱 깊이 태웠고, 그를 더욱 깊은 꿈속으로 밀어넣었다. 마침내 그는 모든 노력을 포기하고 고통을 넘어서 더 깊은 열반의 상태로 들어갔다.

그레이엄 씨가 마지막 비행을 한 날로부터 16일이 지난 후, 빌리 조는 콜로라도강의 하이트 선착장에서 발견되었다. 그를 발견한 뱃사공은 선착장에 걸려 있던 나무둥치에 말라 쭈그러진 인간의 형체 비슷한 것이 붙어 있는 것을 보고 도움을 청했다. 사람들은 온몸이 2~3도 화상으로 뒤덮인 그 몸뚱이를 조심스레 나무에서 떼어냈다. 언뜻 보기에 소년은 죽은 듯했으나 자세히 살펴본 결과 생명의 흔적이 느껴졌다. 아니 그렇게 생각한 것인지도 몰랐다. 누군가가 무전기로 비행기를 불렀고 소년은 플래그스태프에 있는 병원으로 옮겨졌다. 그 병원의 의사들은 빌리 조가 아직 살아 있다고 믿었다. 그들은 그를 산소텐트 속에 넣고 그의 정맥에 포도당을 주입했다. 허스크 부인에게 연락이 갔고 그녀가 아들을 보러 왔다. 그러나 소년은 어머니를 영영 보지 못했다. 그는 의식이 되살아나지 못했고 눈을 뜨지도 말을 하지도 못했다. 그는 더 살 수 없는 상태였고 3일 후 의사들도 그를 살리려는 노력을 포기할 수밖에 없었다. 결국 그는 죽었다.

남편과 연인의 유해가 발견된 후에도 허스크 부인만은 살아남아서 어린 두 딸을 데리고 텍사스의 고향으로 돌아갔다(그러나 농장으로 돌아갈 수는 없었다. 이미 남의 손에 넘어갔기 때문이었다). 유타에서 그 사건이 있고 약 1년이 지난 후, 오스틴 출신의 젊고 상냥한 변호사가 그녀에게 조심스레 접근했다. 그 변호사는 자기가 알기로는 죽은 남편의 재산상속인인 허스크 부인이 핫록산 광업개발회사라고 알려진 회사의 우라늄 광권 지분 40%를 갖고 있다고 말했다. 허스크 부인이 그것이 사실이라고 확인해 주자 그 변호사는 자기가 상속인과 협상해서 그 지분을 인수하는 임무를 맡았다고 말했다. 허스크 부인이 얼마를 주겠느냐고 물었다. 변호사는 그녀의 남편이 투자한 돈의 2배인 2만 5천 달러를 제의하도록 위임받았다고 말했다. 허스크 부인은 15만 달러라면 수락할 용의가 있다고 대답했다. 변호사는 미소지으면서 자기는 농담을 하고 있는 것이 아니라고 말했다. 허스크 부인도 자기 역시 농담을 하고 있는 것이 아니라고 하면서 다시 생각해 보니 23만 7천 달러가 더 적정한 가격 같다고 말했다. 변호사는 다시 미소지으면서 '어쩔 수 없는 경우에' 한해서 3만 5천 달러까지 주어도 좋다는 위임을 받았다고 털어놓았다. 허스크 부인은 자기 생각에는 19만 2761달러가 적정한 가격인 것 같다고 말했다. 변호사는 그녀에게 담배 한 대를 권했다. 그녀가 그것을 받았고 변호사는 USAF(미공군)의 문장이 새겨진 얄팍한 모양의 라이터를 꺼내 담배에 불을 붙여 주었다. 얼마 후 그들은 10만 달러라는 액수에 합의했다.

카우보이와 인디언 1

Desert Solitaire

사막의 6월. 태양이 우주의 궤도에서 맹렬하고 성스러운 빛으로 포효한다. 마음속에 멋진 음악이 만들어지는 것 같다. 산맥의 눈은 수목한계선까지 물러났다. 투쿠니키바츠와 다른 봉우리들은 그 측면에 부드러운 봄의 녹색을 띠고 있고 포플러나무에는 잎이 돋아나고 있다. 초원과 숲으로 들어가는 도로들이 다시 열리고 그 위에서 가축을 방목할 수 있는 허가를 받은 모아브의 모든 목동들(그리고 일부 허가가 없는 목동들)이 그들의 가축을 사막 밖으로 이동시켜 국유림 속으로 몰아넣는다. 가축들은 9월이 와서 눈이 다시 내릴 때까지 그 국유림 안에서 머물 것이다.

산 위는 봄이지만 이곳은 여름이다.

어제 나는 로이 스코비가 그의 소들을 코트하우스 워시에서 몰아내는 일을 도왔다. 코트하우스 워시는 공원의 서쪽을 따라 흐르다가 남단을 관통하는 개울이다. 우리는 먼동이 트기 전에 이른 아침을 먹고 6시경에 일을 시작했다. 일꾼은 모두 셋이었다. 로이와 그가 고용한 바스크인 비비아노 자케스 그리고 나였다.

로이는 피부가 거칠고 발이 넓은 진지한 타입의 노인이다. 머리는 회색빛이고 코는 발갛고 이는 누렇다. 친절하고 점잖고 선한 사람이지만, 걱정이 너무 많고 만사를 너무 진지하게 대한다. 예를 들면 그는 심장발작을 일으켜서 말에서 떨어져 모래 위에서 햇볕에 그을리며, 파리와 잡초들 사이에서 무관심한 소들이 지켜보는 가운데 죽을까 봐 걱정한다. 이것은 내가 짐작하는 게 아니고 그가 내게 말한 것이다.

내가 무슨 말을 할 수 있었겠는가? 나는 아직 젊다. 아니 젊다고 생각한다. 그리고 건강도 좋다. 아직 인생의 절반도 살지 않은 사람이다. 그래도 나는 그가 죽음에 대해 얘기할 때 동의한다는 듯 고개를 끄덕이며 진지하게 귀를 기울였다. 담배를 들고 있는 그의 길고 노란 손가락이 떨렸다.

로이는 모르몬교도가 아니고, 기독교도 별로 믿지 않는 것 같다. 그는 내세를 믿지 않는다. 하지만 그가 두려워하는 죽음의 방식이 내게는 그리 나빠 보이지 않는다. 그러한 죽음이 내게는 병원의 산소텐트 속에서 몸의 이곳저곳에 튜브를 꽂아 수혈을 받고 음식을 주입받으며, 성질 나쁜 간호사들의 보호 속에 사그라지는 것보다 이 세상을 떠나는 훨씬 더 나은 방법일 거라고 생각된다.

하지만 이런 얘기를 어떻게 그에게 할 수 있겠는가? 하물며 내가 죽음에 대해 무엇을 알고 있겠는가? 내게 죽음은 추상적 개념에 불과할 뿐이다. "천국을 믿지 않는 노인들은 무슨 생각을 할까"하고 나는 가끔 생각했다. 이제 나는 그들이 무슨 생각을 하는지 알고 있다. 그들은 그들의 혈압, 방광, 대동맥, 직장(直腸), 얼음이 언 현관 계단, 정오의 너무 센 햇빛을 생각한다.

나는 윌로 시프라고 불리는 코트하우스 워시의 상류쪽 끝 부근에서 로이와 비비아노를 만나 소몰이를 시작했다. 우리는 모아브 근처의 가축 우리에서 불과 16km밖에 떨어져 있지 않았지만 부근에 있는 작은 협곡들을 일일이 체크해야 했다.

우리는 로이의 트럭에서 말들을 내려서 각 말에게 먹이를 조금씩 준 후, 안장을 얹고 노인을 가운데 세우고 출발했다. 상쾌한 아침이었다. 아직은 더위도 느껴지지 않았고 등의 땀이나 먼지, 갈증까지도 걱정할 필요가 없었다.

협곡에서 멀지 않은 곳에서 우리는 처음으로 몇 마리의 암소들과 송아지들을 발견했다. 그놈들이 우리가 오는 것을 보고는 사방으로 도망쳐 일을 필요 이상으로 어렵게 만들었다. 시원한 아침 공기 속에서 소들은 활기에 넘쳐 있었고, 또한 겨우내 사람이나 말을 보지 않았기 때문에 반(半)야생 상태가 되어 있었다. 특히 어린 송아지들은 사람을 난생처음 보는 셈이라 우리를 보고 겁에 질리는 것은 당연한 일이었다.

한참 만에 우리는 그놈들을 다 모아서 개울을 따라 밑으로 내려가도록 몰았다. 우리는 꾸준한 속도로, 너무 급하지 않게 움직였다. 그 암소들 중 절반만이 로이의 낙인이나 귀표를 달고 있었지만, 우리는 관례에 따라 우리가 발견한 모든 소 떼를 모아브 쪽으로 몰았다. 다른 목동들도 우리와 똑같이 소 떼를 몰아 갈 것이고, 소 우리 안에서 자기 소와 다른 사람의 소를 분류할 것이다. 낙인이 없는 암소는 발견자의 것이 된다(많은 유명 목축회사가 로프와 좋은 말 한 마리로 사업을 시작했다). 유타의 이 지역에는 철책이 많지 않기 때문에 협력이 필요하다. 소들은 울타리가 없는 황야를 멀리 헤맨다. 배고픔과 목마름에 이끌려 발길을 옮기는 소들은 자기 주인이 누구인지를 잊어버린다. 왜 철책을 치지 않을까? 협곡지대 대부분에는 말뚝을 박을 땅이 없고 오직 단단한 바위만이 있기 때문이다.

로이 노인은 속셈이 있었다. 태양이 협곡 가장자리로 얼굴을 내밀었을 때 나는 그가 무슨 생각을 하고 있는지 알 수 있었다.

우리들 앞에서 터벅터벅 걷던 소들이 더위가 심해지자 걸음이 더뎌졌다. 그들이 발길을 멈추자 우리는 소리를 지르고, 호루라기를 불고, 그들의 수척한 엉덩이에 채찍을 후려치고, 그들의 갈비뼈를 발길로 걷어찼다. 그러자 소들이 앞으로 달려 나가기 시작했다. 소들은 달려 나가면서 다리 사이로 녹색의 똥을 갈겨 댔다. 높은 목초지에서 여름을 보내고 도살장으로 끌려갈 더러운 짐승들, 그들에게 산 위의 목초지는 너무 훌륭한 장소였을 것이다.

옆으로 작은 협곡들이 나타났다. 비비아노가 하나를 맡았고 내가 다른 하나를 맡았다. 그동안 로이는 우리가 이미 모아 놓은 소 떼와 함께 남아 있었다. 내가 맡은 협곡은 가시선인장과 덤불로 뒤덮여 있어서 입구에 말을 매 놓고 걸어갈 수밖에 없었다. 공중에는 파리 떼가 들끓고 있었고, 덤불 사이로 난 많은 오솔길들은 발자국으로 다져져 먼지가 일었으며 여기저기 쇠똥이 뿌려져 있었다. 소들이 살고 있는 곳이 분명했다. 나는 나뭇가지를 하나 집어 들고 허리를 굽혀 덤불을 피하며 앞으로 나아갔다. 협곡은 짧았고 끝이 막혀 있었다. 맨 위에 암소 한 마리와 송아지 한 마리가 있었다. 나는 그놈들을 밖으로 몰면서 주(主) 협곡으로 돌아왔다. 나는 말을 타게 된 것, 비비아노와 로이와 다시 만나게 된 것이 기뻤다.

비비아노는 그날 아침 기분이 좋았다. 그는 노래를 부르고 휘파람을 계속 불어 댔으며, 나와 시선이 마주치면 윙크를 보내며 싱긋 웃

었다. 소가 길에서 벗어나면 그는 그의 팔로미노종 말을 덤불과 바위, 진흙 둑 위 그리고 나무 사이로 마구 몰아서 위험한 곡예를 부리며 미친 듯이 소를 뒤쫓았다. 자기의 용기를 과시하기 위해서라기보다 기분이 좋아서 그런 묘기를 즐기는 것 같았다.

피레네산맥 어딘가에서 태어났다는(그 이상은 내게 말하지 않았다) 비비아노 자케스는 어느 의원의 측근 선거구민에 의해 양몰이꾼으로 그의 부모와 함께 유타주로 들어오게 되었다. 그 후 그는 이 직업 저

직업을 전전하다가 로이 스코비의 목장에 취직하게 되었다. 내 생각에 그는 훌륭한 카우보이이다. 적어도 이 직업이 필요로 하는 기본 기술을 익힌 사람이다. 말에 말굽을 박을 줄 알고, 로프로 송아지를 잡아서 낙인을 찍고 거세할 줄 알며, 펑크난 타이어를 고칠 줄 알고, 철조망을 치고 비버의 댐을 폭파시킬 줄도 알며, 관개수로를 낼 줄도 안다. 그의 영어는 반쯤이 상소리이고 아주 거칠지만 알아들을 만은 하다. 그는 노래를 부를 줄 알고 기타를 칠 수 있으며 카드로 점을 칠 줄도 안다. 키가 작고 까무잡잡하며 대부분의 바스크인들이 그렇듯 난폭하지만, 그의 커다란 갈색 눈은 여자들에게 매력적일 듯하다. 그는 14살부터 45살까지 여자들을 쫓아다녔는데, 그의 거짓말을 그대로 믿는다면 자기가 점찍은 여자는 모두 자기에게 넘어왔다고 한다.

그에 대해서 또 말할 것이 뭐가 있을까? 아, 그는 미국식 시간개념이 없고 책임감도 없다. 그를 믿었다가는 큰코다친다. 하지만 그를 옹호해 줄 근거도 많다. 그는 임금이 싸다. 경제적이다. 숙식 제공에 한 달에 100달러만 주면 그는 1주일에 7일씩 풀타임으로 일한다. 고용주들은 그 점을 좋아한다. 하지만 비비아노가 노동력 착취를 당하고 있다고 한다면 그것은 거짓말이 될 것이다. 자기 일을 즐기는 사람을 어떻게 노동 착취라고 할 수 있겠는가? 필요하다면, 그는 그의 전문성을 인정하는 명목상의 급료만을 받고 거의 무보수로라도 일을 할 것이다.

그가 불평불만을 전혀 안 하는 것은 아니다. 노래를 부르거나 휘파람을 불거나 어떤 여자의 귀에 대고 거짓말을 하거나 하지 않을 때면, 그는 그의 급료와 긴 노동시간, 형편없는 음식, 침상 밑의 스컹크, 주인과 공모해서 그를 속이는 여자들, 그리고 관광목장에 놀러오는 어리석은 관광객들에 대해 불평을 늘어놓는다. 그만두겠다고 위협하면서 술을 잔뜩 마시고 한 이틀 어디론가 사라지기도 한다. 그러나 늘 다시 돌아온다. 적어도 지금까지는 그랬다.

이런 장점과 약점들을 지닌 가련한 비비아노가 결코 극복할 수 없는 한 가지 문제가 있다. 맥주를 두세 잔 마시면 그 문제가 완연하게 드러난다. 그는 편견에 오염되어 있다. 오염되어 있을 뿐만 아니라 그 자신이 편견의 희생자다. 피부가 까무잡잡한데다가 스페인어 악센트가 있어서 자주 멕시코인으로 오인받는 그는 멕시코인을 경멸하기 때문에 그때마다 심하게 분개한다. 그는 인디언들도 경멸한다. 심지어 그 자신의 유산까지도 경멸하는 것 같다. 언젠가 스스로를 '바보 같은 바스크인'이라고 지칭한 적도 있다. 술이 취하면 그는 은연중에 미국을 소유하고 주무르고 있는 창백한 얼굴의 인종들 속에 끼어들었으면 하는 소망을 드러낸다.

그런 동화(同化)로 그에게 얻는 것보다는 잃는 것이 더 많을 것이라고 설명해 봤자 소용이 없을 것이다. 어쨌든 그의 자존심이 손상되고 자신감이 흔들리고 있다는 것은 분명하다. 가끔 모아브의 맥주집에서 그와 함께 술을 마실 때 나는 그가 어떤 방식으로든 차별을 받는 것을 본 적이 없다. 그러나 그는 내가 감지할 수 없는 미묘한 거부의 몸짓을 감지하는지도 모른다. 하여간 더러 그의 자존심이 상하는 일이 일어나며, 그런 일은 어쩌면 비비아노 자신도 모르는 사이에 일어날지도 모른다. 이에 대한 그의 반응은 전형적이다. 그는 미국의 계층구조에서 자기보다도 더 지위가 낮다고 그가 느끼는 사람들—인디언, 멕시코인, 흑인 등—에 대한 편견을 가짐으로써 편견에 대응한다. 그는 어디가 밑바닥인지 알고 있다.

비비아노 자케스를 자유주의자로 만들기는 어려울 듯하다.

태양이 높이 솟았고 열기가 점점 심해졌으며 먼지가 눈을 가리고 땀과 뒤섞였다. 비비아노가 나를 향해서 웃음지을 때 그의 하얀 이가 먼지와 땀이 뒤범벅된 얼굴 가운데서 반짝였다. 소들은 그들의 최종 목적지가 어딘지 알고 있는 것처럼 강제 이주에 항의라도 하듯 신음 소리를 냈다. 내 수통은 거의 비어 있었고, 나는 얼마 남지 않은 물을 마시기가 겁이 났다. 사실 수통은 이미 비어 있는지도 모른다. 잠시라도 어디 들어가 쉬고 싶었다. 저 건너 미루나무 밑으로 기어 들어가 그늘 속에서 먼지를 마시며 누워 있고 싶다. 나는 모자 챙 밑으로 스코비 노인을 슬쩍 곁눈질해 보았다. 심장발작을 일으켜 말 위에서 떨어질까 봐 겁이 난다는 이 노인은 말 위에 꼿꼿이 앉아서 그 문제에 대한 생각에 잠긴 듯한 슬픈 눈으로 자기 소 떼를 지켜보고 있었다. 그의 아랫입술에는 담배가 매달려 있었다. 나는 "점심시간은 아직 멀었나" 하고 태양을 올려다보았다. 그러나 아무도 점심 얘기를 꺼내는 사람이 없었다.

소 몇 마리가 불쑥 튀어나온 바위 밑 그늘에 모여 있었다. 놈들은 움직이려 하지 않았다. 송아지들이 어미 옆에 바싹 붙어 서서 애잔하게 울어 댔다. 이동이 더뎌지기 시작했다. '우리 모두에게 자비를' 하고 나는 생각했다. 그 순간 비비아노가 햇볕에 미친 사람처럼 난폭하게 소들 한가운데로 말을 몰고 들어가며 고함을 질러 대고, 휘파람을 불어 대고, 로프를 소들에게 휘둘러 댔다. "미친 소새끼들아, 어서 움직이지 못해!" 그는 이렇게 고함을 쳤다.

로이가 한 손을 들어 올렸다. "됐어, 비비아노. 잠시 쉬기로 하지. 송아지들이 고꾸라지면 곤란하니까." 그가 말했다.

착하기도 하지. 내가 즉시 가장 가까운 그늘로 향하면서 생각했다. 나는 통나무에 말을 맨 후 안장을 벗겨 주고 그 자리에 쓰러졌다. 너무 덥고 지쳐서 처음에는 음식이나 물을 먹을 생각도 나지 않았다. 비비아노와 로이가 서두르지 않고 천천히 내 쪽으로 오더니, 근처의 그늘에 누워서 담배에 불을 붙였다. 우리 위에는 미루나무 잎이 녹색 지붕이 되어 햇볕을 견딜 만하게 차단해 주고 있었다. 붉은 개미 몇 마리가 배 위로 기어올랐지만 나는 그냥 내버려 두었다. 나는 마지막 남은 물을 마셨다. 갈증을 달래자 배고픔이 더 심하게 느껴졌다. 누가 점심을 가져왔지? 나는 걱정되기 시작했다. 그러고 보니 점심에 대해 말하는 사람이 아직까지도 없었다. 나 역시 점심 얘기를 한 적이 없었다. 그래서 더 걱정이 되었다.

"걱정인걸." 로이 노인이 말했다.

나도 걱정이었다. 나는 비비아노 쪽을 보았다. 그는 벌써 잠이 들어 있었다. 그 멋진 20달러짜리 카우보이모자로 두 눈을 가리고. 그의 벌어진 입 위에서 두 마리의 파리가 날고 있었다. 그는 순은 체인을 모자의 밴드로 사용하고 있었다. 입 안에는 금이빨이 한 개 있었다. 빌어먹을 바람둥이 같으니라구.

"어니 페이가 어떻게 됐는지 아나?" 로이가 말했다. 그는 나뭇잎들을 올려다보고 있었지만 내게 한 말이 분명했다.

"아뇨, 그가 어떻게 되었죠?" 내가 말했다.

"자넨 그를 모를 거야. 3년 전에 있었던 일이니까." 로이는 잠시 뜸을 들였다. "어느 날 그가 그의 뒤뜰에서 복숭아를 따고 있었지. 그러다가 풍을 맞은 거야. 그의 아내가 그를 찾으러 나가 보니 그는 바구니에 처박힌 채 죽어 있었어. 체격이 크고 튼튼한 사람이었지. 66살이었어. 이건 사실이라구."

"그런 일이 더러 일어나죠. 그런데 영감님, 점심 가져왔나요?"

"점심?" 그는 여전히 허공을 응시하며 생각에 잠겨 있었다.

"66살이었다구." 그가 말했다.

"그런 일이 더러 일어나죠. 하지만 자주 있는 일은 아니죠."

"한 번이면 족하지."

"점심 가져오셨어요?"

"점심?" 마침내 그가 고개를 돌리고 나를 바라보았다.

"아니, 안 가져왔는데. 자네 배고픈가?"

"그 말씀을 하시니 약간 배가 고픈데요."

"미안하네. 아무것도 안 가져와서. 돌아가서 푸지게 먹세나."

"괜찮습니다. 아마 견딜 수 있을 겁니다." 내가 말했다.

그러나 로이는 이미 이 화제에 흥미를 잃고 있었다. 그는 내 말에 귀를 기울이고 있지 않았다. 그의 멍한 시선으로 보아 다시 자기의 문제를 골똘히 생각하고 있는 게 분명했다. 얼마 후 그는 머리를 안장에 떨구더니 두 눈을 감았다. 붉은 코, 회색 머리, 누런 이빨과 손가락, 뾰족한 턱에 듬성듬성 난 흰 수염, 피부가 가죽처럼 된 판판한 두 뺨. 그는 아직도 강해서 쓸 만한 늙은 말을 꼭 닮아 있었다. 그는 이제 거우 70살에 불과했다.

로이 노인은 여러 면에서 좋은 사람이다. 그러나 그도 그 나름의 어려움을 갖고 있다. 나는 비번날이면 그의 목장에서 지내곤 하는데 그럴 때면 숙식을 제공받는 대신 일을 좀 해 주곤 한다(현재 그 목장에는 돈을 내는 손님으로 처녀 한 사람이 있다). 어느 날 밤 내가 비비아노와 한 방에서 잠을 자고 있는데 밖에서 발걸음 소리와 중얼거리는 소리가 들렸다. 매우 늦은 시간이었다. 비비아노는 곤히 잠들어 있었다. 내가 일어나서 밖으로 나가 보니 로이가 긴 속옷 바람에 부츠를 신고 걷고 있는 것이 보였다. 그의 한 손에는 권총이 들려 있었고 그는 혼자 중얼거리고 있었다.

"무슨 일이죠?" 내가 물었다.

"불면증이야." 그가 대답했다.

"좀 자려고 애써 보세요."

"해봤지만 안 돼." 그가 말했다.

"총은 왜 들고 계시죠?"

"스컹크 때문이지. 그놈들이 닭을 공격한 적이 있거든." 그가 말했다.

"지금은 닭이 없잖아요?" 내가 말했다.

"없지. 하지만 스컹크는 있어. 자네들이 자고 있는 방 바로 아래 그놈들이 있지." 이렇게 말하고 그는 다른 데로 걸어갔다.

그가 어려운 처지라는 것은 누구나 알고 있다. 그는 아내와 싸우고―세 번째 또는 네 번째 아내다―은행과도 관계가 좋지 않고 말들이나 고용원들과도 사이가 좋지 않고 목장의 기계들도 문제가 많다. 재산이란 재산은 모두 저당 잡힌 그는 낡은 트럭과 고물 트랙터로 버티고, 나나 비비아노 같은 싸고 믿을 만하지 못한 일꾼을 고용함으로써 비용을 절약하려고 한다. 그는 비비아노의 임금을 늘 한 달 늦게 줌으로써 자기가 돈을 절약하고 있다고 생각한다. 가장 고약한 것은 그가 먹는 것에 인색하다는 것이다.

그가 이끄는 패키지여행은 인색하기로 악명이 높다. 그가 손수 요리를 한다. 그러면 누군가는 항상 설거지를 할 수밖에 없다. 요리를 손수 함으로써 그는 보급품의 소비를 통제할 수 있다. 곰의 껍질이라도 벗겨 먹을 정도로 허기가 진 판인데, 아침을 준비하면서 그는 "달걀을 하나만 할까, 두 개를 할까?" 하고 묻는다. 그리고 천천히, 누런 손을 떨면서 당신의 접시에 작은 C급 달걀 2개를 떨군 후 "베이컨도 함께 들겠소?" 하고 묻는다.

그는 오래된 서부의 전통을 지키는 척하면서 음식에 대한 자기의 인색함을 정당화하려고 한다. 그는 이렇게 주장한다. "그건 사실이라구. 옛사람들은 목장에 일하러 나갈 때는 많이 먹지 않았어. 속이 비어야 말을 더 잘 타거든. 그건 사실이라구. 하지만 우리 돌아가서 푸지게 먹자구."

새빨간 거짓말이다. 그는 피고용자들을 굶김으로써 그들이 임금을 받기 전에 죽기를 바라는지도 모른다. 돈을 내고 묵는 손님들 역시 잘 먹지 못한다. 따라서 다음 시즌에 로이 스코비의 레드록 목장으로 다시 오는 사람은 거의 없다. 목장은 아름답고 그가 안내하는 패키지여행은 미지의 세계를 보여 주지만 사람들은 여간해서는 다시 오지 않는다. 로이의 작은 사업체는 시즌이 지날 때마다 점점 더 작아지고 있다. 언제 찾아올지 모르는 파산과 심장발작이 그를 괴롭히고 있다.

나는 그에게 충고하려고 애썼다. 그는 나의 의견에 흥미를 느끼고 처음에는 관심을 갖고 귀를 기울이지만, 잠시 후 그의 주의는 다른 데로 옮아간다. 평생 들인 습관을 깬다는 것은 불가능하다. 우리가 밤에 야외에서 잠자리를 볼 때면 그는 늘 평평한 사암을 찾아서 그 위에 침구를 편다. "바위가 모래보다 더 부드럽다구. 그건 사실이야." 그의 설명이다. 그의 말은 모호한 중얼거림으로 흐려진다. "제기랄, 평생 돌 위에서 잤으니까…" 그러고는 멍하니 허공을 응시한다. 어리석은 검약이 그를 파멸로 몰아가고 있다. 그가 신경을 쓰는 것은 오로지 심장뿐이다. 그는 다시 어니 페이가 복숭아를 따다가 사다리에서 떨어졌듯이 자기가 말에서 떨어질지도 모른다는 생각을 하고 있다. 바위 위에 떨어져 죽는 생각을 하고 있는 것이다.

그 문제에 있어서도 내가 그를 도울 수 있다고 나는 가끔 생각하곤 한다. 나는 언제고 그에게 줄 준비가 되어 있는 철학적 보물을 얼마든지 가지고 있다. 이 세상에서의 우리 삶은 더 고차원적인 삶의 그림자에 불과하다고 그에게 말해 줄 수도 있다. 인생은 한바탕 꿈에 불과하다는 말도 괜찮을 것이다. 누가 영생을 바라는가? 그건 허영일 뿐이지. '로이, 소포클레스의 말을 상기하라구. 갓난애 적에 죽는 사람은 운이 좋다. 그러나 가장 좋은 것은 아예 태어나지 않는 것이다.'

갖가지 생각이 머리에 떠오르지만 본능적 신중함이 내 혀를 붙들어 두고 있다. 내가 무슨 권리로 죽음을 피하려는 노인의 소망에 간섭한단 말인가? 그는 자기가 무슨 일을 하고 있는지 알고 있다. 그가 그것을 끝까지 음미하게 내버려 두자. 그는 이렇게 좋은 기회를 다시는 갖지 못할 것이다. 누구나 이상한 버릇이 있게 마련이지만 그는 한밤중에 속옷 바람으로 어둠 속을 헤매면서 그의 철천지 원수인 등에 흰 줄무늬가 있는 스컹크를 찾는 버릇이 있다. 그것이 어떻단 말인가?

기괴한 정적이 나의 잠을 깨웠다. 나는 주위를 둘러보았다. 모든 것이 태양이 뿜어내는 뜨거운 열기 속에 시들어 가고 있었다. 나는 물이 있었으면 하고 생각하면서 물을 찾기 위해 협곡 바닥에 구멍을 뚫는 노력이 과연 가치 있는 일일까를 저울질해 보았다. 내가 머릿속으로 그 문제를 토론하고 있는데 로이가 눈을 뜨더니 비틀거리며 일어나서 내가 잠이 깬 것을 보고는 그의 부츠 끝으로 비비아노의 갈비뼈를 건드리며 말했다. "여보게들, 출발하세."

우리는 말에 안장을 얹고 그 위에 올라탔다. 다시 죽음의 행진을 시작해야 한다. 암소들이 고집스럽게 우리를 마주 보았다. 그들의 붉은 눈에는 증오가 가득했다. 하얀 얼굴의 가련한 작은 송아지들은 휘청거리는 다리로 버티고 선 채 떨고 있었다. 가죽은 먼지로 덮여 있었고 엉덩이에는 햇볕에 마른 배설물이 덕지덕지 엉겨 붙어 있었다.

로이가 사정없이 그의 말을 그들에게로 몰아갔다. 비비아노도 더위에 기가 질리지 않고 기세 좋게 말에 올라타더니 고함을 지르고 채찍을 휘두르고 호루라기를 불어 대면서 소 떼를 향해 말을 몰았다(그는 단번에 안장 위로 뛰어오르고 맥주 다섯 잔이면 바닥에 쓰러진다). 나는 악몽을 꾸고 있는 것처럼 말에 기어오른 다음 두 발을 등자에 얹고 다른 사람들을 뒤쫓아갔다. 몇 분간의 승강이 끝에 지친 짐승들은 굴복했고 마침내 협곡을 내려가기 시작했다.

사실 소들의 운명이 비참한 것만은 아니다. 여름이면 그들은 높은 산 목초지에서 꽃을 먹는다. 그곳은 높아서 사막의 지독한 더위도 찾아오지 않는다. 나는 그들이 부러웠다. 암소들은 새끼를 낳도록 남겨지고 새로 태어난 송아지들도 최소한 1년은 살 수 있다. 1년이 넘은 수송아지들만이 도살장으로 실려가는 신세가 된다. 나는 그들이 불쌍해서 되도록 그놈들을 내가 몰면서 잘해 주려고 애썼다.

다시 갈라진 협곡들이 나타났다. 투-마일과 슬리피 홀로 그리고 이름 없는 작은 협곡들이었다. 우리는 갈라져서 각각의 협곡을 뒤지며 덤불에 숨어 있는 소들을 찾아서 몰아내어 소 떼에 합류시켜야 했다.

슬리피 홀로에는 물이 있다. 커다란 연못이 있는데 소들이 못 들어가도록 철책이 처져 있다. 우리는 몇 분 동안 쉬면서 물을 마시고 물통을 채운 다음 다시 이동을 시작했다. 오늘은 수영을 할 시간은 없다. 소몰이는 계속되었다.

소의 수가 늘어나면서 먼지와 열기도 더 고약해졌다. 소들은 불평을 했지만 우리는 무자비했다. 늙은 암소 한 마리가 송아지 하나를 데리고 타마리스크 덤불로 들어가서 누워 버렸다. 그 암소는 내가 모는 쪽에 있었으므로 내가 그놈을 꺼내와야 했다. 다시 나는 말에서 내려 각다귀들과 등이 노란 파리들이 들끓는 덤불 속을 걸어 들어가야 했다. 암소는 그늘에서 일어나려고 하지 않았다. 나는 몽둥이로 때리고 발로 갈비뼈를 걷어차고 꼬리를 잡아당겼다. 마침내 그놈이 땅이 꺼지는 듯한 신음 소리와 방귀 소리를 내면서 엉덩이를 들어 올렸고 이어서 윗몸을 들어 올렸다. 그리고 소 떼와 합류하기 위해 걷기 시작했다. 말이 있는 곳까지 돌아왔을 때 나는 너무 지쳐서 안장 위로 올라탈 수가 없었다. 잠시 동안 말을 끌고 걷는 편이 더 쉬워 보였다.

나는 진흙 둑 가까이 말을 세운 후 둑을 이용해서 안장으로 올라갔다. 그러나 고삐를 놓쳤고 그것을 잡으려다가 하마터면 말에서 떨어질 뻔했다. 두 발을 등자에 넣고 물을 몇 모금 마신 다음 나는 다시 말을 앞으로 몰았다.

표사 웅덩이가 우리 앞에 놓여 있었다. 우리는 그 가장자리로 소들을 몰았지만 고집 세고 어리석은 암소 한 마리가 그 웅덩이에 빠지고 말았다. 내 생각에는 아무래도 그놈이 일부러 거기 빠진 것 같았다. 모래가 암소의 발굽 아래서 젤리처럼 떨리면서 열리더니 암소의 발들을 빨아들였다. 겁에 질린 암소는 진흙과 모래를 튀기면서 발버둥쳤고 안전하게 빠져나왔다. 앞으로 나아가며 뒤돌아보니 암소가 만들었던 구멍에 물이 차는 것이 보였다. 마치 상처에 진물이 고이는 것 같았다.

다시 표사가 나타났다. 이번에는 먼젓번처럼 운이 좋지 않았다. 웅덩이가 협곡의 이쪽 암벽에서 저쪽 암벽까지 통로 전체를 막고 있었다. 우리는 소 떼를 빠르게 몰며 웅덩이를 통과했다. 그러나 이번에도 한 마리—아까 빠졌던 바로 그놈—가 웅덩이에 갇히고 말았다. 이번에는 정말로 빠진 것이다. 배까지 진흙 속에 빠진 그놈은 모든 희망을 포기한 듯 발버둥 치지도 큰소리로 울지도 않았다. 더 이상 안간힘을 쓰고 싶지 않은 모양이었다.

햇볕이 우리 등줄기를 강타하고 있었고 땀이 눈으로 흘러들었다.

로이와 비비아노는 상황을 살피더니 잠깐 이야기를 나눈 후 작업에 들어갔다. 그들은 말을 웅덩이 밖에 정지시키고 각기 암소의 머리에 로프를 던져 로프가 암소의 목 둘레에 단단히 조여지게 한 다음, 로프를 팽팽하게 당겨서 자기 안장의 뿔에 걸었다. 로프가 팽팽해지고 말들이 끌 태세가 갖추어졌을 때, 나는 진흙탕 속으로 걸어 들어가서 암소의 꼬리를 잡고 그 뒷부분을 위로 잡아당길 준비를 했다.

로이와 비비아노가 그들의 말을 앞으로 몰자 로프가 팽팽해지면서 삐그덕거리는 소리를 냈다. 한순간 아무 일도 일어나지 않은 것 같았다. 그러나 다음 순간 어떤 일이 일어났다. 마치 코르크 마개가 병에서 빠지듯이 암소가 표사의 흡인력을 이기고 빠져나오고 있었다. 암소가 힘없이 버둥거렸고 말들은 앞으로 내달렸다. 그러자 진흙이 쉬익하는 요란한 소리를 내며 폭발했고, 마침내 암소는 표사에서 빠져나왔다.

로이와 비비아노가 말을 멈추고 로프를 좀 늦추어 주었다. 나는 단단한 땅 위에서 벌벌 떨며 서 있는 암소의 목에서 로프를 풀었다. 그놈의 눈알은 두 개의 양파처럼 툭 튀어나와 있었다. 설태로 덮인 자줏빛 혀가 입의 한 옆에 썩은 고깃덩어리처럼 매달려 있었다. 그것은 고깃간 밖에서 내가 본 가장 긴 혀였다.

"70달러는 나가는 놈이거든." 로이가 로프를 사리면서 말했다. "사실이야. 그런 놈을 거기 그대로 둘 순 없지."

그 암소는 아직도 그 자리에 꼼짝 않고 서 있었다. 비비아노가 말을 몰고 다가가서 채찍으로 엉덩이를 후려쳤다.

"이랴!" 그가 소리쳤다. "어서 가자, 이놈아!" 암소가 비틀거리며 소 떼가 있는 쪽으로 움직이기 시작했고 비비아노는 강하게 몰아 댔다. "이랴! 빌어먹을!" 물에 젖은 묵직한 로프로 엉덩이를 후려치며 그는 계속 외쳐 댔다. "빌어먹을 놈의 소새끼 같으니라구!"

소 떼가 움직이기 시작했다. 숨 막히게 하는 먼지가 대기를 가득 채웠다. 나도 말 위로 기어 올라갔다. 불쌍한 말은 내 몸무게뿐만 아니라 양쪽 부츠에 가득 들은 진흙과 물의 무게까지 감당해야 했다.

한 시간 후 우리는 점프오프를 내려갔다. 점프오프는 협곡 바닥이 돌계단처럼 되어 있고 조류(algae, 수생생물)가 매트처럼 깔려 있는 물이 줄줄 흐르는 곳이다. 소의 발굽이 돌바닥에 부딪치는 소리가 요란했고 징을 박은 말발굽이 돌에 부딪쳐 불똥이 튀었다. 나는 뒤에 처져서 오솔길 가에 있는 샘으로 갔다. 물이 너무나 맑고 투명해서 샘 밑바닥에서 모래가 춤추고 있는 것을 보지 않고는 물이 솟아나고 있다는 것도 모를 지경이었다. 나는 그 시원하고 맛있는 샘물을 얼른 한 모금 마시고 협곡 암벽이 만들어 주는 고마운 그늘 속을 달려 내려갔다. 태양이 마침내 협곡 너머로 져서 이제 견딜 만하게 된 것이다.

우리가 1.5km쯤 더 내려가자 갑자기 다시 대낮이 되었다. 이글거리는 태양이 다시 나타나서 그 무시무시한 열기를 내뿜기 시작했다. 마침내 협곡 어귀에 다다른 것이다. 우리 앞에는 고속도로와 콜로라도강 그리고 모아브의 외곽이 있었다. 우리는 소들을 다리 위로 몰아서 시멘트와 아스팔트를 건너서 그 너머 들판에 있는 커다란 우리 안으로 몰아넣었다. 그리고 말의 안장을 내리고 향나무 잔가지로 말들을 빗질해 준 다음 목장에 풀어 주었다. 마침내 자유의 몸이 된 말들은 망아지들처럼 장난을 치면서 서로 뒤쫓으며 빙글빙글 풀밭을 돌기도 하고, 맨땅에 누워 뒹굴기도 하고 그러다가 다시 일어나서 달리기도 했다. 그들의 기분이 어떤지 나는 알 것 같았다.

로이의 스테이션왜건이 소 우리 가까이 주차되어 있었다. 우리는 빨리 모아브로 가서 맥주를 마시고 싶었다. 고된 하루를 보내고 마시는 맥주맛을 무엇에 비길 것인가. 우리는 맥주를 마실 충분한 자격을 갖춘 사람들이다. 로이 노인이 우리 각자에게 땅콩 한 봉지씩을 배당하고 내일 할 일에 대해 짧게 이야기했다. 내일 할 일은 소들을 트럭에 실어 그에게 배정된 방목지인 투쿠니키바츠 남쪽 사면으로 옮기는 일이다. 그 지루한 작업에 나는 참여하지 않을 것이다. 나는 아치스로 돌아가야 한다고 그에게 상기시켰다. 로이의 표정이 침울해졌다. 내일 나 대신 일할 다른 일꾼을 고용해야 할 것이고 그러자면 금쪽 같은 미국 달러가 더 들기 때문이다. 그는 다시 먼 허공을 응시하며 생각에 잠겼다. 잊혀진 그의 담배에서 나온 연기가 천정 밑의 뿌연 연무 속으로 천천히 빨려 들어갔다.

"그만둬요." 나는 이렇게 말하고 싶었다. "그 생각 좀 그만하라구요." 나는 나의 한 팔로 그의 늙은 어깨를 감싸고 숱이 적은 그의 회색 머리를 쓸어 주면서 세상만사에 대한 진실을 말해 주고 싶었다. 아름답지만 아무 쓰잘 데 없는 그 진실을 말해 주고 싶었다. 그러나 나는 그렇게 하지 않았다.

비비아노가 두 번째 맥주를 주문하고는 갑자기 의자에서 일어나더니 밖으로 뻗고 있던 내 다리에 걸려 바닥에 나자빠졌다. 그는 천천히 몸을 일으킨 후 누가 자기의 못난 꼴을 보았나 살피려고 어둠

침침한 실내를 둘러보았다. 아무도 본 사람이 없었다. 아무도 그런 데 신경 쓰는 사람이 없었다. 사실 나는 그에게 사과하고 그를 부축해서 일으켜야 마땅했겠지만 그렇게 하지 않았다. 그는 비틀거리며 화장실 쪽으로 걸어가더니 희미한 노란 불빛 속으로 사라져 버렸다.

몇 년 후, 아직 세상을 방랑하고 있을 내가 다시 아치스와 협곡지대로 돌아와서 옛 친구들의 안부를 묻는다면 아마도 사람들은 이렇게 대답할 것이다.

비비아노 자케스? 로이 스코비 밑에서 일하던 그 작은 멕시코인 말이오? 글쎄, 그걸 누가 알겠소? 어떤 사람은 그가 콜로라도주 유레이의 은광으로 갔다고 하고, 또 어떤 사람은 그가 스코비의 요리사―오클라호마에서 왔다는 그 백인 처녀 말이오―와 결혼해서 함께 캘리포니아로 갔다고도 하고, 또 어떤 사람은 그가 다시 양몰이꾼이 되었다고도 하고, 또 어떤 사람은 그가 스페인으로 갔다고도 하더군요.

로이 노인은 어떻게 됐냐고요? 그의 소식을 듣지 못했소? 그는 당신이 떠나고 2년 후에 목장을 팔 수밖에 없었지요. 그리고 애리조나로 내려가서 세도나 부근에 인디언 보석가게를 냈지요. 그는 지금 세상을 떠나고 없어요. 가게 벽에 그림을 걸다가 심장발작이 일어났다는군요. 그때 그는 의자에 올라서 있었지요.

카우보이와 인디언 2

Desert Solitaire

외로울 때가 있다. 내가 그것을 어떻게 부정할 수 있겠는가? 고독을 즐기는 사람도 외로움을 느끼는 때가 있다. 그럴 때면 이 생활이 감옥살이처럼 지겨워지고 머릿속이 뜨거운 한낮의 트레일러 속처럼 답답해져서 견딜 수 없게 된다.

그 두 가지를 모두 피하기 위해서 나는 점점 더 바깥에서 생활을 한다. 우선 나는 트레일러 뒤쪽으로 50m쯤 떨어진 곳에 있는 평평한 사암에다 화덕을 만들었다. 그런 다음 그 화덕 가까이에 나무 피크닉 테이블을 옮겨 놓았다. 이곳이 내 사무실 겸 식당이 되었다. 다음에 나는 그 위에다 원두막을 만들었다. 만들기는 어렵지 않았다. 3m 높이의 기둥 네 개를 세운 다음 그것들을 삼각 지지대로 고정시키고 그 위에 향나무 가지로 지붕을 덮었다. 이 지붕은 햇볕은 가려 주지만 연기나 열기는 그 틈새로 빠져나가게 해 준다. 물론 네 벽은 없다.

바닥은 사암이다. 바람이 깨끗하게 청소를 해 주는 그 바닥 한쪽 구석에는 야생 관목 두 그루—절벽장미와 블랙브러시—가 자라고 있다. 나는 나무지붕의 한쪽 모서리에 풍경들과 내 개인 깃발인 붉은 스카프를 매달았다. 그리고 마지막으로 원두막 부근(아래가 아니다)에 간이침대를 설치했다. 이렇게 해서 벽이 없는 나의 집은 완성되었다. 나는 밤에 하늘의 별을 쳐다보며 저 위에서 일어나는 중요한 일을 하나도 놓치지 않을 거라는 생각에 위안을 받으며 잠들 수 있다.

트레일러는 요즘 주로 창고 겸 주방으로 이용되고 있다. 가끔 바깥의 화덕에서 요리를 하기도 하지만 덥더라도 트레일러 안의 가스 곤로를 이용하는 것이 분명히 더 간편하다. 식사가 준비되면 나는 그것을 원두막 밑의 피크닉 테이블로 옮겨다 놓고 거기서 먹는다. 냉장고는 역시 쓸모 있는 생활도구이다. 필수품은 아니지만 쓸모가 있는 것은 부인할 수 없다. 사실 냉장고는 과학기술이 문명에 기여한 몇 안 되는 품목 가운데 하나이고, 나는 그래서 그것을 고맙게 생각한다. 앨러게니산맥의 숲속에서 자란 나는 우리 가족들이 어떻게 크루커드크리크강에서 얼음덩어리를 잘라 마차로 1.5km 떨어진 언덕 위에 있던 집까지 운반해서 톱밥 속에 저장해 놓았다가 여름에 사용했는지 똑똑히 기억하고 있다. 나는 술잔 속에 얼음덩어리 2개를 떨어뜨릴 때마다 내게 이 간단하지만 편리한 장치를 마련해 주는 데 힘을 보탰을 철광산과 탄광의 광부들과 거룻배의 사공들, 철도원들, 트럭 운전사들, 소매상들에게 감사하는 마음을 갖곤 한다. 사실 냉장고에서 나오는 얼음덩어리가 없다면 하이볼이나 쿠바리브레 같은 칵테일은 제맛을 낼 수 없을 것이다.

그러나 일단 칵테일이 만들어지면 나는 늘 밖으로 나간다. 빛과 공기와 공간과 미풍이 있는 밖으로 나가서 그것을 즐기려고 한다. 양쪽 세계를 최대한 활용하는 것이 바로 나의 방침이다.

하지만 당신은 이렇게 물을지도 모른다. 밖의 생활을 즐긴다고 다른 형태의 격리, 마음의 고독한 감금에서 벗어날 수 있느냐고. 트레일러 안에서 저녁을 먹으려고 식탁 앞에 앉았을 때 불현듯 내가 혼자라는 느낌이 다가오는 고약한 순간들이 있다. 이런 순간은 이곳 생활을 처음 시작했을 때 특히 자주 찾아왔었다. 식탁 맞은편에 아무도 없다는 것, 혼자라는 인식은 외로움이 되었고 그 느낌은 고독보다 더 좋은 것, 고독보다 더 좋은 유일한 것이 사람들과의 교유라는 사실을 나에게 상기시켜 줄 만큼 강했다.

나는 도시 거리의 소음이나 유식한 사람들의 교양 있고 문화적인 대담을 바라는 것이 아니다. 내가 바라는 것은 하나 또는 몇 명의 친구, 또는 한 선량하고 친절하고 잘생긴 여자와의 교유일 뿐이다.

이상하게 생각될지 모르지만, 나는 밖에서 저녁을 먹으면 기분이 확 달라진다는 것을 발견했다. 아메리카산 생산물품에 둘러싸인 트레일러 안에 있으면 나는 내가 한 시즌 동안 남겨 두고 온 것들이 자꾸 생각났다. 판자로 된 벽과 창문에 드리운 문발, 전구와 부탄가스 냄새는 앨버커키(미국 뉴멕시코주 리오그란데강 상류에 있는 도시)를 생각나게 했다. 그러나 화덕에 향나무를 태우면서 내가 평생 탐험할 수 있는 것보다 더 많은 사막과 산들을 바라보며 밖에서 식사를 하면 나는 훨씬 더 큰 세상, 인류에게 알려진 어떤 제약도 없이 과거와 미래로 확장되는 세상을 생각하게 되곤 했다. 신발을 벗고 발가락을 모래 속에 넣음으로써 나는 더 큰 세상과 접촉할 수 있었다.

그것은 평정으로 이어지는 기분 좋은 느낌이었다. 분명히 나는 여전히 혼자였다. 다시 말해서 내 주위에 다른 사람이라곤 없었고 지금도 여전히 내 옆엔 아무도 없다. 그러나 그런 장엄한 경치 한가운데 앉아서 앨버커키에 대해 진지하게 생각한다는 것은 불가능한 일이다. 그 순간에는 인간적인 모든 것은 하늘과 함께 녹아서 산맥 너머로 사라져 버리고, 인간은 자기 자신보다 더 좋은 친구를 찾을 수 없고 또 필요하지도 않다는 느낌이 찾아들었다.

'마음의 고독한 감금'에 관한 내 이론은 유아론(唯我論, Solipsism, 실재하는 것은 오직 자아와 그 의식뿐이며 다른 사물은 자아의 관념에 불과하다는 이론)에 빠진 망상일지도 모른다. 전문적인 철학자들이 내놓은 다른 우스꽝스런 개념들이나 마찬가지로, 도서관의 책더미와 연기 가득한 다방(뇌에 정말 나쁘다) 그리고 말이 난무하는 세미나에서 너무 많은 시간을 보낸 결과로 나온 허황된 생각일지도 모른다. 만약 당신이 헛소리를 늘어놓는 유아론자나 형이상학적 이상주의자를 조용히 시키고 싶다면 해야 할 일은 하나다. 그를 밖으로 데리고 나가서 그의 머리를 향해 돌을 던지는 것이다. 그가 돌을 피한다면 그는 거짓말쟁이이다.

일과를 끝낸 저녁이면 나는 피크닉 테이블에 앉아서 사막의 하늘이 황혼으로 물드는 것을 지켜본다. 나는 혼자지만 외로움은 그림자처럼 사라져 버린다. 왔다가 가 버린다. 나는 가만히 불꽃이 나무를 먹으며 중얼거리는 소리를 듣는다. 남쪽 멀리 모아브로 접근하는 승용차나 트럭의 불빛을 볼 수도 있다. 거리가 너무 멀어서 오래 지켜보지 않으면 그 불빛이 움직이고 있다는 것을 알지 못한다.

나는 혼자가 아니다. 밸런스드 록 부근에서 미국수리부엉이의 울음소리가 들려온다. 부엉이의 저녁식사 시간이다. 생쥐, 다람쥐, 땅다람쥐, 토끼들은 내 말뜻을 알고 있다. 부엉이는 왜 울고 있을까? 부엉이는 자기가 직접 저녁거리를 사냥할 필요 없이 저녁거리가 제 발로 제게 오라고 부르는 듯하다. 그는 같은 장소에서 움직이지도 않고 자꾸자꾸 부른다. 그런데 그 소리는 어느 한 곳이 아니라 사방 팔방에서 오는 것처럼 들린다. 신경전이다.

겁에 질린 토끼가 그 소리를 듣고 벌벌 떤다. '부엉이는 어디 있지? 아마 다음 덤불, 다음 바위가 여기보다 더 좋은 은신처가 될지도 몰라.' 토끼는 망설인다. 수리부엉이가 다시 한번 울자 토끼는 마침내 피신처에서 뛰어나와 더 좋은 장소처럼 보이는 곳을 향해 달려감으로써 자기 위치를 노출시키고 만다. 부엉이가 나방이처럼 소리없이 토끼를 덮친다.

미국수리부엉이는 토끼의 천적일지 모르지만, 토끼는 분명히 수리부엉이의 좋은 친구다. 토끼가 부엉이를 먹여 살린다. 부엉이가 토끼를 먹기 좋은 조각으로 찢기 전에 토끼를 다루는 태도를 보면 부엉이가 토끼에 대해 품고 있는 사랑과 동정을 엿볼 수 있다.

그 사랑은 상호적인 것일까? 토끼가 아직 살아 있지만 아무 저항도 하지 않고 기다리는 그 휴전의 순간, 그 완전한 항복의 순간에 토끼 역시 부엉이를 사랑한다는 것이 가능한 일일까? 우리는 쫓기던 범인이 마지막 순간에 순순히, 심지어 감사하는 마음으로 수사관에게 자신을 내맡긴다는 사실을 알고 있다. 우리는 수백만의 사람들이 항의의 흐느낌도 없이 지옥으로 행진해 가는 것을 본 적이 있다. 그 것은 사랑일까, 아니면 단순한 팀워크일까, 아니면 훌륭한 스포츠맨 십일까?

공포가 토끼를 부엉이에게 노출시킨다. 공포가 어려운 일을 대신 해서 부엉이의 일을 덜어 준다. 평생 공포에 시달려 온 토끼가 그 마 지막 순간에 일종의 감사하는 마음으로 기꺼이 부엉이에게 먹힌다 는 것은 충분히 가능한 일이다.

수리부엉이가 다시 운다. 1분에 한두 차례 꼴로 운다. 별로 조급 한 기색이 없는 울음이다. 저녁거리가 제발로 찾아올 테니까. 박쥐 몇 마리가 원두막 근처를 푸드덕 날면서 재깍재깍 소리를 조그맣게 낸다. 음파탐지기를 작동시키고 있다. 오늘밤에는 달이 없다. 별자 리들이 하나하나 나타나기 시작한다. 전갈자리, 카시오페이아, 용자 리, 궁수자리, 큰곰자리… 외로운 금성이 해가 넘어간 서쪽 하늘의 희미한 황혼 위에서 다이아몬드처럼 빛나고 있다.

그대 금발의 저녁 천사여,

태양이 산에서 쉬는 동안

그대의 빛나는 사랑의 횃불을 비추어라.

찬란한 금관을 쓰고

우리의 저녁 침대에 미소를 보내라.

우리의 사랑에 미소를 보내라.

별빛과 구름에 반사되는 햇빛이 뒤섞인 가운데서 사막의 모든 물체들이 제각기 자기 자태를 또렷이 드러내고 있다. 다가오는 밤을 앞두고 마지막으로 자기 존재를 뽐내려는 듯이. 모든 바위와 덤불, 나무, 꽃, 각양각색의 풀 줄기들이 서로 분명히 떨어져 있으면서도 서로 합쳐져서 나와 나의 고독이 그 안에 포함되는 하나의 통일체를 이룬다.

인디언들은 어떻게 되었는가? 현재 아치스 공원 일대에는 인디언이 없다. 그들은 700년 전에 모두 이곳을 떠났고 오랫동안 다시 돌아오지 않을 것이다. 하지만 인디언들은 협곡지대의 다른 곳이나 마찬가지로 이곳에도 그들이 지나간 흔적을 남겼다. 바위가 절벽에서 툭 튀어나와 있고, 그 밑에 샘이 있는 좋은 캠핑 장소 근처에는 수백 개의 흑요석이나 석영 파편들이 흩어져 있는 것을 볼 수 있다. 아나사지족 사냥꾼들이 돌화살촉을 만들었던 흔적이다. 도기 파편들도 찾을 수 있다. 또 다른 곳에서는 협곡 암벽에 새겨지거나 그려진 그림을 볼 수 있다. 암각화(petroglyphs)와 암벽화(pictographs)이다.

암각화는 돌을 쪼아 새긴 그림을 말하고, 암벽화는 물감을 사용해서 바위에 그린 그림을 말한다. 그 그림들은 새와 뱀, 사슴 그리고 그밖의 많은 짐승들, 인간, 반인간, 초인의 형상 그리고 아주 추상적이거나 상징적인 도형으로 이루어져 있다. 어떤 곳에서는 암각화만 발견되고 또 어떤 곳에서는 암벽화만 발견된다. 두 가지가 다 발견되는 곳도 있다. 구상적인 그림들이 매우 추상적인 도형들과 나란히 함께 있는 경우가 흔하다.

기교로 보아도 단순하고 거친 것에서 우아하고 세련된 것에 이르기까지 아주 다양하다. 이 암각화와 암벽화들은 오랜 시간에 걸친 서로 다른 문화들의 소산인 듯하다. 예를 들면, 턴보우 오두막 근처의 암벽에는 말을 탄 사람의 그림이 그려져 있는데, 이것은 이 그림이 남서아메리카에 스페인인들이 도착하고 난 후에 그려진 것임을 뜻한다. 모아브에서 남서쪽으로 몇 킬로미터 떨어진 곳에 있는 또 다른 암벽에는 마스토돈처럼 보이는 암각화가 있다. 마스토돈은 2만 년 전 이전에 멸종된 것으로 추정되는 동물이다.

거칠거나 우아하거나, 구상이거나 추상이거나, 아주 오래된 것이거나 비교적 최근의 것이거나, 모든 그림들은 양식화된 것, 원시적인 것이 유행하는 오늘날의 취향에 맞는 방식으로 그려져 있다. 유타주 협곡의 이런 미술품들은 담이 없는 국제적인 박물관을 연상케 한다. 아프리카조각, 멜라네시아의 가면, 뉴저지의 폐차장이나 마찬가지로 중요한 의미를 갖는다. 세계 최초의 언어로 우리에게 이야기하는 소리 없는 목소리인 것이다. 이 미술품을 제작한 예술가들의 기술이 우수했다는 것은 이들 암각화와 암벽화들이 수백 년 동안 바람과 모래, 비, 열기와 추위, 햇볕에 노출되어 있었음에도 불구하고 생생하고 또렷하게 남아 있다는 사실이 증명해 준다. 오늘날 미국에서 제작되고 있는 그림과 조각들 가운데 과연 얼마만큼이 반세기 후에도 남아 있을 것인가?

이 그림들은 협곡 암벽의 평평한 표면에서 발견되는데, 흔히 지금은 사람이 걸어서 올라갈 수 없는 높이에 있다(침식작용으로 그렇게 되었을 것이다). 대개 무더기로 발견되며 때로는 후대의 그림들이 전 시대의 그림 위에 포개져 있는 경우도 있다. 이 그림들을 새기거나 그린 사람들이 어떤 일관성을 가진 그림을 그리려고 했던 흔적은 보이지 않는다. 스타일, 주제, 스케일이 아주 다양한 것으로 보아 서로 다른 시대의 서로 다른 장소에서 온 여러 사람들의 작품들인 듯하다. 이 사람들은 이런저런 이유로 이곳에 와 며칠 또는 몇 주 동안 머물면서 바위 위에 그들이 지나간 흔적을 남겼다.

이 협곡 암벽에 있는 그림들이 어떤 의미를 갖는 것일까? 이 의문에 명확한 답을 할 수 있는 사람은 아무도 없다. 그러나 처음 이 그림을 보았을 때 머릿속에 몇 가지 설명이 떠오르기는 한다.

우선 그것들이 무의미한 낙서일 수도 있다는 생각이 떠오른다. 그러나 낙서를 종이에 끄적거리는 것과 사암에 새기거나 그리는 것은 큰 차이가 있다. 바위에 자기 이름을 새겨 보려고 한 사람이면 누구나 알고 있듯이 바위에 이런 흔적을 남기기 위해서는 끈질긴 인내력과 결심 그리고 기술이 필요하다. 돌로 만든 끌 외에는 다른 아무런 연장도 없이 춤추는 사람의 형상을 500년 동안 남아 있도록 새기려면 얼마나 많은 노력이 필요했겠는가 상상해 보라.

이 암벽들이 공동체의 게시판이나 역사기록판, 또는 신문 역할을 했을지도 모른다. 그래서 사람들이 자기 씨족의 상징이나 토템을 새기거나 그렸을지도 모른다. 흔히 보이는 사슴과 비버, 큰뿔양 그리고 기타 짐승의 형상은 성공적인 사냥 파티의 이야기를 기록한 것인지도 모른다.

많은 그림들이 종교적 또는 의례적 의미를 갖고 있는 듯하지만, 악몽 속에서나 볼 수 있는 기분 나쁜 귀신의 형상들도 있다. 뿔이 있는

Illustrations are by Peter Parnall, and are based on the author's copies of prehistoric Indian petroglyps and pictographs.

머리, 유난히 넓은 어깨, 짧은 사지, 가는 다리와 육중한 몸을 가진 반인반수나 초인적 형상들이 이 범주에 속한다. 어떤 것은 아예 다리가 없고 공중에 둥둥 떠 있는 모습을 하고 있다. 이런 기분 나쁜 초자연적 형상들은 공중을 떠돌거나 춤을 추거나, 방망이나 칼 같은 무기를 들고 한곳에 붙박여 있는 지하 세계의 신들이다. 대부분은 얼굴이 없지만 어떤 것은 움푹 들어간 기분 나쁜 눈으로 노려보고 있다. 이 악마 같은 형상들은 창조신의 보호와 은총 그리고 낯선 사람들에 대한 위협을 나타내고 있는지도 모른다.

여행자여, 조심하라. 너는 뿔 달린 신들의 땅으로 접근하고 있다….

그 원래의 의도가 무엇이었든 간에 오래 전에 죽은 예술가들과 사냥꾼들은 그들의 그림을 가지고 수백 년의 세월을 넘어 우리와 마주하고 있다. "내가 여기 있었노라" 하고 예술가는 말한다. 그리고 "우리가 여기 있었다"라고 사냥꾼들은 말하고 있다.

또 하나 분명한 사실이 있다. 콜럼버스 이전에 미국 남서부에 살았던 인디언들은 사냥을 했건, 화살촉을 만들었건, 소금을 모으는 작업을 했건 간에 여가시간이 많았던 것 같다. 채취 경제가 그리 고달픈 것만은 아니었으니까 이런 미술작품을 만드는 자유와 여유를 가질 수 있지 않았을까. 그들은 시간의 대부분을 생산과 분배, 노동력을 절약하는 기계의 판매에 바칠 필요가 없는 데다가 적절한 레크리에이션 시설마저 부족했다. 그래서 이들 인디언들은 사랑의 행위나 마찬가지로 인간에게 자연스런 행위인 형상을 그리거나 새기는 행위를 하게 되었을 것이다.

그러나 그때로부터 600~700년이 지난 오늘 그들은 가고 없다. 그러나 그들 종족이 완전히 멸종된 것은 아니다. 그들의 후예인 호피족, 주니족, 푸에블로족이 애리조나와 뉴멕시코에 살아남아 있다. 무엇이 협곡지대에서 옛날의 인디언들을 몰아냈을까? 약탈을 일삼는 적? 가뭄과 기아? 질병? 악몽에서 비롯된 두려움과 두려움으로 인한 악몽? 이 모든 이유와 그 밖의 이유들이 어우러져서? 옛사람들은 협곡의 벽화에 재난의 기록을 남겨 놓지 않았다. 따라서 우리는 기후 변화, 종족 간의 전쟁, 미국 남서부 인디언 마을의 생활에 관해 우리가 알고 있는 사실에 기초해서 짐작할 수 있을 뿐이다. 그들이 이 고원지대를 서서히 여러 해에 걸쳐 떠났을 수도 있다. 또 어떤 곳에서는 그들이 겁에 질려 갑자기 도망쳤을 수도 있다. 거의 모든 절벽 밑 주거 흔적에는 화살촉, 도기, 옥수수 씨앗, 샌들, 터키옥과 산호 등의 보석 같은 귀중한 재산들이 버려져 있다. 이것은 어떤 돌발 사태가 일어나서 그곳에 살았던 사람들이 서둘러 그곳을 떠날 수밖에 없었다는 것을 암시해 준다. 그러나 다른 설명도 가능하다. 개인 소유의 재산들을 망자와 함께 묻었는데 뒤에 약탈자나 짐승이 그것을 파헤쳐 놓았거나 침식작용에 의해 그 물건들이 밖으로 노출되었을 수도 있다. 또는 떠나는 인디언들은 개 외에는 길들인 가축이 없었으므로 그들의 모든 재산을 가지고 갈 수 없어서 버리고 갔는지도 모른다. 또는 버려진 물건들이 질병이나 죽음과 연관된 저주가 걸린 물건들이었는지도 모른다.

오늘날 협곡지대 바깥, 특히 애리조나와 뉴멕시코에서 인디언들의 수가 크게 증가하고 있다. 그들의 인구 증가율은 3대 2의 비율로 백인보다 높다. 가장 눈에 띄는 예로 나바호족의 인구를 살펴보면, 1865년에 9천 5백 명이던 나바호족은 100년 후 약 9만 명으로 늘어났다. 3세대를 지나는 동안에 인구가 근 10배로 늘어난 것이다. 이런 인구 증가는 나바호족 보호구역에 백인의 의학이 소개되어 유아 사망률을 낮춘 결과다. 인디언의 유아사망률이 아직 미국 평균보다 높은데도 이런 갑작스런 인구 증가 현상이 나타났다. 이것을 나바호족이 고맙게 생각하고 있을까? 그렇지 않다. 가난한 살림에 인구가 늘어나는 것은 달가운 일이 아니기 때문이다.

나바호족의 경우 억제되지 않는 인구 증가의 영향이 분명하게 나타나고 있다. 인구는 100년 전보다 10배로 늘어났지만, 그들은 그때보다 더 넓지 않은 보호구역에서 살아야 한다. 양과 염소, 말들에 기초한 목축 경제이고 보니 인구 증가는 불가피한 결과를 낳고 있다. 원래부터 반건조했던 목초지가 지나친 가축들의 방목으로 모래가 날리고 쐐기풀만 무성한 황야로 변해가고 있다. 다시 말해서 나바호족이 이용할 수 있는 땅은 인구에 비례해서 늘어나지 않았을 뿐 아니라 오히려 생산성이 감소한 것이다.

살아남기 위해서 점점 더 많은 나바호족이 보호구역을 떠나서 고속도로 가의 시골 빈민가나 보호구역 주변의 백인 도시 빈민가로 이주할 수밖에 없는 형편이다. 이주한 그들은 그곳 빈민가에서 노동자나 주유소 종업원, 모텔의 하녀, 복지제도의 수혜자로서 최선을 다하고 있는 것을 볼 수 있다. 그들은 미국 남서부의 아프리카인, 즉 붉은 흑인들인 것이다. 대도시에 사는 그들의 사촌들처럼 그들이 알코올과 마약에서 위안을 찾는 것은 매우 자연스런 일이다. 기독교와 토착신앙을 융합한 페요테컬트(Peyote, 페요테선인장에서 채취한 환각약으로 종교 의식을 치름)가 '토착 아메리카교회'라는 이름으로 인기를 얻고 있다.

심한 경쟁사회인 백인들의 아메리카에서 경쟁할 능력을 갖추지 못한 데다 언어마저 생소한 인디언들은 점점 더 깊이 가난 속으로 빠져들고 있다. 잘 알려진 가난의 증상들이 이미 나타나고 있다. 비위생적 환경, 실업이나 불규칙하고 보수가 낮은 취업, 가정의 붕괴, 질병, 매춘, 범죄, 알코올중독, 교육의 결핍, 너무 많은 아이들, 무관심과 사기 저하, 복음주의적 신흥 종교, 다양한 형태의 정신 질환 등등. 이런 현상은 리우데자네이루의 파벨라스, 카라카스의 바리오스, 뉴어크의 게토, 웨스트버지니아의 광산촌 그리고 갤럽, 플래그스태프, 십록의 판자촌 등 세계 도처에 공통된 현상이다. 이 비참한 빈민들은 절망에 빠져 사회사업가들에게 농락당하고 경찰관들의 발길에 채이며 선교사들의 기도의 대상이 되고 있다.

물론 나바호 인디언의 가난과 세계 다른 곳의 빈민 사이에는 흥미로운 차이가 있다. 우선 나바호족은 B. I. A.(Bureau of Indian Affairs, 인디언관리청)의 보살핌을 받고 있다. 모든 다른 기관이나 마찬가지로 B. I. A.는 좋은 것과 나쁜 것의 혼합체이다. 워싱턴에서 권력 이동이 있을 때마다 그 정책은 변하고 그 예산은 들쑥날쑥하지만 이 기관의 장기적 목표는 인디언을 백인으로 변화시키는 것, 즉 '동화'라고 불리는 과정이다. 이 목적을 추구하기 위해서 어린 인디언들은 보호구역 안과 밖의 학교로 보내지고, 그 학교에서 나바호족 어린이들은 미국 남부의 흑인 대학들에서 B. I. A.가 모집한 선생들의 지도 아래

남부 악센트가 있는 미국말을 배운다. B. I. A.는 여러 교회에서 설립한 의료 선교단과 협력해서 나바호족에게 기본적인 의료 서비스도 제공하고 있다. 이 의료 서비스는 미국 표준에는 미달하지만 인구의 급격한 증가를 부추길 정도는 된다. 이 인구 증가가 나바호족이 곤경에 빠지게 된 주요 원인이다.

나바호족이 다른 곳의 빈민들과 다른 두 번째 중요한 차이점은 그들은 그나마 그들의 고향, 보호구역을 가지고 있다는 점이다. 보호구역은 그들 종족의 공동재산이다. 땅은 고갈되고 침식되어 많은 인구를 부양하기에 턱없이 부족하지만, 그래도 경제적으로는 가난한 이 땅이 나바호족의 굳건한 토대가 되고 있다.

그런데 이 빈약한 땅을 탐욕의 눈으로 바라보는 근처의 백인들이 있다. 그들은 현재의 거주자들을 쫓아내기만 하면 이 땅에서 이윤을 낼 가능성이 있다고 보고 있다. 토지가 종족 전체의 소유이기 때문에 어느 한 개인이 그 토지의 일부를 팔 권한을 가지고 있지는 않다. 그래서 나바호족의 거짓된 친구들은 보호구역을 분할해서 인디언들에게 '재산권'을 행사하게 해야 한다는 주장을 주기적으로 제기하고 있다. 그렇게 해서 인디언들이 그들의 유일한 재산인 토지를 외부인들에게 팔 수 있는 '자유'를 주어야 한다는 게 그들의 주장이다. 지금까지는 나바호족이 현명하게도 이런 압력에 저항해 왔다. 그들이 이런 저항을 계속하는 한 외지로 이주한 나바호족 인디언들은 그들의 고향으로부터 완전히 격리되지는 않을 것이다.

토지의 소유권을 유지함으로써 나바호족은 보호구역 안에서 발견된 얼마 안 되는 광산자원을 최대한 이용할 수 있었다. 석유와 우라듐, 석탄과 천연가스의 판매에서 나오는 로열티는 인디언들의 보편적인 가난을 해소할 수 있을 정도로 충분치는 않았지만 그래도 이 재원을 이용해서 그들은 종족이 운영하는 목재산업을 개발하고, 머리 좋은 젊은이들을 대학에 보내는 장학금을 마련하고, 커뮤니티 센터를 짓고, 매년 열리는 나바호 축제의 비용을 충당하고, 아직도 오지에서 양과 염소를 기르며 사는 사람들을 위해 우물을 파줄 수 있었다.

이 돈은 또한 종족 자치기구의 소수 관리들을 부양하고 유니폼과 총, 순찰차, 양방향 무전기를 갖춘 종족 경찰을 운영하는 데도 사용되고 있다. 이런 불필요한 기관들은 B. I. A.의 영향과 그들을 둘러싸고 있는 백인 문화를 가능한 한 모방하려는 보다 야심적인 일부 나바호족 인디언들의 욕망을 반영하고 있다. 일부 인디언들의 이런 움직임은 전형적이고 이해할 수 있는 대응이다. 이런 작은 실수들이 있음에도 불구하고 나바호족은 그들이 가지고 있는 얼마 안 되는 재원을 지금까지 잘 이용해 오고 있다. 그들이 가지고 있는 재원이 필요에 훨씬 못 미치는 것은 그들의 잘못만은 아니다.

한편 다수의 인디언들이 미국식 생활 방식에 점점 더 깊이 빠져듦에 따라 나바호족의 인구는 기하급수적, 다시 말해서 2, 4, 8, 16, 32, 64의 속도로 늘어나고 있다. 이런 생활 방식의 변화는 이로운 점도 있지만 갖가지 나쁜 점도 수반하고 있다.

산업화, 관광, 연방정부의 대규모 지원, 나바호 어린이들에 대한 교육 개선, 인구 재배치, 산아제한, 아동 보조금, 연소득 보장, 4차선 고속도로, 도덕 재무장 등 다양한 해결책이 나바호족에게 제시되고 있다. 그러나 이런 제안들은 모두 실효성이 없는 것들이다. 다만 그 중 한 가지 산아제한만은 분명히 필요하다. 나머지 제안들은 세계 도처에서 인류의 가난을 해결하는 방안으로 제시되는 상투적인 방안들에 불과하다. 이런 제안들은 나바호족의 전통적 생활 방식이 지닌 특이성과 가치를 고려하지 않고 있을 뿐 아니라 백인이 나바호족을 가르쳐야 하는 것과 마찬가지로 나바호족에게도 백인이 배워야 할 것이 있을 수 있다는 점을 무시하고 있다.

한 예로 산업화해야 한다는 제안을 생각해 보자. 보호구역이 대규모 중공업이나 경공업을 끌어들여 지탱할 수 있다 하더라도(실제로는 그럴 여건이 안 된다), 나바호족이 공장 일꾼이나 실험실의 기사, 사무실 근무자가 되어 얻을 수 있는 것이 무엇이 있겠는가? 나바호족은 개인이 아니고 하나의 종족이다. 그들의 천성이나 전통으로 보아 그들은 취업신청서나 시간표에 얽매인 생활에 적응할 준비가 되어 있지 않다. 그들을 기계 속으로 억지로 밀어 넣으려면 그들의 근본적 인간성을 무참하게 파괴해야 한다. 전형적인 나바호족은 의식적 또는 무의식적으로 이 불행한 진실을 인식하고 B.I.A.가 제공하는 그릇된 의무교육에 저항하며 영양실조에 걸린 말과 부품이 떨어져 나가고 없는 자동차를 끌고 다니면서 기분이 내키면 일을 하고, 파티를 열 돈이나 새 픽업트럭의 계약금이 생기면 일을 그만두어 버린다. 그는 자기 아내와 아이들을 복지 수혜자로 올려놓을 때까지만 의무를 이행한다.

우리가 이런 그의 행동을 비난할 수 있을까? 두 세계 사이의 완충지대에 잡혀 있는 나바호족은 백인의 시스템에서 그가 얻을 수 있는 이익―라디오, 픽업트럭, 복지 혜택 등―을 챙기면서 한편으로 옛 생활 방식의 자유와 위엄을 견지하고 있다. 나바호족은 깨끗한 흰 셔츠를 차려입고 냉방장치가 되어 있지만 열 수 없는 창문이 있는 오피스 빌딩에서 대부분의 시간을 보내는 생활보다는, 비록 그의 종족에게 수치가 될지언정 술에 만취해 뉴멕시코주 갤럽의 하수도에 쓰러져 있는 편을 택할 것이다.

나바호족이 미국의 중류계급에 끼어들기를 원한다고 해도(일부 인디언들은 그것을 원하고 또 그렇게 된 사람들도 있다) 보통의 나바호족은 피부 색깔, 언어 장벽, 불충분한 교육보다 더 큰 핸디캡을 지니고 있다. 획득 본능이 제대로 발달되어 있지 않은 것이다. 나바호족은 동료들보다 앞서야겠다는 충동, 다른 노동을 이용해서 이윤을 얻겠다는 충동이 결여되어 있다. 개인의 이익보다 공유와 상부상조를 중시하는 전통을 가진 나바호족은 다른 사람들이 어렵게 사는데, 자기만 잘 사는 것을 부도덕한 것으로 생각한다. 설사 종족 가운데 한 사람이 운수가 좋거나 재능을 타고 났거나, 특별한 훈련을 해서 가난의 굴레를 벗고 풍요로운 사회의 한 구석에 끼어들었다고 해도, 그는 그의 가족이나 씨족원들이 그의 뒤뜰에서 야영을 하고, 그의 주방에서 사냥하듯 음식을 가져가고, 그의 승용차를 빌려 가고, 밤이고 낮이고 시도 때도 없이 그의 침실에서 같이 자자고 들어오는 것을 막기 어렵다. 이들의 사회에서는 아낌없는 환대는 당연하고 이기주의는 끔찍한 것으로 간주된다. 이런 원시적 태도의 제약을 받는 나바호족이 나머지 우리들과 보조를 맞출 수 없는 것은 당연한 일이 아니겠는가?

산업화는 이처럼 나바호족(다른 인디언 종족들의 경우도 마찬가지다)의 문제를 해결하는 대답이 될 수 없는 것처럼 보인다. 하지만 산업적 관광이 아직 고려 대상으로 남아 있다. 이것은 보통의 산업화보다는 장래성이 있는 듯 보인다. 새로운 고속도로를 건설하고 모텔과 주유소를 설치함으로써 나바호족은 관광객을 보호구역으로 끌어들여 그들에게서 달러를 얻어 내려는 움직임을 보여 왔다. 이런 움직임의 주된 수혜자는 멀리 있는 석유 및 자동차 업체들이 될 것이지만, 그래도 달러의 일부는 시트를 갈고, 세탁을 하고, 휘발유를 펌프질하고, 음식을 날라다 주고, 접시를 닦고, 화장실을 청소하고, 정화조의 오수를 펌프질해 내는 사람들의 임금의 형태로 보호구역 안에 남게 된다.

관광업이 종족의 경제에 얼마나 보탬이 되고 얼마나 많은 인디언들이 고용될 수 있을지는 이 시점에서 분명히 말할 수 없다. 그러나 기껏해야 계절적 일거리를 제공할 것이고 그 규모도 보잘것없을 것이다. 뿐만 아니라 산업적 관광이 금전적으로 이득을 주든 안 주든, 그것은 생계를 관광업에 의존하는 사람들에게 정신적 대가를 요구할 것이다. 인디언들은 이상한 옷차림의 부유한 외지인들이 떼를 지어 그들의 땅과 가정을 침범하는 것을 감수해야 하고, 자동적인 미소도 배워야 하고, 또 멍하니 바라보는 시선을 감수해야 할 뿐 아니라 사진도 찍혀야 하고, 촬영거리가 될 만한 차림을 하는 법도 배워야 할 것이다. 예절과 환대가 어떤 문화의 순수한 관습에 그치지 않고 돈으로 팔 수도 있는 특별한 종류의 상품이라는 것도 알게 될 것이다.

나는 나바호족이 이런 것들을 배울 수 있으리라는 확신이 서지 않는다. 그 한 예로 지난 번에 카엔타에 갔을 때 나는 다음과 같은 일을 목격했다.

몽고식 콧수염에 머리를 길게 기른 한 노인이 홀리데이인 앞에 서서 그의 두 아내와 얘기를 하고 있었다. 커다란 승용차—뷰익 베헤못이었다고 나는 믿고 있다. 그러나 캐딜락 크로커다일이나 닷지 디노사우르 또는 머큐리 마스토돈이었는지도 모른다—가 굴러오더니 한 여자가 내렸다. 그 여자는 황금색 바지를 입고 눈꺼풀에는 초록색 칠을 했으며 벌집 모양의 머리를 하고 있었다. 손에 카메라를 들고 있던 그녀는 그 카메라를 곧장 나바호족 노인에게 들이대며 "헤이! 이쪽을 보세요" 하고 말했다. 노인은 고개를 돌려 그 여자를 보더니 땅에다 침을 뱉고는 다시 등을 돌려 버렸다. 기분이 상한 그 여자는 엽서 한 장 사지 않고 그곳을 떠났다.

하지만 그 인디언은 노인이었다. 젊은이들은 적응력이 강하니까 생존을 위해서 관광업의 요령을 배울지도 모른다. 이런 관광 수입과 여기저기 흩어져 있는 몇 개의 탄광 그리고 보호구역 밖에 있는 일자리 그리고 더 많은 복지 혜택이 나바호족이 가까운 장래에 기대할 수 있는 수입원들이다.

장기적으로 볼 때 그들의 경제적 어려움은 사회 전체가 가난을 극복하겠다는 진지한 노력을 할 때 비로소 해결될 수 있을 것이다. 전문적인 사회사업가들에게만 혜택이 돌아가는 거짓된 복지에 중점을 두고 있는 현재의 노력은 진지한 노력이 아니다. 두 가지 가난의 근본적 원인—너무 많은 아이들과 너무 적은 돈—을 제거하려는 진지한 노력이 있어야 한다.

첫 번째 원인을 제거하기 위해서는 한시 바삐 산아제한을 강제로 실시해야 할 것이고 두 번째 원인을 제거하려면 우리는 나바호족의 전통을 원용해서 국민소득의 보다 균등한 배분을 실행해야 할 것이다. 이것은 물론 정치적으로 달가운 일이 아니다. 이 지역에서 사회정의를 실천하기 위해서는 미국의 부를 일부 잘라내는 사회적 수술이 실천되어야 할 것이기 때문이다.

어떤 방식으로든 나바호족의 가난은 해결될 수 있을 것이다. 그러나 나바호의 생활 방식이 살아남을 가능성은 희박하다. 나바호족은 결국 자기방어를 위해 산업 경제가 요구하는 형태로 그들의 생활 방식을 바꾸게 될 것이다. 현재 붉은 피부의 흑인인 그들은 크레디트 카드와 교양인의 감성을 지닌 흑갈색의 백인이 되는 법을 배워야 할 것이다.

그것은 쉬운 일이 아니다. 나바호족이 그들이 불과 한 세대 전에 말을 타고 다니는 유목민이었고, 가축들을 길렀고, 모래 위에 그림을 그렸으며, 양모로 옷감을 짜고, 은세공을 했다는 사실을 잊기는 쉽지 않다. 그러나 그들은 이런 일들을 잊어야 할 것이다. 그리고 이런 옛것들을 부끄러워하고 그런 것들을 관광객들의 즐거움을 위해서만 내놓도록 강요받을 것이다.

그들에게는 견디기 어려운 전환기가 될 것이다. 한 예로 이 아치스 지역에서 불과 1주일 전에 있었던 사건을 생각해 보자. 모아브 북쪽의 고속도로와 나란히 철도가 놓여 있다. 칼륨 광산으로 가는 지선이다. 도로와 가까운 한 지점에서 철로는 언덕을 뚫고 통과한다. 잘린 언덕의 깊이가 약 90m쯤 되는데, 잘린 양쪽 암벽은 빌딩의 벽처럼 수직이다. 어느 날 오후 두 명의 젊은 인디언—나바호족인지 아파치족인지 또는 수염이 없는 유트족인지 분명치 않다—이 낡은 폴리머스 승용차를 타고 도로를 따라 내려오다가 갑자기 오른쪽으로 핸들을 꺾어 도로변의 철책을 뚫고 나가서 잘린 언덕 밑으로 곤두박였다. 사고현장에서는 잘려진 시체와 깨진 유리병들, 토케이 백포도주 냄새와 얼룩, 열린 싸구려 가방 두 개가 발견되었다. 가방에 들어 있던 물건들이 주위에 흩어져 있었는데 그것은 더러운 양말, 몇 벌의 속옷, 《진짜 서부(True West)》라는 잡지 한 권, 빗 한 개, 카우보이 셔츠 3벌, 말보로 담배 한 갑이었다. 독수리 깃털이나 들소 가죽으로 만든 무릎 덮개, 활과 화살, 약 넣는 쌈지나 북 등은 어디서도 발견되지 않았다.

카우보이들도 어려운 지경에 빠져 있는 것은 마찬가지다. 비비아노, 로이 스코비 노인, 그들의 시대는 이제 지나갔다. 소 기르는 사업도 다른 사업들이나 마찬가지로 기계화, 자동화되었기 때문에 카우보이 일자리를 구하기는 쉽지 않다. 목장 운영이 훌륭한 생활 방식이었던 시절이 그리 오래전이 아닌데 지금은 모든 것이 변하고 말았다. 요즘은 소 한 마리를 잡아서 그 한쪽 귀에 호르몬 알약을 집어넣고 얼른 물러선다. 그러면 소는 독약을 먹은 강아지처럼 갑자기 온몸이 부풀어 오른다. 그리고 얼마 후면 그 소는 200달러어치의 고깃덩어리로 변해 버린다.

내가 아는 카우보이들은 실직 중이거나 실직의 위험에 놓여 있거나 또는 카우보이 노릇이 아닌 다른 일을 하고 있다. 소설을 쓰겠다고 나선 사람도 있고, 전자기타 연주자로 나선 사람이 있는가 하면

트럭 운전을 하는 사람도 있고, 로데오 경기에 나가서 뼈가 부러진 사람도 있다. 대다수가 빈민가에서 인디언들처럼 자살하듯 서서히 죽어 가고 있으며, 잘해야 비비아노가 그랬던 것처럼 몇 푼 벌어 보겠다는 희망을 품고 장시간의 노동을 하고 있다.

이처럼 진짜 카우보이는 진짜 인디언들처럼 사라져 가고 있는 반면, 가짜 카우보이들은 밥상에 꾀는 파리 떼처럼 늘어나고 있다. 캘리포니아에서 플로리다까지, 텍사스에서 타임스퀘어까지 어디에서나 그들을 볼 수 있다. 그들은 커다란 하얀 모자와 몸에 꼭 끼는 바지, 꽃무늬 셔츠, 굽이 높은 이상한 부츠 차림으로 거리를 누비고 있다. 그들 중 다수는 뒤에서 보면 여자같이 보인다. 그리고 사실 그들 중 다수가 여자들이다. 특히 직업으로서의 소 기르기가 사라지는 것과 정비례해서 카우보이 차림이 더욱 기승을 부리는 미시시피 서쪽의 작은 도시들에 가면 그럴듯한 차림을 한 최신판 카우보이 부부를 만날 수 있다. 남편은 햇볕에 타서 코가 빨갛고 불룩 나온 배에는 말도 때려잡을 만한 묵직한 사슴뿔 버클이 걸려 있다. 개버딘과 부츠 차림의 키가 크고 다부진 그의 아내는 용맹한 코만치 전사도 겁이 나서 달아날 것 같은 무서운 표정을 짓고 있다.

그러나 이런 카우보이들이 모두 가짜는 아니다. 비비아노와 로이 노인 그리고 내가 잠깐 동안 알고 지냈던 또 한 사람 레슬리 맥키를 생각하면 그런 생각이 든다. 레슬리는 카우보이이면서 동시에 목장주였다. 그는 혼자 운영하는 작은 목장을 가지고 있었는데 목장주로서의 그의 생활은 평탄치 못했다. 격년으로 은행이 그의 목장을 빼앗아 갔고, 그러면 다음 해에 그는 가까스로 목장을 되찾곤 했다. 목장을 빼앗겼을 때 그는 닥치는 대로 아무 일이나 했다. 젊었을 때 그러니까 아스팔트 도로가 생기기 훨씬 진에 그는 몬티셀로와 모아브 간을 운행하는 최초의 버스를 운전하기도 했다. 그는 영화에 엑스트라로 출연했다가 끝에 고무가 달린 제로니모(인디언의 영웅)의 화살을 눈에 맞기도 했다.

어느 날 그는 그랜드 메사에서 곰을 만나자 곰에게 로프를 던졌다. 곰을 집으로 끌고 갈 작정이었다. 곰이 앞발로 로프를 잡고는 말을 탄 그에게 걸어오자 그는 마음을 바꾸어 로프를 사리고 말았다. 그는 로데오 대회에 나가 얼마간의 돈을 벌었고, 길들이지 않은 말을 타는 데 관한 다음과 같은 충고를 내게 해 주기도 했다.

"항상 말이 몸을 충분히 흔들 수 있게 해 주어야 해. 고삐를 바짝 당기지 말고 말의 가죽을 붙잡아도 안 돼. 안 타는 편이 더 좋고."

대부분의 다른 카우보이들이나 마찬가지로 레슬리는 몇 년을 그럭저럭 버텼다. 좌골신경통과 대상포진으로 고생을 했고, 나처럼 회전초에 대한 알레르기를 지니고 있었다. 그 역시 아들을 남기지 않고 이 세상을 떠났다.

카우보이와 인디언은 사라져 가고 있다. 죽어 없어지거나 또는 서서히 전혀 다른 존재로 변해 가고 있다. 진짜는 거의 사라져 버렸고, 그들의 기억은 곧 영영 잊혀지고 말 것이다. 아메리카 초기의 역사로 보면 적수였던 그들은 마침내 길동무가 되어 함께 서부 신화의 황혼 속으로 사라져 가고 있다.

이제 황혼이 지나가고 밤이 찾아왔다. 하늘이 차갑게 반짝이는 별들로 가득 차 있다. 그러고 보니 밸런스드 록 근처의 수리부엉이도 울기를 멈추었다. 아마 만족스러운 저녁거리를 찾았을 것이다. "친구, 잘 드시게."

모닥불도 완전히 꺼져 버렸다. 불을 다시 살리기에는 너무 늦었다. 불을 다시 피울 것인지 아니면 슬리핑 백을 펴고 그 안으로 들어갈 것인지 결정해야 한다. 쉬운 결정이 아니다. 공기는 조용하고 서늘하다. 나는 마침내 한낮의 열기가 사라진 것이 기쁘다. 내일—아니 모레일까?—은 7월 1일이다. 사막에서 보내는 시즌의 중간 지점에 이르른 것이다.

물

Desert Solitaire

"물만 좀 있으면 좋은 곳이겠군요." 한 관광객이 내게 말했다.

그는 오하이오주 클리블랜드에서 온 사람이다.

"이곳에 물이 있었다면 지금과 같은 곳이 아니었겠지요." 내가 대답했다. "축축하고 습기가 많고 그래서 양배추밭과 골프 코스로 뒤덮인 오하이오 같은 곳이 되었겠지요. 이 아름답고 황량한 사막 대신 뉴저지 같은 또 하나의 꽃이 만발한 가든 스테이트가 되었겠지요. 내 말뜻을 아시겠어요?"

"물이 좀 더 있다면 더 많은 사람들이 살 수 있겠지요."

"그렇지요. 하지만 그렇게 된다면 사람들이 붐비지 않는 곳을 보고 싶은 사람들은 어디로 가지요?"

"무슨 말인지 알겠습니다. 하지만 난 이곳에 살고 싶은 생각은 없어요. 너무 건조하고 황량해요. 사진을 찍기는 좋지만, 내가 여기서 살지 않아도 된다는 것이 천만다행입니다."

"저도 그것이 기쁩니다. 우리는 의견이 완전히 일치되었군요. 당신은 여기 살고 싶지 않고 나는 클리블랜드에 살고 싶지 않고. 우리 두 사람은 현재의 상태에 만족이군요. 그러니 현재의 상태를 바꿀 필요가 없지요."

"동감입니다."

우리는 악수를 했고 오하이오에서 온 관광객은 기쁜 마음으로 자리를 떴다. 각기 상대방에게 새로운 무엇인가를 가르쳐 주었다는 것을 기뻐하면서.

이곳의 공기는 너무 건조해서 아침에 면도를 하기 힘들 정도다. 얼굴에 바른 물과 비누가 면도칼을 갖다 대기 전에 말라 버리기 때문이다. 요즘은 건조한 이 지역이 가장 건조한 계절이다. 7월과 8월의 오후에 가끔 천둥번개를 동반한 소나기가 내리지만, 소나기가 지나가고 한 시간만 지나면 사막의 표면은 다시 바싹 말라 버린다.

비는 거의 내리지 않는다. 지리책에는 유타주 이 지역의 연간 강우량이 600~1,000밀리미터라고 쓰여 있지만 그것은 어디까지나 통계적 평균치일 뿐이다. 하여간 강우량이 매우 적은 것만은 분명하다. 사실 강우량과 강설량은 해에 따라 크게 차이가 나며 아치스 지역 내에서조차 곳에 따라 차이가 있다. 악마의 정원 위에는 구름이 떠 있는데 나의 원두막 위에는 햇볕이 쨍쨍 내리쬐고 있는 경우가 허다하다. 그리고 이 바위투성이인 지역에 비가 내리면 물은 빠른 속도로 절벽과 돔을 타고 내려와서 협곡을 따라 콜로라도강으로 흘러가 버린다.

어떤 때는 비가 내리는데도 사막을 적시지조차 못하는 경우도 있다. 떨어지는 물이 구름과 지표면 사이의 중간쯤에서 증발해 버리기 때문이다. 그럴 때는 밑의 생물들은 물이 부족해서 시들고 있는데, 푸른 비의 커튼이 하늘에 달랑 걸려 있는 것을 보게 된다. 그야말로 미치고 환장할 노릇이다. 잠시 후 구름은 흔적 없이 흩어지고 만다.

개울 바닥도 대개 말라 있다. 폭풍우가 지나간 다음에만 개울에 잠시 동안 물이 흐른다. 몇 분 동안, 길어야 두어 시간 동안 물이 흐른다. 샘에서 물이 공급되는 마르지 않는 개울은 극히 드물다. 이 지역에는 단 두 개의 그런 개울—솔트 크리크와 어니언 크리크(Onion Creek)—이 있을 뿐이다. 그런데 솔트 크리크는 소금기가 너무 많아 마실 수 없고, 어니언 크리크의 물에는 비소와 유황이 들어 있다.

마르지 않는 샘과 마찬가지로 물웅덩이도 드물지만 그래도 마르지 않는 개울보다는 많이 있다. 샘이나 물웅덩이는 협곡 깊숙이 있는 비밀스런 장소에 있어 사슴과 코요테, 잠자리 등만이 그 위치를 알고 있는 경우가 많다. 물은 천천히 솟아나와서 가는 실처럼 바위 밑이나 또는 모래 위를 흐른다. 그런 곳에는 바랭이, 골풀, 버드나무, 타마리스크가 자라는 작은 소택지가 형성된다. 물은 멀리 가지 못하고 공기 중으로 증발하거나 땅 속으로 스며들어 버린다. 물의 흐름이 협곡 아래쪽에서 두세 번 잠깐씩 표면으로 나타나기도 한다. 그러나 물줄기는 점점 약해져서 결국에는 완전히 사라져 버리고 만다.

또 다른 타입의 샘이 협곡의 암벽에서 발견되기도 한다. 물이 종잇장보다도 좁은 바위틈에서 새어 나와서 물꽈리아재비, 공작고사리, 담쟁이를 돋아나게 하여 공중에 매달린 작은 정원을 만든다. 이런 샘들에서는 워낙 물이 조금씩 새어 나오기 때문에 협곡 밑바닥까지는 이르지 못하고 도중에 목마른 식물들에게 흡수되어 생물의 조직으로 변하고 만다.

사람도 사막에서 오래 살다 보면 다른 동물들처럼 물의 냄새를 맡을 줄 알게 된다. 적어도 물과 관련된 것들의 냄새를 맡을 수 있게 된다. 예를 들면 미루나무의 특이하고 기분 좋은 냄새를 맡을 수 있게 된다. 미루나무는 협곡지대에서는 생명의 나무이다. 아득한 옛날에 화재로 인해 적갈색, 담황색, 적색으로 구워진 벌거벗은 바위투성이인 이 황야에서 이 고마운 나무의 싱그러운 반투명의 녹색(가을에는 밝은 황금색)만큼 눈에 즐겁고 가슴을 확 트이게 하는 장엄한 경관은 없다. 그것은 물을 의미하기 때문이다. 물뿐만 아니라 그늘을 의미하기도 한다. 이 지역에서는 햇볕을 피할 수 있는 곳이 때로는 물만큼이나 귀하다.

물을 의미한다는 말은 물이 표면에 있을 수도 있지만 없을 수도 있다는 뜻이다. 만약 당신이 목이 말라 죽을 지경이고 그래서 물을 찾으려고 한낮의 더위를 무릅쓰고 땅을 판다면, 그러느라고 흘리는 땀이 발견하여 마시는 물보다 더 많을지도 모른다. 그것은 밑지는 장사다. 차라리 밤이 오기를 기다리는 편이 나을지도 모른다. 밤이 되면 미루나무와 개울 바닥에 있는 다른 식물들이 낮에 빨아들인 물의 일부를 내놓는다. 어떤 경우에는 모래 표면에 물방울이 맺히기도 한다. 밤이 되어도 물이 나오지 않는다면 그때 땅을 파서 물을 찾을 수도 있다. 또는 협곡 위쪽으로 올라가 보는 편이 더 나을지도 모른다. 그러면 샘을 발견할 수도 있고 최소한 암벽에서 스며 나오는 물을 찾을 수 있을 것이다. 아무리 해도 물을 찾지 못할 수도 있다. 사막은 놀라움의 땅이다. 그 놀라움 가운데는 끔찍한 놀라움도 있다. 끔찍하다는 말은 두렵다는 말과 통한다.

그러므로 산책을 떠날 때는 물을 가지고 가야 한다. 1인당 하루에 1갤런(3.78리터) 이상의 물을 휴대해야 한다.

어떤 곳에는 맑은 물이 흐르는 개울이 있다. 예를 들면 턴보우 오두막 근처에 있는 솔트 크리크가 바로 그런 개울이다. 물은 겉보기에는 마실 수 있을 것처럼 맑은데 맛을 보면 소금물처럼 짜다.

목이 말라 죽을 지경인 당신은 아무리 짜더라도 그 물을 마시는 것이 물을 전혀 못 마시는 것보다는 나을 거라고 생각할지 모른다. 그런데 그렇지가 않다. 소량을 마시면 갈증이 가시지 않을 것이며 많이 마시면 당신의 신체는 지나친 소금기를 제거하기 위해 더 많은 물을 소비하게 된다. 이것은 결과적으로 몸 안의 수분의 상실을 가져와서 탈수증세를 가속화시킨다. 탈수증세는 처음에는 기운이 없고 나른함을 느끼게 하고 다음에는 땅에 쓰러지게 하며 결국에는 목숨을 앗아간다.

당신 자신이나 친구의 피 또한 물의 적절한 대용품이 될 수 없다. 피에도 염분이 너무 많기 때문이다. 오줌 또한 마찬가지다.

만약 승용차나 트럭이 고장이 났다면, 라디에이터에 든 물을 식수로 이용해야 한다. 화학약품이 첨가된 냉동액이 들어 있다면 물론 아무 소용이 없다. 라디에이터 안에도 물이 없고 바위 밑이나 모래 밑에서도 물을 발견할 수 없고 또 너무 지쳐서 더 움직일 수도 없다면, 그늘로 들어가서 도와줄 만한 사람이 당신을 발견하기를 기다리

물

는 수밖에 없다. 아무도 당신을 찾지 못하거든 모래 위에 유언을 쓰고, 바람이 당신의 마지막 유언과 서명을 동쪽의 콜로라도주 접경이나 남쪽의 모뉴먼트 밸리의 돌기둥으로 휩쓸어 가도록 하라. 언젠가 사람들이 당신의 앙상한 뼈를 보고 놀라는 날이 틀림없이 올 것이다.

심한 갈증을 때맞추어 끌 수만 있다면 큰 기쁨이다. 내가 그랜드 캐니언의 한 줄기인 하바수파이 캐니언으로 처음 하이킹을 갔을 때, 나는 물을 1리터밖에 갖고 가지 않았다. 8월의 그리 덥지 않은 날에 22km의 내리막길을 걷는 것이니까 그 정도의 물이면 충분할 거라고 생각했던 것이다. 협곡의 가장자리인 토포코바에서는 기온이 섭씨 35도로 견딜 만했다. 그러나 밑으로 3km 정도 내려갈 때마다 1도씩 올라갔다. 나는 물을 아껴 가며 먹다가 하마터면 심장마비를 일으킬 뻔했다. 그날 오후 늦게 완전히 기진맥진한 내가 협곡 바닥을 신기루처럼 흐르는 푸른 개울을 발견했을 때, 나는 점잖게 쉬면서 개울둑에서 물을 퍼마실 여유가 없었다. 꿈결에서처럼 나는 허리 깊이의 물로 걸어 들어가서 얼굴을 물에 처박고 쓰러졌다. 마치 스펀지처럼 나는 모든 구멍을 통해 습기를 빨아들이면서 물의 흐름에 실려 물 위로 가지를 드리우고 있는 버드나무 밑으로 갔다. 나는 물에 빠져 죽을지도 모른다는 두려움을 느끼지 않았다. 나는 그 물을 모두 마실 작정이었다.

니들스 지방의 미로와 같은 협곡 깊숙이 작은 샘 하나가 숨어 있다. 아주 작은 샘으로 물이 이끼 덩어리에서 한 번에 한 방울씩—1초에 한 방울씩—돌 위로 떨어진다. 6월의 어느 날 오후 나는 거기 한 시간 동안—두 시간 또는 세 시간이었는지도 모른다—웅크리고 앉아서 물통을 채웠다. 수 킬로미터 이내에 달리 물을 채울 곳이 없었다. 물방울이 떨어질 때마다 각다귀들이 그 물을 놓고 나와 싸움을 벌였다. 그놈들이 물통에 들어가는 것을 막기 위해 나는 손수건으로 물통 주둥이를 덮고 물을 받아야만 했다. 그러자 그놈들은 내 눈을 공격했다. 사람의 눈에 있는 물기에 이끌린 것이다. 지독한 작은 벌레들이다. 나는 그때 그 물보다 더 맛있는 물을 마셔 본 적이 없다.

역시 놀라운 다른 샘들이 있다. 모아브 동북쪽에 괴물과 귀신의 형상을 한 기기묘묘한 바위들이 있는 지역이 있다. 쥐라기 후기에 형성된 지형이다. 이곳에 어니언샘이라고 불리는 작은 물웅덩이가 있다. 근처에 야생 양파 몇 개가 자라고 있는데 더욱 놀라운 것은 제철이면 황금색 프린세스 플룸(princess plume)이 눈에 띈다는 것이다. 이것은 셀레늄이 있다는 증거인데 셀레늄은 우라늄이 있는 곳에서 흔히 발견되는 독성 물질이다. 샘에 가까이 다가가면 공중에서 유황 냄새가 나지만 뜨뜻하지도 차지도 않은 물 자체는 맑아서 마셔도 될 것처럼 보인다.

다른 사막의 물웅덩이와는 달리 어니언샘 부근에서는 동물의 흔적을 거의 발견할 수 없다. 짐승들도 이 물을 마시러 오지 않는 것이다. 그도 그럴 것이 어니언샘의 물에는 유황만 함유되어 있는 것이 아니라 어쩌면 셀레늄 그리고 비소까지 들어 있는지도 모르기 때문이다. 내가 거기 갔을 때, 나는 그 물을 살펴보고 냄새를 맡은 다음 그 속에 손을 담가 보았다. 그리고 잠시 후에 그 물을 조심스레 맛본 다음 뱉어 버렸다. 사막의 물을 조사하는 것 역시 나의 임무였기 때문이다. 후에 나는 내 물통에 있던 물로 입을 가셨다.

물

이 독이 든 물은 아주 맑다. 그러나 물에는 생명체가 없다. 벌레 한 마리 찾아볼 수 없는데 냄새만으로 충분치 않을 경우에는 이것이 좋은 경고가 된다. 처음 만나는 샘의 물을 마시기가 미심쩍으면 그 샘에 생명체가 있는가를 살펴보는 것이 좋다. 물이 조류(藻類)로 덮여 있고 벌레, 유충, 거미 등이 부근에서 발견되면 안심하고 물을 마셔도 된다. 설사병에 걸리는 것 이상의 탈은 나지 않을 것이다. 그러나 물이 유난히 맑고 순수해 보이면 조심해야 한다. 어니언샘이 바로 그런 경우다. 독에 강한 잡초 덩어리를 통해 나온 물은 진흙과 모래 바닥으로 떨어진 다음 사암 위를 흐르는 동안 그 독성 물질이 분해되어 무해한 물로 바뀌어 시내로 흐른다.

미국의 사막에는 이와 비슷한 샘이 많이 있다. 데스밸리(Death Valley)에 있는 배드워터 연못이 그 한 예다. 협곡지대에도 이런 위험한 샘이 몇 개 있다. 탐광자인 버넌 픽은 몇 년 전 샌라파엘스웰에서 우라늄을 찾다가 더티데빌강의 발원지에서 독이 있는 샘 하나를 발견했다. 당시 그는 물이 절실히 필요했다. 물을 마시지 않으면 죽을 지경이었다. 그는 마실 만한 물을 만들기 위해서 그의 물통으로 여과기 비슷한 것을 만들었다. 못으로 물통에 구멍을 여러 개 뚫은 다음 모닥불에서 나온 숯을 물통에 채우고 그것으로 물을 걸렀다. 그것이 그 물을 얼마나 정화했는지 그로서는 측정할 수단이 없었지만, 그는 그 물을 마셨다. 물을 마시고 병이 들긴 했지만 죽지는 않았다. 그는 아직도 살아서 그 이야기를 하고 있다.

갈증으로 죽어 가고 있을 때, 고슴도치선인장에서 물을 빼내서 마심으로써 목숨을 건질 수 있다는 얘기가 있다. 이것은 미심쩍은 얘기다. 나는 그런 실험을 해보았다는 사람을 만난 적이 없다. 고슴도 치선인장이 사람 키만큼 자라고 그 굵기도 맥주통만 한 소노란사막 에서는 그런 일이 가능할지도 모른다. 그러나 유타에 있는 고슴도 치선인장은 키가 30cm밖에 안 되며 낚싯바늘처럼 꼬부라진 가시가 잔뜩 돋아 있다. 이 고약한 식물에 가까이 다가가려면 가죽장갑과 큰 칼이 있어야 한다. 윗부분을 잘라내 보면 안에는 물은 없고 녹색 의 펄프만이 있을 뿐이다. 그 속을 다룰 수 있을 만한 크기로 잘라서 쥐어짜면 몇 방울의 쓴 액체를 컵에 받을 수 있을지 모른다. 그러나 그렇게 하자면 땀을 많이 흘리게 되어 얻는 것보다는 잃는 것이 더 많을 것이다.

7월과 8월이면 사막에는 뇌우가 내리곤 한다. 아침은 하늘에 구름 한 점 없는 맑은 날로 시작하지만 정오쯤에는 구름이 산맥 위에 나 타나기 시작한다. 그 구름들이 모여서 마침내 하늘의 대부분을 뒤덮 는다. 이어 번개가 번쩍하며 천둥소리가 들린다.

나의 관찰 지점인 커다란 사암에서 보면 태양은 여전히 강렬하게 빛나고 있고 공기는 건조한 열기로 가득 차 있다. 그러나 폭풍우 구 름은 계속 번져서 하늘 전체를 뒤덮는다. 그 구름이 가까이 오면 마 침내 전쟁이 벌어진다.

포화 같은 번개가 구름 사이에서 번쩍이고 천둥소리가 대기를 뒤 흔든다. 오존 냄새도 난다. 구름이 서로 번개를 교환하고 있더라도 비는 내리지 않는다. 그러나 이제 번개는 뷰트(butte, 꼭대기가 평평한 외딴 산)와 산봉우리들을 때리기 시작한다. 불이 밝혀진 신경줄 같은 번개가 하늘과 땅을 연결해 준다.

물

바람이 일어난다. 비를 피하려는 사람은 지금이 비 피할 곳을 찾을 시간이다. 한 줄기의 번개가 윌슨 메사를 때린다. 덤불을 불태우고 소나무를 찢어 놓는다. 북동쪽인 옐로캣 지역에는 벌써 비가 쏟아지고 있다. 비는 수직으로 내리지 않고 사막을 가로질러 가볍게 드리워진 구슬로 만든 커튼처럼 우아한 곡선을 그리며 내린다. 비가 내리는 곳과 산맥 사이에 무지개가 떠 있다. 그러나 내가 서 있는 곳은 폭풍이 이제 막 시작되고 있는 중이다.

내 머리 위로 구름이 모여들고 있고, 대부분의 하늘이 구름으로 덮여 있지만 서쪽에서는 아직도 햇빛이 비치고 있다. 머리 위의 구름이 더 두꺼워지더니 포탄이 대리석 계단에 떨어지는 소리 같은 요란한 폭음과 함께 구름이 쩍 갈라지고 구름의 배가 열린다. 이제 도망치기에는 너무 늦었다. 비가 마구 쏟아진다.

마치 양동이로 쏟아붓듯이 비가 쏟아진다. 작은 돌멩이 같은 물방울들이 바위에 부딪쳐 요란한 소리를 내고 향나무에서 열매를 떨어뜨리고, 내 셔츠를 등에 붙여 버리고, 우박처럼 내 모자를 두드리고는 챙으로 폭포수처럼 떨어진다.

산봉우리들, 아치들, 균형 잡힌 바위들, 코끼리 모양의 바위가 모두 물에 흥건히 젖어 있지만 여전히 햇빛을 받아 오래된 회색 은처럼 번쩍인다. 모든 것이 순간적으로 나타난 이상한 빛에 의해 변형된 것처럼 보인다.

5분 동안 천둥번개를 동반한 폭우가 쏟아지다가 별안간에 그쳐 버린다. 폭우가 소나기로 변하고 다시 뚝뚝 물이 떨어지는 정도로 변했다가 완전히 비가 그친다. 구름이 물러가고 신선한 황금색 빛이 나타난다. 이번에는 동쪽 탑 모양, 돔 모양의 바위들 위에 무지개가 나타난다. 한쪽 끝이 콜로라도강의 협곡에 있고, 다른 쪽 끝은 멀리 북쪽 솔트 워시에 꽂혀 있는 쌍무지개다. 무지개 너머 캐슬 밸리 위 하늘에는 아직 폭풍우 구름이 걸려 있고, 번갯불이 번쩍이고 있는 것을 볼 수 있다.

오후의 태양이 서산으로 기운다. 산맥과 검은 구름 위로 초승달 이 걸려 있다. 한 시간쯤 후에 해가 지면 사랑의 행성인 금성도 나타 나서 밝게 빛날 것이다. 사막의 폭풍우는 이제 지나갔고 삼색제비와 쏙독새가 순수하고, 향기롭고, 투명한 대기 속을 날며 꺼억꺼억 울 고 있다. 배고파서 우는 것인지, 무엇을 경고하는 소리인지, 혹은 기 뻐서 우는 것인지 구분하기 어렵다.

비록 폭풍우처럼 장엄하진 않지만 더욱 기묘한 것은 갑자기 밀어 닥치는 홍수다. 홍수는 비가 그친 후 별 예고도 없이 협곡과 언덕에 서 밀어닥친다. 어떤 때는 비가 그치고 한 시간 이상이 지난 후에 홍 수가 밀어닥치기도 한다.

언젠가 나는 물기라고는 전혀 찾아볼 수 없는 모래로 된 개울 바 닥 한가운데 서 있었다. 햇빛이 나와 파리, 개미와 도마뱀들 위로 쏟 아지고 있었고 머리 위의 하늘은 맑았다. 그런데 공중과 내 발 밑 땅 에서 이상한 진동이 느껴졌다. 화물열차가 비탈을 매우 빠른 속도로 내려오고 있는 것 같은 진동이었다. 얼굴을 든 나는 물의 벽이 모퉁 이를 돌아 나를 향해 달려오는 것을 보았다.

물의 벽이란 적절한 표현이 못 된다. 사막의 홍수는 물과 별로 닮 아 있지 않기 때문이다. 그것은 묽은 푸딩이나 걸쭉한 수프에 가깝다고 해야 할 것이다. 모래와 진흙이 섞여 있는 데다 잡초와 관목, 뿌리가 뽑힌 작은 나무가 함께 떠내려오기 때문이다.

한편으로는 놀랍고 한편으로는 기뻐서 나는 뜨거운 개울 바닥에 그대로 서서 그 괴물 같은 물결이 나를 향해 달려오는 것을 지켜보았다. 그 물결은 높이 30cm의 초승달 모양의 입술을 앞세우고 식식 소리를 내며 마치 거대한 아메바가 좋은 먹잇감의 발자국을 따라 가는 것처럼 오른쪽 왼쪽으로 방향을 돌리며 나를 향해 달려왔다. 토마토 수프나 피 같은 그 물결은 사람이 달리는 속도로 나를 향해 다가왔다. 나는 옆으로 비켜서서 그것이 지나가는 것을 지켜보았다.

두세 시간 후, 물은 잦아들었다. 군데군데 표사 웅덩이를 만들었을 뿐 흐르는 물은 찾아볼 수 없게 되었다. 머지않아 새로운 곤충의 떼들이 물에 휩쓸려간 놈들을 대신하게 될 것이다.

그렇다면 표사는 도대체 무엇일까? 우선 표사는 많은 사람들이 생각하듯이 인간과 동물을 바닥이 없는 구덩이로 끌어들이는 엄청난 힘을 가진 이상한 종류의 모래가 아니다. 물이 없으면 표사도 있을 수 없다. 영화 〈아라비아의 로렌스〉에서 볼 수 있는, 낙타를 탄 소년이 모래 속으로 빨려들어가는 장면은 새빨간 거짓말이다. 표사는 물과 모래의 혼합물이고, 물의 위로 향하는 힘이 모래 알갱이들의 마찰력을 중화시키는 것이다. 그런 힘이 크면 클수록 모래가 지탱할 수 있는 무게는 더욱 적어진다.

일반적으로 사람은 표사를 걸어서 건널 수 있다. 계속 움직인다면 빠지지 않는다. 그러나 움직임을 멈추면 이상한 일이 일어나기 시작한다. 젖은 모래처럼 단단해 보이는 표사의 표면이 발 밑에서 녹아 버리기 시작하는 것이다. 그때 표사에 빠진 사람은 자신이 젤리 비슷한 물질 속으로 서서히 가라앉는 것을 알게 된다. 한 발을 빼내면 다른 발이 더욱 깊이 박히고 만다. 그가 너무 오래 지체하거나 표사 밖의 딱딱한 그 무엇에 이를 수 없다면 그는 곧 표사 안에 갇혀 꼼짝 못하게 된다. 그가 어느 정도까지 가라앉느냐는 표사의 깊이와 유동성, 거기서 벗어나려는 노력의 여부 그리고 그의 체중과 표사의 부피와의 비율에 좌우된다. 누구든 특별히 재주가 좋지 않는 한 허리 이상 빠지기는 어렵다. 표사가 그를 밑으로 끌어내리지는 않는다. 하지만 그를 놓아주지도 않는다. 따라서 결론은 표사가 거기 갇힌 사람을 익사시키지는 않지만 그를 굶겨 죽일 수는 있다는 것이다. 최종 결과가 어떻든 간에 즉각적인 효과는 언제나 흥미롭다.

내 친구 뉴컴이 당한 일을 소개한다. 그는 한쪽 다리만 성했고 다른 한 다리에는 흔히 부목을 대고 있어서, 험한 지형에서 잘 걷지 못하고 자주 뒤로 처지곤 했다. 언젠가 우리는 글렌캐니언의 깊은 동굴 같은 좁은 골짜기를 탐험하고 있었다(댐이 생기기 전이었다). 골짜기는 뱀처럼 구불구불한 데다가 암벽이 너무 높고 가까이 솟아 있었기 때문에 하늘이 보이지 않았다. 골짜기 바닥은 울퉁불퉁하고, 축축하고, 모래로 덮여 있었으며 어떤 곳은 질척질척했다. 나는 곧 뉴컴이 보이지 않을 정도로 앞서고 말았다.

마침내 나는 협곡이 너무 좁고, 어둡고, 축축하고, 으스스해서 더 들어가고 싶지 않은 곳에 이르렀다. 발길을 돌린 나의 귀에 가끔씩 희미한 울부짖음 소리 같은 것이 들려왔다. 그것은 인간의 울부짖음이라기보다는 깊은 심연에서 들려오는 기괴한 소리 같았다. 내가 걸음을 빨리하자 그 외침이 사라졌다. 나는 그 소리에서 벗어난 것이 기뻤다. 그러나 잠시 후 그 소리가 또 들려왔다. 이번에는 더 크게 들렸다. 그 소리는 사방에서 들려오는 것 같았다. 나를 둘러싸고 있는 바위 자체에서 나오는 소리 같았다. 고양이 울음소리 같은 그 소리가 바위에 몇 번이고 반향해서 증폭되어 더 크게 들린 것이었다. 나는 무엇이 나를 쫓아오고 있나 해서 뒤를 돌아보았다. 암벽 사이로 스며든 희미한 푸른빛 속에 벌거벗은 협곡이 모습을 드러내고 있을 뿐이었다. 나는 반인반우(半人半牛)의 괴물 미노타우로스를 생각했다. 그리고 다음 순간 뉴컴을 생각하고 달리기 시작했다.

사정은 그리 나쁘지 않았다. 그는 무릎 약간 위까지 빠져 있었고 아주 천천히 가라앉고 있었다. 나를 보자마자 그는 울부짖음을 멈추고 그의 파이프에 다시 불을 붙였다. 도와주게, 그는 이 한마디를 조용히 말했을 뿐이었다.

"왜 그렇게 괴성을 지르고 야단인가?" 나는 그 이유를 알고 싶었다.

"미안하네. 하지만 이렇게 죽는 것은 아주 끔찍하다네." 그가 말했다.

"그 진흙탕에서 나오게." 내가 말했다.

"이건 단순한 진흙탕이 아닐세. 나는 지금 가라앉고 있다네." 그가 말했다.

사실 그는 가라앉고 있었다. 이제 그는 넓적다리까지 잠겨 있었다.

"책도 안 읽었나? 표사에 빠졌을 때는 누워야 한다는 것도 모르나?" 내가 말했다.

"왜지?" 그가 물었다.

"그래야 더 오래 버틸 수 있거든." 내가 설명했다.

"얼굴을 밑으로 하나, 위로 하나?" 그가 다시 물었다.

나는 말문이 막히고 말았다. 그 질문에 대한 대답이 생각나지 않았기 때문이다.

"여기서 기다리게. 내가 앨버커키에 가서 책을 가져올 테니까." 내가 말했다.

그는 잠시 아래를 내려다보았다. 여전히 가라앉으면서 그가 말했다. "제발 도와주게."

나는 표사에 빠지지 않도록 하면서 가능한 한 그에게 가까이 다가갔다. 그러나 우리의 뻗친 손이 서로 닿지를 않았다.

"앞으로 몸을 숙이게." 내가 말했다.

"숙이고 있네." 그가 말했다.

"더 숙여. 앞으로 쓰러지라구." 내가 말했다.

그는 그렇게 했고 마침내 내 손이 그에게 닿았다. 그가 내 팔목을 잡았고 나는 그의 팔목을 잡았다. 천천히 힘껏 끌어당긴 결과 그는 그곳에서 빠져나올 수 있었다. 표사는 꼬르륵 소리를 냈고 그를 놓아주기 싫은 것처럼 이상한 헐떡이는 듯한 소리를 냈다. 그러나 그가 빠져나오자 액체 상태의 모래가 그 자리를 금방 메워 버렸다. 그 표사는 내가 한 시간 전에 걸어서 건넌 표사였다.

표사는 말이나 소에게 더 큰 위협이 된다. 몸무게는 더 무거운데 발은 더 작기 때문이다. 네 발 달린 짐승들은 가능한 한 이 표사를 피한다. 그러나 가끔 물가에 가기 위해서, 또는 사람에게 쫓겨서 할 수 없이 표사를 건너기도 한다. 목동들은 표사에 빠진 가축 때문에

물

애를 먹기도 한다. 물론 자동차도 표사에 약하다. 사륜구동 지프차도 표사에 빠지면 맥을 못 춘다.

표사가 무서운 것은 분명하지만, 솔직히 말해서 나는 아직 기계건 동물이건 사람이건 간에 표사에 빠져 흔적도 없이 사라져 버린 경우가 있다는 말을 들은 적이 없다. 그러나 그런 일이 일어날 수도 있을 것이다. 지금 이 순간에도 누군가에게 그런 일이 일어나고 있는지 모른다. 나는 기회가 왔을 때 내 친구 뉴컴을 가지고 만족할 만한 실험을 해보지 못한 것을 가끔 후회하곤 한다. 그런 기회는 좀처럼 오지 않기 때문이다. 하지만 나에게는 당시 그가 필요했다. 그는 야영장의 솜씨 좋은 요리사였다.

폭풍우가 지나가고 홍수가 콜로라도강에 진흙을 부리고 개울 바닥이 전처럼 다시 말라 버린 다음에도 사막에서 빗물을 찾을 수 있는 곳이 있다. 매끄러운 바위로 덮인 지역에는 풍우와 모래의 침식 작용에 의해 부드러운 사암에 조각된 자연의 물통이나 욕조, 물탱크, 세숫대야 등이 있기 마련이다. 이런 것들이 비가 오는 동안 물을 가두어 두는 역할을 한다. 어떤 것에는 폭풍우가 지나가고 며칠 혹은 몇 주가 지난 후까지 물이 남아 있기도 한다. 물이 유지되는 기간은 구멍의 깊이와 거기 고인 물의 양 그리고 증발 속도에 좌우된다.

샘에서 멀리 떨어진 이 임시 물탱크들이 비둘기와 갈까마귀 같은 새들과 사슴과 코요테를 끌어들인다. 사람도 그런 웅덩이가 어디 있는지 알기만 하면 갈증을 달래고 빈 물통을 채울 수 있다. 그런 물웅덩이는 그랜드뷰 포인트 밑의 황량한 화이트 림이나 더블 아치 위의 코끼리 등 모양의 돔형 바위 꼭대기와 같은 아주 엉뚱한 장소에서 발견되기도 한다. 그랜드캐니언 토로윕에서 나는 야영지 위로 불쑥 튀어나온 30m 높이의 사암 절벽 꼭대기에 움푹 파인, 깊이가 한 길은 될 듯한 깊은 물탱크를 발견했다. 그 안에는 맑고 달콤한 물이 고여 있었다. 비가 내린 지 1주일이 지났지만 그 물탱크에는 내 갈증을 풀어 주기에 충분한 물이 아직 남아 있었다. 거기까지 올라가기가 쉽지 않았지만 노력의 대가를 충분히 받은 셈이었다. 베두인족은 아마 내 말뜻을 분명히 알고 있을 것이다.

바위에 빗물이 고인 이런 구멍에는 대개 식물은 없지만 동물들은 있기 마련이다. 으레 발견되는, 현미경으로나 볼 수 있을 정도의 작은 동물 외에 쟁기발개구리 같은 양서류가 보이기도 한다. 이 작은 동물은 비가 오지 않는 기간을 구멍 밑바닥의 말라붙은 퇴적물 밑에서 하면(夏眠, 여름잠) 상태로 보낸다. 비가 내리면 이놈은 미친 듯이 울어 대면서 진흙 밑에서 나와서 가장 가까이 있는 암컷과 짝짓기를 하여 물웅덩이를 올챙이로 가득 채운다. 올챙이들은 대부분 얼마 못 살고 죽어 버리지만, 그중 몇 마리는 살아남아서 개구리가 된다. 웅덩이가 마르면 그들은 그들의 부모가 그랬던 것처럼 퇴적물 속으로 파고 들어간다. 놈들은 굴을 파고 들어가서 점액질로 굴의 입구를 봉한다. 생명을 유지하는 데 필요한 습기가 빠져나가는 것을 막기 위해서다. 그 안에서 그들은 며칠 또는 몇 주일을 가사 상태로 기다린다. 이것은 나의 상상이지만 아마 빗방울이 머리 위 흙 표면에 떨어지는 소리가 나지 않나 귀를 기울이면서 기다리고 있을 것이다. 비가 제때에 내리면 영광스러운 사이클이 반복된다. 비가 때맞추어 내리지 않으면 이 개구리들은 결국 먼지로 변해서 바람에

날려가게 된다.

사막에 비가 내리고 웅덩이가 생기면 다른 양서류들도 등장한다. 저녁에 천둥과 번개가 치면서 약간의 비가 내린 후 밤에 연못에 나가 보면, 개구리들이 이 임시로 생긴 연못 가장자리에 붙어 있는 것을 볼 수 있다. 그들은 몸뚱이는 물에 담그고 머리만 내놓고 울고 있다. 이들은 공기주머니 개구리들이다. 한 번 울 때마다 턱밑의 주머니가 풍선처럼 부풀었다가 꺼진다.

그들은 왜 울까? 무슨 내용의 노래를 부르는 것일까? 그들은 서로 일정한 거리를 유지한 채 물 밖을 향하고 밤새도록 지칠 줄 모르고 울어 댄다. 우리의 귀에는 그들의 음악은 음울하고 슬프게 들린다. 유쾌한 축가라기보다는 만가 비슷하다. 하지만 이 작은 동물들은 연못에 대한 그들의 소유권을 주장하기 위해서, 짝을 유혹하기 위해서, 또 몇 주일 동안 계속된 사막의 불볕더위 후에 찾아온 이 시원함과 습기를 기념하기 위해서 삶의 축가를 부르고 있는 것인지도 모른다.

기쁨이 진화 과정에서 생존율을 높여 주는 가치를 갖는 것일까? 그렇다는 생각이 든다. 어리석고 겁 많은 동물은 쉽사리 멸종되고 마는 것 같다. 기쁨이 없는 곳에 용기도 있을 수 없다. 용기가 없으면 모든 다른 장점은 무용지물이 된다. 바로 이런 이유 때문에 개구리와 두꺼비들은 계속 노래를 불러 대고 있다. 그 시끄러운 소리가 뱀과 고양이, 여우와 코요테 그리고 수리부엉이를 끌어들이고 있는데도 말이다. 이런 천적들을 그들의 노랫소리가 끌어들인다는 사실을 우리는 알고 있지만 그들은 알고 있지 못할 것이다.

다음에는 어떻게 될까? 이 작은 양서류 가운데 몇 마리는 먹이사슬의 더 위쪽에 있는 동물의 신경과 조직이 되는 탈바꿈을 계속할 것이다. 이러한 과정에서 한 동물의 기쁨이 두 번째 동물의 만족이 된다. 그렇다고 크게 변하는 것은 없다. 나머지는 살아남아 짝짓기를 해서 자손을 퍼뜨리고, 땅굴을 파서 여름잠을 자고, 꿈을 꾸고, 다시 잠에서 깨어난다. 비가 와서 웅덩이가 다시 채워질 테니까. 이런 과정이 자꾸자꾸 반복될 것이다.

사막의 몇 안 되는 마르지 않는 웅덩이에서 사는 동물들은 더욱 안정된 삶을 누린다. 이런 웅덩이들은 넓고 황량한 협곡지대 이곳저곳에 숨겨져 있는 신비로운 샘들을 수원으로 삼고 있다. 이 샘들 가운데 생명체를 부양하지 못할 정도로 너무 뜨겁거나 염분이 많거나 독성이 강한 것은 극히 드물다. 대다수의 샘들에는 생명체들이 득시글거린다. 이런 샘 근처에는 덤불과 버드나무와 미루나무가 있고 녹색, 청색, 진홍색, 황금색의 잠자리들이 날아다니며 물 속에서는 작은 물고기 떼들이 노닐고 있다. 밤이 되면 사슴, 스라소니, 쿠거, 코요테, 여우, 토끼, 큰뿔양, 야생마, 야생 당나귀 같은 포유동물들이 찾아온다. 이들은 찾는 순서가 정해져 있어 휴전이 잘 지켜지고 있다. 그들은 물을 마시러 오는 것이지 죽이거나 죽임을 당하기 위해서 오는 것이 아니다.

사막의 물 이야기를 하면서 마지막으로 인간이 이 부문에 공헌한 것을 언급하지 않을 수 없다. 이것은 거대한 선인장이나 단단한 바위 위에서 자라는 향나무 그리고 나바호 협곡의 붉은 암벽이나 마찬가지로 미국 남서부의 전형적인 풍경의 하나로 자리를 잡았다. 나

물

는 인간이 판 우물과 풍차, 저장탱크로 이루어진 작은 오아시스를 말하고 있는 것이다. 앙상한 탑과 삐걱거리는 날개로 이루어진 풍차는 그 나름대로 미루나무 못지않게 아름답고 그 밑에 있는 수영을 할 정도로 큰, 뚜껑이 없는 물탱크는 인간과 짐승에게 커다란 기쁨을 준다. 그것은 사막의 샘 못지않은 찬양의 대상이다.

물, 물, 물… 사막은 물이 부족한 것이 아니고 아주 적당하게 있을 뿐이다. 물과 바위의 비율, 물과 모래의 비율이 적당하게 유지됨으로써 식물과 동물, 집과 마을, 도시의 간격이 충분하게 유지된다. 그럼으로써 건조한 사막이 미국의 다른 지역과 아주 다른 곳이 될 수 있다. 이곳에 도시를 세우려고 하지 않는 한 이곳은 물이 부족하지 않다. 그리고 이곳은 도시가 있어서는 안 될 곳이다.

물론 개발업자—정치가, 사업가, 은행가, 행정가, 엔지니어—의 생각은 다르다. 그들은 한결같이 물이 너무 부족하다고 불평한다. 특히 미국 남서부에 물이 부족하다고 그들은 떠들어 댄다. 그들은 컬럼비아강, 심지어 유콘강의 물을 풍성하게 끌어들이는 계획을 내놓곤 한다. 수로를 내서 강물을 유타주, 콜로라도주, 애리조나주, 뉴멕시코주로 끌어오겠다는 것이다. 왜?

무엇 때문에 그런 일을 해야 한단 말인가? "미래의 필요를 예견하고 남서부 지방의 지속적인 산업 발달과 인구 증가를 준비하기 위해서"라고 그들은 말한다. 그런 대답으로 우리는 예의 그 숫자놀음에서 하나만 알고 둘은 모르는 단세포적인 사고를 보게 된다. 그들은 성장을 위한 성장이 암적인 미친 짓이며 피닉스와 앨버커키의 인구가 배로 늘어난다고 해서 그 도시들이 더 살기 좋은 도시가 되지 않는다는 사실을 모르고 있다. 그들은 확장만을 추구하는 경제체제가 인간적인 모든 것에 역행한다는 사실을 도무지 이해하지 못한다.

이런 이야기는 이 정도에서 그치기로 하자. 이미 방향은 확정되었고 항의해 봤자 우리를 향해 밀려오고 있는 철의 빙하를 멈추게 할 수는 없을 것이다.

아무렇게 되든 그건 그리 중요한 일이 아니다. 결국에는 시간과 바람이 모든 도시와 폐허들을 모래언덕 밑에 묻어 버릴 것이고 그 위를 푸른 눈과 금발의 유목민들이 양과 말을 몰며 유랑하게 될 테니 말이다.

물

정오의 열기

Desert Solitaire

점심시간에 나는 공원 입구에 있는 초소를 나온다. 나는 그늘에서 나와 불볕 속을 빠른 걸음으로 걸어 트레일러로 간 다음 냉장고에서 주전자를 꺼내서 과일주스 1파인트(약 0.5리터)를 숨도 쉬지 않고 꿀꺽 마신다. 이 덥고 건조한 곳에서 살다 보면 목마름이 너무 심해서 내가 아무리 빨리 액체를 마셔도 갈증을 끌 수 없을 것처럼 느껴질 때가 가끔 있다.

7월. 창문은 모두 활짝 열려 있고 블라인드가 미풍에 덜거덕거리고 있지만 열기는 끔찍하다. 트레일러 안이 마치 아궁이 속과 같다. 살인적으로 건조한 열기가 바닥의 리놀륨을 뒤틀리게 하고 밖에 내놓은 빵을 30분 이내에 토스트처럼 만들며 내 서류에 양피지와 같은 잔금을 만든다.

나는 셔츠를 벗어서 의자에 건다. 땀에 흥건히 젖은 겨드랑이가 5

분 이내에 마를 것이고 옷의 솔기에는 서리처럼 하얀 소금이 맺힐 것이다. 서둘러 두 개의 샌드위치를 만든다. 상추, 아침에 먹다 남은 베이컨, 잘게 썬 햄, 땅콩버터, 살라미 소시지, 롱혼 치즈, 건포도, 무 등, 두 개의 빵조각 속에 들어갈 수 있는 것이면 무엇이나 집어넣는다. 그런 다음 차가워서 이슬이 맺힌 주스 주전자를 들고 서둘러 밖으로 나간다. 나는 햇볕의 폭풍 속에서 구워지고 있는 사암으로 이루어진 3만 3천 에이커의 테라스를 지나 비교적 시원한 원두막의 그늘 속으로 들어간다.

기둥에 걸린 온도계는 화씨 110도(섭씨 43도)를 가리키고 있지만, 미풍이 불고 습기가 거의 없는 그늘 속에서는 이런 온도도 견딜 만하며, 상쾌하기까지 하다. 나는 테이블 앞에 앉아서 부츠와 양말을 벗고 모래 속에 발가락을 묻는다. 이제 태양을 겁낼 것이 없다. 편안하다. 기쁨까지도 느껴진다. 순수하고 포근한 동물적 만족감이다. 나는 향나무 가지 차양 밑에 편안하게 자리 잡고 앉아서 햇볕에 달구어져 죽어 가고 있는 분홍색 세상을 바라본다.

그렇다, 7월이다. 멀리 보이는 산맥에도 눈이 거의 사라져 버렸다. 다만 북측 비스듬한 면의 산허리에만 군데군데 눈이 남아 있을 뿐이다. 그 좁아진 눈밭은 직선거리로 32km나 떨어져 있고, 내가 앉아 있는 곳보다 고도가 1,800~2,000m나 더 높지만 위안이 된다. 이곳의 더위가 더 견딜 수 없을 정도가 되면 1주일에 적어도 이틀 동안은 그 산맥의 피난처로 피신할 수 있을 것이라는 생각을 하며 위안을 받는다. 산맥은 사막의 바다에 떠 있는 섬이다. 피난처가 있다는 사실, 필요할 때 그것을 이용할 수 있다는 사실이 사막의 조용한 지옥을 더 잘 견딜 수 있게 해 준다. 사막이 도시를 받쳐 주듯이, 황야가 문명을 받쳐 주고 완성하듯이, 산맥은 사막을 받쳐 준다.

평생 아스팔트와 송전선의 경계를 벗어나 보지 못한 사람도 황야를 지키고 사랑하는 사람이 될 수 있다. 우리는 황야에 발을 들여놓든 들여놓지 않든 간에 황야를 필요로 한다. 우리는 그곳에 갈 필요를 느끼지 않더라도 피난처를 필요로 한다. 예를 들면 나는 평생 알래스카에 가 보지 못할 수도 있지만 그곳이 거기 있다는 사실을 고맙게 생각한다. 우리가 희망을 필요로 하는 것처럼 도피의 가능성도 우리에게 필요한 것이다. 그런 가능성이 없다면 도시 생활은 모든 사람을 범죄자나 마약 상용자, 또는 정신병자로 만들어 버릴 것이다.

황야가 정치적 이유로도 보존되어야 한다는 색다른 주장도 있다. 언젠가 우리는 지나친 산업화에서 도피하기 위해서 황야를 필요로 할 뿐만 아니라 권위적인 정부, 정치적 압제로부터 벗어나는 피난처로도 황야가 필요할 것이라는 주장이다. 그랜드캐니언, 빅벤드, 옐로스톤이 폭정에 항거하는 게릴라전의 기지로 이용될 수도 있다는 것이다. 인간과 제도를 전체주의적으로 조직하는 세계적 추세를 감안할 때 이런 주장이 전혀 근거 없는 것은 아닐지도 모른다.

지금 이 시점에서는 이런 주장이 지나친 것으로 보일지 모른다. 그러나 역사는 개인의 자유가 귀중한 것이지만, 그것이 보장되는 경우가 흔치 않다는 것을 보여 주고 있다. 사회는 흔히 절대 권력을 만들어 내고 외부로부터의 공격이나 내부로부터의 붕괴로 그런 사회적 장치가 파괴되고 자유와 개혁이 다시 가능해지지 않는 한 그런 족쇄는 풀리지 않는다. 기술은 현대의 독재자들에게 옛날의 독재자들이 이용할 수 있었던 것보다 훨씬 더 효율적인 도구를 제공함으로써 절대 권력의 대두 가능성을 더욱 높여 준다. 가장 극심한 폭정이 유럽의 가장 과학이 발달되고 가장 산업화된 나라에서 등장했던 것은 결코 우연이 아니다. 우리 미국이 현대 독일처럼 인구가 조밀해지고 지나치게 개발되고 기술적으로 통일되도록 우리가 허용한다면, 우리도 비슷한 운명을 맞게 될지 모른다.

한편 중앙집권화된 지배에 저항하는 기지로서의 황야의 가치는 최근의 역사에 의해 입증되고 있다. 예를 들면 부다페스트나 산토도밍고의 민중 봉기는 쉽사리 신속하게 진압되었다. 도시화된 환경이 기술적 장비를 갖춘 권력에게 이점을 주기 때문이다. 그러나 쿠바, 알제리, 베트남에서는 산지나 사막, 정글의 오지에서 띄엄띄엄 흩어져 사는 주민들의 적극적 또는 암묵적 지원을 받는 혁명세력들이 20세기 군국주의의 끔찍한 무기들을 갖춘 정부군과 싸워 이기거나 최소한 무승부를 거둘 수 있었다. 농촌 지역의 반란은 촌락과 시골 지역을 폭격해서 완전히 불태워 버려야만 진압될 수 있다. 그렇게 되면 대다수의 인구가 도시로 피신할 수밖에 없다. 도시에서 그들은 경찰의 감시를 받게 되고 때로는 기아에 시달려 굴복하게 된다. 이렇게 볼 때 문명의 상징이며 중심인 도시는 또한 강제수용소의 기능도 할 수 있다. 이것은 정치학이 최근에 이룩한 중요한 발견 가운데 하나이다.

그렇다면 이런 이론이 북아메리카의 초강대국 미국에 어떻게 적용될 수 있을까? 우리가 미국 국민들을 억누르는 독재정권을 수립하려 계획한다고 가정하면 다음과 같은 준비가 필수적일 것이다.

1. 인구를 대도시 지역에 밀집시킨다. 그래야 그들을 철저하게 감시할 수 있고 소요 사태가 일어날 경우 폭격과 방화와 가스 공격, 기관총 난사로 불순분자들을 없앨 수 있기 때문이다. 이렇게 하면 비용과 인력 소모를 최소화할 수 있다.

2. 농업을 최대한 기계화하여 흩어진 농장 및 목장 인구를 도시로 이주시킨다. 이런 정책이 바람직한 것은 농부와 임업 종사자, 카우보이, 인디언, 어부 그리고 기타 자급자족할 수 있는 주민들은 자연 환경으로부터 격리시키지 않는 한 제어하기 어렵기 때문이다.

3. 경찰과 정규 군사 조직만이 총기를 소지할 수 있도록 총기 소유를 제한한다.

4. 인구 증가를 부추기거나 최소한 억제하지 않는다. 밀집되어 사는 사람들이 흩어져 사는 개인보다 지배하기가 쉽기 때문이다.

5. 징병제를 계속 실시한다. 정부의 권위에 기꺼이 복종하는 태도를 젊은이들에게 심어 주는 데 군사훈련만 한 것이 없기 때문이다.

6. 외국과 전쟁을 일으킴으로써 사회 내부의 심각한 갈등으로부터 주의를 다른 곳으로 돌리게 한다. 이 전쟁을 지원하느냐 않느냐로 충성심을 측정하는 척도로 삼는다. 이런 방법으로 새 질서에 대한 잠재적 반대 세력을 골라내서 격리시킨다.

7. 그물처럼 짜여진 통신망과 항공노선, 고속도로망으로 전국을 뒤덮는다.

8. 황야를 없애 버린다. 강을 댐으로 막고 협곡에 물을 대며 습지의 물을 빼고 숲을 벌채하며 언덕을 폭파시키고 산을 불도저로 밀어 내며 사막에 관개를 하고 국립공원들을 주차장으로 바꾼다.

터무니없는 공상이요 호소력 약한 항의로 들릴지 모르지만, 이것은 모두 반세기 전에 냉정하고 명석한 한 시인이 도로가 끝나는 캘리포니아의 해변에서 예견했던 것들이다.

태양이 맹렬하게 열기를 내뿜는다. 빛 속에 익사할 지경이다. 4월과 5월에 붉은 모래언덕을 수놓았던 꽃들은 이제 모두 시들어 버렸다. 고개를 숙이고 있는 몇 그루 해바라기 외에는 모두 씨앗으로 변해 버리고 말았다. 절벽장미도 시들었고, 유카도 꽃을 활짝 피웠다가 시들어 말라 버렸다. 씨앗을 담은 꼬투리도 터지고 빈 껍데기만 매달려 있을 뿐이다. 모든 것을 말려 버리는 5월의 바람이 푸르렀던 모든 것을 태워 황색과 적갈색으로 바꿔 버렸다. 그러나 여름의 뇌우는 아직 시작되지 않았다. 그것이 닥치면(곧 닥칠 것이다) 대지는 다시 초록색으로 되살아날 것이다. 몽고의 스텝지대에서 들어온 외래종 식물인, 즙이 많고 따끔거리고 알레르기를 일으키는 회전초가 돋아날 테니까 말이다.

살아 있는 것들의 대다수는 한낮의 이글거리는 열기 앞에서 후퇴해 버린다. 뱀이나 도마뱀도 정오의 태양에 10분 이상 노출되면 죽는다. 내부에 냉각장치가 없는 파충류는 이 극단적인 온도를 무슨 수를 써서라도 피해야 한다. 지표면의 온도가 몇십 센티미터 위의 대기 온도보다 훨씬 더 높은 사막에서는 특히 그렇다. 그래서 뱀들은 그늘을 찾는다. 그늘에서 기다리다가 해가 지면 나와서 저녁거리를 사냥한다. 곤충을 잡아먹는 도마뱀은 피난처에서 다른 피난처로 쏜살같이 이동한다. 땡볕에 몇 초 이상 나와 있는 법이 없다.

나와 마찬가지로 그들도 가능한 한 그늘에서 시간을 보낸다. 설치류는 몸의 습기와 에너지를 보존하기 위해서 낮 동안에는 굴 속에서 나오지 않는다. 전갈과 거미도 땅 속으로 들어가서 낮 동안엔 나오지 않는다. 사슴, 영양, 큰뿔양, 스라소니, 여우, 코요테들도 모두 선반 모양의 바위나 오크나무, 피니언소나무, 향나무 그늘에서 해가 질 때까지 머문다.

붉은 개미들조차도 정오에는 그들의 둥지 안에서 나오지 않는다. 물론 막대기로 둥지를 쑤시면 나와서 대항한다. 당연히 나는 이런 장난을 해보았다.

꽃들도 꽃잎을 오므리고 나뭇잎도 안으로 오그라든다. 모든 것이 움츠러들고 오그라들고 시든다. 어디선가 죽어 가는 오래된 미루나무의 말라 버린 가지가 둥치에서 떨어져 나간다. 나뭇가지 찢어지는 소리가 마치 여인의 비명처럼 들린다.

새들도 움직임이 없고 소리도 내지 않는다. 가끔 멀리서 들려오는 비둘기의 구성진 울음소리가 들린다. 하긴 비둘기 울음소리는 언제나 멀리서 들려오는 것 같다. 몇 마리의 사막참새가 한 나무에서 다음 나무로 날아가더니 그 나무에 머문다. 그들은 다시 나타나지 않는다. 갈까마귀와 까치도 그늘 속에서 머물고 있다. 갈까마귀는 벼랑 끝 바위 그늘에서, 까치는 나무에서 더위를 피하고 있다. 물론 부엉이와 쏙독새도 낮에는 구멍이나 바위틈에서 시간을 보낸다.

원래 곤충은 사막에서 찾아보기 힘들지만, 특히 더위가 기승을 부리는 한낮이면 곤충을 보거나 그 소리를 듣는 것은 거의 불가능하다. 하지만 가끔 가장 뜨거운 대낮 조용한 시간에 귀뚜라미나 메뚜

기가 틱틱 튀는 소리가 들려와 묘한 느낌을 주기도 한다.

모든 것이 정지되는 이런 시간에는 말, 양, 염소, 소 같은 가축들까지도 나대지 않고 그늘에서 조용히 쉬어야 된다는 것을 알고 있다. 깃털이 없는 짐승들 가운데 오직 사람만이 스스로 시간의 노예가 되어 열기를 부정하며 자기 업무를 계속하려고 한다. 자기 스스로 광증의 순교자가 되어 조용히 고통을 견디는 것이다.

야생동물 가운데는 매와 갈까마귀, 독수리들만이 사막의 가장 더운 날, 가장 더운 시간에도 활동을 계속하는 것 같다. 나는 이 새들이 정오에 검은 날개를 쭉 편 채 하늘을 선회하고 있는 것을 많이 보아 왔다. 아마 그 높은 하늘에는 열기가 이 지상 같지는 않은 모양이다.

열기가 기승을 부리는 한낮에 그들은 하늘 한가운데서 무엇을 하고 있는 것일까? 나는 몇 시간 동안 그들을 맨눈이나 쌍안경으로 관찰하곤 하지만 매나 독수리가 그 시간에 밑으로 내려와서 먹이를 공격하는 것을 본 적이 없다. 이것은 이상할 게 없는 것이 이 시간에 나와 다니는 먹잇감이란 별로 없기 때문이다. 말똥가리도 점심거리를 잡기 위한 하강을 하지 않는다. 매는 가장 자주 눈에 띄지만 금방 시야에서 사라져 버린다. 공중의 기류를 타고 날갯짓을 하지 않은 채 날아서 사라지는 것이다. 황금색 독수리는 자주 눈에 띄지는 않지만 매보다는 더 오래 시야에 머물러 있다. 겹치는 원을 그리며 선회하면서 지평선 너머로 사라지기 때문이다.

활공비행의 대가인 말똥가리가 가장 흔하게, 그리고 가장 자주 눈에 띈다. 이놈은 가장자리에 흰 테가 있는 길고 검은 날개를 미동도 하지 않은 채 몇 시간씩 하늘에 떠 있다. 먼 거리에서도 날개의 기울어진 각도를 보면 그것이 말똥가리임을 알 수 있다. 어디를 가건 무슨 일을 하건 좀처럼 서두르는 법이 없는, 거만하고 사려 깊은 새인 말똥가리는 깃털 하나 움직이지 않고도 하늘을 잘도 날아다닌다. 놈은 점점 크게 나선을 그리며 활공을 하며 300m 상공에 머물고 있다. 그러면서도 놈의 날카로운 눈은 밑에서 일어나는 움직임을 하나도 놓치지 않는다. 그렇게 날면서 깊이 잠들어 있는지도 모를 일이다. 잠을 자면서 날개가 있었으면 하고 꿈꾸던 전생의 일을 꿈꾸고 있는지도 모른다. 역시 날갯짓 한 번 하지 않고 말똥가리는 점점 더 큰 원을 그리면서 점점 더 높이 올라가서 마침내 V자 모양의 새까만 날개밖에 보이지 않게 된다.

정오경부터 사막의 모래와 바위로부터 열기가 위로 솟아오르기 시작한다. 위로 올라가는 상승기류가 그늘 속의 나의 성역과 땡볕으로 타고 있는 바깥 사이에 쳐진 투명하고 얇은 장막처럼 하늘거린다. 이 하늘거리는 기류를 통해 보면 모든 물체가 약간 제자리에서 벗어나거나 뒤틀려 있는 것처럼 보인다. 막대기를 물에 담그면 굽어 보이는 것처럼.

거대한 밸런스드 록이 그 받침에서 10cm쯤 떠올라 있는 것처럼 보인다. 뜨겁게 가열된 공기층이 바위를 떠받치고 있는 듯하다. 윈도스 구역에 있는 뷰트, 산봉우리, 기암들도 구부려져서 흔들리고 있다. 마치 그림이 그려진 배경의 장막이 바람에 흔들리고 있는 것 같다. 시에라 라살의 준봉들—나스산, 토마스키산, 필산, 투쿠니키바츠산 등—은 녹아서 서로 뒤엉겨 붙은 것처럼 보인다.

가까이에서는 피니언소나무와 향나무 등 키 작은 나무들이 물 속의 말무리처럼 흔들리고 있다. 그러나 그들은 그 윤곽이 하나도 일그러지지 않았다. 신기루라고 하는 환상은 보기 어렵고 다만 아무 것도 움직이고 있지 않는데 움직이고 있는 듯한 착시 현상이 가열된 공기로 인해 일어날 뿐이다. 협곡지대와 메사지대인 고도가 높은 사막에서는 진짜 신기루를 볼 가능성은 희박하다. 그런 장관을 보려면 애리조나, 네바다, 남캘리포니아, 소노라 등의 지역으로 가야 한다. 그곳에서는 평행으로 달리는 산맥 사이에 있는 말라 버린 호수 바닥이 더운 공기로 채워지고 이 공기면에 하늘과 산맥들이 거울에 반사되듯이 반사되어 푸른 물과 거기 거꾸로 비친 산맥의 환상을 만들어내고 물 위를 걷고 있는 사람과 동물의 이상한 모양을 보여주기도 한다.

사막에서는 공기가 습기란 습기는 모조리 빨아들이는 탈수 현상이 일어난다. 나는 내 머리 부근에 매달려 있는 돛천으로 된 물주머니의 물을 한 모금 마신다. 증발 현상으로 물이 시원하게 냉각되어 있다. 정오 무렵의 사막은 마약과도 같다. 햇빛은 사이키델릭 불빛처럼 환각적이고 전기를 띤 건조한 공기는 마취제와 같다. 나에게 사막은 자극제이며 흥분제이다. 나는 낮잠을 자거나 은밀한 백일몽에 빠지고 싶은 유혹을 느끼지 않는다. 오히려 그 반대의 효과가 나타난다. 시각과 촉각, 청각과 미각, 후각이 더 예민해진다. 돌 하나하나, 식물 한 그루 한 그루가 더욱 또렷하게 그 존재를 드러낸다. 오로지 햇빛만이 그들을 한데 감싸고 있다. 정오는 사막이 그 존재를 적나라하게 드러내는 중요한 시간이다.

향나무가 반쯤 죽은 듯이 외로이 서 있다. 구름 한 점이 북동쪽 하늘에 떠서 움직이지 않고 있다. 적어도 한 시간 동안은 모든 생명이 정지되어 있다. 이 망각의 장소에서 향나무와 나만이 시간의 언저리에서 기다리고 있는 듯하다. 나는 자유롭다. 그러나 삶과 투쟁, 사고와 사상, 희망과 절망이라는 인간의 미로를 담고 있는 세상을 생각하지 않을 수 없다.

나는 눈을 반쯤 감고 (그러지 않으면 햇빛이 너무 강하다) 나무와 외로이 뜬 구름 그리고 바위에 대해 생각해 본다. 그리고 진리를 보여 달라고 내 나름대로 기도를 올린다. 태양으로부터 오는 신호에 귀를 기울이지만, 그 멀리서 들려오는 음악은 인간의 귀가 듣기에는 너무 높고 순수하다. 나는 나무를 응시하지만 아무런 대답도 받지 못한다. 나는 맨발을 테이블 밑의 모래와 바위에 문지르면서 그 딱딱함과 저항력으로부터 위안을 받는다. 이어 나는 구름을 올려다본다.

도망친 말

Desert Solitaire

솔트 크리크에 도착한 우리는 말들에게 물을 먹이려고 쉬었다. 나도 물을 마시고 싶었지만 이곳의 물은 사람이 먹을 수 있는 물이 아니다. 협곡 위쪽에 있는 시가렛(Cigarette, 담배)샘에 가면 좋은 물이 있다.

매키가 담배를 피우고 있는 동안 나는 모자챙 밑으로 주위의 경치를 바라보았다. 햇빛이 너무 강렬했으므로 나는 눈의 피로를 덜기 위해 시선을 밑으로 향했다. 내 시선은 물을 마시고 있는 내 말의 갈기와 귀를 지나서 그 밑에 있는 것들에게로 향했다. 맑고 얕은 시내가 흐르고 있었고, 소금기로 덮인 진흙에는 돼지털처럼 뻣뻣한 녹색의 풀들이 돋아나 있었다. 소들이 낸 발자국과 배설물 위에는 어디서나 그렇듯 쇠파리들과 각다귀들이 날고 있었다.

좀 이상하게 생각되는 어떤 것이 내 눈에 들어왔다. 편자를 박지 않은 말의 발자국이 소들의 발자국을 가로지르고 있었다. 말이 물가로 왔다가 간 자국이었다. 그 말은 가장 가까운 쪽 협곡으로 들어가는 보일 듯 말 듯한 작은 오솔길을 따라 이곳에 왔던 것 같다. 오솔길은 덤불과 선인장을 우회하기도 하고 구불구불 흐르는 시내를 지름길로 연결하기도 했다.

나는 한동안 이 발자국에 대해 곰곰이 생각해 본 끝에 이 지방에 대해 나보다 훨씬 더 잘 알고 있는 매키에게 그 발자국 얘기를 했다. 그는 이 지방 토박이인 모아브 사람으로 임시로 비비아노 자케스의 일을 대신하고 있었다. 비비아노는 또 로이 스코비 노인과 싸우고는 며칠째 나타나지 않고 있다.

"저 협곡에 말 한 마리가 살고 있나요?" 내가 말했다. "야생마 말예요. 발자국이 프라이팬만 한 걸 보니 큰 놈인 것 같은데요."

매키가 천천히 고개를 돌리더니 내가 가리키는 곳을 보았다. "또 잘못 짚었어요." 잠시 생각하고 나서 그가 말했다.

"또 잘못 짚었다니 무슨 뜻이죠? 말이 아니라면 유니콘인가요? 켄타우로스인가요? 편자를 박지 않은 저 발자국을 보세요. 저 많은 발자국으로 보아 그놈은 오래 전부터 여기 살고 있는 게 분명해요. 여기 말을 방목하는 사람이 있나요?" 우리는 가장 가까운 목장으로부터 30km 이상 떨어져 있었다.

"그런 사람은 없소." 매키가 말했다.

"그러면 저게 말이라는 데는 동의하겠죠?"

"물론 그건 말이오."

"물론 말이지요. 고맙습니다. 그런데 편자가 박혀 있지 않고 이런 황무지에서 살고 있으니 야생마가 분명해요."

"미안하지만 또 잘못 짚었어요." 매키가 말했다.

"그럼 도대체 그놈이 뭐란 말입니까?"

"늙은 문아이(Moon-Eye)는 독립해서 사는 말이라고 할까. 누구의 소유도 아니지요. 하지만 야생마는 아니오. 그놈은 거세되었고, 가죽에는 로이 스코비의 낙인이 찍혀 있어요."

나는 말의 발자국이 사라진 협곡을 올려다보았다. "그럼 이 문아이라는 말이 혼자서 여기 산단 말이에요?"

"그렇소. 그놈은 저 협곡에서 10년 동안 살아오고 있지요."

"그놈을 본 적이 있습니까?"

"아뇨. 문아이는 수줍음을 심하게 타거든요. 하지만 그놈에 대한 이야기는 들었지요."

우리가 타고 온 말들이 물에서 고개를 들고 우리를 태운 상태로 불안한 움직임을 보였다. 어서 이곳을 떠나고 싶어하는 것 같았다. 매키가 자기가 탄 말을 시냇물을 따라 나 있는 오솔길로 몰고 올라갔고, 나도 생각에 잠긴 채 그 뒤를 따랐다.

"그 말을 갖고 싶어요." 내가 말했다.

"왜죠?"

"모르겠어요."

"가질 수 있어요."

우리는 협곡을 꾸준히 올라갔다. 가끔 물속을 첨벙거리며 지나기도 했고, 붉은색의 높은 암벽 밑을 지나기도 했는데, 그 암벽에는 독담쟁이와 패닉그래스(panicgrass, 수수 모양의 풀)가 매달려 자라 공중정원을 이루고 있고, 암벽 위로 간간이 하늘이 모습을 드러내곤 했다. 오솔길이 넓어지자 나는 내 말의 속도를 높여 매키의 말과 나란히 가게 한 후 귀찮아 하는 그를 달래서 독립생활을 하는 말의 내력을 들을 수 있었다.

우선 문아이는 질병에 시달리고 있었다. 그에게는 몇 가지 병이 있었는데, 문아이라는 그의 이름도 월맹증이라고 불리는 눈의 염증에서 비롯된 것이었다. 월맹증 증세는 주기적으로 나타났고 그럴 때면 그는 성질이 고약해졌다. 게다가 목장을 찾는 관광객들에 의해 버릇이 잘못 들여져 있었다. 문아이는 소몰이용 말로는 기능이 떨어졌기 때문에 로이 노인은 여러 해 전부터 이 말을 관광객용으로 사용해 왔다. 문아이는 안전해 보였고 얌전하게 굴었다. 그러나 그의 속마음이 편안했던 것은 아니었다. 어느 날 아치스 지역의 관광투어를 하던 중에 그의 감정이 폭발하고 말았다. 분노가 폭발한 문아이는 자기 등에 타고 있던 솔트레이크시티에서 온 중년 부인을 흔들어서 떨어뜨려 버렸다. 관광가이드를 하던 비비아노가 화가 나서 말을 심하게 때렸다. 그러자 문아이는 고삐를 풀고 안장을 얹은 채 협곡으로 도망쳐 버렸다. 그 말은 그날 밤 돌아오지 않았고, 이튿날도 돌아오지 않았으며, 이후에도 영영 돌아오지 않았다. 로이와 비비아노가 이틀 동안 말을 추적했다. 말을 되찾고 싶어서가 아니라 로이가 안장을 되찾고자 했기 때문이었다. 그들은 마침내 뱃대끈이 끊어진 채 나무 그루터기에 걸려 있는 안장을 발견했고 더 이상 말을 추적하지 않았다. 굴레는 영영 발견되지 않았다. 그 후에 마을의 몇몇 소년들이 말을 잡으려고 나섰고, 그들은 솔트 크리크 협곡에 말을 가두는 데 성공할 뻔했지만 문아이는 45도 경사의 매끄러운 암벽을 넘어 도망치고 말았다. 그 후로 문아이는 사람의 눈에 띄는 일이 별로 없었다. 그는 막다른 협곡에 얼씬도 하지 않았고 물을 마시고 싶을 때만 개울가로 내려왔다. 이것이 문아이의 내력이었다.

우리는 정오에 샘에 도착해 말에서 내렸다. 그리고 말의 안장을 내리고 말들로 하여금 미루나무 근처에 있는 뻣뻣한 갈색 풀을 뜯어먹게 했다. 우리는 샘물을 손으로 떠서 마신 다음 시원한 그늘의 통나무에 기대 앉아 점심을 먹었다. 매키는 담배에 불을 붙였고, 나는 말들의 등 너머로 뜨겁게 달아오른 붉은 암벽 아래 초록색 버드나무와 미루나무들을 건너다 보았다. 암벽 위로는 구름 한 점 없는 푸른 하늘이 보였다. 사방은 조용해서 시냇가에서 파리들이 붕붕거리는 소리, 마른 미루나무 잎새가 버석거리는 소리, 협곡 굴뚝새 한 마리가 지저귀는 소리가 똑똑하게 들렸다. 말들이 마른 나뭇잎들 사이를 천천히 걸으며 그들의 강한 턱으로 풀을 뜯어먹는 기분 좋은 소리도 들렸다. 협곡은 열기와 정적에 싸여 있었다.

"이봐요, 매키." 내가 말했다. "그 말이 저 안에서 무얼 하고 있다고 생각해요?"

"무슨 말?"

"문아이 말이에요. 그가 저 마른 협곡에서 10년 전부터 살고 있다고 말했잖아요?"

"맞아요."

"그놈은 저 안에서 무얼 하고 있을까요?"

"웃기는 질문이오."

"맞아요. 웃기는 질문이지요. 그 질문에 대답해 봐요."

"그걸 내가 어떻게 알겠소? 그놈이 무얼 하든 그게 무슨 상관이오?"

"질문에 대답해 보라니까요."

"먹고 자겠지요. 하루에 한 번 물을 마시러 시내로 내려오고. 그리
고 다시 돌아가고 또 먹고 또 자겠지요."

"말은 모여 사는 짐승이지요." 내가 말했다. "소나 사람처럼 모여 사
는 동물이라고요. 말이 혼자 산다는 것은 자연스런 일이 아니에요."

"문아이는 보통 말이 아니에요."

"초자연적인 말인가요?"

"그놈은 미쳤어요. 내가 알 게 뭐요? 그 말에게 가서 물어보시오."

"좋아요. 그러지요."

"오늘 그러지는 마시오." 매키가 말했다. "이제 말을 타고 이곳을
빠져나갑시다."

우리는 꽤 오래 쉬고 난 참이었다. 매키가 담배꽁초를 집어던졌
고, 나는 물통에 물을 더 채웠다. 우리는 다시 말에 올랐고 협곡의 꼭
대기까지 올라갔다. 그곳에는 12m 높이의 불쑥 튀어나온 바위가 앞
길을 막고 있었다. 우리는 돌아서서 올라왔던 길을 되짚어 내려가며
관목 덤불과 타마리스크 숲에서 소들을 몰아냈다. 우리가 협곡 어
귀에 이르렀을 때는 20마리의 소들이 우리 앞에서 먼지를 일으키며
걷고 있었다. 그놈들 가운데 반수는 사람이나 말을 처음 본, 머리가
하얀 송아지들이었다. 우리는 소들을 임시 우리에 몰아넣고 우리 문
을 잠궜다. 내일 송아지들은 낙인을 찍고, 거세를 하고, 귀표를 달고,
뿔을 자르고, 탄저병 예방접종을 한 다음, 모든 소들을 여름 동안 방

목할 산지(山地)로 싣고 갈 것이다. 하지만 그 일은 매키와 로이가 할 일이지 내가 할 일은 아니었다. 내일 나는 다시 공원 입구에서 파수를 보면서 향나무를 지켜보고 하늘의 구름 모양을 관찰하게 될 것이다.

우리가 목장으로 돌아가려고 말들을 트럭에 실었을 때, 내가 매키에게 이런 일을 좋아하느냐고 물어보았다. 그는 말 없이 나를 바라보았다. 그의 셔츠와 목에 두른 헝겊은 땀에 절어 까맣게 되어 있었고, 그의 얼굴은 먼지로 덮여 있었다. 또 말을 안 듣는 소를 쫓아서 덤불 속으로 들어가다가 버드나무 가지에 긁힌 그의 뺨에는 피가 말라붙은 자국이 있었다.

"당신의 꼴을 보라구요." 그가 말했다.

내 꼴을 보니 나도 그와 별반 다를 게 없었다. "나는 재미로 이 일을 해요." 내가 설명했다. "보수만 생각한다면 난 이 일을 하지 않을 겁니다. 그런데 당신은 내 질문에 대답하지 않았어요. 이런 일을 좋아합니까?"

"난 돈을 벌고 싶소."

"돈이 많다면 당신은 무슨 일을 하고 싶습니까?"

그는 먼지 속에서 환하게 웃었다. "내 소를 사겠지요."

나는 월맹증에 시달린다는 그 말을 잊을 수가 없었다. 한 달 후, 나는 내가 처음으로 그 말의 발자국을 보았던 솔트 크리크 시냇가 그 장소로 다시 갔다. 역시 말을 타고 갔지만 이번에는 나 혼자였다. 이제 사막의 여름은 더 깊어 시내도 물이 줄어 있었다. 햇볕에 말라 버린 진흙 사이로 약간의 물이 졸졸 흐르고 있었다.

전처럼 나는 말이 물을 마시도록 해 준 다음 모자가 만들어 주는 빈약한 그늘 아래서 주위를 둘러보았다. 석회처럼 하얀 소금기가 눈을 부시게 했다. 뻣뻣한 풀들마저 시들어서 쪼그라든 듯 보였고, 파리와 각다귀 떼도 태양을 피해 숨어 버린 듯 보이지 않았다.

말이 물을 마시는 소리 외에는 아무 소리도 들리지 않았고 살아 있는 생명의 흔적이라고는 아무것도 보이지 않았다. 미동도 하지 않는 대기 속에서 레이스처럼 가냘프고 가벼운 타마리스크의 분홍색 깃털도 가지 끝에 매달린 채 꼼짝 않고 있었다. 움직임이라고는 전혀 없었다. 다만 열기를 머금은 공기만이 붉은 협곡의 암벽 앞에서 아지랑이처럼 피어오르고 있었다.

협곡을 탐험하기에 이보다 더 부적당한 날은 없을 것 같았다. 미친 말이라도 이런 장소에서 여름을 견딜 수는 없을 것이라는 생각이 들었다. 그러나 협곡으로 나 있는 오솔길을 따라 나왔다가 다시 돌아간 말의 발자국은 여전히 거기 있었다. 문아이는 아직도 이 근처에 있는 것이 분명했다. 내가 도착하기 불과 몇 분 전에 놈이 왔던 것처럼 발자국은 또렷했다.

열기와 정적 가운데서 들리지 않는 속삭임이 왔다. 그것은 말은 처음부터 존재하지 않았고 다만 그 발자국만이 있었을 뿐인지도 모른다는 일종의 텔레파시 같은 암시였다. 나는 물통의 물을 한 모금 마시면서 어서 이 더위에서 벗어나야겠다고 생각했다. 내가 타고 온 말이 물이 뚝뚝 떨어지는 주둥이를 들어 올리고 나를 기다리고 있었다. 말은 고개를 돌리고 졸린 듯한 눈으로 나를 바라보았다. 말의 입 가장자리에 말무리 가닥이 매달려 있었다.

"안 돼." 내가 말했다. "이대로 돌아갈 순 없어." 나는 발뒤꿈치로 말을 건드렸다. 우리는 좁은 오솔길을 따라 천천히 협곡을 올라갔다. 올라가면서 나는 내가 짠 전략을 검토했다. 문아이는 말을 탄 사람을 두려워하고 불신한다니까 나는 걸어서 놈에게 다가갈 작정이었다. 나는 고삐 한 개와 짤막한 로프만을 들고 갈 작정이었다. 그것들도 손에 들지 않고 셔츠 속에 감추고 가는 것이 더 좋을 것이다. 다른 사람들은 난폭한 방법으로 추적해서 그 말을 잡으려 하다가 실패했다고 하지 않는가. 나는 동정심과 이해심만을 사용해서 문아이를 다시 목장으로 데려갈 심산이었다. 이것은 상식과 선례에 벗어나는 작전이었다.

나는 협곡의 첫 번째 굽이를 돈 다음 멈춰 섰다. 앞에는 말라 버린 개울과 솔트브러시, 부채선인장 그리고 수직 암벽 밑의 비탈이 보였다. 협곡에서 흔히 볼 수 있는 풍경이었다. 동물의 흔적은 보이지 않았다. 사방은 쥐 죽은 듯 조용했다. 나는 말을 타고 더 올라갔다. 이런 더위에 문아이가 물에서 멀리 떨어져 있지는 않을 거라고 나는 확신했다.

1.5km쯤 더 올라간 두 번째 굽이에서 나는 배설한 지 얼마 되지 않은 똥무더기를 발견했다. 말에서 내린 나는 말을 큼직한 바위의 동쪽으로 끌고 가서 거기 매어 두었다. 오후이므로 동쪽에 빈약하나마 그늘이 생기기 때문이었다. 내가 말에게 해 줄 수 있는 일은 그것이 고작이었다.

안장을 끌어내린 다음 나는 땅바닥에 앉아서 토마토 통조림을 땄다. 시간은 오후 한 시였고 하늘에는 구름 한 점 없었다. 몹시 더웠다. 나는 말의 배 밑에 앉아서 점심을 먹었다.

점심을 다 먹은 나는 무거운 몸을 일으킨 후 고삐와 로프를 셔츠 속에 쑤셔 넣고 물통을 어깨에 둘러멘 다음 그곳을 떠났다. 말이 고개를 저으며 내가 떠나는 것을 지켜보았다. 네 기분은 안다. 하지만 거기서 좀 기다려 다오. 내가 참을 수 있다면 너도 견딜 수 있을 것이다. 나는 속으로 중얼거렸다. 한낮의 더위는 미리 계산된 것이었다. 이런 더위 속에서는 월맹증에 걸린 무법자도 제정신을 가진 다른 말들처럼 양순할 수밖에 없을 거라고 생각했던 것이다. 그에게 가까이 다가가서 고삐를 걸고 가죽끈으로 애완견을 끌고 오듯이 그를 집으로 끌고 갈 수 있을 거라고 나는 생각했다.

1.5km쯤 더 올라간 나는 암벽에서 약간 튀어나온 바위 아래서 햇볕을 피해야만 했다. 나는 모자를 벗고 이마의 땀을 증발시켜 머리를 식혔다. 물통을 기울여 물도 마셨다. 벌써 내 눈앞에는 얼음이 섞인 음료와 폭포, 시원한 나무 그늘, 에메랄드 색깔의 맑고 깊은 연못의 환상이 어른거리고 있었다.

또다시 전진. 나는 모래밭을 지나고 바위를 넘고 가시 돋힌 부채선인장과 고슴도치선인장을 피해 우회했다. 야생 사과만 한 크기의 노르스름한 자갈을 발견한 나는 그것을 입 속에 넣었다. 나는 더위 속을 뚫고 계속 앞으로 나아갔다.

문아이가 물을 마시러 내려오는 솔트 크리크에서 기다렸다가 별빛 속에서 그놈을 붙잡는 것이 더 현명한 방법이 아닐까 하고 잠시 생각했다. 다음 순간 나는 원래 계획대로 밀고 나가야 한다고 생각을 고쳐 먹었다. 나는 얼굴에 흐르는 땀을 닦기 위해서 걸음을 멈추었다. 내 주위를 감싸고 있는 정적이 유리판처럼 느껴졌다. 물통의 마개를 여는 소리가 무척 크게 들리는 것 같았다.

귀를 기울였다. 무언가가 숨 쉬고 있는 소리가 가까이서 들리는 것 같았다. 앞에 나무 한 그루가 보였다. 경사면에 늙은 향나무 한 그루가 있었다. 그 뒤틀린 굵직한 둥치에서 뻗은 가지들에는 연한 푸른색의 열매들이 달려 있었다. 가지 하나에 언뜻 보기에 땅까지 늘어진 좁은 바지같이 보이는 것이 걸려 있었다. 눈을 껌벅여 땀을 밀어낸 후 더 자세히 보니 그것은 커다란 동물의 다리였다. 차츰 키가 큰 동물의 윤곽이 내 눈에 들어왔다. 매우 키가 큰 말이었다.

나는 가만히 물통을 땅바닥에 내려놓았다.

셔츠 속에 있는 고삐와 로프를 만져 보았다. 아직 거기 있었다. 나는 자갈을 입에서 꺼내 손에 들고 천천히 조심스럽게 나무를 향해 다가갔다. 나무 속에서 반짝이는 눈동자가 내가 다가오는 것을 지켜보고 있었다.

내가 말했다. "너 문아이지?"

문아이 말고 누구겠는가? 눈동자가 움직였다. 나는 하얀빛이 번쩍하는 것을 보았다. 나무 속에서 빛나는 눈이었다.

더 가까이 다가갔다. "이 늙은 바보 같으니, 너 거기서 뭐하고 있니?"

말은 나무 밑에 있지 않고(그러기에는 나무가 너무 작았다) 작은 나무 안쪽, 가지들 가운데 있었다. 그가 거기서 빠져나오려면 마른 나뭇가지에 심하게 긁힐 것 같았다.

"빌어먹을 늙은 바보 같으니, 거기 그렇게 죽치고 있으면 어쩌겠다는 거야?" 나는 그에게 내 손에 들고 있는 노르스름한 돌을 보여 주었다. 작은 사과처럼 둥근 돌이었다. "문아이, 너 왜 대답을 않는 거니? 말하는 법을 잊어버렸니?"

더 다가갔다. 말은 두 귀를 세운 채 꼼짝 않고 있었다. 이제 그의 두 눈을 볼 수 있었다. 성한 눈과 병이 든 다른 눈이 구별되었다. 월 맹증에 걸린 눈은 벌겋게 충혈되어 있었다.

"널 집에 데려가려고 왔다. 넌 그것에 대해 어떻게 생각하니?"

놈은 높이가 손 길이의 17배쯤 되는 아주 큰 말이었다. 가죽은 낡은 양탄자처럼 색이 바래 있었고 볼품없이 큰 머리는 관 모양을 하고 있었다.

"얘, 넌 너무 오래 황야에 나와 있었어. 이제 집으로 가야지."

그는 늙어 보였다. 그의 모습에 연륜이 배어 있었다. 늙었다는 말은 충분치 않았다. 차라리 유령과 같은 모습이었다. 이 세상의 동물이 아닌 악몽에서나 볼 수 있는 동물 같았다.

"내 말이 들리니? 더 가까이 다가가마."

그의 19개 갈비뼈는 유골처럼 튀어나와 있었고, 낙타의 목 같은 그의 목은 너무 여위고 길어서 지나치게 큰 그의 머리를 지탱하기에도 힘이 부치는 것 같았다.

"이 늙은 괴물아, 악몽에서나 볼 것 같은 저주받은 말 같으니. 문아이, 이걸 봐라. 내 손에 있는 이걸 봐." 내가 중얼거렸다.

그는 나를 지켜보고 있었다. 내 눈을 보고 있었다. 나와 그와의 거리는 6m밖에 안 되었다. 그는 눈만 뜨고 있을 뿐, 근육 하나 움직이지 않았다. 마치 돌로 변해 버린 것 같았다. 태양과 외로움으로 정신

도망친 말

245

이 나간 것일까. 그는 몇 년 동안 사람을 본 적이 없는지도 몰랐다.

"문-아이." 이렇게 부르면서 나는 천천히 다가갔다. 나는 짧게 한 걸음 다가가서는 쉬고, 또 한 걸음 떼어 놓고는 다시 쉬었다. "그 추한 얼굴을 보리와 밀기울이 담긴 구유에 처박아 본 지가 얼마나 됐니? 이 늙은이야, 자주개자리 맛 생각나니? 풀 맛은 기억하니? 즙이 많은 달콤하고 신선한 초록색 풀, 그런 풀 먹고 싶은 생각 없니?"

이제 우리 둘 사이의 거리는 3m밖에 안 되었다. 향나무 가지들만이 우리를 갈라놓고 있었다. 거기에 서서 말을 지켜보면서 나는 향나무의 냄새를 맡을 수 있었다.

또 한 걸음 다가가서, "문-아이…."

나는 망설였다. 더 가까이 다가가려면 나뭇가지를 헤치고 가거나 허리를 굽히고 가지 아래로 기어가다시피 해야 했다. "자, 문아이, 난 널 집으로 데려가고 싶다. 늙은 말아, 이제 집으로 가야 할 시간이야."

우리는 꼼짝 않고 서로를 노려보았다. 녀석이 숨을 쉬고 있는지 모르지만 내게는 숨소리도 들리지 않았다. 철저한 정적만이 감돌고 있었다. 그의 건조한 피부 위를 기어다니거나 염증으로 벌개진 그의 눈 주위를 날아다니는 파리 한 마리 없었다. 나를 쏘아보고 있는 성한 한쪽 눈만 아니었다면, 나는 허수아비, 말라서 미이라가 되어 버린 말을 상대하고 있다고 생각했을 것이다. 그에게서는 말 냄새도 나지 않았다. 도무지 아무 냄새도 나지 않는 것 같았다. 내가 손을 뻗쳐 그를 만지면 그는 먼지가 되어 사라져 버릴지도 모른다는 생각이 들었다.

더위와 강렬한 햇빛 때문에 내 머리가 지끈거렸다. 잠시 나는 내 앞에 있는 이 말 같은 형상이 환상이 아닐까 하는 생각이 들었다. 그래도 나는 계속 말을 걸었다.

"문-아이…?"

오후 내내 거기 서 있을 수는 없는 노릇이었다. 나는 나뭇가지에 얼굴이 닿을 정도로 또 한 걸음 다가섰다. 그러면서도 계속 말을 걸어야 했다.

"문-아이…."

놈이 두 귀를 뒤로 젖히면서 머리를 몇 센티미터 아래로 내렸다. 조심해야지. 놈은 어쨌든 아직 살아 있었다. 처음으로 나는 약간의 두려움을 느꼈다. 놈은 큰 말이었고 또 한쪽 눈의 염증으로 편안치가 못한 상태였다. 우리는 나뭇가지들 사이로 서로를 쏘아보았다. 내가 인내력을 가지고 기다릴 수만 있다면 그를 달래서 굴복시킬 수 있을지도 몰랐다. 그러나 그렇게 하기에는 너무 더웠다.

"이거 봐. 이 냄새를 좀 맡아 보라구…." 나는 한 손에 든 자갈을 그에게 내밀면서 다른 한 손으로는 셔츠의 단추를 풀었다. 기회가 오면 로프를 꺼낼 준비를 한 것이다. "자, 이걸 좀 보라구…."

나는 그 괴물로부터 불과 1.8m 거리에 있었다.

"자, 긴장을 풀어. 내가 네가 있는 곳으로 들어갈 테니." 내가 향나무 가지를 밀치기 시작했다. "가만히 있어. 착하지…."

놈이 격렬하게 뒤로 물러났다. 그 바람에 나무 전체가 뒤흔들렸다. 잔가지와 나무 열매들이 우리 주위에 비 오듯 떨어졌다. 성한 눈이 나를 쏘아보았고 병든 눈은 삶은 달걀처럼 빛났다.

"진정해." 부드럽게 말하면서 나는 한 손을 로프로 가져갔다. 그리고 나뭇가지를 위로 밀면서 한 걸음 더 다가섰다. 부드럽게…. "진정해. 진정하라구. 겁먹지 말고…."

문아이는 뒤로 물러서려고 했지만 뒤가 막혀 있었다. 그러자 그는 트럭처럼 요란한 소리를 내면서 나뭇가지를 뚫고 나를 향해 곧장 앞으로 돌진했다. 마른 나뭇가지들이 꺾이고 먼지가 일었다. 나는 땅에 납작 엎드리면서 미친 말이 점점 커져서 온 세상을 덮어 버리는 것을 얼핏 보았다. 놈은 날개 돋힌 짐승처럼 나를 뛰어넘었고, 그 서슬에 하마터면 나무 전체가 뽑혀 버릴 뻔했다.

1초 후에 내가 눈을 떠 보니 나는 아직 살아 있었고, 문아이는 15m쯤 떨어진 마른 개울 바닥으로 내려가서 동상처럼 꼼짝 않고 서 있었다. 놈은 넝마조각 같은 꼬리와 앙상한 골반 뼈를 내가 있는 쪽을 향하게 하고 긴 목과 관처럼 생긴 머리를 흔들면서 성한 눈으로 나를 지켜보고 있었다. 내가 다음에 어떤 행동을 하나 감시하고 있었다. 강요당하지 않는 한 나를 공격할 의도는 없는 듯했다.

나무 그늘은 상쾌했고, 그래서 나는 서둘러 일어나지 않았다. 나무둥치에 기대앉아서 뼈가 부러진 곳이 없나 점검해 보았다. 내 모자가 1m쯤 날아가서 말굽에 밟혀 흙 속에 납작하게 박힌 것 외에는 피해가 없는 것 같았다. 그러나 목이 말랐다. 나는 물통을 놓아둔 곳을 기억해 내기 전에 주위를 살폈다. 개울 바닥, 말이 서 있는 곳 근처에 놓여 있는 물통이 보였다.

문아이는 움직이지 않았다. 몸 안의 습기를 한 방울이라도 더 보존하려는 듯, 그는 석상처럼 꼼짝 않고 서 있었다. 하지만 그는 이제 땡볕에 서 있고 나는 그늘 안에 있었다. 내가 이 그늘에 오래 머물러 있으면 그가 할 수 없이 다시 나무 안으로 돌아올지도 몰랐다. 나는 자세를 편하게 하고 기다렸다. 다시 정적이 찾아들었다.

하지만 내가 한 시간이나 기다려도 말은 오지 않았다. 그동안 말은 단 한 번 움직였을 뿐이다. 머리를 낮추고 그의 앞발 근처에 있는 덤불 냄새를 맡았던 것이다.

뜨겁게 달아오른 쇠와 같은 붉은 절벽이 열기의 베일 뒤에서 아른거렸다. 갈증이 점점 더 심해지고 있었다. 나는 몸을 뒤척이고 고통스럽게 일어나서 부서진 향나무 더미에서 나왔다. 말은 아무런 움직임도 보이지 않았다.

"문아이." 내가 말했다. 그는 귀를 기울이고 있는 것 같다. "우리 여기서 빠져나가자. 넌 어떻게 생각하니? 이 늙은 바보야, 우리 집으로 가자. 너도 그게 좋지?"

나는 납작하게 찌부러진 모자를 주워서 편 다음 머리에 썼다.

"그래, 네 생각은 어떠니?"

내가 비탈을 내려가기 시작했다. 말은 머리를 들고 한쪽 귀를 쫑긋하고는 나를 지켜보았다. "늙은 말아, 이 더위 속에 여기 서 있다니, 너 미친 거 아니니? 너 도대체 지각이 있는 거니?"

나는 이번에는 그의 앞으로 곧장 다가가지 않고 비탈을 가로지르며 비스듬히 접근했다. 그렇게 해서 그를 협곡 아래쪽 개울로 몰아서 소의 우리로 가는 오솔길로 들어서게 되기를 바랐다. 문아이가 내 의도를 알아차리고 협곡을 올라가기 시작했다. 내가 걸음을 빨리하자 말도 더 빨리 움직였다. 내가 걸음을 늦추자 말도 똑같이 했다. 내가 걸음을 멈추자 말도 움직임을 멈추었다.

"문아이, 내 말 좀 들어봐라. 내가 마음만 먹으면 난 널 따라잡을 수 있어. 내가 이런 말을 하면 이곳 유타의 카우보이들은 배꼽이 빠지게 웃겠지만, 그건 사실이야. 넌 그걸 알아야 해. 30km나 40km의 장거리를 달릴 때 건강한 사람이 말을 따라잡을 수 있다는 건 누구나 알고 있는 사실이야."

문아이는 내 말에 귀를 기울이고 있는 듯했다.

"하지만 이 더위 속에서 그런 짓을 해야 하겠니? 지각이 있어야지. 우리 바보짓은 하지 말기로 하자."

말은 기다렸다. 나는 발뒤꿈치로 버티고 서서 내 검지를 자동차의 와이퍼처럼 이마를 가로지르게 해서 흐르는 땀을 훔쳤다. 내 머리는 뜨겁고 축축했으며 열이 있었다.

"문아이, 너 도대체 왜 그러니?"

말은 성한 눈으로 계속 나를 지켜보고 있었다.

"너 미쳤니? 설마 여기서 수도자처럼 혼자 죽고 싶은 건 아니겠지? 이 끔찍한 곳에서…" 말은 나를 지켜보며 내 말에 귀를 기울였다. "문아이, 대머리수리가 너를 뜯어 먹을 거야. 그놈들은 네가 죽어 가는 냄새를 맡고 너에게로 내려와서 아직 숨도 끊어지지 않은 너의 목을 쪼고 네 눈알을 빼 먹을 거야. 암 그러구 말구. 네 성한 눈을 그놈들이 쪼아대기 직전에 넌 그놈들의 검은 날개가 하늘과 태양을 가려 버리는 걸 보게 되겠지. 구부러진 노란 부리와 이가 득실대는 붉은 모가지, 또 네 눈을 들여다보는 그 기분 나쁜 눈들도 보게 될 거야. 그렇게 되는 걸 바라진 않겠지?"

내가 말을 그쳤다. 문아이는 주의를 기울이며 내 말을 경청하고 있는 것 같았다. 하지만 그가 내가 하는 말에 별로 흥미를 느끼지 않는다는 것을 알 수 있었다. 아마 내 이야기는 그에게는 진부한 것일지도 몰랐다. 그는 아무렇게 되든 개의치 않는지도 몰랐다.

나는 설교를 계속했다. "대머리수리들이 잔치를 끝내면(너는 끝난 걸 기뻐하겠지) 코요테가 밤중에 달빛 속에서 어슬렁어슬렁 내려올 거야. 그놈은 네 앞 50m 지점까지 와 앉아서 두어 시간 뜸을 들이겠지. 그런 다음 놈은 네 주위를 몇 바퀴 돌면서 사람의 냄새가 나지 않나 하고 냄새를 맡을 거야. 곧 그놈의 입안에 군침이 돌겠지. 2주일 동안 아무것도 먹은 게 없고 더욱이 죽은 말을 차지하게 된 것은 2년 만에 처음이니 안 그렇겠어? 코를 벌름거리고 눈을 반짝이며 너에게 다가온 그놈은 갑자기 너에게 달려들어 날카로운 이빨로 네 궁둥이를 물어뜯을 거야. 문아이, 너 내 말 듣고 있니? 잔뜩 배를 채운 그놈은 물러나서 쉬면서 먹은 먹이를 소화시키겠지. 그러는 동안 개미와 딱정벌레, 검정파리들이 잔치를 벌이겠지. 그놈들은 네 폐와 신장, 위, 기도, 뇌, 창자에 파고들어 가서 콘도르와 코요테가 남긴 살 부스러기를 남김없이 먹어 치우겠지."

내가 말하고 있는 동안 문아이는 나를 지켜보았고 나도 그를 지켜보았다. "두 주일쯤 후면 네 시체에서는 냄새조차 나지 않을 것이고 두 달이 지나면 갈기갈기 찢긴 가죽과 흩어진 뼈밖에 남은 게 없을 거야. 그 광경을 상상해 보라구. 몇 년 후, 잃어버린 말을 찾으러 다니는 지친 카우보이나 칼륨이나 베릴륨을 찾는 탐광자가 어쩌다 이곳까지 왔다가 하얀 네 갈비뼈와 깨끗하게 씻긴 네 해골과 몇 개의 뼈를 보게 되겠지…."

나는 말을 그쳤다. 나는 이제 지쳐 있었다. 저 놈의 태양은 언제쯤 암벽 너머로 넘어가려는지. 유타주의 하늘에는 왜 구름 한 점 없을까?

말은 바위처럼 꼼짝 않고 서 있었다. 마치 햇볕에 타 버린 풍경의 일부 같았다. 자코메티가 나무로 깎아 놓은 돈키호테의 말 같기도 했다. 마르고 냄새나 움직임이나 소리가 없는 그는 말이나 어떤 실체가 아니라 하나의 개념처럼 느껴지기도 했다.

머리와 눈이 쑤시고 아팠고, 사지가 속이 비어 버린 것처럼 느껴졌다. 숨을 쉬려는 의식적인 노력을 하지 않으면 숨조차 멎어 버릴 것 같았다. 내가 타고 온 말이 있는 데까지 먼 길을 걸어가고 또 거기서 픽업트럭을 세워 둔 곳까지 먼 거리를 말을 타고 갈 생각을 하니 가슴이 철렁 내려앉았다. 나 역시 꼼짝도 하기 싫었다. 그래서 기다리기로 했다. 해가 지기를 기다렸다가 집으로 돌아가기로 한 것이다. 그러니까 야간 퇴각인 셈이다. 나는 태양이 있는 쪽을 올려다보았다. 오후 4시쯤 된 것 같았다. 해가 협곡의 가장자리에 이르려면 한 시간은 더 기다려야 할 것 같았다. 나는 향나무 그늘 아래로 돌아가서 기다렸다.

우리—말과 나—는 끝이 없어 보이는 오후와 가슴이 터질 것 같은 더위를 견디며 기다렸다. 우리는 가능한 대로 일방적인 대화를 이어가면서 시간을 보냈다. 나는 한 문장을 말하고 다음에 할 말을 10분 정도 생각한 다음 다시 말을 잇곤 했다. 문아이는 줄곧 꼼짝도 않고 나를 지켜보았다.

마침내 태양이 스카이라인에 닿았다. 태양은 스카이라인과 하나가 되었다가 마지막으로 번쩍하며 빛과 열기를 뿜어내고는 시야에서 사라져 버렸다. 암벽의 그림자가 협곡 바닥을 가로질러 오더니 말과 바위들을 덮어 버렸다. 시원한 기운이 미풍처럼 협곡을 씻어 내렸다. 굴뚝새 한 마리가 울기 시작했고, 몇 마리의 파리가 숨어 있던 곳에서 나와 향나무 주위를 붕붕거리며 날았다. 오그라들었던 관목들의 잎새가 저녁 공기 속에서 조금씩 펴지는 것이 보이는 것 같은 느낌이 들었다.

나는 일어나서 부러진 나무 밑에서 나왔다. 늙은 문아이는 나에게서 몇 걸음 물러서더니 그 자리에 멈춰 섰다. 놈은 여전히 나를 지켜보고 있었다. 우리는 약 15m의 거리를 두고 서로 마주 서 있었다. 이렇게 마주 서 있는 것도 이것이 마지막일 것이다. 나는 마지막으로 해 줄 적당한 말을 생각해 내려고 애썼지만, 입안이 말라 있고 혀는 뻣뻣한 데다가 입술마저 말라 터져 있어 한 마디도 뱉어낼 수가 없었다.

"빌어먹을 바보 같은 마르르…" 나는 억지로 소리를 내 보려고 하다가 포기했다.

문아이는 성한 눈을 한번 껌벅이고 가죽을 움직였다. 그러면서도 그는 나를 계속 지켜보고 있었다. 우리 주위와 개울 바닥, 협곡의 암벽 그리고 공중에서는 사막의 새들과 벌레들이 그들의 설명할 수 없는 활동을 다시 시작하고 있었다. 도마뱀 한 마리가 내 발 옆을 빠른 속도로 지나갔다. 달맞이꽃이 아직도 뜨거운 모래 몇 센티미터 위에서 꽃잎을 벌렸다. 무릎이 후들후들 떨렸다. 나는 말을 향해 몇 걸음을 떼어 놓으면서 셔츠 속에서 고삐와 로프를 꺼내(문아이에게는 내가 내 내장을 꺼내는 것으로 보였을 것이다) 내게 남은 모든 힘을 다해서 그것을 말에게 던졌다. 로프는 뱀처럼 그의 등에 척 걸쳤다. 그러자 겁에 질린 말은 몇 걸음 재빨리 물러섰다. 말은 다시 그 자리에 멈추어 섰다. 그의 시선은 여전히 나에게 고정되어 있었다.

그것으로 충분했다. 나는 말을 등지고 물통이 있는 곳으로 가서 물통을 집어 들었다. 물은 마시기 어려울 정도로 뜨거웠지만 그래도 나는 그 물을 마셨다. 물을 모두 마시고 나서 남은 몇 방울은 손가락에 쏟아 쑤시는 이마에 발랐다. 그리고는 그 유령 같은 말은 다시 보지도 않고 나는 물통을 어깨에 메고 집으로 향했다.

한 번, 두 번, 나는 나를 따라오는 발자국 소리를 들었다고 생각했다. 그러나 돌아보니 아무것도 보이지 않았다.

강을 따라서

Desert Solitaire

인간 비버들은 콜로라도강에 또 다른 댐을 만들어야 했다. 후버댐으로 생긴 미드호라는 거대한 진흙 바닥과 증발 탱크만으로 만족할 수 없었던 그들은 글렌캐니언에 한층 더 크고 한층 더 파괴적인 또 다른 댐을 만들었다. 이 댐으로 인해 생긴 저수지는 단 한 평의 땅에 물을 대지도, 단 한 개의 마을에 식수를 공급하지도 않는다. 이 호수의 존재 이유는 단 하나, 발전을 해서 수입을 올림으로써 애리조나, 유타, 콜로라도의 부동산 투기자, 면화 재배자, 사탕무 재배자들에게 간접적인 혜택을 준다는 데 있었다. 물론 댐 건설은 국토개간청의 기술자들과 관리자들에게 일거리를 마련해 준다는 이점도 갖고 있었다.

댐으로 갇힌 물은 파월이라는 인공호수를 만들게 된다. 파월이라는 호수 이름은 콜로라도강과 그 주변을 체계적으로 탐험한 최초의 미국인인 존 웨슬리 파월 소령의 정신과 비전을 기리기 위해 붙여진 이름이지만, 실제로는 그의 이름에 먹칠을 하고 있다. 그와 그의 용감한 동료들이 그 옛날에 급류를 타고 600m 깊이의 인적 없는 협곡을 미끄러져 내려갔던 곳에서 이제 모터보트들이 연기와 소음을 내뿜으며 수상스키를 즐기는 사람들을 끌고 시계방향으로 끝없이 돌면서 담배꽁초와 맥주 깡통, 기름으로 물을 오염시키고 있기 때문이다.

'안전을 위해서 스키를 탈 때는 시계방향으로 돕시다. 모두 함께 즐깁시다!' 관공서에서 내건 간판에 씌어 있는 문구다. 제복을 입은 수상경찰관들이 규정을 지키지 않는 사람들을 단속한다. 모두 장사판이다. 강은 사라지고 말았다.

전에는 이렇지 않았다. 나는 물에 잠기기 전의 글렌캐니언을 본 운 좋은 소수에 속하기 때문에 그것을 알고 있다(나 이외에도 그런 행운아들이 수천 명쯤 될 것이다). 사실 내가 본 것은 협곡의 일부였지만 그것만으로도 이곳이 때 묻지 않은 천국의 일부라는 것을 깨닫기에 족했다. 이곳에서 저질러진 범죄의 진상을 파악하려면 타지마할이나 샤르트르 대성당이 진흙 속에 파묻히고 그 첨탑들만 보이는 광경을 상상해 보면 된다. 물론 글렌캐니언은 자연의 과정을 통해 결국에는 원상회복할 것이다. 그러나 그렇게 되기까지는 몇백 년이 걸릴지도 모른다(지진이 일어나기를 기도하자).

다음 글은 글렌캐니언을 마지막으로 여행한 기록이다. 그때 우리는 이미 이곳이 파괴될 것이라는 사실을 알고 있었다.

6월 하순의 어느 날, 랠프 뉴컴과 나는 콜로라도강 가에 도착했다. 그곳은 하이트, 화이트 캐니언, 댄디 크로싱 등 여러 이름이 붙여져 있는 곳으로 이미 건설 중에 있던 새로운 댐으로부터 240km 상류에 자리 잡고 있었다. 유타주에서도 가장 험한 길을 장시간 달려온 내 픽업트럭에는 캠핑 장비와 2주일분의 식량 그리고 접어서 가방만 한 크기의 상자에 담긴 작은 고무보트 2척이 실려 있었다.

우리는 한나절을 물가에서 머물며 보트를 준비하고, 또 여행에 나설 마음의 준비를 했다. 로키산맥의 서쪽 사면에서 흘러내린 눈 녹은 물과 붉은 암벽 사이를 흐르는 미시시피강이라고 할 수 있는 윈드리버 산맥의 강물이 합쳐진 강은 넓고 세차 보였다. 공기를 넣어 부풀린 우리의 고무보트는 화려하고, 약하고, 또 너무 작아 보였다. 이번에도 역시 몇 가지 빠뜨리고 가져오지 않은 것들이 있었다. 그 중 하나가 구명복이었다. 나는 여행을 다음으로 미루어야 하는 게 아닐까 하는 생각이 자꾸 들었다. 구명복이 없고 일본제 고무보트가 튼튼하지 못하다는 분명한 사실 외에 또 하나 걱정스러운 일은 랠프의 다리가 한쪽만 성하다는 사실이었다. 그는 걸을 수는 있지만 하이킹을 할 수는 없고 헤엄을 칠 수는 있지만 아주 멀리 갈 수는 없었다.

그러나 나는 그런 걱정을 겉으로 드러내지 않고 랠프가 그런 걱정을 먼저 입 밖에 내주기를 기다렸다. 그러나 그는 아무 말도 하지 않았다. 강처럼 차분하고 머리 위의 하늘처럼 평온한 그는 트럭과 통조림 음식과 이부자리가 놓여 있는 강가 출발 지점 사이에서 몸을 앞뒤로 흔들면서 파이프만 빨아 대고 있었다.

우리는 대부분이 베이컨과 콩 종류인 식품을 둘로 똑같이 나눠서 캔버스천으로 싸고, 로프를 묶은 다음 보트 뱃머리 좌석 밑에 각각 하나씩 실었다. 보트 하나를 잃었을 경우 나머지 보트에 있는 식품으로 생명을 이어가기 위해서였다. 랠프는 얼마간의 낚싯줄과 낚싯바늘 몇 개를 가져올 만큼 사려 깊은 사람이었다. 곧 알게 되었지만 강에는 메기가 많았다. 우리는 강에서 열흘을 보낼 생각이었고, 이곳 하이트를 떠나면 240km 아래 댐 건설 공사장에 이를 때까지 민가가 하나도 없다.

마침내 준비가 완료되었다. 나는 보트를 물로 밀어 넣고 그 위에 올라탔다. 보트 바닥에는 고무를 입힌 캔버스천이 한 겹 깔려 있을 뿐이었다. 내가 올라앉자 내 무게에 눌려 바닥이 젤리처럼 내려앉았다. 그 위에 앉으니 캔버스천과 내 청바지를 통해 전해 오는 강물의 시원한 냉기가 느껴졌다. 하지만 이 장난감 같은 보트는 내 무게를 지탱한 채 떠 있었다. 나로서는 더 지체할 이유가 없었다. 랠프가 카메라를 들고 출발하는 광경을 찍고 싶어했으므로 내가 먼저 출발할 수밖에 없었다. 나는 노를 저어 작은 만을 벗어나 진흙이 풍부하게 녹아 있어 갈색을 띠고 있는 콜로라도강의 품 속에 안겼다.

고무보트를 타 본 경험이 없는 나는 곧 카누 타입의 한 개의 노가 불편하다는 것을 깨달았다. 무게가 거의 없어 물에 잠기는 부분이 적은 보트는 걸핏하면 내가 앉은 부분을 축으로 해서 빙글빙글 돌기 일쑤였다. 앞으로 나가려면 노를 이쪽저쪽으로 옮기며 부지런히 저어야 하는데 그것은 어색하고 힘든 일이었다. 나는 강의 주류에서 벗어나 천천히 강가를 표류하면서 랠프가 따라오기를 기다렸다.

그가 보트를 나란히 댔다. 우리는 두 보트를 한데 묶었다. 그렇게 함으로써 우리는 서로 가까이 있으면서 대화를 나눌 수 있을 뿐만 아니라 보트를 더 쉽게 다룰 수도 있었다. 랠프가 한쪽에서 노를 젓고 내가 다른 쪽에서 노를 저음으로써 우리는 보트의 진로를 어느 정도 조종할 수 있었다.

우리는 그야말로 강과의 친밀한 관계를 즐기고 있었다. 강물과 우리 몸 사이에 한 겹의 천밖에 없었기 때문이다. 나는 한 팔을 뱃전 너머로 내놓고 한 손으로 물 위에 궤적을 그렸다. 이런 경험을 어디서 한 것 같은 느낌이 들었다. 꿈에서 했을까, 전에 내가 여기 와 본 적이 있는 걸까? 그 이상한 느낌에 대해 곰곰이 생각하던 나는 마침내 실마리를 찾았다. 나는 마침내 내 어린 시절의 꿈을 실현시키고 있었던 것이다. 사춘기의 몽정처럼 강렬했던 그 꿈, 그것은 '강을 따라 떠내려 가고 싶다'는 꿈이었다. 마크 트웨인, 파월 소령 그리고 흐르는 물 위에 몸을 실었던 사람이라면 그 누구라도 내 말뜻을 알고 있을 것이다.

서쪽 강변에서 누군가가 외치는 소리가 들렸다. 어떤 사람이 하이트의 나룻배 선착장에서 우리에게 손을 흔들고 있었다. 경고일까, 잘 가라는 인사일까? 그는 한 번 더 소리쳤지만, 무슨 소리인지 알아들을 수가 없었다. 기분 좋게 마주 손을 흔들어 주면서 우리는 일말의 주저함도 없이 그가 있는 곳을 지나쳐 갔다. 이제 오랫동안 우리는 인간이라는 족속을 보지 못할 것이다.

탯줄을 끊는 느낌, 그것이 바로 우리의 느낌이었다. 자지러질 듯한 독립의 기쁨, 우리는 원초적 의미의 자유를 향해서 나아가고 있었다. 나는 오래된 친구 랠프를 새삼스레 바라보며 그에 대한 사랑이 새로이 샘솟는 것을 느꼈다.

우리는 구질구질한 집안일과 직업, 속임수와 다툼이 가득 찬 도시를 뒤로한 채 강물 위에 떠 있었다. 도시에 오랫동안 갇혀 있던 사람이 자연의 품에 돌아와 맛보는 기쁨이 바로 이런 것이 아니겠는가. '당국'이 황야를 아스팔트와 저수지 밑에 질식시켜 버리려고 그렇게 애를 쓰는 이유를 알 것도 같다. 그들은 그들이 어떤 일을 하고 있는지 알고 있다. 그들의 삶과 모든 썩어 빠진 제도가 그들이 하는 일에 의지하고 있다. 안전을 위해 스키는 시계방향으로만 탑시다. 모두 함께 즐깁시다.

우리는 계속 표류해 갔다. 강 양쪽에 300~400m 높이의 붉은 사암 암벽이 나타나고 강폭이 좁아지면서 강물의 흐름이 다소 빨라지는 것 같았다. 깎아지른 절벽은 너무나 매끄러워서 새가 앉을 자리도 없어 보였다. 협곡의 암벽 사이로 보이는 푸른 하늘에 작은 흰 구름 조각 하나가 떠 있었다. 구름을 올려다보고 있는데, 꿈결에서처럼 우르릉거리는 소리가 들려왔다. 마치 화물열차가 비탈을 전속력으로 내리꽂히는 소리와 흡사한 소리였다. 급류가 가까워 온 것이다.

사실 글렌캐니언에는 진정한 급류는 없고 '여울'만이 있는 것으로 되어 있다. 그러나 지난 겨울이 건조했기 때문에 강의 수량이 적어져서 강바닥은 바위들이 높이 드러나 있었다. 우리에게는 거품이 이는 물결이 급류처럼 보였다.

"앞에 하얀 거품이 일고 있어." 랠프가 조용히 말했다. 마치 자기가 그 현상을 만들어 내기라도 한 것처럼 일종의 만족감이 담긴 어

조였다. 그렇게 말하고 나서 그는 그 여울에 대비한 준비를 하기는 커녕 싸구려 파이프에 다시 담배를 채워 넣었다.

우리는 협곡의 첫 번째 굽이를 돌고 있었고, 급류가 내는 소리는 앞쪽에서 나고 있었다. 음향전문가들이 '백색소음'이라고 부르는 진동이 점점 강해졌다. 그 소리는 폭포에서 물이 떨어지는 소리 같았다.

"이렇게 빨리 급류를 만날 줄은 몰랐는걸." 내가 랠프에게 말했다. 나는 지도─우리가 가져온 단 한 장의 지도는 텍사코에서 만든 유타주 도로지도였다─를 펴들고 콜로라도강의 지류들을 찾아보았다.

"트래차이트 크리크가 합류하는 지점일 거야. 우리가 구명복을 가져왔다면 지금 그걸 입어야 하는 건데." 내가 설명했다.

사실 우리의 무식과 부주의함은 우연이라기보다는 의도적인 것에 더 가까웠다. 우리는 사전 지식을 거의 갖추지 않고 글렌캐니언으로 들어왔는데, 그 이유는 파월 일행이 처음에 보았던 것처럼 이 협곡을 보고 싶었기 때문이었다. 다른 사람들이 한 발견을 새로이 하는 기분을 맛보고 싶었던 것이다. 첫 번째 급류가 우리를 놀라게 했다면, 그것은 강줄기 어디에 어떤 급류가 있는지 미리 알아 두지 않았기 때문이었다.

어쨌든 이제 되돌아갈 수는 없는 노릇이었다. 암벽 사이가 좁아지면서 물살이 점점 빨라졌다. 우리의 작은 보트들은 마구 흔들리면서 이제 시야에 들어온 하얀 거품을 향해서 나아갔다. 강에는 바위들이 여기저기 솟아 있었고, 물살이 그 주위를 휘돌아 나가면서 하얀 거품을 만들고 있었다.

강을 따라서

이제는 무서워할 시간 여유조차 없었다. 나는 강가의 버드나무들이 빠른 속도로 지나가는 것을 흘끗 보았다. 그것이 우리가 이용할 수 있는 유일한 속도계였다. 우리는 노를 꽉 움켜쥐고 몸을 낮춘 채 뱃머리가 물결을 정면으로 향하도록 유지하려고 최선을 다했다.

그런다고 별 도움이 되지는 못했다. 물방울들이 우리 얼굴을 때려 시야를 가렸고, 물결이 뱃전을 넘어 들어왔으며 순식간에 우리는 흠뻑 젖은 채 소용돌이의 한가운데로 빨려들어가서 빙글빙글 돌면서 이 바위 저 바위에 마구 부딪쳤다. 번쩍이는 커다란 바위가 앞에 나타났지만 피할 도리가 없었다. 랠프의 보트가 먼저 그 바위에 부딪쳤다. 그의 보트는 1, 2초 동안 바위에 매달려 있다가 아직도 그의 보트에 로프로 매어져 있던 내 보트가 빙그르 도는 바람에 바위에서 풀려났다. 우리는 미친 듯이 노를 저어 보트를 바로 했고, 그러자 다음 장애물이 나타났다. 우리는 아슬아슬하게 그 장애물을 스치며 지나갔다. 몇 번 더 좁은 물골에 빠졌다 벗어났다 하더니 갑자기 우리는 여울에서 벗어났다.

강폭이 넓어지면서 물결은 잔잔해졌고 강물은 다시 평온한 흐름을 되찾았다. 우리는 첫 번째 급류를 통과했고 아직 살아 있었다. 보트는 물이 반쯤 차 있었고 표류하고 있었으며, 우리는 흠뻑 젖어 있었고 랠프의 이빨 사이에 물린 파이프에서는 아직도 담배가 타고 있었다. 이 모든 일이 너무나 빨리 일어났다.

의기양양해진 우리는 잠시 휴식을 취한 다음 보트 안의 물을 퍼냈다. 글랜캐니언의 급류가 이 정도라면 몇 개쯤 더 만나도 견뎌 낼 수 있겠다는 데 우리는 의견을 같이했다.

우리의 이런 생각을 알았다는 듯이 몇 분 후, 두 번째 급류가 나타났다. 사납기가 먼젓번 것과 비슷한 급류였다. 그런데 미리 준비를 하고 너무 조심한 나머지 우리의 의도와는 달리 강의 주류에서 너무 멀리 벗어나고 말았다. 보트가 얕은 강바닥에 얹혀 오도가도 못하게 되었고, 그래서 우리는 보트에서 내려 자갈이 덮인 모래 위로 보트를 끌고 깊은 물까지 가야 했다. 다리가 불편한 랠프에게는 힘든 일이었지만 그는 불평하지 않았다.

보트에 다시 올라탄 우리는 짐을 베고 편안하게 누웠다. 지도 외에는 잃어버린 짐은 하나도 없었다. 글렌캐니언에는 주유소가 없으니 그 도로지도가 무슨 소용이 있겠는가. 우리는 노를 배 안에 놔둔 채 편안하게 쉬면서 표류해 갔다. 강폭은 넓어져 있었고 번쩍이는 수면은 유리처럼 매끄러웠다. 완전한 정적이 협곡을 채우고 있었다. 가끔 강가 근처의 소용돌이에서 들려오는 꿀꺽거리는 소리와 새 울음소리가 정적을 깰 뿐이었다.

평화롭게 담배를 피우면서 우리는 오후의 황금빛 햇살이 동편 암벽을 기어오르는 것을 지켜보았다. 해가 서편 암벽 너머로 내려가고 있었다. 초저녁 미풍이 강가의 버드나무를 흔들었고 은방울 소리 같은 굴뚝새의 지저귐이 다시 들려왔다.

다른 새들이 우는 소리도 들렸다. 덤불에서 꽥꽥하는 묘한 소리가 들려왔는데 우리는 잠시 후에 눈으로 보고서야 그 소리의 주인공을 알아낼 수 있었다. 타마리스크 나무의 연보라색 깃털 사이에서 커다란 청색 왜가리가 날개를 퍼덕거리고 있었다.

부엉이 한 마리, 갈까마귀들 그리고 또 굴뚝새들이 나타났다. 물고기가 수면 위로 뛰어올랐다가 첨벙 소리를 내며 다시 물 속으로 떨어졌다. 바위 위에서 왔다갔다 하는 도마뱀들도 보였다. 우리와 저쪽 강가 사이에서 매끄럽고 시꺼먼 무엇인가가 코를 물 밖으로 내밀고 우리를 쫓아오는 것이 보였다. 비버였다. 100여 년 전에 로비두, 짐 브리저, 제데디아 스미스 같은 산사람들을 이 협곡으로 유인했던 바로 그 비버.

강은 조용히 우리를 떠받쳐 주고 있었고, 마지막 햇빛이 윈게이트 절벽 위 기암괴석에 비치면서 하늘은 점점 더 짙은 검푸른색으로 변했다. 우리는 저녁식사와 밤을 보낼 캠프를 생각해야 했다.

뒤쪽에 녹색 버드나무들이 있는 하얀 모래밭이 눈에 들어오자, 우리는 노를 꺼내서 열심히 저으며 강의 흐름을 가로질러 보트를 몰았다. 이런 경우에 으레 그렇듯 우리는 강의 반대편에 있었고, 이 무렵의 강은 폭이 넓었다. 한데 묶인 보트의 상류 쪽에 랠프가 있었으므로 보트의 균형을 잡으려면 내가 랠프보다 갑절은 더 열심히 노를 저어야만 했다.

모래밭에 가까워지자 나는 보트에서 내려서 물속을 걸으면서 보트를 모래 위로 끌어올렸다. 우리는 보트를 버드나무 그루터기에 묶고 짐을 내린 다음 텐트 칠 준비를 했다. 내 이부자리는 약간 젖어 있었지만, 방수포로 잘 싼 다른 짐들에는 물이 배어들지 않았다. 우리는 기분이 상쾌했고 식욕도 왕성했다.

평온하고 상쾌한 저녁이었다. 우리는 죽은 버드나무로 조그만 모닥불을 피우고 향을 대신한 그 연기로 강과 협곡의 신들을 달랬다. 무형의 존재들인 그들은 그런 제물로 만족할 것 같았다. 그들처럼 고

상한 존재가 못 되는 우리들은 튀긴 콩과 소금에 절인 쇠고기, 달걀로 배를 채웠다. 보잘것없는 음식이었지만 시장이 반찬이었다. 사방이 트인 시원한 이 숙소가 어느 고급 호텔 못지않게 만족스러웠다.

강물로 커피를 탔다. 바위 틈에서 흘러나오는 물을 깡통으로 떠서 한참 놓아 두어 진흙이 바닥에 가라앉게 했다. 강물의 속삭이는 듯한 소리, 매미와 파충류의 울음소리 그리고 벌레들을 잡으려고 내리꽂히는 매의 곡예가 우리에게 허용된 오락거리였다. 우리는 모닥불이 꺼질 때까지 불 가에 앉아서 들려오는 소리에 귀를 기울이고 연기를 쐬면서 이런저런 생각에 잠겼다.

"이봐, 랠프." 내가 입을 열었다. "우리 아내와 가족들은 앨버커키의 집에서 편안히 누워 20세기 미국 도시문명이 주는 온갖 편의시설과 사치품들을 즐기고 있는데, 우리는 이 오지에서 갖은 고생을 하며 생명의 위험을 무릅쓰고 있는 것이 온당한 일이라고 생각하나?"

"나쁠 거 없지." 그가 대답했다.

나는 불을 다시 피우고 불 위에 있는 버드나무 가지에 내 슬리핑 백을 널어 말렸다. 슬리핑 백이 다 마르자 나는 모래에 구멍을 두 개 팠다. 하나는 내 궁둥이뼈가 들어갈 자리였고 또 하나는 어깨뼈가 들어갈 자리였다. 그런 다음 슬리핑 백을 펴고 그 안으로 들어갔다. 무사태평한 랠프는 이미 깊이 잠들어 있었다. 나는 밤과 별들과 하나가 되기 전에 잠시 강의 소리에 귀를 기울이며 강의 생각은 어떤 것인가 생각해 보기로 했다.

강가의 아침, 해가 뜨기 전에 먼동이 트고 랠프는 아직 자고 있다. 보이지도 않는 이름 모를 새들이 덤불 속에서 지저귄다. 나는 어제

식사를 한 접시들을 누런 강물에 씻었다. 안 될 게 뭐란 말인가? 카이밥 고원에 1,500m 깊이의 협곡을 판 이 강물이 '애비 – 뉴컴 탐험대'의 양철 접시에 묻은 기름기를 닦아 줄 것이다. 콜로라도강은 겸손하니까.

아침식사는 베이컨과 달걀, 튀긴 감자와 커피였다. 이름 모를 새들이 계속 울어댔다. 그중 몇몇은 이름을 알 것도 같았다. 앵무새, 물떼새, 멕시칸 핀치, 또 어디나 흔히 있는 굴뚝새 그리고 까치와 까마귀도 몇 마리 있는 것 같았다.

랠프가 음식 냄새를 맡고 잠에서 깨어 일어나더니 강물에 목욕을 하고 머리에 빗질을 하고 포마드를 발랐다. 우리는 함께 아침을 먹었다.

우리가 아침을 먹고 나서 짐을 꾸려 보트에 싣고 있을 때 태양이 암벽 위로 모습을 드러냈다. 그러자 사막의 그 끔찍한 갈증이 느껴지기 시작했다. 우리는 물통에 남은 샘물을 마셨지만 갈증은 여전했다. 우리는 누런 강물을 바라보았다. 모르몬교도들의 말처럼 쟁기로 갈기에는 너무 묽고 마시기에는 너무 걸쭉한 물이다. 하지만 우리는 그 물을 마셨다. 이 여행이 끝나기 전에 우리는 이 물을 꽤나 마셔야 할 것 같았다.

이렇게 강물에 떠서 힘 안 들이고 천국으로 들어가는 이 여행을 영원히 계속하면 어떨까 하고 자문해 봤다. 이곳엔 여자도 없고 콘서트홀, 책, 술집, 미술관, 극장이나 운동장도 없고 학문의 전당, 돈을 뽐내는 높은 빌딩, 전쟁, 선거, 교통체증 그리고 그 밖의 다른 오락도 없는 것이 사실이다. 랠프가 매독감염이라고 부르는 온갖 사악

한 쾌락이 이곳에는 없다. 하지만 인간이 바랄 수 있는 거의 모든 것이 풍부하게 있는 것도 사실이다. 강에는 메기가 아주 많고 협곡에는 짐승들이 있으며 그늘과 피신할 곳을 주는 미루나무, 연료가 되는 향나무, 갈증을 달래 주는 이끼낀 샘(항상 접근하기가 쉬운 것은 아니지만)이 있다. 또 하늘과 절벽, 메사와 강이 천변만화의 절경을 연출해 준다.

필요하다면 사람이 이곳에서 평생을 사는 것도 가능하다는 데 우리는 의견의 일치를 보았다. 그러자면 우선 이 끔찍한 정적, 이 무서운 평온에 신경계를 적응시켜야 할 것이다. 이곳의 정적은 어떤 소리도 들리지 않는다는 의미가 아니다. 강과 협곡은 그 고유의 음악을 지니고 있기 때문이다. 하지만 혼잡과 와글거림이 전혀 없다는 것, 그것이 문제라면 문제일 것이다. 처칠이 말한 '끔찍한 평온', 그런 상태가 아주 오랫동안 지속된다면 과연 견딜 수 있을까? 또 이런 세계를 알고 난 다음에 속세로 다시 복귀하는 것이 가능한 일일까?

"여보게, 뉴컴." 내가 말했다. "자네 이제 큰일 났네."

"그건 자네도 마찬가지야." 그가 대답했다.

또 목이 말랐다. 나는 깡통으로 강물을 떠올린 다음 그 깡통을 고무보트 안에 놓고 진흙이 가라앉기를 기다렸다. 이 지점의 강은 아주 잔잔해서 물이 담긴 깡통이 거의 흔들리지 않았다.

강물은 우리를 실은 채 캘리포니아만이 있는 남서쪽으로 유유히 흘러가고 있었다. 그러나 강줄기가 곧은 것은 아니고 이리 구불 저리 구불 구부러진 곳이 많았다. 가끔 우리는 노를 물에 잠기게 하고 그것을 아주 조금 움직여서 보트의 방향을 바꾸어 주었다. 고개를 돌리거나 목을 움직일 필요조차 없었다. 그냥 물속에서 노를 약간 움직이는 것으로 족했다.

이 꿈같은 여행에서는 불필요한 노력을 하는 것은 어리석은 짓처럼 느껴진다. 상스러운 짓처럼 느껴지기까지 한다. 아주 편안하게 강물의 흐름에 몸을 맡기고 있으면 그만이다. 강은 아무런 목표나 노력 없이 그 원대한 목적을 완수한다. 천천히 지나가는 암벽과 강가의 버드나무, 타마리스크 나무, 바위들만이 우리가 앞으로 나아가고 있다는 사실을 알려 줄 뿐이다.

동편 암벽이 뚫려 있는 곳을 지났다. 지류가 흘러드는 곳이다. 레드캐니언 크리크일까? 알 도리가 없고 모른다고 하나도 문제될 것이 없다. 이곳에는 급류가 없다. 물이 보일락 말락 움직일 뿐이다. 모래로 된 강바닥의 잔주름에 대응해서 잔물결이 일고 있다. 협곡 너머로는 매끄러운 통바위로 된 암벽이 솟아 있다. 암벽의 색깔은 분홍색, 노란색, 오렌지색 등 다양하며 어떤 부분은 '사막의 니스'라고 하는 산화철로 덮여 있는가 하면 유기물의 흔적인 검정색 줄이 수직으로 쳐져 있는 곳도 있다.

태양이 암벽 사이의 하늘 한가운데 이르렀을 때, 우리는 보트 위에서 건포도와 오렌지, 말린 쇠고기로 점심식사를 하고 철분과 미네랄, 라듐과 우라늄, 바나듐이 녹아 있는, 뿌옇지만 시원한 강물을 마셨다. 이곳에서는 인간에 의한 오염은 걱정할 필요가 없다. 가장 가까이 있는 상류의 도시 모아브(인구 5천 명)도 160km나 떨어져 있기 때문이다. 유타는 축복받은 땅이다!

자기 고장에 있는 강이나 시내의 물을 마음대로 마시는 것이 두

렴다면 그곳은 이미 사람이 살 만한 곳이 못 된다. 어서 그곳을 떠나 다른 곳으로 이주해야 한다. 제퍼슨의 말처럼 다른 나라를 건설해야 할는지도 모른다. "자유라는 나무는 폭군들의 피를 먹고 자란다. 그 것은 천연 비료이다."

바쿠닌의 말도 생각난다. "파괴를 통해서만 창조가 이루어질 수 있는 경우도 있다. 따라서 파괴의 충동은 창조적인 충동이다."

점심을 먹은 후 우리는 노를 열심히 저어 서쪽 강변으로 향했다. 그늘을 찾기 위해서였다. 그늘은 물처럼 귀중하다. 그늘이 없으면 강 한복판에서 우리가 할 수 있는 일이라곤 모자 밑에 웅크린 채 무 서운 햇살과 거울 같은 수면과 뜨겁게 달아오른 암벽에서 반사되는 열기를 견디는 일뿐이다. 그늘에 들어가면 우리는 편히 쉬면서 주위 의 경관을 감상할 수 있다.

오후 내내 우리는 별 탈 없이 흘러 내려갔다. 몇 개의 작은 급류(캐 터랙트캐니언이나 그랜드캐니언의 급류에 비해서 작다는 뜻이다)도 통과했고, 담배도 피웠고, 강물도 마셨고, 생각나는 이런저런 얘기를 나누기도 하며 미칠 것 같은 기쁨을 만끽했다.

"뉴컴, 도대체 우리가 어디서 왔지?"

"알 게 뭐야."

"우린 어디로 가는 거지?"

"아무려면 어때?"

대화가 끊겼다. 내가 셔츠 주머니에서 녹슨 하모니카를 꺼내서 포 크송과 유명한 심포니의 곡조를 불었다. 달콤하고 가냘픈 음악이 공 중에 떠도는 연기처럼 한동안 떠가다가 황야의 일부가 되듯 스러져 버렸다. 문득 향수를 느낀 나는 소년 시절 주일학교에서 부르던 노래를 연주했다. "예수는 우리 친구… 그 한결같은 품에 안기세, 안기세, 안기세…."

강가에서 만나리.
아름답고 아름다운 강…
강가에서 만나리
주님의 왕좌에서 흘러내리는…

우리는 그날 저녁 조그만 시내가 북서쪽에서 흘러와서 강과 합류하는 지점 근처의 모래밭에다 두 번째 캠프를 쳤다. 홀스 크리크일까, 불프로그 크리크일까? 가끔 쓸 만한 지도를 준비해 오지 않은 게 후회되기도 했다. 하류쪽 멀지 않은 곳에서 세찬 급류가 내는 소리가 들려왔다. 우리가 첫날 통과한 것보다 훨씬 더 고약한 것인 듯했다. 내일 그곳을 지날 일이 조금 걱정됐다.

우리는 양파 수프와 쇠고기, 콩, 과일 통조림, 커피로 저녁을 때웠다. 커피를 마시면서 우리는 뉴컴이 조제한 담배를 파이프에 담아 피웠다. 불 더럼과 프린스 앨버트를 반반씩 섞은 것으로 노동자들이 흔히 피우는 싸구려 담배다.

식사 후 랠프는 접시를 닦았고, 나는 물통을 가지고 시냇가로 내려갔다. 깨끗한 샘물을 받을까 해서였다. 모래 위에는 사슴과 코요테, 스라소니의 발자국이 있었다. 소의 발자국도 더러 있었는데 길을 잃은 소들인 것 같았다. 비교적 최근에 생긴 것인 듯 발자국은 꽤

선명했다. 가까운 거리에 샘은 없었고, 그래서 나는 물통을 채우지 못한 채 되돌아왔다. 물론 시냇물이 있었지만, 히어포드 목장에서 흘러오는 시냇물보다는 차라리 강물이 나았다.

돌아올 때는 날이 어두워져 있었다. 랠프가 피운 모닥불의 불빛이 내 안내자가 되어 주었다. 나는 슬리핑 백을 펼 장소를 마련하기 위해 땅에서 나무 그루터기와 돌을 걷어 내다가 전갈이 꼬리끝의 침을 세운 채 기어 달아나는 것을 보았다. 뉴컴과 나는 잠자리에 들기 전에 모닥불의 벌건 숯을 보면서 생각에 잠겼다. 유성이 선명한 궤적을 그리며 암벽 사이의 좁은 하늘을 가로지르는 것이 보였다. 하류 쪽에서 들려오는 급류의 둔중한 소리를 들으면서 잠이 든 나는 밤새도록 급류와 싸우는 꿈을 꾸었다.

아침에 너무 늦게 일어난 우리는 뜨거운 햇볕 아래서 아침식사를 준비해야 했다. 내가 베이컨을 구웠다. 바람에 날린 모래가 팬케이크 반죽에 섞였다. 그러나 우리는 모래에 익숙해지고 있었다. 음식과 마시는 물에도 모래가 섞여 있었고 이빨 사이, 눈 안, 수염 사이 그리고 우리의 이부자리와 속옷에도 모래가 있었다. 모래는 숨쉬기처럼 우리 존재의 일부가 되어 있었고, 우리는 그것을 당연한 일로 여기고 있었다.

보트에 짐을 실은 다음 보트를 강물에 띄웠다. 우리의 보트는 여전히 서로 묶여 있었다. 그렇게 하는 것이 더 편안했고, 대화를 나누기도 더 좋았으며 더 안전했다. 간밤에 꿈 속에서 나에게 겁을 주었던 급류는 낮에 보니 자주 바뀌는 물결과 침식된 바위 몇 개 정도로 우리는 어렵지 않게 통과할 수 있었다. 건조한 겨울을 지내고 난 6월

하순이라 강의 수면이 평소보다 낮았기에 망정이지 그렇지 않았다면 여기에 급류가 있다는 사실조차 모르고 지나쳤을 것이다.

강물을 따라 표류해 가노라니 깨어 있는 채 꿈을 꾸고 있는 것 같은 느낌이 들었다. 우리는 배를 쑥 내밀거나 움푹 들어간 거대한 절벽 아래를 미끄러지듯 흘러가고 있었고, 절벽은 벽걸이 융단 같은 물 자국, 황금색 벽감(alcove, 벽의 일부가 쑥 들어가서 은신처를 이룬 곳), 공중에 매달린 정원, 암벽 틈에서 스며나오는 물, 아무도 마시지 못할 샘, 돋보이는 멋진 아치, 조가비 모양의 원형극장 등으로 장식되어 있었다. 그것은 식물이 거의 없는 자연의 조각품—벌거벗은 지구의 모습이었다.

우리는 암벽의 메아리를 시험해 보았다.

야호…

야호…

야호…

우리에게로 되돌아오는 소리가 멀어지며 사라졌다. 거리에 의해 변화된 그 소리가 너무나 이상하고 아름다워서 우리는 홀린 채 조용히 귀를 기울였다.

모래밭을 지났다. 하얀 깃털 같은 갈대꽃과 어린 타마리스크의 연약한 꽃들이 오랜 세월이 흐르는 동안 태양과 바람과 물에 의해 은색으로 변한 강물에 떠내려 온 통나무들 사이에서 미풍에 나부끼고 있었다. 다른 좁은 협곡들에서는 감벨 오크나무 덤불과 회색 코끼리 코 모양의 가지와 밝은 녹색의 잎사귀가 있는 미루나무가 바람에 흔들리고 있는 광경도 더러 볼 수 있었다.

우리는 경이로운 지층을 가진 협곡들을 너무 많이 지나쳤다. 그냥 지나치는 것이 언제나 안타까웠다. 이 협곡들의 대부분은 다시 인간의 눈에 모습을 드러내거나 인간의 발길이 닿는 일이 결코 없을 것이기 때문이었다. 이 살아 있는 장관은 앞으로 생길 저수지의 죽은 물에 잠겨 알려지지 않은 채 남아 있을 것이다. 결국은 진흙 속에 수백 년간 묻혀 있게 될 것이다.

우리는 싸구려 고무보트의 가장 큰 단점을 알게 되었다. 우리가 차분히 탐험해 보고 싶은 어떤 장소를 발견하고 강가로 보트를 대려고 아무리 열심히 노를 저어도 빠른 물살 때문에 그곳을 지나치게 되는 경우가 너무 잦았다. 하류에라도 상륙해서 강변을 따라 걸어서 되돌아가면 되지 않겠느냐고 생각할지 모르지만, 사암 절벽이 물로부터 곧장 솟아 있는 글렌캐니언에서는 강변을 따라 걷는다는 것이 불가능한 경우가 가끔 있다.

더욱이 뉴컴과 나는 우리 여행의 목가적인 편안함에 취해 있는 게 으르기 짝이 없는 사람들이다. 우리는 둘 다 우리가 지나가고 있는 이 아름다움이 곧 사라지고 말 것이라는 사실을 진정으로 믿을 수가 없었다. 본능적으로 우리는 기적을 기대하고 있었다. 댐이 영영 완공되지 않을지도 모르고 시멘트가 동이 나 버리거나 토목기술자들이 모두 어퍼볼타로 실려갈지도 모른다는 엉뚱한 생각을 하고 있다. 또는 그런 일이 일어나지 않는다면 다이너마이트가 잔뜩 든 배낭을 짊어진 어떤 미지의 영웅이 댐의 핵심부로 내려가서 교묘하게 폭파장치를 하고 전선을 연결해서, 대통령과 내무부장관과 남서부 4개 주의 주지사들이 정장을 하고 참석한 완공식에서 대통령이 버틈을 누르는 순간 어마어마한 폭발이 일어나 댐이 산산조각이 나고 강물이 다시 흐르게 될 거라는 꿈같은 상상을 하고 있었다. 이렇게 해서 생긴 그 멋진 급류에 우리는 개간청 청장의 이름을 따서 플로이드 E. 도미니 폭포라는 이름을 붙이기로 했다. 그 존경받는 충실한 공복을 기리는 이보다 더 적절한 방법이 어디 또 있겠는가.

게으르고, 어리석고, 쓸데없는 꿈이다. 우리가 이런 꿈을 꾸면서 이 신비로운 강을 떠내려 가고 있는 동안, 공사장의 일꾼들은 그 어마어마한 장비들을 다루면서 밤낮으로 바삐 움직이며 기한을 맞추려고 시간과의 경주를 하고 있을 것이다. 그들의 작업이 끝나는 날 미국민들은 귀중한 무엇인가가 파괴되고 말았다는 사실을 깨닫게 될지도 모른다.

…자연은 오염되고
자연의 비밀스런 구석구석에서
인간은 저주받은, 사악한 짓들을
일삼고 있다.

까마귀들이 강물에 떠가는 우리를 조롱하고 이름 모를 새들이 버드나무 덤불 깊숙이에서 우리를 향해 울어 댔다. 무인지경에서 들려오는 유일한 외침이었다. 우리는 또 한 마리의 비버를 보았다. 먼젓번에 본 놈이나 마찬가지로 역시 상류를 향해 헤엄쳐 가고 있었다. 이 강과 낮은 협곡에 의지해서 살아가는 털가죽이나 깃털이나 털이 난 가죽을 가진 우리의 사촌들—사슴, 비버, 코요테, 삵, 쿠거, 대부분의 새들과 더 작은 동물들—은 곧 새 삶터를 찾아야 할 것이다. 그들이 그럴 수 있을는지는 의문이다. 이 협곡지대의 다른 곳도 이미 다른 그들의 동족들에 의해 포화 상태를 이루고 있기 때문이다. 자연에 빈터는 없는 법이니까.

우리는 시속 7~8km의 속도—너무 빠른 속도다—로 황금빛 햇살과 더위와 수정 같은 조용함 속을 미끄러져 갔다. 가끔 강물이 우리의 보트 바로 밑에서 갑자기 요동을 쳤다. 바닥의 지형이 변하기 때문에 생기는 현상이었다. 다음 순간 강은 다시 평정을 되찾고 잔잔하게 흐른다. 어쩌다가 들리는 새소리 말고는 들리는 소리라고는 잔물결이 출렁이는 소리, 모래구덩이를 만난 물이 뽀글거리는 소리 그리고 뉴컴이 파이프를 빨아 대는 소리뿐이었다.

우리는 야생의 세계 깊숙이 들어와 있다. 인간에게 낯익은 곳에서 멀리 떠나와 외롭고, 향기롭고, 외진 원시의 세계 속으로 깊이 들어와 있는 것이다. 우리가 지금 있는 곳에서 가장 가까운 마을은 유타주 남동부의 블랜딩이나 유타주 중남부의 행크스빌일 것이다. 두 곳 모두 이곳에서 160km쯤 떨어져 있을 것이고, 그곳으로 가자면 인적이 없는 협곡과 메사, 진흙 언덕, 매끄러운 돔 모양의 바위, 모래밭, 피니언소나무와 향나무 숲을 걸어서 통과해야 할 것이다.

황야(wilderness). 단어 자체가 바로 음악이다.

황야, 황야… 우리는 이 단어의 뜻을 제대로 알고 있지 못하지만, 그 소리만 들어도 이윤과 지배를 위해 땀에 뒤범벅이 되어 다투는 상업주의의 세계에서 아직 미쳐서 죽거나 마비되지 않은 우리 신경과 감정의 꼬투리들이 곤두선다.

어째서 이 단어가 그런 매력을 갖는 것일까? 이 단어의 진정한 의미는 무엇일까? 황야가 '5천 에이커 이상의 도로가 없는 한 덩어리의 땅'이라는 관청의 정의가 제대로 된 정의일까? 황야를 정의하려는 그 뜻은 가상하지만 그것만으로는 불충분하다. 황야에는 그 이상의 무엇인가가 포함되어 있다.

황야라는 말은 향수를 불러일으킨다. 그것은 우리 조상들이 알았던 잃어버린 아메리카에 대한 감상적인 향수만은 아니다. 황야라는 말은 과거와 미지의 세계, 우리 모두의 고향인 대지의 자궁을 암시한다. 그것은 잃어버렸으면서 아직 있는 어떤 것, 외지면서도 동시에 아주 가까이 있는 어떤 것, 우리 피와 신경에 묻힌 어떤 것, 우리를 초월한 무한한 어떤 것을 뜻한다. 우리가 흘려버려서는 안 될 낭만을 뜻하기도 한다. 낭만적 관점이 전적으로 진실된 것은 아니지만, 그것이 진실의 필요한 일부인 것만은 분명하다.

하지만 황야에 대한 사랑은 도달할 수 없는 것에 대한 갈증 이상의 것이다. 그것은 또한 지구에 대한 충성심의 표현이기도 하다. 지구는 우리를 낳아 주었고 길러 준, 우리가 알게 될 유일한 고향이며 우리가 필요로 하는 유일한 낙원이다. 원죄, 진정한 원죄는 탐욕 때문에 우리 주위의 자연이란 낙원을 맹목적으로 파괴하는 것이다.

내가 말하는 낙원은 성인들이 모여 있는 진부한 천국이 아니다. 내가 말하는 낙원은 사과나무와 금발의 미인들만 있는 게 아니라 전갈과 독거미, 파리와 방울뱀, 독도마뱀, 모래폭풍, 화산, 지진, 박테리아, 곰, 선인장, 유카, 급작스런 홍수와 표사 그리고 질병과 죽음, 썩어 가는 살도 있는 곳이다.

낙원은 사자가 양들처럼 누워 있고(그러면 그들이 무엇을 먹겠는가?), 천사들이 바보같이 끝없는 원을 그리며 돌고 있는, 기쁨과 한결같은 완벽만이 있는 정원이 아니다. 아리스토텔레스와 초기 교회의 교부들이 우리에게 설교하려고 했던, 시공을 초월한 환상의 영역은 현대에 와서는 무시와 무관심의 대상이 되어 망각의 영역으로 물러나고 말았다. 그리고 그것은 당연한 일이다. 내가 지금 쓰고 있고 찬양하고자 하는 낙원은 지금 여기 우리와 함께 있는, 실제로 존재하고 만질 수 있는, 우리가 서 있는 실재하는 세계인 것이다.

스스로를 현실주의자라고 생각하는 사람들 가운데는 자연과 야생을 사랑하는 것은 편안하고 안전한 조건에서만 가능하고, 따라서 그들의 총과 쟁기와 철조망으로 대륙의 반을 정복한 개척자들은 그런 것을 몰랐다고 생각하는 사람들이 있다. 과연 그럴까? 존 허친스의 『한 사람의 몬태나』에 인용된 카우보이 화가 찰스 매리언 러셀이 느꼈던 바를 참고할 필요가 있다.

"나는 개척자라고 불려 왔다. 내 책에서 개척자는 처녀지에 와서 털가죽을 가진 모든 동물을 덫으로 잡고, 모든 야생동물을 잡아 죽이고, 모든 나무를 베어 버리고, 모든 풀을 가축에게 뜯어 먹게 하고, 쟁기로 모든 뿌리를 갈아엎고, 1만 km의 철조망을 치는 사람이다. 개척자는 모든 것을 파괴하고 그것을 문명이라 부른다."

존 무어, 헨리 데이비드 소로, 존 제임스, 오듀본, 화가 조지 캐틀린도 개척자 못지않게 고생을 하고 어려움을 겪은 사람들이다. 그러나 이들은 미국의 곳곳을 걸어서 답사하며 그 안에서 경제적 이용을 위한 원료 이상의 그 무엇을 찾아낸 사람들이다.

내가 특히 좋아하는 사람은 물론 남북전쟁의 외팔이 상이용사인 J. 웨슬리 파월 소령이다. 그는 조그만 목선에 묶어 놓은 의자에 앉아서 용감한 그의 탐험대를 이끌고 그린강, 그랜드강, 콜로라도강 등 미지의 협곡을 탐험한 사람이다. 철도가 닿는 와이오밍의 소도시 그린리버에서 지금의 미드호인 그랜드캐니언의 어귀까지 탐험한 그의 첫 번째 여행은 3개월이 걸렸다. 그 기간 동안 그와 그의 일행은 온갖 불쾌한 경험을 했다. 배를 잃기도 했고, 로프에 배를 매달아 고약한 급류 아래로 내려보내기도 했고, 곰팡이가 난 밀가루를 먹어야 했고, 육류가 떨어져 고기맛을 보지 못하며 여행을 계속해야 했고 또 혹심한 더위와 추위 그리고 병을 견뎌야 했다. 일행 중 3명은 이 극심한 심리적 압박을 견디지 못했다. 그들은 탐험이 거의 끝나갈 무렵 탐험대를 이탈해서 육로를 통해 문명 세계로 돌아가려고 했다. 그들은 모두 인디언들에게 살해당하고 말았다. 파월은 그랜드캐니언이 음침하고 끔찍한 골짜기라는 것을 알고 있었으나 그 자신과 그의 일행이 극심한 심리적, 육체적 고통을 당했음에도 불구하고 협곡 전반에 대해 다음과 같은 찬사를 아끼지 않았다.

"그랜드캐니언은 형태와 색깔과 소리의 아름다움의 극치를 간직하고 있다. 그 형태는 산의 그것을 능가하고 색깔은 석양에 뒤지지 않는다. 그리고 태풍에서 뚝뚝 듣는 빗방울, 폭포 아래에서 부글부글 솟아오르는 샘에 이르는 온갖 음향을 간직하고 있다…."

"그랜드캐니언은 한눈에 그 전모를 볼 수 없다. 그것은 커튼을 걷어올리면 볼 수 있는 장관이 아니다. 그 전모를 보자면 몇 달에 걸쳐

강을 따라서

미로를 섭렵해야 한다. 이 협곡을 가로지르는 것은 알프스나 히말라야를 넘는 것보다 더 어렵다. 하지만 그럴 힘과 용기만 있다면, 1년간의 수고로 천국 못지않은 비경을 감상할 수 있다."

황야는 사치품이 아니라 인간의 영혼에 꼭 필요한 필수품이다. 그것은 물이나 빵처럼 우리 생명에 필수적이다. 문명이 얼마 남지 않은 야생의 세계, 원시의 자연을 파괴하는 것은 생명의 원천과의 고리를 끊어 버리는 것이며 문명 자체의 원칙을 배반하는 것이다.

산업 생산직에 종사하는 사람들의 숫자가 늘어나고 그들이 하는 일이 확장돼 간다면, 사업주는 근시안적인 소기의 목적을 달성하겠지만, 자신을 자연적인 것으로부터 격리해서, 그 자신이 만든 합성의 세계에 감금되는 데도 성공할 것이다. 이로써 그는 결국 지구로부터 추방된 망명자가 될 것이고, 아직 그에게 무엇을 느낄 능력이 있다면 결국 그 상실의 고통과 아픔을 알게 될 것이며, 갇힌 지아족 인디언들이 부른 향수의 노래의 진정한 뜻을 알게 될 것이다.

저 너머 나의 고향,
이제 생각이 나네.
먼 산을 볼 때마다
나는 우네.
나는 우네.
고향을 생각하며.

우리의 보트가 천천히 방향을 바꾸자 협곡의 터진 틈이 보였다.

북서쪽으로 물러서 있는 헨리산맥의 일부였다. 헨리산맥은 미국에서 가장 마지막으로 이름이 지어지고 탐험되고 지도에 올려진 산맥이다. 우리가 보고 있는 것은 낮은 봉우리 가운데 하나인 엘스워스산이었다. 그곳에서는 서늘한 가운데 참제비고깔, 루피너스, 인디언페인트브러시, 세고백합, 매발톱꽃 등이 꽃을 피우고 있을 것이다. 우리는 그것들을 볼 수는 없지만 쉽사리 상상할 수는 있었다.

보트가 계속 방향을 바꾸더니 하류 쪽을 향했다. 우리는 이제 남서쪽의 지각이 경련을 일으킨 듯한 바윗덩어리를 볼 수 있었다. 워터포켓 폴드의 남쪽 끝이다. 워터포켓 폴드는 80km에 걸쳐 뻗어 있는 뒤틀린 사암의 능선으로, 여기서 보니 침식된 바위가 마치 잔디 깎는 기계의 이빨 같았다. 그곳은 머지않아 국립공원이 들어설 것이 확실한 곳 가운데 하나다. 그렇게 되면 경찰, 행정관리, 포장도로, 전망대, 야영장, 카페테리아, 코카콜라 판매기, 수세식 화장실이 완비될 것이고 입장료가 부과될 것이다. 그 본래의 모습을 보고 싶은 사람은 어서 그곳을 찾아야 한다. 시간이 얼마 남지 않았다. 어떻게 그곳에 가느냐고? 글쎄, 그건 나도 말할 수 없다.

강의 수면이 햇빛을 받아 녹아 버린 호박처럼 보이는 정오가 조금 넘은 시각, 우리들의 앞쪽 동쪽 강변에 버려진 탄광 캠프가 보였다. 우리는 왼쪽으로 열심히 노를 저어 가서 가파르고 미끄러운 진흙 강둑에 보트를 댄 다음 보트를 굵은 버드나무에 맸다.

랠프가 그늘에 편안하게 자리 잡고 낮잠을 즐기는 동안—그는 마음대로 잠을 잘 수도 있고 새벽까지 자지 않고 술을 마시며 이야기를 할 수도 있는 복 받은 사람이다—나는 캠프가 자리 잡은 황량한 선반 바위까지 올라가 보았다.

광부들이 기거했던 흔적이 남아 있었다. 녹슨 깡통, 지붕이 없는 오두막, 텐트 조각, 부서진 간이침대, 녹슨 삽, 쥐가 쏜 장화, 다이너마이트 상자, 찌그러진 모자, 화약 2개(뇌관은 없었다), 조광권과 생산 협약 관계 서류, 햇빛에 바랜 지도 2장 그리고 놀랍게도 누더기가 된 여러 권의 잡지들—모두 쥐들이 쏠아 누더기가 되어 읽기 어려웠고 좋은 사진은 누군가가 찢어 갔다—이 널려 있었다. 이 친구들은 많은 시간을 독서를 하면서 보낸 모양이었다. 그들이 찾던 것이 무엇이었든 간에—금? 우라늄?—그들은 그것을 발견하는 데 실패하고 떠날 수밖에 없었던 것이 분명했다.

캠프를 지나 구리 색깔의 모래언덕으로 올라가 보니 모래 위에 지프차 자국이 나 있었다. 자국은 동쪽으로 나 있었는데 그곳은 검은 뷰트와 솔트 돔, 원시의 고원 등 노새사슴과 퓨마들만이 사는 무인지경이었다. 아마 지프차 자국은 광산으로 난 것일 것이다. 캠프 근처에는 채굴을 한 흔적은 없었다. 탐광자 또는 채굴자들은 물을 쉽게 공급받을 수 있는 강가에 캠프를 차렸을 것이다. 그 밖의 그들에게 필요했던 것, 부츠에서 콩 그리고 아마 지프차까지 모두 강을 이용해서 이곳으로 운반되었을 것이다. 왜냐하면 이 캠프는 지도 제작자들에게 알려진 어떤 도로에서도 아주 멀리 떨어져 있기 때문이다.

언덕에 올라 보니 우리가 우묵한 계곡에 들어와 있다는 사실이 어느 정도 이해가 되었다. 내가 강에서 최소한 300m는 올라온 꽤 높은 언덕 정상에 서 있는데도 어느 방향으로나 16km 이상 바라볼 수 없었기 때문이다. 어느 쪽의 시야든 내가 서 있는 곳보다 훨씬 더 높은 뷰트, 메사, 고원의 깎아지른 암벽에 의해 막혀 있었던 것이다. 뷰트와 메사, 고원들은 벤치나 테라스 모양을 이루며 내 주위에 수평의 스카이라인을 형성하고 있어서 내가 알고 있는 산맥들—북서쪽의 헨리산맥, 북동쪽의 라살산맥, 동쪽의 블루산맥, 남쪽 어딘가에 있을 나바호산맥 그리고 서쪽 또는 남서쪽의 카이파로위츠 등—을 볼 수 없게 방해하고 있었다.

맨해튼 정도의 도시 하나를 쉽게 감출 수 있을 만한 이 넓고 우묵한 공간 그 어디에도 인간이나 동물이 살고 있는 흔적은 없었다. 날아오르는 말똥가리 한 마리 보이지 않았다. 더위와 정적 속에서 움직이거나 뒤척이는 것은 아무것도 없었다. 완벽한 정적이었다.

이상한 일은 협곡지대에서는 이 지역의 살아 있는 동맥인 강에 가까워질수록 땅이 더 건조해지고 더 황량해져서 사람이 살기가 더 어려워진다는 것이다. 이런 점에서 콜로라도의 사막은 이집트의 나일강이나 뉴멕시코주 리오그란데강 옆의 사막과는 정반대이다. 그 두 지역의 경우 사람들과 도시가 강가에 모여 있기 때문이다. 콜로라도강의 경우 유타주 모아브에서 캘리포니아주 니들스까지 1,600km 이상의 거리를 흐르는 동안 강가에 도시가 하나도 없다(글렌캐니언 댐과 볼더 댐의 건설과 운영을 위해 임시로 만든 완전히 인공적인 작은 마을 2개가 있긴 하지만, 이것은 자연적으로 생겨난 도시가 아니다).

인간이 모여 사는 도시만 없는 것이 아니고 식물 역시 드물기는 마찬가지다. 강둑과 많은 협곡 바닥에 비교적 싱싱한 식물들이 있는 것을 제외하면, 콜로라도강에 다가갈수록 모든 형태의 생명이 그 양에 있어서 감소한다. 산들은 숲으로 덮여 있고 고원들 역시 숲이 우거져 있다. 높은 곳에는 사시나무와 황색 소나무가 있고 밑으로 내려가면 피니언소나무와 향나무가 있다. 그러나 강을 향해 더 내려가면 피니언소나무와 향나무가 사라지고 산쑥과 다른 관목이 나타나고 다시 더 내려가면 유카, 부채선인장, 마황이 나타나며 더 강에 가까워지면 솔트브러시와 블랙브러시 그리고 연약한 1년생 식물들—뱀풀, 노새 귀 해바라기 그리고 모래와 바위에 군데군데 나 있는 잡초들—이 보일 뿐 아무것도 없다.

이런 언뜻 보기에 이상한 현상이 일어나는 이유로는 두 가지를 들 수 있다. 우선 모든 고원과 협곡지역이 건조지역 또는 반건조지역으로 분류되지만, 더 높은 평지가 낮은 지역보다 평균적으로 약간 더 많은 강우량을 갖는다. 둘째, 콜로라도강이 많은 양의 물을 주위의 지역보다 훨씬 낮은 고도에 있는 깊고 대체로 접근 불가능한 협곡(예를 들면 그랜드캐니언)을 통해 빠른 속도로 바다로 실어가기 때문에 강이 통과하는 사막에는 물을 대 주지 못한다. 강이 협곡을 지나 평지로 나오면 비로소 그 강물은 농업에 이용될 수 있다. 캘리포니아주와 애리조나, 멕시코가 이 귀중한 물의 분배 문제로 반세기가 넘도록 싸워 오고 있는 것은 우리가 잘 알고 있는 사실이다(콜로라도강에 댐을 만들 때마다 이용 가능한 물의 양은 줄어든다. 물이 증발되고 또 저장공간이 있는 다공성 사암으로 스며드는 것이 불가피하기 때문이다).

햇빛 때문에 두통이 일어나기 시작했다. 나는 모래 비탈을 비틀거리며 달려 내려왔다. 모래는 구리처럼 누렇고 산호처럼 분홍색을 띠고 있었다. 해바라기, 진홍색 펜스테몬, 자줏빛 애스터가 모여 있는 곳을 지나니 강가 버드나무 그늘이 나타났다. 나는 헤엄을 치면서 뿌옇지만 시원한 강물을 한껏 들이켰다. 그런 다음 우리는 오후 서너 시쯤 다시 출발했다. 노를 저어서 강의 흐름을 가로질러 그늘 쪽으로 간 다음 우리는 강물의 조용하면서도 힘찬 흐름에 우리를 내맡겼다.

우리는 지도도, 컴퍼스도, 안내자도 없이 눈뜬장님처럼 여행하고 있었지만 나는 파월의 책과 소문을 통해 우리가 곧 또 다른 작은 지류인 에스칼랑트강의 어귀에 이를 것임을 알고 있었다. 나는 그 강을 탐험해 보고 싶었다. 그 강의 꾸불꾸불한 진로를 따라 자연의 다리와 아치, 암굴 주거, 매달린 정원 등 절경이 펼쳐져 있다는 얘기를 들은 적이 있기 때문이다.

해가 넘어가고 우리가 뿌옇게 푸른 황혼 속을 새소리들을 들으며 흘러가고 있을 때, 나는 에스칼랑트강을 잊지 않고 두 눈을 커다랗게 뜬 채 합류점이 나타나나 지켜보고 있었다. 마침내 앞쪽, 정확히 말해서 오른편 언덕쪽 강변에 커다란 협곡의 입구가 보였다. 그곳에는 미루나무 등의 나무들도 우거져 있었다. 나는 즉시 그곳이 합류점이 분명하다고 직감하고 이곳을 그냥 지나쳐서는 안 되겠다고 마음먹었다. 우리는 강변을 향해 노를 저었다.

그러나 강의 흐름이 이미 우리를 강 한복판으로 끌어들였고, 모든 것이 보기보다는 멀었다. 우리는 강변과 협곡의 어귀를 향해 있는 힘을 다해 노를 저었지만, 이미 너무 늦게 시작한 듯했다. 강이 우리를 빠르게 몰아갔고 우리는 그곳을 그냥 지나칠 판이었다.

이런 일은 전에도 몇 차례 일어났었다. 그럴 때마다 우리는 앞에 또 다른 볼거리들이 있다는 생각으로 위안을 삼으며 강에게 굴복하고 그냥 그곳을 지나치곤 했다. 그러나 이번만은 포기하지 않기로 했다. 우리는 계속 노를 저어 강가에 닿았고 그런 다음에는 물가에 있는 버드나무의 도움을 받아 강가를 따라 상류로 올라갔다. 우리는 소용돌이와 물이 정지되어 있는 곳을 지났고, 커다란 바위를 노를 저어 우회했다. 그러자 드디어 협곡 입구의 조용하고 따뜻한 녹색의 물에 들어설 수 있었다. 기진맥진하다시피 된 우리는 보트 안에서 잠시 휴식을 취한 후 천천히 어두컴컴한 협곡 안으로 노를 저어 들어갔다.

해는 한 시간 전에 이미 넘어갔고, 달이 암벽 위에 나타나려면 한 시간을 더 기다려야 했다. 우리가 들어선 그 커다란 협곡은 동굴 안처럼 어두웠다. 더 깊숙이 들어간 우리는 어둠 속에서 깎아지른 암벽에 닿아 있는 하얀 모래사장 같은 곳을 보았다. 우리는 그곳으로 다가가 상륙한 다음, 보트를 안전하게 묶어 놓고 죽은 나뭇가지들을 찾아 불을 지폈다.

넓은 강에서 시원한 바람을 맞으며 하루를 보내고, 이곳 좁고 깊은 협곡에 들어와서 느끼는 더위는 숨이 막힐 듯 답답했다. 우리는 차를 끓여 마셨지만 저녁은 별 생각이 없어 과일 통조림 한 통씩으로 때웠다. 잠을 청하는 담배 한 대를 피우고 몇 마디 대화를 나누고 우리는 슬리핑 백을 펴고 잠자리에 들었다.

나는 편안히 잠들지 못했다. 물이 불어나 우리 보트들이 떠내려가는 꿈이 자꾸 나를 괴롭혔다. 밤 12시쯤에는 바람소리와 물이 철썩거리는 소리에 잠이 깨어 하늘을 올려다보니 상현 반달이 떠 있었다. 물은 우리 슬리핑 백에서 30cm도 안 떨어진 곳에서 모래에 부딪쳐 철썩거리고 있었다. 슬리핑 백에서 나온 나는 보트들이 버드나무에 안전하게 매여져 있나 확인한 다음 랠프를 깨우려고 했다. 잠깐 망설이던 나는 물이 불어난 것이 내가 줄곧 잠재의식 속에서 두려워해 왔던 것처럼 상류 쪽에 내린 폭우 때문이 아니라, 단순히 강한 바람이 강에서 협곡 안으로 물결을 불어서 보내기 때문이라는 것을 깨달았다.

바람이 불어 공기가 신선하고 시원했다. 달빛에 알몸을 드러낸 나는 그 시원한 공기를 한껏 마시면서 절벽 어딘가에서 울어 대는 기분 나쁜 부엉이 울음소리를 들었다. 그런 다음 다시 잠자리에 들었고 이번에는 바람소리와 물소리를 자장가 삼아 잘 잤다.

우리는 아침식사 전에 장비를 대충 뭉뚱그려 보트에 실은 후 노를 저어 협곡 위쪽으로 올라갔다. 얕은 물이 나왔고 한 굽이를 도니 강이 보이지 않게 되었다. 나는 보트에서 내려 물속을 걸으면서 보트를 끌고 갔다. 이윽고 우리는 넓고 얕은 맑은 개울물이 흘러들어가 질편하게 고여 있는 물과 합류하는 지점에 이르렀다. 이 개울은 깊이가 15cm, 너비가 1.8m쯤 되었다. 제법 빠른 물살이 계속 흘러들고 있었다. 에스칼랑트강이 틀림없었다. 물은 신선하고 깨끗했으며 시원하다고 할 정도였다. 이번에는 소 발자국을 살필 필요도 없이 우리는 이 맑은 물을 오래 들이켰다.

기분도 훨씬 좋아지고 식욕도 되살아난 우리는 마지막 베이컨과 마지막 달걀, 마지막 과일 통조림으로 아침식사를 준비했다. 이제부터는 건조식품—비상식량—이나 땅에서 구할 수 있는 것으로 연명해 가야 할 판이었다.

내가 에스칼랑트강을 따라 올라가는 일일 하이킹을 준비하고 있을 때, 랠프가 수로의 메기에 대해 뭐라고 중얼거리는 소리가 들렸다. 나는 별로 신경을 쓰지 않았다. 고체화한 쇠고기 수프(녹여서 사용함)와 건포도만으로도 나는 만족이었다. 그러나 약간 식도락가인 뉴컴은 생각이 달랐다. 나는 부츠끈을 매면서 그가 곰팡이가 슨 살라미 소시지 조각을 낚싯바늘에 끼워서 그것을 낚싯줄과 함께 개울 밑 깊은 흙탕물에 던지는 것을 보았다.

"이봐, 당신 낚시 허가 받았어?" 내가 물었다.

그는 대답 대신 주먹을 꽉 쥔 손에서 가운뎃손가락을 펴더니 그것으로 하늘을 찌르는 시늉을 했다.

나는 출발했다. 그러나 얼마 안 가서 첨벙하는 이상한 소리가 들렸다. 뒤돌아보니 뉴컴이 커다란 메기의 머리를 노로 때려서 숨을 끊고 있는 광경이 보였다. 하느님이 준비해 주신다는 말씀이 맞는 것 같았다.

높이 솟은 암벽 사이로 올려다보이는 좁은 하늘에는 구름이 끼어 있었다. 비가 올 것 같았다. 비가 오든 햇볕이 쩽쩽 내리쬐든 나에게는 매일반이었다. 물통과 지팡이 그리고 건포도와 자른 쇠고기 조각만을 가지고 협곡 바닥의 단단한 젖은 모래를 밟으며 나는 위쪽으로 올라갔다. 사슴 여러 마리, 코요테 한 마리, 발가락이 3개인 커다란 새 한 마리, 물떼새 혹은 도요새 여러 마리의 발자국과 도마뱀 여러 마리와 뱀 한 마리가 지나간 자국이 있었지만 소나 말, 사람의 발자국은 보이지 않았다.

자국들은 모두 선명했다. 며칠밖에 지나지 않은 자국이 분명했다. 그렇게 생각할 만한 충분한 이유가 있다. 젖은 모래, 잔모래를 뒤집어쓴 채 강쪽으로 구부러진 물기를 머금은 관목들, 먼지 하나 없이 깨끗한 자갈과 돌들…. 이 모든 것들은 최근에 이 협곡에 아주 강한 급류가 흘렀었다는 것을 말해 주고 있었다.

나는 양편에 수직으로 솟은 매끄러운 암벽을 바라보았다. 급류가 밀어닥칠 경우 내가 할 수 있는 일은 무엇일까? 아무것도 없었다. 나는 급류에 실려 뉴컴과 보트가 있는 곳으로 돌아가서 저녁으로 메기를 먹게 될 것이다.

물속을 걸어야 할 때가 많았다. 개울의 수로가 이쪽 암벽에서 저쪽 암벽으로 꾸불꾸불 나 있었기 때문에 1.5km도 올라가기 전에 나는 12번이나 물속을 걸어야 했다. 부츠를 신고 물속을 걷기란 쉽지 않았다. 그러나 이 구불구불한 개울의 가장자리를 걷는다는 것은 불가능했다. 개울이 예각을 이루며 구부러져서 절벽을 깎고는 다시 반대편으로 휙 구부러지면서 다시 절벽을 파고들기 때문이었다. 테니스화를 가지고 왔더라면 좋았을 것이라는 생각이 들었다.

테니스화가 없는 나는 부츠를 벗어서 한쪽 어깨에 걸고 맨발로 걷기 시작했다. 나는 표사 여울을 가볍게 건너뛰었고, 필요할 때는 얕은 곳을 골라 여울을 건너기도 했다. 그러나 자갈과 바위가 많은 곳을 걷자니 힘이 들고 진행 속도가 더뎠다.

800m쯤 더 올라갔을 때 '뚝뚝 떨어지는 샘'을 만났다. 내 머리 위 60m에서 암벽을 타고 흘러내리는 물이었다. 지표수가 그곳에서 사암층 사이를 뚫고 나와서 절벽의 경사면을 타고 흐르며 이끼, 고사

리, 매발톱꽃, 물꽈리아재비 등의 연약한 암벽 식물들을 먹여 살리고 있었다. 그 공중정원 밑에서 암벽은 안으로 움푹 들어가 집 한 채가 들어가도 될 만한 지붕을 만들고 있었다. 그 지점에서 물은 표면장력의 손아귀에서 벗어나 안개처럼 공중으로 떨어져 협곡 바닥에 이른다. 나는 그곳에 서서 가는 물줄기로 샤워를 하면서 물통도 채우고 동시에 마시기도 했다.

더 올라갔다. 구름은 걷혔고 해는 아직 암벽 너머에 있었다. 포도주 색깔의 하늘 아래 나는 암벽과 협곡 바닥에 반사되는 빛 속을 걸었다. 들려오는 소리라고는 조용한 물소리와 내 맨발이 모래에 닿는 소리 그리고 한두 번 들려오는 굴뚝새의 청아한 울음소리뿐이었다.

이곳에는 전에 다른 사람들이 왔었던 흔적이 보였다. 암벽에 선으로 그린 그림이 있었는데, 큰뿔양, 뱀, 노새사슴, 태양, 비구름의 심벌, 창을 든 사람들이 그려져 있었다. 옛 인디언 종족인 아나사지족의 흔적이었다.

두 번째 뚝뚝 떨어지는 샘을 만났다. 위쪽 바위틈에서 배어나오는 물이 암벽 밑에 있는 석판 위에 분무를 이루며 떨어지고 있었다. 기울어진 석판의 평평한 표면에 누군가가 물을 한군데로 모으려고 2개의 홈을 파놓은 것이 보였다. 50년 전에 모르몬교도 카우보이가 파놓은 것일까? 아니면 800년 전에 인디언이 파놓은 것일까? 홈은 떨어지는 물의 일부를 모아서 석판의 아래쪽 가장자리에 돌을 깎아 만든 주둥이로 떨어지게 되어 있었다. 홈은 닳고 닳아서 만져 보니 조약돌처럼 매끄러웠다.

그곳에 앉아 손으로 물을 받아 마시다가 문득 반대편 암벽을 올려다보니 협곡 바닥으로부터 30m쯤 올라간 곳에 깊지 않은 동굴이 보였다. 그리고 그 안에 작은 돌집 3채의 흔적이 남아 있는 것이 보였다. 암석 주거 유적지 대부분이 그렇듯이, 800년 동안의 침식작용으로 사다리와 손잡이 역할을 했을 바위가 떨어져 나가 버려서 이제는 그 유령의 마을로 올라갈 방도가 없었다.

하지만 나는 밑에서 그 폐허를 올려다보는 것만으로 만족했다. 기념품 수집가도 고고학자도 아닌 나로서는 옥수수 속대 몇 개, 아이의 짚신, 화살촉, 또는 깨진 두개골을 수집하려고 그 오래된 먼지를 뒤적일 생각이 추호도 없었다.

내 관심의 대상은 콜럼버스 이전의 그들의 삶이 어떠했을까 하는 것이었다. 우리는 사실 그들의 생활방식에 대해서는 꽤 자세히 알고 있다. 그들은 옥수수와 콩, 멜론을 재배했고 토끼와 사슴을 사냥했으며 도기와 광주리 그리고 산호와 뼈로 장신구를 만들었고 요새와 같은 집을 지었다. 내 관심사는 왜 그런 집을 지었느냐다. 혹시 아나사지족도 20세기의 미국인들처럼 두려움의 구름 아래서 살았던 게 아닐까?

두려움, 그것이 그들 삶의 진짜 중요한 요소였을까? 그들에게 어떤 끈질기고 고약한 적이 있었기에 가장 가까운 목초지나 숲, 산으로부터 160km나 떨어진 이 사막의 미궁 한복판에서조차 그들은 저 높은 암벽 위에 제비집 같은 집을 지었을까?

그들의 생활 태도는 위축되어 있었고 보수적이었으며 조심스러웠다. 만연된 공포감이 그들의 공동체를 하나로 묶을 수 있었을지도 모른다. 모든 사람의 생각이 같은 곳에서는 혁신이 일어날 위험

강을 따라서

291

은 거의 없으니까. 이 조용한 곳에 살던 모든 아이들은 그들의 언어와 놀이와 더불어 옛날에 있었던 전쟁과 학살 그리고 도주와 이주의 전설을 학습했을 것이다. 아이들은 또 공격의 위험은 상존한다는 것, 밤낮 어느 시간에나 끔찍하고 잔인한 적이 협곡의 아래 또는 위로부터 공격해 올지 모른다는 얘기를 귀가 따갑도록 들었을 것이다. 모아브 북쪽 세고 협곡의 암벽에 그려진 붉은 뿔이 나고, 눈이 움푹 파이고, 어깨가 넓은 괴물들은 그 무서운 적을 형상화한 것인지 모른다.

오래전에 이 절벽 주거지는 버려졌다. 그 주민들은 그들이 늘 두려워했던 적들에 의해 몰살당한 것일까? 아니면 나쁜 위생 상태와 그들이 사용하는 물과 공기의 오염으로 인한 질병으로 서서히 수가 줄어들어 결국 사라지고 만 것일까? 그것도 아니면 그들의 삶을 회복불능 상태로 만들고 그들을 이곳까지 도주케 한 공포가 그들이 사라지게 된 원인이었을까?

계속 걸어 올라가자 협곡의 형태가 약간 변했다. 협곡이 더 넓고 덜 깊은 곳도 더러 나타났으며 암벽이 부서져 위쪽 세계로 나갈 수 있어 보이는 경사가 급한 골짜기가 나타나기도 했다. 나는 두 번 협곡 밖으로 나가보려고 시도했지만, 첫 번째 길은 또 다른 수직 암벽으로 막혀 있었고, 두 번째 길은 올챙이와 잠자리들이 들끓는 물이 고인 깊은 연못으로 막혀 있었다. 연못 위에는 불쑥 튀어나온 암벽이 있었고 그 한가운데 구멍이 뚫려 있었다. 구멍은 천년 동안 간헐적으로 물을 흘려보내며 점점 커져서 매끄러운 곡선 형태의 창문처럼 변해 있었다. 헨리 무어의 조각작품 같은 이런 바위는 협곡지대에 수백 개나 있었다.

저녁 늦게 나는 퇴적토 언덕 위에 남서쪽 림(고원의 가장자리)을 향해 나 있는 사슴길 같은 것을 발견했다. 나는 그 길을 따라가서 그 길이 어디로 나 있는지 알아보고 싶은 유혹을 느꼈다. 하지만 너무 지친 데다 배가 고팠고 발도 약간 부르터 있었다. 가지고 간 건포도는 이미 떨어졌고 협곡도 어두워져, 섭섭했지만 나는 방향을 돌릴 수밖에 없었다.

내가 두 번째 뚝뚝 떨어지는 샘에 이르기도 전에 사막에는 밤이 찾아왔다. 나는 물에 떠내려온 통나무에 앉아 나무껍질 부스러기로 조그만 모닥불을 피우고 달이 뜨기를 기다렸다. 부츠를 다시 신었다. 물이 있건 없건 간에 발이 너무 아팠기 때문이다.

은빛 방패처럼 빛나는 달이 마침내 암벽 위로 자태를 드러냈다. 달이 나타나면 환해지고, 암벽의 방향이 바뀌어 달이 사라지면 다시 어두워지는 가운데 나는 이런저런 생각을 하면서 캠프로 걸음을 옮겼다. 어떤 이유에선지 멀찌감치 떨어져 나를 뒤따라 오는 커다란 부엉이의 울음소리가 길동무가 되어 주었다.

돌아가는 길은 예상했던 것보다 어려웠다. 아리아드네의 실 같은 개울을 따라갔으니 망정이지, 그렇지 않았다면 나는 엉뚱한 협곡으로 들어가서 허기진 배로 협곡을 헤매다가 이부자리도 없이 한데서 잠을 자야 했을 것이다. 반복해서 물을 건너야 하는 일이 이제 갑절은 더 힘들어졌다. 부츠가 물에 푹 젖은 데다가 부츠 안에 모래가 들어가서 더욱 괴로웠다. 나는 비틀거리며 계속 걸음을 옮겼다. 굽이를 돌 때마다 그것이 마지막이기를 바랐고, 어서 랠프가 피워 놓은 캠프파이어가 눈에 들어오기를 고대했다. 에스칼랑트강은 낮 동안의 자유롭고 친절한 강이 아니었다. 전혀 다른 낯선 미지의 존재, 알 수도 없고 약간 적의를 품은 존재로 바뀌어 있었다.

끝이 없다는 느낌도 들기 시작했다. 그러다가 마침내 앞에 불이 보였다. 벌건 등걸 숯불이었다. 고무보트의 윤곽도 보였다. 나를 안심시키는 광경이었다. 잠이 들었던 랠프가 내가 오는 소리에 얼른 일어나서 나를 위해 남겨 놓은 메기 고기를 보여 주었다. 젖은 나뭇잎에 싼 메기 고기는 시원했고 아직도 신선했다.

자정이 넘은 시각이었지만 그대로 잘 수는 없는 노릇이었다. 우리는 다시 불을 피우고 랠프가 현명하게도 간직해 왔던 베이컨 기름 덩이의 일부로 메기를 튀겼다. 나는 진흙 범벅이 되어 무게가 갑절로 늘어난 부츠를 벗고 불 가까이 앉아서 진수성찬인 저녁을 먹었다. 그러는 동안 랠프는 파이프 연기를 계속 공중에 뿜어 댔다. 우리는 그날 우리가 한 모험에 대해 이야기를 나누었다.

머리 위 높은 하늘에서는 부엉이가 날고 있었고, 먼동이 트기 전에 미루나무 사이로 바람이 불어왔다. 마른 미루나무 잎사귀들이 내는 소리가 멀리서 들려오는 물소리 같기도 했고, 오래되고 텅 빈 저주받은 사원에서 귀신들이 속삭이는 소리 같기도 했다.

이튿날 정오가 거의 다 되어서야 암벽을 넘어온 태양이 그 불벼락으로 우리를 슬리핑 백 밖으로 쫓아냈다. 우리는 녹색의 연못에 뛰어들어 목욕과 수영을 했다. 그런 다음 랠프는 썩은 살라미 소시지를 다시 낚시에 끼웠다. 나는 그늘에서 모닥불을 피우고 프라이팬에 기름을 가득 채웠다. 다시 한번 우리는 메기 고기를 포식했다. 메기는 아주 맛이 있었다!

이 아침 겸 저녁 식사를 하고 난 다음 우리는 다시 물에 뛰어들었고, 더 깊은 그늘을 찾아서 한낮의 더위를 피했다. 야만인처럼 벌거 벗은 우리는 잔잔한 물 위에 등을 대고 떠 있기도 했고, 미루나무 아래 시원한 모래에 웅크리고 앉아 있기도 했으며, 또 인디언 추장처럼 연방 담배를 피워 댔다. 우리는 충분한 식량은 없었지만 적어도 담배만은 충분히 가지고 있었다.

"여보게, 이제 떠나야겠네." 내가 말했다.

"왜? 왜 떠나야 하지?" 그가 말했다.

"자네 왜 그 턱수염을 기르지?"

"길러서 안 될 거 있나?"

"왜 기르느냐구."

"안 될 것 있느냐구."

"도대체 왜 기르느냐구."

"도대체 뭐 안 될 것 있느냐구."

"왜냐하면… 그들이 우릴 필요로 하기 때문일세. 문명이 우리를 필요로 하기 때문이지." 내가 설명했다.

"무슨 문명?" 그가 말했다.

"방금 자네가 말한 그 문명이 우리를 필요로 하네."

"하지만 우리가 그들을 필요로 하나?"

"베이컨 기름 단지가 얼마나 더 버틸 것 같은가?" 내가 말했다.

그 말이 그를 생각하게 했다. "가세." 그가 말했다.

오후 서너 시경에 우리는 우리의 보잘것없는 고무보트를 다시 물에 밀어 넣고 그 위에 올라탄 다음 천천히 노를 저어 에스칼랑트강의 품을 벗어나서 더 넓은 세상인 글렌캐니언과 유유하게 아무 걱정없이 힘차게 흐르는 콜로라도강으로 돌아갔다. 마치 고향으로 돌아가는 듯한 느낌이었다.

남은 오후 시간 내내 우리는 그늘 쪽에 붙어서 이 멋진 강을 따라 흘러갔다. 우리는 환상의 세계로 점점 더 깊이 들어갔다. 사암 암벽은 그 어느 때보다 더 높았다. 강물에서의 높이가 300, 아니 600m는 되는 것 같았다. 돔의 반쪽 또는 돔 모양을 한 그 꼭대기에 햇빛이 황금빛으로 빛나고 있었고, 그늘 쪽은 벌겋게 짙은 적색을 띠고 있었다.

그 장엄한 암벽 너머로 가끔씩 침식이 남겨 놓은 잔해들—뾰족한 탑 모양의 바위, 균형이 잡힌 기둥 모양의 바위, 버섯 모양의 바위, 햄버거 모양의 바위, 녹아 버린 파이 모양의 바위, 아치, 다리, 구멍, 동굴 등—이 언뜻언뜻 보였다.

우리는 행잉 협곡(Hanging Canyon)을 지났다. 협곡의 입구가 콜로라도강의 수위보다 높은 곳에 있어 폭풍우가 일 때면 누런 물과 통나무, 잔가지, 바위들이 무서운 소리를 내며 수백 미터 아래 콜로라도강으로 쏟아져 장관을 이루는 곳이다. 애석하게도 우리에게는 그런 장관을 목격할 행운이 영영 주어지지 않을 것이다.

가끔 저 앞에 나바호산의 푸른 돔이 감질나게 모습을 잠깐 드러내곤 했다. 나바호산은 인디언들이 신들의 집, 세상의 배꼽으로 생각하는 성스러운 산이다.

보이는 것이 모두 바위만은 아니다. 절벽을 따라 날고 있는 붉은 꼬리매와 황금색 독수리, 멀리서 하늘로 솟구쳐 오르는 콘도르도 보인다. 더 가까운 곳에서는 굴뚝새, 되새, 노란 솔새 그리고 더러 다리가 긴 물새들의 울음소리가 들리지만 그들의 모습을 보기는 좀처럼 쉽지 않다.

이 모든 풍경의 중심에 강이 있다. 양쪽 강변에 가는 녹색의 띠를 두르고 유유히 흐르는 강이 이 풍경에 생명력을 불어넣고 있다. 이곳의 경치는 강이 없었다면 멋지기는 하지만 활기가 없는 풍경이었을 것이다. 살아 있는 강이 이 협곡에 조화와 의미를 주고 있다. "나는 흐르는 것은 무엇이든 좋다"고 아일랜드의 시인이 말했다던가.

우리는 저녁쯤에 유서 깊은 '바위 구멍(Hole in the Rock)'에 도착했다. 그리고 그곳 강가에 상륙해서 밤을 지낼 캠프를 차렸다.

파월이 이곳을 지나가고 11년이 지난 1880년, 말일성도교회(모르몬교의 별칭)는 당시 유타주 중남부에 살던 일단의 신도들에게 유타주 남동쪽 구석, 지금의 블러프 마을 근처에 새로운 주거지를 건설하는 임무를 맡겼다.

순종적이면서 용감했던 약 250명의 이 모르몬교도들—남자, 여자, 아이들 그리고 가축과 26대의 마차—은 도로도, 오솔길도 없는 이곳을 지도에서 두 지점 사이의 가장 가까운 길로 보이는 경로를 따라 이동했다.

사막을 110km쯤 이동한 그들은 절벽의 가장자리에 다다랐다. 600m 아래에 콜로라도강이 그들이 선택한 경로를 가로질러 흐르고 있었다. 그들은 포기하고 돌아가는 대신 해머를 들고 바위에 구멍을 뚫으며 가장 가까운 협곡으로 내려갔다. 거기서 바위를 깎아내고 물가까지 거친 마찻길을 만든 뒤 행군을 계속했다. 어떤 곳에서는 마차들을 로프로 내려야 했다. 얕은 곳을 찾아서 강을 건넌, 이겁 없는 사람들은 맞은편 강변으로 올라가서 역시 마찬가지로 거친 지형을 뚫고 전진했다. 그들은 기암괴석이 늘어선 협곡과 피니언소나무와 향나무로 덮인 숲을 뚫고 피나는 전진을 계속한 끝에 마침내 목적지에 도착했다. 그들이 목적지에 도착하기까지 거의 넉 달이 걸렸다. 그들이 개척한 오솔길은 그 후 사용되지 않고 버려지고 말았다.

아침에 나는 그들의 옛 오솔길을 따라 올라가서 그들이 바위에 뚫은 구멍을 지나 고원의 꼭대기에 가 보기로 했다. 협곡 속에 갇혀 오랫동안 바깥 세상을 보지 못했으니 그곳에 올라가서 탁 트인 세상을 바라다보고 싶었다. 랠프가 낚시질을 하러 나설 때 나도 버드나무 덤불을 뚫고 출발했다. 나는 독담쟁이를 우회한 다음 '구멍'을 향해서 엄청나게 큰 모래언덕을 올라갔다. 작은 시내가 길 아래쪽 좁은 골짜기를 졸졸 흘러내리고 있었다. 연못과 연못을 연결해 주는 가는 실 같은 시내였다. 일명 '마지막 기회 웅덩이'에서 나는 맛있게 물을 마셨다. 나는 물통을 보트에 남겨 두고 왔었다. '바위 구멍'이 강에서 빤히 올려다보여 그리 먼 것 같지 않았기 때문이다.

물가를 벗어난 오솔길은 협곡의 북측 경사면을 구불구불 오르고 있었다. 경사는 가팔랐고 아침해가 불볕을 등에 쏟아붓자 곧 더위가 불쾌하게 느껴지기 시작했다. 땀이 흘러내렸고 건조한 공기가 땀구멍에서 습기를 빨아냈다. 물이 가득 찬 내 배는 가죽 술주머니처럼 출렁거렸다. 마치 내 배가 내 몸에서 떨어져 나가려는 것 같았다. 물통을 두고 왔다는 생각을 하니 때이른 갈증이 너욱 날카롭게 몰려왔다. 나는 자갈을 하나 입에 물고 계속 비탈을 올랐다.

비탈을 올라서니 사람이 닦아 놓은 길이 나타났다. 협곡의 암벽을 깎아 만든 넓고 얕은 계단이었다. 측면에는 사암을 차곡차곡 쌓은 축대도 보였다. 80여 년 전에 모르몬교도들이 흘린 땀의 흔적이었다. 협곡이 좁아지기 시작했고 정상 부근에서는 서로 겹쳐지다시피 되어 있었다. 그 좁은 협곡이 집채만 한 바위들로 메워지다시피 되어 있었다. 나는 그 바위들 사이를 비집으며 먼저 지나간 하이커들의 흔적을 따라 올라갔다. 최소한 이곳에는 물은 없었지만 그늘은 있었다. 나는 앉아서 쉬면서 얼음에 채운 청량음료, 차갑게 식힌 토마토주스, 시원하게 물이 솟아나는 샘을 머릿속에 그렸다. 햇볕이 내리쬐는 곳의 온도는 화씨 100도(섭씨 38도)가 넘을 것 같았다.

또 위로 올라갔다. 선반 모양의 바위 밑에서 희미한 물기의 흔적을 발견했다. 바위에서 배어나온 물기가 아래 모래를 적시고 있었다. 너무나 목이 말랐으므로 물이 고일까 하고 모래에 구멍을 파 보았다. 그러나 구멍을 깊이 파면 팔수록 모래는 더 말라 있었다. 나는 물이 필요했다. 그래서 젖은 모래를 입안에 넣고 그 안의 물기를 뺀 다음 뱉어내곤 했다.

구멍을 지나 위로 올라갔다. 마침내 사암이 포개진 평지가 나왔고, 나는 내가 바라던 탁 트인 전망을 감상할 수 있었다. 저 멀리 눈을 머금은 듯한 구름 덩어리 밑에 푸른 산맥이 있었다. 화이트캐니언 너머에 있는 헨리산맥, 엘크리지, 베어스 이어스(Bears Ears National

Monument)와 강 건너에 있는 3,000m 높이의 나바호산이었다. 서쪽으로는 그리 멀지 않은 곳에—16km쯤 될 것이다—카이파로위츠 고원이 솟아 있었다. 하늘에 떠 있는 섬 같은 이 고원은 '50마일 메사'라고도 하는데, 별로 알려져 있지 않고 사람도 살고 있지 않다. 그리고 사면이 깎아지른 수직 암벽으로 되어 있다.

나는 강을 바로 발 밑에서 내려다볼 수 있는 지점으로 걸어갔다. 구불구불한 오솔길이 보였고 협곡의 어귀에 녹색 식물들이 부채 모양을 이루고 있는 것도 보였다. 그러나 버드나무 그늘 깊숙이 있는 뉴컴과 보트는 보이지 않았다. 이 위에서는 그동안 내 귀를 떠나지 않던 강물 소리도 거의 들리지 않았고, 사막의 정적이 그 자리를 대신 차지하고 있었다. 사막의 소리라고나 할까? 발자크는 어느 책에선가 이렇게 썼다. "사막에는 모든 것이 있고 동시에 아무것도 없다. 신은 있지만 인간은 없다."

신? 아무 움직임도 없지만 벌거벗은 바위에서 뜨거운 열기가 아지랑이처럼 피어나고 있었다. 가까운 모래나 돌 틈에 유카가 자라고 있는 것이 위안이 됐다. 유카꽃은 만개해 있었다. "신은 있다"는 발자크의 말을 생각해 봤다. 뉴컴은 도대체 "그게 누구야" 하고 웃어넘길지 모른다. 이 순간 이곳에는 아무것도 없다. 나와 사막이 있을 뿐이다. 그것이 진실이다. 왜 불필요한 존재를 끌어들여 문제를 복잡하게 만드는가? 오컴의 면도칼. 무신론을 초월하는 것이 비(非)신론이다. 나는 무신론자가 아니라 지구교도(earthiest)이다. 지구에 충실하자.

멀리서 천둥소리가 희미하게 들려왔다. T. S. 엘리엇과 「황무지」.

그 난해한 시의 어떤 구절이 귓전에 맴돌았다. 그 구절이 유타의 모아브를 생각나게 하기 때문이다. 고백하건데 나는 엉뚱한 이유로 그 시를 좋아하고, 올바른 이유로는 그 시를 싫어한다.

한동안 나는 오래된 책들의 기억에 빠져 있었다. 정신적으로 피로해 있다는 확실한 증거였다. 언어의 영사막, 개념의 장막은 일종의 정신적 스모그처럼 뇌에서 피어나서 사람과 세상 사이에 끼어들어 그의 시각을 흐리게 한다. 이제 강과 현실, 뉴컴과 보트, 튀겨지고 있는 메기의 냄새로 돌아가야 할 때다. 거기 나의 신이 있다! 나는 내려가기 시작했다.

강가의 저녁, 달빛과 협곡의 바람이 있는 밤, 잠과 깨어남. 별이 희미해지고 푸른 먼동이 트자 우리는 아침을 먹고 짐을 챙겨 다시 보트에 실었다.

"랠프 뉴컴이 누구지?" 내가 말했다. "그가 누구지?"

"오," 그가 말을 받았다. "누가 누구고 어느 게 어느 거지?"

"옳소." 내가 맞장구를 쳤다.

우리는 분자가 서로 섞여 하나로 합쳐지고 있었다. 둘 다 강과 협곡을 닮아 가고 있었다. 우리의 피부는 그늘진 강물처럼 적갈색으로 변했고, 우리의 옷은 가는 모래로 덮였으며 우리의 맨발은 진흙과 뒤범벅이 되어 도마뱀의 가죽처럼 억세졌고, 우리의 구레나룻은 모래 색깔로 바래 있었다. 눈꺼풀에 가려져 잘 보이지 않는 우리의 눈동자들마저 모래언덕의 색깔인 산호색을 띠고 있는 것 같았다. 그리고 우리 몸에서도 메기 냄새가 나고 있다는 생각이 들었다.

달력도 없고 시계도 없는 우리는 시간을 재는 일도 잊었다. 우리는 강에서 며칠을 보냈는지 정확하게 알 수 없었다.

"6일인 것 같아." 랠프가 말했다.

"아냐, 5일밖에 안 됐어."

"5일? 보자… 아냐… 아닐걸?"

"내 생각엔 그래."

시간은 천천히 흘러갔지만 충분히 더디다고는 할 수 없었다. 우리 여행의 끝이 가까워져 올수록 협곡의 세계는 시시각각으로 더 아름다워졌다. 우리는 잊었다고 생각했지만 잊을 수가 없었다. 그 사실은 스트론튬(금속원소의 일종)처럼 우리 골수에 스며들어 있었다. 글렌캐니언을 볼 날이 얼마 남지 않았다는 사실 말이다. 우리는 그것에 대해 생각하지 않으려고 했다. 아니, 감히 할 수가 없었다. 그것은 우리 심장을 먹고, 우리 창자를 씹고, 무력한 분노 속에 우리 자신을 소진해 버리는 일이기 때문이었다.

우리는 동쪽에서 콜로라도강으로 흘러드는 커다란 강의 어귀를 지났다. 산후안강이었다. 파월의 기록을 내가 제대로 기억하고 있다면 이 합류점에서 그리 멀지 않은 곳에 파월이 '음악 사원'이라고 명명한 곳으로 들어가는 입구가 있을 것이다. 우리는 눈을 부릅뜨고 10여 개의 아름답고 신비로운 동굴들을 살피며 지나쳤다. 그리고 마침내 그럴듯한 한 곳을 골랐지만 잘못 고른 것으로 판명되었다. 이제 우리는 그곳을 감상할 기회를 잃어버린 것이다.

1869년에 파월은 이렇게 썼다. "새이디 영감이 밤에 우리에게 노래를 불러 주자 이 동굴 안이 달콤한 목소리로 가득 찼다. 자연의 건축가가 음악학원으로 건축해 놓은 것임에 틀림없었다. 그래서 우리는 이곳에 음악의 사원이란 이름을 붙였다."

그의 발견이 있고 1세기도 지나기 전에 협곡지대를 '개발'할 뿐만
아니라 '개방'해야 한다고 주장하는 사람들에 의해 이곳이 저수지
진흙 속에 파묻혀 갈 수 없는 곳이 된다니. 우리가 잃는 것이 무엇인
지 파월의 설명을 들어보자.

"들어가면서 우리는 네군도단풍과 미루나무로 이루어진 작은 숲
을 보게 된다. 오른쪽으로 고개를 돌리면 바위가 깎여 만들어진 넓
은 방이 보인다. 위쪽 끝에 맑은 물이 고인 깊은 못이 있고 못 주위
는 푸른 초목으로 둘러어 있다. 그 못 옆에 서면 입구의 작은 숲이
보인다. 방은 높이가 60m가 넘고 길이가 150m, 너비가 60m이다. 천
정과 300m 위의 바위 틈에서 빛이 새어 들어온다. 그 틈은 이 건조
한 지역에 가끔 소나기가 내릴 때만 흐르는 작은 시내에 의해 생긴
것이다."

그날 저녁 늦게 해가 지고 나서 랠프와 나는 이름 모를 깊고, 좁고,
미로 같은 소협곡의 출구 근처 모래톱에 캠프를 차렸다. 나는 어두
컴컴한 가운데 협곡의 일부를 탐험해 보았다. 매혹적인 시내가 있었
고, 곳곳에 아름다운 연못이 있었다.

잡초나 진흙이 전혀 없는 바위와 모래로 된 웅덩이에 수정 같은
물이 고여 있었고, 물속에서는 작은 물고기들이 노닐고 있었다. 어
두워졌기 때문에 나는 멀리 가지 않고 모닥불이 있는 곳으로 돌아
왔다.

멋진 밤―쾌속선 같은 구름들이 별이 총총한 하늘을 가로지르고,

달이 우리 위쪽의 커다란 바위에 걸려 있었으며 타마리스크 나무가 바람에 흔들렸다—을 보내고 난 후, 우리는 서둘러 아침을 먹었다. 그런 다음 나는 계곡의 비경을 탐험하러 다시 나섰다. 나는 깨끗한 물을 가득 채울 요량으로 물통들을 모두 가지고 갔다.

간밤에 발길을 돌린 곳까지 온 나는 그곳이 암벽 이쪽에서 저쪽까지 계곡 전체가 물로 채워져 깊은 소(沼)를 이루고 있는 것을 발견했다. 물통들에 물을 채운 후, 근처에 감추어 두었다. 나는 옷을 벗고 물속으로 걸어 들어갔다. 소는 깊어서 한 길이 넘었다. 나는 소를 헤엄쳐 가로지른 다음 좁은 협곡(그곳은 너비가 3m를 넘지 못했다)의 모퉁이를 돌아 바닥에 물이 흐르고 있는 비스듬한 바위 터널 안으로 들어갔다.

그 자연의 터널은 순전히 바위로 되어 있어 모래나 흙은 전혀 볼 수 없었고 식물의 흔적도 찾을 수 없었다. 그 위로 솟은 암벽은 서로 가까운 데다 맞닿다시피 되어 있어서 나는 하늘을 올려다볼 수 없었다. 반사되는 간접 햇빛에 의지하여 더 들어가니 아주 큰 방 같은 것이 나왔다. 파월이 묘사한 것과 비슷한 동굴이었다. 앞에는 소와 폭포가 가로막고 있어 더 이상의 전진은 불가능했다.

이곳에서는 협곡의 암벽 틈이 다소 넓어져 햇빛이 비쳤다. 하지만 이 우묵한 곳에 햇빛이 직접 비치는 시간은 여름날에도 2시간 정도밖에 안 될 것 같았다. 맑은 시냇물이 소로 쏟아지고 있었고, 흔들리는 소의 수면에 반사된 햇빛이 어두운 황금색 암벽 위에서 춤추고 있었다. 암벽에는 녹색과 적색, 오렌지색의 이끼가 자라고 있었으며 물가를 따라 독담쟁이, 진홍색 물꽈리아재비, 공작고사리, 데스카마스(백합의 일종), 금난초, 연한 노란색의 작은 매발톱꽃 등이 작은 화단을 이루고 있었다. 햇빛이 드는 시간이 짧은 관계로 나무나 관목은 없었다.

수면 위, 물거품 위, 투명한 폭포 위에 햇빛이 번쩍이고 있었다. 나는 물에 뛰어들어 폭포 밑에서 헤엄치며 비누가 없는 샤워를 즐겼다. 또 바위에 누워 좁은 조각 하늘을 올려다보기도 했다. 그런 다음 나는 다시 터널을 통과해서 친구가 있는 캠프로 돌아왔다.

이 협곡이 이전의 탐험가들에 의해 발견되어 명명되었을까? 틀림없이 그랬을 테지만, 나는 내가 그곳에 들어가 본 첫 번째 사람일지도 모른다는 생각을 떨쳐 버릴 수 없었다. 그런 생각을 부정할 증거는 없었다. 또한 나는 이곳을 탐험한 마지막 인간일지도 모른다.

튀긴 핀토콩과 말린 살구─매력적인 조합이다─로 점심을 때운 후 우리는 한데 묶인 보트에 다시 올라타 강물에 떠내려가기 시작했다. 음악 사원을 놓쳤으므로 나는 으스스한 협곡(Forbidding canyon)과 무지개 다리(Rainbow Bridge)로 가는 오솔길은 절대로 놓치지 않겠다고 마음먹었다. 그 두 곳은 글렌캐니언 여행의 클라이맥스이자 백미였다.

우리는 뜨거운 오후의 햇볕도 아랑곳 않고 강의 남쪽 강변과 동쪽 강변에 바짝 붙어서 만나는 작은 협곡들을 자세히 살폈다. 그 협곡 가운데 한 곳에서 나는 실수로 덤불에 불을 냈고 하마터면 산 채로 구워질 뻔했다. 순전히 부주의 때문이었다. 불이 붙은 화장지 조각이 돌풍에 말라붙은 버드나무 덤불로 날려 갔고, 불은 순식간에 번졌다. 1분도 안 되어서 협곡 어귀는 연기로 가득 찼다. 내가 할 수 있는 일이라고는 거기서 빨리 빠져나오는 것 외에는 아무것도 없었다. 불꽃이 매어 놓은 보트에서 나를 기다리고 있던 랠프에게로 번져 가고 있었다.

내가 나타났을 때 랠프는 이미 출발 준비를 해 놓고 있었다. 불과 3m 뒤에서 불길이 나를 뒤쫓았다. 나는 보트를 밀며 올라탔고 우리는 있는 힘을 다해 노를 저어 불이 붙은 강변에서 멀어졌다. 고맙게도 랠프는 어떻게 해서 불이 났느냐고 묻지 않았다. 엘리엇 포터가 글렌캐니언에 관해 쓴 아름다운 책 『아무도 몰랐던 곳』에 나의 그때 모습이 실려 있다.

"타 죽을 뻔했어." 랠프가 묻지 않았지만 내가 이렇게 말했다.

"내가 보기에도 그랬어."

"사고였어."

"정말인가?"

나는 파이프에 담배를 채워 넣고 셔츠 주머니를 더듬으며 성냥을 찾았지만 성냥은 없었다.

"여기 성냥 있네." 그가 말했다.

우리들 옆으로 또 여러 개의 소협곡이 지나갔다. 나는 그 협곡들에 오솔길의 흔적이 있나 하고 살폈다. 무지개 다리를 찾기 위해서였다. 그러나 지금까지는 아무것도 찾아내지 못했다. 하지만 우리가 점점 가까이 접근하고 있다는 것을 알고 있었다. 그리 멀지 않은 곳에 카이파로위츠의 남단이 보였기 때문이다. 그것은 무지개 다리로 가는 길을 찾는 지표였다.

우리는 일련의 잔물결들을 넘었고 강물의 흐름은 빨라졌다. 하늘의 상태도 심상치 않았다. 며칠 계속될 듯싶은 폭풍우가 모습을 차츰 드러내고 있었던 것이다. 회색빛 소나기 구름이 하늘을 뒤덮기 시작했고 우르릉거리는 천둥소리가 점점 더 가까워져 왔다.

앞쪽에서 귀에 익은 화물열차의 포효 소리가 들렸다. 무시무시한 새 협곡이 왼편에 열렸다. 자갈이 깔린 넓은 삼각주에 진흙 강둑, 돌과 바위, 떠내려온 나무 등이 어귀에 부채 모양으로 펼쳐졌다. 나바호산의 측면에서 휩쓸려 온 바위들이 우리 앞에 놓인 급류를 만든 것이었다.

그동안의 경험으로 요령이 생긴 우리는 강의 흐름과 싸우지 않고 급류에 가까워질 때까지 가만히 기다렸다. 그러다가 순간적으로 있는 힘을 다해 노를 저어서 역류를 헤치고 강가 근처의 얕은 물에 어렵지 않게 상륙할 수 있었다.

랠프가 저녁을 준비하는 동안 나는 부츠를 신고 탐험에 나섰다. 오솔길을 하나 발견하긴 했지만 사슴이 지나는 길에 불과한 빈약한 것이었다. 게다가 오솔길은 협곡 위쪽 1.5km쯤에서 완전히 사라져 버렸다. 협곡 바닥에는 신선한 물이 고인 못이 몇 개 있었다. 나는 물통에 물을 채워 보트로 돌아왔다.

이때쯤 바람은 매우 거세어져 있었고 하늘은 자줏빛으로 물들어 있었다. 북쪽 강 수면에서 600m 높이로 솟아 있는 외딴 바위산 나바호 포인트에는 지그재그의 선을 그리며 번개가 치고 있었다. 차가운 빗발이 뜨겁게 달궈진 강가 모래를 때리자 먼지와 김이 동시에 피어올랐다. 돌과 떠내려온 나무들과 나뭇잎들이 폭풍이 몰아치는 하늘 아래서 묘한 빛을 발산하며 번쩍였다.

우리는 텐트 안에 방수포를 깔고 비에 대비한 후 팬케이크로 저녁을 때웠다. 시럽이 없었으므로 대신 건포도를 죽같이 만들어서 팬케이크에 부었다. 맛이 괜찮았다. 어쨌든 배가 불렀다. 식사를 마친 우리는 차를 마시고 담배를 피웠다.

우리는 텐트 밖에 앉아서 날씨를 즐겼다. 1주일 동안 맑은 하늘과 더위와 사정없이 내리쬐는 햇볕만을 대하다가 시원한 바람이 불고 차가운 빗방울을 맨머리와 맨몸에 맞으니 기분이 괜찮았다.

우리가 기대한 폭우는 내리지 않았다. 우리는 짐을 캔버스천으로 덮어 놓고 하얀 모래언덕에 파인 우묵한 구덩이에 슬리핑 백을 펴고 하늘을 올려다보며 잠을 청했다. 잠이 들면서 나는 빠르게 지나가는 구름 사이로 한 움큼의 별들이 반짝이는 것을 보았다.

동쪽에 붉게 먼동이 텄다. 층층이 쌓인 구름 더미가 떠오르는 태양을 맞아 불이 붙은 것 같았다. 나는 차가운 강물에서 목욕을 하고 빨래를 한 다음 아침을 준비하기 위해 불을 피웠다. 아침식사는 마른콩 수프와 티백으로 탄 차였다. 마지막 남은 건포도 한 상자는 점심을 위해 남겨 두었다. 식량이 다 떨어져 가고 있었다. 이제부터는 메기를 잡아먹든지 굶든지 해야 할 판이었다.

소용돌이치는 강물에 다시 보트를 띄운 우리는 어렵지 않게 잔잔한 물로 빠져나왔다. 우리의 작은 보트는 잘 견뎌 주고 있었다. 바위에 그렇게 여러 번 부딪치고 모래나 부러져 나간 나무 그루터기 위로 그렇게 여러 번 끌고 왔는데도, 펑크난 곳 하나 없고 공기가 새는 곳도 전혀 없었다. 그러나 아직 여행은 끝나지 않았다. 이런 말을 하기에는 아직 이르다.

얼마 안 가서 우리는 이 강에 또 하나의 지류를 합류시키는 협곡을 지나게 되었다. 그 협곡은 왼편 언덕 쪽 그러니까 남쪽 강가에 있었다. 튀어나온 카이파로위츠 고원의 한 귀퉁이인 나바호 포인트가 바로 우리 머리 위에 있었다. 이 협곡 역시 큰 돌들을 강으로 밀어 넣어 또 하나의 급류를 만들어 놓고 있었다. 전과 마찬가지로 우리는 급류 가까이에 있는 소용돌이를 이용해서 잠시 상류 쪽으로 향하다가 물이 흘러넘치는 작은 협곡의 어귀로 들어갔다. 우리는 진흙 강둑에 보트를 대고 내려서 주위를 살폈다.

나는 얼마 전에 관광객들이 왔던 흔적을 발견할 수 있었다. 깡통과 알루미늄 은박지가 불 피운 자리에 버려져 있었고, 더러운 양말 한 짝이 덤불에 매달려 있었으며, 맑은 샘 바닥에는 다 닳은 테니스화 한 짝이 들어 있었고, 껌 포장지, 담배꽁초, 병마개들이 도처에 널려 있었다. 무지개 다리로 가는 길이 틀림없는 것 같았다. 우리가 너무 늦게 온 것인지도 몰랐다. 다른 사람들이 먼저 다녀간 흔적이 분명했다.

하지만 상관없다. 우리는 이런 사태를 예견했다. 우리는 우리가 있는 곳에서 글렌캐니언 댐 공사장까지 모터보트로 불과 몇 시간밖에 걸리지 않는다는 것을 알고 있었다. 또 그 자연의 다리가 있는 곳까지 가려면 오솔길을 걸어 협곡을 10km쯤 올라가야 한다는 것도 알고 있었다. 그 거리는 자동차에 익숙해진 보통의 관광객들에게는 달나라에 가는 것만큼이나 멀게 느껴질 것이다. 즉, 이 야영지를 조금만 벗어나면 관광객의 흔적은 찾아보기 어려울 것이다.

강을 따라서

우리는 모터보트를 타고 왔던 사람들의 야영지를 훨씬 지난 곳에 캠프를 차렸다. 근처에 작은 시내가 바위로 된 협곡 바닥을 흐르고 있었다. 역시나 무지개 다리로 가는 오솔길은 거칠고 바위투성이인 다듬어지지 않은 길이었다. 부츠를 가져오지 않은 뉴컴은 낚시하러 가기로 했다. 우리는 상자에 담긴 건포도와 마지막 남은 말린 살구를 반으로 나누었다. 나는 내 몫을 셔츠 주머니에 넣고 부츠끈을 맨 다음, 물통을 어깨에 메고 출발했다.

오솔길 옆에는 맑은 시내가 흐르고 에메랄드빛 못이 줄지어 있었다. 그중 어떤 것은 들어가 헤엄을 칠 수 있을 정도로 컸다. 물이 너무나 맑아서 바닥의 모래 알갱이 위를 지나는 작은 물고기 떼의 그림자를 볼 수 있었다. 협곡의 암벽에서 물이 새어나오거나 솟아 흘러 시냇물을 이루었다. 물이 나오는 곳마다 이끼, 고사리, 야생화들이 자라서 독특하게 공중에 매달린 정원을 만들었다. 암벽 너머에는 돔과 아치 등이 나바호산의 사암 비탈을 이루고 있었다.

더운 날씨였고, 열기를 품은 푸른 하늘을 가로질러 바람에 밀려가는 작은 구름 조각들이 땅 위, 못 속의 작은 물고기들과 조화를 이루고 있었다. 나는 그중 가장 큰 못 옆에 걸음을 멈추고 옷을 벗은 다음 물속에 뛰어들었다. 내가 물속을 이리저리 움직이자 물고기들이 놀라서 도망쳤다. 나는 물 위에 누워서 물을 입안 가득 담았다가 태양을 향해 뿜어 냈다.

무지개 다리를 향해 다시 출발했다.

협곡이 갈라지는 곳에 다다랐다. 주협곡은 오른쪽으로 뻗어 있었고, 깊고 어두운 작은 골짜기는 왼편으로 열려 있었다. 바위였기 때문에 오솔길은 흔적을 찾기 어려웠지만 사암 위로 지나간 사람의 발자국이 왼쪽으로 나 있는 것을 알아볼 수 있었다. 나는 그 발자국을 따라갔다.

이 골짜기에도 역시 시내가 흐르고 있었고 아까보다 훨씬 더 작았지만 군데군데 우묵하게 패인 샘이 있었다. 물이 뚝뚝 떨어지는 작은 샘들을 지나자 시내는 작아져 거의 사라지다시피 하고 대신 물이 고인 웅덩이들이 햇볕을 받고 있었다.

덥고 기진맥진했으므로 나는 불쑥 튀어나온 선반 모양의 바위 그늘에서 쉬면서 물통의 물을 한 모금 마시고, 협곡의 죽은 듯한 정적에 귀를 기울였다. 바람도 없었고 새들도 없었으며 흐르는 물도 없었다. 들리는 소리라고는 나의 숨소리뿐이었다.

그 정적 속에서 나는 한순간 많은 사람들이 원시 상태의 사막에서 느끼는 공포를 맛보았다. 그들이 이해할 수 없는 어떤 것을 어쩔 수 없이 길들여 놓거나 바꾸어 놓거나 파괴하지 않을 수 없을 때 느끼는 두려움, 야생의 것, 인간 이전의 것을 인간의 차원으로 떨어뜨려 놓았을 때 느끼는 무의식적인 두려움을 나는 이해할 수 있을 것 같았다.

그늘에서 햇볕 가운데로 나와 다시 구불구불한 협곡을 올라갔다. 이 건조한 대기 속에서 음향은 희미해지거나 메아리치거나 부드럽게 잦아들지 않는다. 대신 아무런 반향 없이 갑자기 날카롭게 꺼져 버린다. 돌과 돌이 부딪치는 소리가 마치 탄환이 발사되는 소리 같다. 모든 소리가 그렇게 갑작스럽고 과장되고 음조가 없다.

다음 굽이를 돌자 갑자기 예기치 않게 돌다리가 나타났다. 예기치 않게 나타났다는 내 표현이 과연 적절한 것일까? 분명히 나는 믿고 있었다. 다리가 여기 있으리라는 것을 알고 있었고 그것이 어떤 모양이라는 것도 잘 알고 있었다. 그 사진을 백 번은 보았으니까. 오랫동안 상상해 왔던 장관을 직접 눈으로 접했을 때 흔히 느끼게 마련인 실망감을 나는 전혀 느끼지 않았다. 무지개 다리는 내가 예상했던 모습 그대로였다.

내 두 번째 느낌은 죄책감이었다. 뉴컴 때문이었다. 나는 왜 그에게 같이 가자고 조르지 않았을까? 그의 긴 수염을 움켜쥐고라도 그를 이곳으로 끌고 왔어야 하지 않았을까? 필요하다면 그를 업고서라도 왔어야 하지 않았을까? 그랬다면 그가 얼마나 기뻐했을까?

그러나 그와 함께 신의 창을 지나 영원으로 올라가기에는 너무 늦었다. 나는 동쪽 암벽 밑까지 올라가서 방문자 명부에 랠프와 나의 이름을 썼다. 그는 1만 4,467번째였고 내가 그다음이었다. 백인이 무지개 다리를 처음 찾은 것은 1909년이었다. 그로부터 반 세기 이상의 세월이 흘렀고, 무지개 다리가 그렇게 널리 선전된 것을 감안하면 그리 많은 숫자도 아니었다. 하지만 이곳까지 온다는 것은 쉬운 일이 아니다. 지금까지는 그랬다.

물론 새로 건설되는 댐이 모든 것을 개선해 줄 것이다. 댐에 물이 채워지면 다리가 보이는 곳까지 물이 찰 것이고 그렇게 되면 지금까지는 모험이었던 이곳 탐방이 평범한 모터보트 놀이로 변할 것이다. 그렇게 쉽게 이 다리를 보게 되는 사람들은 무지개 다리의 아름다움의 절반이 그 외진 위치와 거기까지 가기 어렵다는 점 그리고 다리를 둘러싸고 있는 야생의 자연, 그 무인지경의 자연이 그것의 중요한 일부라는 사실을 이해하지 못할 것이다. 이런 속성이 사라지면 다리는 한낱 이상한 모양의 바위 이상의 가치를 갖지 못할 것이다. 산업적 관광은 자연의 세계를 그런 위치로 끌어내리는 속성을 가지고 있다.

"모든 탁월한 것은 귀한 만큼 어렵다"고 한 현인은 말했다. 어려움과 귀함이 제거될 때 탁월함은 어떻게 될까? 말, 말… 말의 유희에 시달리다 보니 목이 말랐다. 협곡 건너편에 또 하나의 샘이 있었다. 다리의 서편 받침 아래 있는 선반 바위 밑에서 물이 솟아나오고 있었다. 나는 비탈을 내려갔다가 다른 쪽 비탈을 다시 올라간 후 누군가가 남겨 놓고 간 깡통들 가운데 하나를 주워서 그것으로 이끼 사이로 흘러내리는 물을 받았다.

더위는 숨이 막힐 지경이었다. 그늘에 들어가 쉬면서 한낮의 가장 고약한 더위를 넘겼다. 태양이 암벽 가장자리를 넘어섰을 때, 나는 일어나서 뉴컴이 있는 캠프로 향했다.

내려가다 보니 희미한 길이 보였다. 그 길은 협곡 밖 무지개 다리 위쪽으로 나 있는 것 같았다. 늦은 오후라 협곡에는 이미 그림자가 드리워져 있었다. 그 길을 따라가기에는 시간이 늦은 듯했다. 하지만 나는 기어코 그 길을 따라갔다. 비탈을 올라가니 벤치 모양의 비스듬한 바윗길이 나왔다. 나는 그 길을 따라 더 높은 절벽의 밑부분까지 갔다. 더 나아가기는 불가능했다. 그런데 거기 로프가 하나 매달려 있었다. 당겨 보니 단단히 걸려 있는 것 같았다. 그 로프를 붙잡고 비탈의 꼭대기까지 올라갔다. 거기서부터 협곡의 림(rim, 가장자리)까지는 먼 길이었지만 가기는 쉬웠다.

림에 올라서니 시야가 탁 트였다. 마치 지하 세계에서 밖으로 나온 기분이다. 여기서 보니 무지개 다리는 300m 아래 보이는 구부러진 사암 능선에 불과했다. 나바호산의 밑부분에서 사방으로 뻗어 나간 광대하고 복잡한 협곡들 속에 있는 하나의 작은 물체에 지나지 않았다. 그보다 더 중요한 것은 북쪽과 동서쪽으로 보이는 장관이었다. 우리가 작은 보트를 타고 지나온 지역이 한눈에 내려다보였던 것이다.

지평선에 가까워진 태양이 글렌캐니언을 오색 빛으로 채색하고 있었고, 동쪽에서는 이와 달리 폭풍우가 사막 위에서 끓고 있었다. 연보라색 구름 덩어리가 빛과 비의 커튼으로 지구를 공격하고 있었다. 거리가 너무 멀어서 천둥소리는 들리지 않았다. 그곳과 이곳 사이, 나와 산맥 사이에 광대한 협곡이 펼쳐져 있었다.

빛과 공간. 시간이 정지한 빛과 땅이라는 생각이 들었다. 이곳은 인간 역사의 흔적이 가장 빈약한 곳이기 때문이다. 헤라클레이토스의 가르침처럼 지질학자의 눈으로 보면 모든 것은 장구한 세월의 흐름과 함께 변한다. 그러나 100년을 넘기지 못하는 인간의 눈으로 볼 때, 콜로라도강의 풍경은 시간을 초월한 영원의 일부인 듯 보인다. 협곡지대에서 여러 해를 보냈지만 지금까지 나는 바위가 저절로 떨어져 내리는 것을 본 적이 없다. 홍수에 밀려가는 바위들을 보았을 뿐이다.

사람들은 왔다가 간다. 도시도 생겼다가 사라진다. 문명도 나타났다가 사라진다. 지구만이 남는다. 약간의 변화를 겪으면서, 지구는 남는다. 가슴을 찢는 아름다움도 남는다. 찢어질 가슴이 없더라도 말이다. 인간은 꿈이요, 사상은 환상에 불과하다. 바위만이 실재한다. 바위와 태양만이.

사막의 태양 아래서 신학의 우화나 고전적 철학은 안개처럼 녹아 버린다. 공기는 맑고 돌은 잔인하게 살을 찢는다. 돌을 깨면 돌 냄새가 날카롭게 코를 찌른다. 낮이면 회오리바람이 소금밭에서 춤을 추며 먼지기둥을 일으킨다. 밤이면 가시덤불이 불꽃으로 변한다. 그것이 무엇을 의미하는가? 아무 의미도 없다. 있는 그대로일 뿐 거기에다 어떤 의미를 부여할 필요는 없다. 사막은 인간이 부여하는 모든 의미를 초월해서 존재한다. 그래서 신성하다.

태양이 서쪽 평평한 땅에 닿았다. 약간 불룩해지고 커지는 것 같더니 갑자기 절벽 가장자리를 넘어가 버렸다. 나는 한동안 귀를 기울이며 서 있었다.

황혼과 달빛에 의지해서 나는 로프가 매달린 곳까지 내려갔고 다시 선반 바위로 그리고 무지개 다리 아래 협곡 바닥으로 내려갔다. 박쥐들이 푸드덕거리며 공중을 날았다. 오솔길을 따라 강을 향해 내려갈 때는 물이 스며나오는 암벽 옆에서 반딧불이들이 빛을 내며 날았고, 작은 두꺼비들이 요란하게 울어 댔다. 나는 캠프에 도착해서 한밤중에 저녁을 먹었다.

우리는 이제 여행의 끝에 가까이 와 있었다. 이른 아침, 랠프와 나는 짐을 챙겨 보트에 실은 다음 마지막으로 주위의 경치를 둘러보았다. 지금의 이 풍경을 다시는 보지 못할 것임을 우리는 알고 있었다. 위대한 콜로라도강이 금지된 협곡의 어귀 밑 바위들 사이를 요란한 소리를 내며 흘러갔다. 수백 미터 위로는 나바호 포인트와 카이파로위츠 고원이 올려다보였다. 동쪽에는 폭풍우 구름이 새벽 햇빛을 받아 황금색으로 빛나고 있었다.

랠프가 사진을 찍고 카메라를 가슴에 걸고 있던 방수주머니에 넣고는 보트에 올라탔다. 우리는 출발했다.

강을 따라서

우리의 꿈같은 여행의 7일째—아니 9일째인가?—였다. 오후 늦게 내가 깊은 명상에서 깨어나 보니 우리는 조용히 강 위를 미끄러지고 있었고, 강가 죽은 나무에 앉은 까마귀 한 쌍이 지나가는 우리를 지켜보고 있었다. 우리가 있는 곳이 어딘지 궁금해서 랠프에게 물어보았더니 그도 어딘지 모르고 있었다. 그는 어디든 무슨 상관이냐는 태도였다. 그가 알고 있는 것은 우리의 여행이 아직 끝나지 않았다는 것뿐이었다.

나는 마지막 남은 담배에 불을 붙이고 푸른 연기가 꼬불꼬불 뒤틀리며 소용돌이치는 누런 강물 위로 사라지는 것을 지켜보았다. 우리가 강의 굽이를 도니 앞쪽 멀리 왼편 강가에 풍경과는 어울리지 않는 하얗고 딱딱한 직사각형 모양의 무엇인가가 보였다. 보트가 서서히 다가가자 글렌캐니언에 첫 번째로 세워진 입간판이 똑똑히 보였다. 물가 바위에 박힌 그 간판은 바로 우리에게 주는 메시지를 담고 있었다.

주의

당신은 글렌캐니언 댐 공사장에 접근하고 있다.

모든 보트는 전방 1마일 오른편에 있는 케인 크리크 선착장에 상륙해야 함.

공사장 부근에서 보트를 타는 것을 엄금함. 위반자는 처벌함.

미국개간청

하바수

Desert Solitaire

어느 해 여름 나는 처음으로 로스앤젤레스에 가 보기 위해 길을 나섰다. 뉴멕시코대학교에서 온 몇 명의 친구들이 동행했다. 가는 길에 우리는 잠깐 멈추어서 낡은 타이어 한 개를 그랜드캐니언으로 굴려 넣기로 했다. 타이어가 커다란 소나무를 넘고 노새의 행렬을 갈라놓으며 마침내 협곡 안으로 굴러 떨어지는 것을 지켜보면서, 나는 근처에 서 있던 공원 관리원이 하바수(Havasu, 또는 하바수파이)라고 불리는 곳에 대해 몇 마디 하는 것을 어깨 너머로 들었다. 하바수는 그랜드캐니언의 한 갈래인 듯했다.

그 말을 듣고 나니 뭔가가 잘못되기 전에 즉시 하바수에 가 봐야겠다는 생각이 들었다. 친구들은 기다려 주겠다고 했다. 그래서 나는 하바수로 내려가서(오솔길로 22km나 되는 거리였다) 둘러보았다. 5주일 후에 돌아온 나는 친구들이 나를 남겨둔 채 떠나 버렸다는 것을 알

왔다.

이것은 15년 전에 있었던 일이다. 그리고 나는 태평양 연안에 있는 그 동화 속의 도시(로스앤젤레스)를 아직도 가 보지 못했다. 아마 영영 못 보게 될 듯하다. 바스토 남서쪽에는 무언가 사람을 망설이게 하는 것이 있다. 최근에 나는 내 픽업트럭을 몰고 샌버나디노까지 가는 데 성공한 적이 있다. 그러나 서쪽에서 겨자가스 구름 같은 것이 몰려오는 바람에 기겁을 하고 다시 돌아서고 말았다. 그래서 다시 그 도시에 가는 데는 실패했다. 그러나 장차 로스앤젤레스가 나에게로 올는지도 모른다. 어쩌면 우리 모두에게 올는지도 모른다. 그래야 한다고 사람들은 말하니까.

하지만 하바수, 그곳에 한번 내려가면 나오기가 쉽지 않다. 깨끗한 요르단강의 상류와 같은 넓고 푸르고 깊은 개울을 가로질러 오솔길이 있었고 다리는 없었다. 푹 젖은 나는 진흙 자국을 만들면서 하바수파이 인디언들의 마을로 들어갔다. 징을 박지 않은 망아지들이 하나뿐인 거리를 천천히 걸어 내려왔고, 아이들이 푹 젖은 백인의 몰골을 보고 웃었다. 그러나 그 웃음은 악의가 담긴 웃음이 아니었다. 나는 첫날밤을 이곳 사람들이 관광객들을 위해 마련해 놓은 숙소에서 보냈다. 높은 천정과 가리개를 한 베란다, 편안하고 큰 방들이 있는 낡은 방갈로였다. 해가 넘어가자 마을을 밝히는 것이라곤 여기저기 켜 놓은 석유램프와 몇 개의 모닥불뿐이었다. 마을의 중심가에는 수많은 반딧불이들이 이리저리 날아다녔다.

이튿날 아침 나는 마을 우체국에서 베이컨 한 판과 콩 통조림 6개를 사고 커다랗고 순한 말 한 마리를 세낸 다음 협곡을 따라 내려갔다. 손바닥만 한 옥수수밭과 녹색의 풀밭, 수영장과 폭포를 지나니 마을에서 8km 내려온 곳에 폐허가 된 옛 광산촌이 있었다. 거기서 나는 35일간을 살았다. 나는 거의 혼자 시간을 보냈다. 유령들이 함께 있었을 수는 있지만.

인디언들에게는 아무 문제가 없었다. 하바수파이족은 매력적이고 유쾌한, 긴장이라고는 모르는 만사태평인 사람들이었다. 그들은 모두 100명쯤 되었다. 하지만 함께 살자고 초대받지 않는 한 그들에게 폐를 끼치고 싶지는 않았다. 그리고 나는 그런 초대를 받지 못했고, 설사 초대를 받았다 해도 응하지 않았을 것이다. 낯선 사람들이 와서 나의 매일매일의 습관과 생활을 관찰하고, 내 언어를 연구하고, 내 의상을 관찰하고, 내 종교에 대해 묻고, 내가 쓰는 물건들을 뒤적이고, 나의 성적 의식을 조사하고, 내가 문화적으로 살아남을 수 있을까를 가늠한다면 나는 그들을 결코 좋아하지 않았을 것이기 때문이다.

그래서 나는 혼자 지내기로 했다.

내가 맨 먼저 한 일은 바지를 벗어 버린 것이다. 다음에는 말에서 짐을 내리고 그놈의 엉덩이를 철석 때려서 마을로 돌려보냈다. 다음에 나는 식량과 장비를 옛 오두막 가운데 가장 덜 부서진 곳으로 옮겨 놓고, 이부자리를 녹슨 철제 침대에 폈다. 그리고는 근처에 있는 36m 높이의 폭포 밑에 생긴 못에서 헤엄을 쳤다.

첫날 저녁 나는 폭포 밑 오두막에 들어가 자기 위해서 누웠다. 캄캄한 밤이었다. 바람이 전혀 불고 있지 않았는데 빗장이 없는 오두막의 문이 삐걱거리며 천천히 열리더니, 반딧불이 한 마리가 날아

하바수

들어와 전선으로 서까래에 매달아 놓은 베이컨 주위를 선회했다. 서서히 문이 다시 닫혔다. 그리고는 다시 열렸다. 박쥐 한 마리가 창문으로 들어왔다가 나갔다. 뒤이어 두 번째 반딧불이(첫 번째는 박쥐에게 잡혀먹혔다)와 한 떼의 모기가 들어왔고 그놈들은 나가지 않았다. 나에게는 물론 모기장이 없었고 공기가 너무 습하고 더워서 슬리핑 백 안에 들어가 잘 수는 없었다.

나는 일어나서 잠시 바깥을 걸어다녔다. 손바닥으로 쳐서 모기를 잡으며 이런저런 생각에 잠겼다. 멀리서 폭포 소리가 부드럽게 들려왔다. 그 소리가 최면을 걸듯 나를 안정시켜 주었다. 나는 슬리핑 백을 말아 들고 별빛에 의지해서 오솔길로 나갔다. 선인장 덤불을 돌아 광산촌 위의 평평한 곳으로 올라갔다. 모기들이 여전히 따라붙었지만 내가 폭포 위쪽으로 기어 올라가자 그 수가 줄어드는 것 같았다. 절벽 가장자리—절벽에서 불과 1.8m 떨어진 곳—에 내가 누울 만한 모래밭이 있었다. 흐르는 물이 공기를 흔들어 날아다니는 곤충들을 쫓아 주었다. 그날 밤 나는 잠을 잘 잤다. 이튿날 철제 침대를 그곳으로 옮겼고 그래서 이곳은 7월의 나머지와 8월 한 달 동안 나의 침실이 되었다.

천국의 정원(하바수 폭포)에서 보낸 그 5주일 동안 내가 한 일은 무엇인가? 아무것도 없었다. 나는 거의 아무 일도 하지 않았다. 나는 몇 마리의 무지개송어를 잡았다. 이곳 하바수 크리크의 송어는 수가 많지는 않았지만 씨알이 굵었다. 그리고 대략 1주일에 한 번씩 바지를 입고 인디언 마을로 걸어 올라가서 조그만 가게에서 베이컨과 콩 통조림 그리고 아르헨티나산 쇠고기를 샀다. 그것이 인디언이 가지고 있는 품목의 전부였다. 색다른 식사를 하려면 그랜드캐니언 빌리지에 있는 슈퍼마켓에 전화로 이국적인 식품을 주문해야 했다. 주문한 식품은 1주일에 두 번씩 우편으로 배달되었다. 우편물은 토포코바 힐톱에서 노새 등에 실려 오솔길로 22km나 운반해야 했다. 얼마 후 나는 하바수파이 인디언들로부터 옥수수와 무화과, 복숭아를 살 수 있었다. 한번은 배탈이 나서 사흘 동안 창자가 뒤틀리는 고통을 느꼈지만 결국 회복되었다. 인디언들은 가끔 관광객들을 폭포로 안내하거나 길 잃은 말을 잡으러 올 때 외에는 내가 있는 곳으로 내려오지 않았다. 8월 하순에 하바수파이 복숭아 축제와 4일간의 마라톤 우정 무도회가 열렸다. 나는 이 행사에 초대받아 참가했다. 그리고 그곳에서 리드 와타호마지와 시날라 추장 그리고 스푼헤드라는 친구를 만났다. 스푼헤드는 5달러를 받고 나를 말 경주에 데리고 갔다. 누군가가 경주 직전에 내가 탈 말에게 녹색의 무화과 반 부셀(약 18리터)을 먹였지만 나는 그 사실을 모르고 있었다.

우정의 무도회는 치료사들이 주문을 외우는 가운데 북소리에 맞추어 밤낮으로 계속되었다. 무화과에 취한 말이 날뛰는 바람에 스푼헤드와 그의 친구들 그리고 협곡 너머에서 손님으로 온 후알라파이 인디언들이 기겁을 했고, 그 바람에 행사장이 엉망이 되었지만 그래도 춤은 중단되지 않았다. 알고 보니 이런 해프닝은 매년 일어나는 일이었다. 관습으로 정착된 행사의 일부였던 것이다. 행사 후에 스푼헤드는 부러진 이를 드러내고 웃으며 후알라파이를 혼내줄 수 있는 기회가 매일 오는 것은 아니라고 말했다. 나는 백인을 골탕먹일 기회 또한 흔한 것은 아니라는 사실을 그에게 상기시켜 주었다(분명히 하바수파이족은 탁월한 종족이다. 건강하고 쾌활하며 영리하다. 영리할 뿐 아니라 통찰력까지 갖추고 있다. 그것을 보여 주는 한 예로, 다른 대부분의 정부기관들이나 마찬가지로 늘 뭔가 할 일을 찾아내려고 혈안이 되어 있는 인디언관리청과 도로국이 작년에 합동으로 하바수 협곡에 100만 달러가 들어가는 도로를 내주겠다고 제의했다. 그렇게 해서 그들의 고향에 돈 많은 자동차 관광객들을 끌어들이겠다는 것이었다. 하바수파이족은 한 푼의 돈도 부담하지 않아도 된다는 조건이었다. 그러나 하바수파이족은 투표에 부친 결과에 따라 그 제의를 거부해 버렸다). 축제 기간 동안 복숭아로 빚은 술이 강물처럼 흥청망청 흘러 넘쳤다. 축제가 끝난 다음, 나는 폭포 근처에 있는 나의 집으로 돌아가서 이틀 동안 휴식을 취했다.

다시 기운을 회복한 나는 버려진 은광산을 둘러보았다. 몇 개의 다이너마이트를 찾아내어 보니 퓨즈는 없었다. 실망스러웠지만 사실 그 부근에는 폭파할 만한 것이 아무것도 없었다. 나는 60m 높이의 무니 폭포 밑으로 통하는 동굴에도 들어가 보았다. 나는 무엇을 했나? 사실 해야 할 일이 아무것도 없었다. 나는 들려오는 소리에 귀를 기울였다. 멀리서 들려오는 희미한 그 소리는 너무나 인간적인 소리들이었다. 버려진 오두막들의 문이 삐걱거리며 열리고 닫히는 소리였다. 나는 원주민이 되어 폭포 밑의 못가에서 꿈을 꾸면서 며칠을 보냈다. 아담처럼 벌거벗고 미루나무 밑을 산책하고 나의 선인장 화원을 살펴보았다. 장자처럼 나비 걱정을 하고 누가 무슨 꿈을 꾸는지를 걱정하면서 나는 취한 듯 시간을 보냈다.

뱀 한 마리가 있었다. 붉은 레이서였다. 그놈은 내가 물통을 채우는 샘가 바위에서 살고 있었다. 놈은 늘 거기서 돌 사이를 미끄러져 가거나 가만히 멈추어 서서 날름거리는 혀와 기분 나쁜 눈매로 나에게 최면을 걸려고 했다. 우리는 서로 상대방을 너무나 잘 알게 된 것 같았다. 차츰 내 정신이 이상해지기 시작했다. 나와 내가 아닌 것을 구분하는 능력을 조금씩 상실해 가고 있는 것 같았다. 내 손을 보는데 나뭇가지에서 떨고 있는 나뭇잎이 보이기도 했다. 녹색의 나뭇잎. 나는 드뷔시와 키츠, 블레이크와 앤드루 마블을 생각했다. 톰 오베들럼도 생각났다. 모두 잊혀지고 기억되지 않을 것들. 누가 돌아오겠는가? 또다시 잊혀지기 위해서? 나는 걷고 또 걸었다.

나는 사막에서의 산책을 거의 혼자 해 왔다. 나의 선택이라기보다는 필요에 의해 그렇게 된 것이었다. 내가 대체로 다른 사람이 가고 싶어 하지 않는 곳으로 가기를 즐겨 했기 때문이다. 나는 자연에 대해 명상에 잠길 때 나와 함께 그런 명상을 하는 사람들이 너무 많지 않아야 즐거움이 한층 더 커진다. 그러나 혼자 여행을 하다 보면 위험이 따르기도 한다. 사고를 당하거나 병이 날 경우 죽을 확률이 더 커진다. 도움을 청하러 갈 사람이 아무도 없기 때문이다.

어느 날 하바수 협곡 부근의 작은 협곡을 탐험하던 나는 협곡 위로 올라가 보고 싶은 유혹을 뿌리칠 수 없었다. 오후 늦게서야 나는 어둡기 전에 캠프로 돌아가기 어렵다는 사실을 깨달았다. 어둡기 전에 돌아가려면 내가 올라온 길 말고 더 짧은 지름길을 찾아내야 했다. 그래서 나는 지름길을 찾아보았다.

근처에 또 다른 작은 협곡이 있었고 그 협곡을 따라 내려가면 하바수 협곡으로 갈 수 있을 것 같았다. 그 골짜기는 가파르고 매우 좁앉으며 협곡이 으레 그렇듯이 구불구불했고 툭 튀어나온 암벽이 많았다. 나는 그 골짜기의 정상 부근에 서 있었는데, 그곳에서는 과연 그 골짜기를 통해서 주협곡의 바닥까지 내려갈 수 있을지 가늠하기가 불가능했다. 나는 로프를 가지고 있지 않았고 단지 지팡이 하나를 가지고 있을 뿐이었다. 그러나 망설일 시간이 없었다. 언제나 그렇듯이 나는 배가 고프고 목이 말랐다. 나는 골짜기를 따라 내려가기 시작했다.

한동안은 만사가 잘 풀려나갔다. 처음에는 협곡의 바닥이 마른 모래로 되어 있었고 간간이 바위들이 있었다. 더 내려가자 몇 개의 큰 바위들이 암벽 사이에 쐐기처럼 박혀 있었다. 나는 그 바위들을 타고 넘거나 밑으로 통과했다. 그런데 차츰 협곡의 바닥이 매끄러운 바위로 변하기 시작했다. 매끄럽고 경사가 급한 사암이 물에 깎여 우묵하게 되었거나 구멍이 뚫려 있었다. 내려갈수록 파인 구멍은 점점 더 커졌다. 우묵하게 파인 구멍에 지난번 홍수때 고였던 물이 조금 남아 있는 경우도 있었다. 미지근하고 악취가 나는 물로 표면에는 기름처럼 보이는 더께가 덮여 있었다. 오랜 기간에 걸쳐 물이 증발하면서 물에 있던 죽거나 죽어 가는 유기물이 죽처럼 응축된 것이었다. 내 물통은 비어 있었고 목이 매우 말랐지만 나는 더 참을 수 있다고 생각했다.

얼마를 더 내려가자 지금까지 본 것 중 가장 큰 물이 고인 못이 나왔다. 그 양쪽에 거의 수직에 가까운 암벽이 솟아 있었다. 못 속으로 들어가지 않고는 그곳을 지나갈 수 없었다. 나는 망설였다. 이곳을 통과하면 다시 되돌아가기는 어려울 듯했다. 그러나 주협곡은 아직 보이지 않았다. 되돌아가는 것이 가장 안전한 길인 듯싶었다. 그러나 나는 물속으로 한 발을 들여놓았다.

물은 생각했던 것보다 깊었다. 내 두 발이 바닥에 닿자 물은 내 머리 위까지 차올랐다. 맞은편까지 헤엄을 쳐야 했다. 물에서 나와 보니 그곳은 또 다른 벼랑의 가장자리였고 벼랑 밑에는 더 큰 초록색 물웅덩이가 나를 기다리고 있었다.

벼랑은 높이가 먼젓번 것과 비슷했지만 앞으로 툭 튀어나와 있지는 않았다. 아이들 놀이터의 미끄럼틀처럼 우묵하고 S자 모양을 하고 있었는데 더 가파르고 넓었으며 중간 부분은 수직에 가까울 만큼 경사가 급했다. 벼랑의 끝은 곧장 물속으로 연결되어 있지 않고 못 위에 있는 계단 모양의 바위와 이어져 있었다. 못 건너편에는 또 다른 벼랑이 있었고 그 높이가 어느 정도인지는 알 수 없었다. 나는 쉬면서 숨을 돌렸다. 이번에는 좀 더 오래 쉬었다. 하지만 이제 와서 되돌아갈 수는 없었다. 나는 미끄럼틀에 내 몸을 맡겼다.

밑에 있는 바위에 세게 부딪쳤지만 다치지는 않았다. 나는 얼굴에 붙는 더께를 걷어 내면서 개헤엄으로 악취 나는 못을 건넜다. 물 밖으로 나온 나는 내 운명이 어떤 것인지 내다보았다.

절망적이었다. 허기로 서서히 죽어 갈 운명인 듯했다. 24m의 툭 튀어나온 절벽이었고 밑에는 깨진 바위들이 흩어져 있었다.

첫 번째 공포의 파장이 지나간 후, 나는 차분히 생각해 보려고 애썼다. 우선 홍수가 협곡을 휩쓸고 지나가지 않는 한 금방 죽지는 않을 거라는 생각이 들었다. 고여 있는 물이 있으니까 그런대로 갈증은 풀 수 있을 것이다. 물만 있으면 사람은 음식이 없어도 30일 이상

하바수

325

살 수 있다고 한다. 협곡에 흩어져 있는 햇볕에 바랜 내 뼈들이 미래에 이곳을 찾을 하이커들에게 좋은 구경거리가 될 거라는 생각도 들었다. 하지만 과연 이 오지를 찾을 사람들이 있을지 의문이었다.

내 두 번째 생각은 소리를 질러 구조를 요청하는 것이었다. 그러나 나는 몇 킬로미터 이내에 다른 사람이 있을 수 없다는 것을 잘 알고 있었다. 한번 "사람 살려" 하고 외쳐 보았지만 암벽 사이에서 울리는 그 소리가 너무나 이상하고 무섭게 들려 두려운 마음까지 들었다. 그래서 나는 다시 소리를 지르지 않았다.

옷을 찢어서 로프를 만들어 볼까 하는 생각도 해보았다. 하지만 내가 입고 있는 옷이라는 게 보잘것이 없었다. 구두에 양말 그리고 넝마 같은 낡은 청바지, 얇은 티셔츠 그리고 낡아 빠진 밀짚모자, 이것이 내 차림의 전부였다. 그것을 꼬아서 24m 길이의 밧줄을 만든다는 것은 불가능한 일이었다. 6m짜리 로프를 만들기도 어려울 것 같았다.

불로 신호를 보내면 어떨까? 그러나 내 옷 말고는 태울 것이 아무것도 없었다. 이 우묵한 바위 분지에는 나무 한 그루, 관목 하나, 하다못해 잡초 하나 없었다. 내가 옷을 태운다고 해도 남쪽 림에 있는 후알라파이 인디언들이 그 연기를 볼 가능성은 희박했다. 설사 본다 한들 어쩌겠는가? 그는 어깨를 으쓱하며 한숨을 쉬고는 포도주병을 다시 집어 들 것이다. 더욱이 옷이 없이는 불볕에 구워져 목숨을 잃을 것이 뻔했다.

내가 할 수 있는 일은 단 한 가지뿐이었다. 뒷주머니에 있는 조그만 노트와 몽당연필로 나의 마지막을 기록하는 것. 젖은 노트가 마르면 적어도 나는 어쩌다 내가 이런 결말을 맞았는지 기록할 수 있을 것이다. 내 비문뿐 아니라 나 자신의 만가까지도 쓸 수 있는 충분한 시간이 있을 것이다.

그러나 아직 포기할 단계는 아니었다. 못 가장자리에는 몇 개의 돌들이 흩어져 있었다. 나는 그중 가장 큰 것을 가지고 매끄러운 미끄럼틀 바위 밑으로 헤엄쳐 가서 거기 그것을 놓았다. 그렇게 하나씩 돌을 옮겨서 미끄럼틀 바위에 기대어 60cm 높이의 돌무더기를 쌓았다. 가망이 없는 일이었지만 나에게는 달리 할 일이 없었다. 나는 그 돌무더기에 올라서서 두 팔을 한껏 뻗고 손가락으로 잡을 만한 것을 더듬어 찾았다. 그러나 잡을 만한 것이 아무것도 없었다. 나는 뒤로 기어서 내려갔다. 나는 울기 시작했다. 우는 것만이 쉬운 일이었다. 혼자서 이런 만용을 부린 것이 실수였다.

눈물 사이로 나는 내 지팡이가 가까이 놓여 있는 것을 보았다. 나는 지팡이를 집어 들고 그것으로 돌무더기에 있는 가장 단단한 돌을 짚었다. 구두를 벗어서 두 짝을 서로 잡아맨 다음 목에 걸었다. 그리고는 돌무더기 위에 서서 한 다리를 들어 올려 엄지발가락을 지팡이의 꼭대기에 얹었다. 가망이 없는 짓이었다. 천천히 그리고 고통스럽게 나는 최대한 체중을 실어 사암 경사면의 반대쪽으로 몸을 기울였다. 그렇게 몸을 위로 끌어올린 나는 다시 팔을 내뻗고 손가락으로 잡을 만한 곳을 찾았다. 역시 아무것도 없었다. 미끄럼틀 바위는 문질러서 광을 낸 대리석처럼 반질반질했다.

아니 그렇게 매끄럽지는 않았다. 이것은 부드럽고 다공성인 사암이었다. 그 바위와 내 젖은 몸과 옷 사이에 약간의 마찰력이 생겼다.

더욱이 지팡이 덕분에 나는 S자 모양으로 굽은 미끄럼틀의 더 높은 부분까지 손을 뻗을 수 있었다. 그 부분의 각도가 나에게는 유리했다. 바위에 몸을 딱 붙이고 미끄럼틀의 곡선을 이용해서 몸을 조금씩 끌어올릴 수 있다는 사실을 나는 깨달았다. 나는 엄지발가락에 더 힘을 주며 몸을 밀어 올렸다. 그러자 돌무더기가 무너지면서 지팡이가 튕겨져 나갔다. 그러나 나는 뱀처럼 기어 미끄럼틀의 꼭대기로 올라갈 수 있었다.

다음 장애물인 깊은 못 위 4m 높이의 툭 튀어나온 물 분출구는 넘는 것이 불가능해 보였다. 그래도 나는 혹시나 하는 마음으로 물속으로 뛰어들어 벼랑 밑까지 헤엄쳐 갔다. 한참 미끄러운 바위를 잡아 보려고 허우적거리던 나는 결국 포기하고 단단한 땅으로 헤엄쳐 돌아가서 누워 버렸다. 쉬면서 죽음을 기다리기 위해서였다.

저 위 시커먼 암벽 사이로 하늘이 조금 보였다. 그 조그만 하늘로 하얀 구름이 한 조각 지나가고 있었다. 그 모양이 한없이 가냘프고 아름답고 귀하게 보였다. 내가 그곳에 영영 도달할 수 없다는 생각을 하니 가슴이 찢어지는 것 같아서 나는 여자처럼, 어린애처럼 엉엉 울었다. 난생 그렇게 아름다운 것을 본 적이 없는 것 같았다. 그러나 운다고 해결될 문제가 아니었다. 잠시 후 나는 울음을 그치고 내가 처한 문제에 대해 곰곰이 생각해 보았다.

양편의 암벽은 그야말로 수직 절벽이었다. 그러나 풍우에 깎여(홍수 때 거세게 흐르는 물에 깎인 것이 아니었다) 표면에 부서지고 파이고 떨어져 나간 흔적이 있었다. 튀어나온 물 분출구 바위와 암벽이 맞닿은 부분에는 사람이 올라설 만한 자리가 있었고, 그 부분의 암벽에는 미세한 바위 틈새와 2~3cm 너비의 선반 바위들이 많았다. 그곳으로 올라가는 것이 가능할 것 같기도 했다. 밑져야 본전이었다.

심신을 추스른 나는 일어나서 못 옆의 암벽을 타고 그 구석으로 가 보기로 했다. 맨발가락과 손가락을 바위에 붙이고 나는 게처럼 조금씩 이동했다. 목에 걸린 물에 젖어 무거운 구두가 내가 움직일 때마다 앞뒤로 흔들리면서 몸의 균형을 깨뜨리는 바람에 나는 못으로 떨어지고 말았다. 못 가로 헤엄쳐 간 나는 구두를 목에서 벗어서 벼랑 위로 던져 버렸다. 벼랑 위에 올라가서 다시 찾으면 된다고 생각했다. 나는 다시 삿갓조개처럼 암벽에 몸을 붙이고 천천히 조심스럽게 구석을 향해 이동하기 시작했다. 마침내 구석에 도달했다. 여기서는 양쪽 바위에 몸을 버티면서 위로 몇 센티씩 올라갈 수 있었다. 손가락과 발가락을 지탱할 틈도 찾을 수 있었다. 거의 꼭대기에 이르러 툭 튀어나온 바위가 보이자 나는 미끄러져 내려갈 채비를 했다. 그러나 그럴 필요가 없었다. 극한상황에서는 평소에 없던 기술과 끈기가 생기는 모양이다. 나는 절벽을 계속 기어올라 벼랑의 가장자리 안전한 곳까지 다다를 수 있었다. 내 구두는 위쪽에 있는 작은 웅덩이 위에 떠 있었다. 구두에 담긴 냄새 나는 물을 쏟고 구두를 신은 다음 구두끈을 맸다. 나는 승리의 환성을 질렀다. 3시간 사이에 세 번째로 지르는 승리의 환성이었다. 뜨거운 눈물이 흘러내렸다. 내 환성에 응답이라도 하듯 하늘에 뜬 구름에서 천둥소리가 들려왔다.

나는 해가 질 무렵 그 작은 협곡에서 벗어났다. 서쪽 하늘은 붉게 물들어 있었고 머리 위에서는 천둥 번개가 치고 있었다. 달콤한 황혼과 눈부시게 번쩍이는 번갯불 속에서 나는 기쁨의 노래를 흥얼거리며 톤토 벤치를 따라 되돌아갔다. 그러나 내가 주협곡과 캠프로 안전하게 내려갈 수 있는 장소에 이르기 훨씬 전에 어둠이 깔렸고, 하늘에서는 비가 퍼붓기 시작했다. 나는 90cm 높이의 야트막한 동굴의 선반 바위 밑으로 대피했다. 앉아 있기도 힘든 장소였다. 다른 동물들이 이곳을 거쳐간 게 분명했다. 작은 동굴의 흙바닥에는 새와 쥐, 토끼와 코요테의 똥들이 널려 있었다. 한쪽 끝이 이상하게 뒤틀린 배설물도 몇 개 있었다. 퓨마의 것일까? 어떤 동물의 것이든 상관없었다. 나에게는 용의주도하게도 파라핀으로 봉해 놓은 성냥이 몇 개 있었다. 나는 작은 나뭇가지들과 동물의 똥을 긁어 모아서 작은 모닥불을 피워 놓고 비가 그치기를 기다렸다.

비는 좀처럼 그치지 않았다. 폭풍우가 몰아치는가 하면 다시 빗줄기가 좀 가늘어지고 하면서 비는 몇 시간 동안 계속 내렸다. 얼마 안가 내가 모을 수 있는 연료를 다 태워 버리고 말았다. 그래도 크게 문제될 것은 없었다. 나는 코요테의 굴에 사지를 뻗고, 팔을 베개 삼아 누워서 긴 밤을 보냈다. 축축하고, 춥고, 온몸이 쑤셨고, 배가 고팠다. 나는 폐소공포증과 악몽에 시달렸다. 그래도 그날 밤은 내 생애에서 가장 행복한 밤 가운데 하나였다.

그랜드뷰 포인트에서 죽은 사람

Desert Solitaire

졸립다. 공기는 텁텁하고 햇빛은 서늘하고 바람 한 점 없다. 이런 것들은 많은 것을 암시하지만 아무것도 분명히 말해 주지는 않는다. 밸런스드 록과 산봉우리들도 꼼짝 않고 서서 무언가를 기다리고 있다. 야생동물들도 밤을 앞두고 제 둥지로 물러갔고 파리와 각다귀들도 사라져 버렸다. 몇 마리 새들이 지저귀는 소리가 들릴 뿐이다. 여름의 마지막 꽃들—글로브맬로—도 시들어 버렸다. 무언가가 나타날 것 같은 느낌이 드는 것은 무엇 때문일까? 가끔 나는 도로에서 들려오는 소리를 듣는다. 낯익은 소리들이다. 그러나 바라보면 아무도 없다.

먼지가 뽀얗게 뒤덮인 자동차를 타고 몰래 들어왔다 나가는 관광객들조차 사막 여행에 지친 기색을 보이며, 높고 시원하고 신선한 미풍이 부는 곳—산이나 바닷가—으로 가고 싶다는 소망을 드러내고 있다. 그들은 그래야 한다. 왜 분별력 있는 사람이 사막의 화덕 속에서 8월을 보내려고 하는지, 그 이유가 나에게는 수수께끼다. 이 용감한 관광객들은 나처럼 미친 사람들임에 틀림없다.

매일 아침은 아름답고 시원한 녹색 새벽빛으로 시작된다. 그러나 태양이 솟으면 또 견디기 힘든 하루가 시작된다.

정오쯤에는 구름이 지평선에 피어나기 시작해서 오후가 되면 덩어리로 뭉쳐진 구름장에서 번갯불이 번쩍이고 요란한 천둥소리가 들려오기 시작한다. 그런 다음에는 약간의 비가 내린다. 사막의 어느 특정 지역에 쏟아진 비는 진흙과 자갈과 흙이 같은 비율로 섞인 걸쭉한 시뻘건 액체의 급류를 만들어 낸다. 이 급류는 요란한 소리를 내며 황량한 수로를 흘러 강으로 내려간다. 한 시간 후쯤 땅은 전처럼 바싹 말라 버린다. 구름이 흩어지고 천둥소리도 꺼져 버리면 불볕이 더욱 무섭게 모래와 바위 그리고 간간이 서 있는 나무와 관목 위에 내리쬔다. 이것이 협곡지대의 우기 풍경이다.

이렇게 잠깐 내리는 뇌우가 아무런 영향을 끼치지 않는 것은 아니다. 나는 요즘 멀리 보이는 솔트 워시 계곡에 푸르스름한 색깔이 이끼처럼 번지는 것을 본다. 그런 색깔의 주인공은 회전초라는 식물이다. 따끔따끔한 털이 난 이 식물은 만지거나 보기에 유쾌한 식물은 아니다. 동시에 땅은 더 쓸모 있는 식물들—9월에 나타나는 래빗브러시, 해바라기, 애스터, 야생 메밀, 겹물망초 등—을 맞을 준비를 하고 있다.

저녁이 오면 황혼이 구름을 황금색, 자주색, 진홍색, 녹색, 오렌지색, 푸른색 등 오만 가지 색으로 채색한다. 석양은 황혼의 바다 위에 섬처럼 솟아 있는 산봉우리들에만 반사되는 것이 아니라 조용한 번개를 문득문득 보여 주는 구름의 산맥에도 반사되어 현란한 색채의 잔치를 연출한다.

비온 후 약간 습기를 머금은 8월의 저녁, 이때가 몇 마리 쏙독새 (nighthawk)가 낮에 숨어 있던 곳에서 나와 공중을 선회하며 땅에서는 보이지 않는 높이 나는 곤충들을 잡아먹는 때다. 쏙독새는 이름에 매(hawk)라는 단어를 달고 있지만 크기나 모양이 매보다는 제비를 닮았다. 급강하고 돌진하며 나는 모습은 박쥐와 비슷하다.

쏙독새들은 저녁과 밤 사이의 황혼과 해 뜨기 전 여명 속에서 먹이를 잡아먹는다. 이때가 공중을 나는 곤충이 가장 많기 때문이다. 새벽에 새들이 곤충을 잡아먹는다는 사실을 아는 사람은 많지 않다. 나는 트레일러 밖 간이침대에서 잠을 자다가 아침에 새들이 공중을 날면서 내는 요란한 소리에 잠을 깬 적이 많다. 그때 눈을 뜨고 희미한 여름 별자리들을 올려다보면 그 위치가 많이 바뀐 것을 보게 된다. 예를 들면 북두칠성이 북쪽 지평선 너머로 반쯤 내려가 있다. 처음에는 아직 밤이려니 생각하기 쉽다. 하지만 동쪽에서 새벽의 녹색 빛살이 퍼지고 있는 것이 보이고, 하늘을 가로지르는 쏙독새까지 보이면 곧 해가 뜨리라는 것을 의심치 않게 된다.

가끔 새벽에 들을 수 있는 또 다른 종류의 음악이 있다. 언젠가 나는 1주일 내내 매일 아침 일가족인 듯한 코요테 무리가 내 캠프에서 서쪽으로 1.5km쯤 떨어진 곳에서 불러 주는 세레나데를 감상한 적이 있다. 그들이 내는 기묘한 소리는 여자 유령이 우는 소리 같기도 하고, 새로운 전자악기가 내는 소리 같기도 했다.

그러나 이런 기괴한 소리가 코요테가 내는 레퍼토리의 전부는 아니다. 길게 이어지는 청승맞은 울음소리를 내기도 하고, 컹컹 짖기도 하고, 멍멍 짖기도 한다. 놈들은 대개 해가 뜨면 노래를 그치고 바위틈 속으로 물러간다.

나는 그들의 보금자리를 찾아볼 생각은 하지 않는다. 그랬다가는 그들에게 겁을 주어 그들을 쫓는 결과가 될지도 모르기 때문이다. 우리들은 코요테를 필요로 한다. 아치스 내셔널 모뉴먼트 공원에서는 그들이 매우 필요한 존재다. 사실은 국가 전체로 봐도 그들은 필요한 존재다. 우리에게는 더 많은 사람들이나 길들여진 개들보다 코요테가 더 필요하다. 사람은 이미 남아돌 지경으로 많기 때문이다. 개들도 너무 많으니까 햄버거로 만들어서 코요테의 비상식량으로 던져 주어 그들의 사기를 높여 줄 필요가 있다.

오늘 아침 나는 단파 라디오를 통해서 수색에 참가하라는 요청을 받았다. 용의자나 탈옥수를 쫓는 일이 아니라 실종된 한 관광객을 찾는 일이었다. 그의 자동차가 이틀 전에 그랜드뷰 포인트 근처에 버려진 채 발견되었다고 한다. 그랜드뷰 포인트는 아치스의 나의 초소에서 도로로 80km쯤 떨어져 있었다.

기분 전환을 할 수 있는 일거리가 생긴 것을 고마워하면서 나는 물통들과 배낭을 관용 픽업트럭에 싣고 출발했다. 나는 서쪽의 고속도로로 간 다음 남쪽으로 5km 내려가서 데드호스 메사를 가로질러 남서쪽으로 뻗어 있는 비포장도로로 접어들었다. 만나기로 한 상소에 도착하니 다른 수색대원들이 이미 와서 이야기를 나누고 있었다.

공원 본부에서 온 베이츠와 로이드, 카운티 보안관과 그의 조수 한 사람, 실종된 사람의 친척 한 사람 그리고 이번 여름 공원관리청을 위해 일하고 있는 내 동생 조니였다. 도로 옆에는 문이 잠긴 빈 자동차가 한 대 있었다. 이틀 전에 발견된 실종자의 차였다.

우리가 찾으려는 사람이 실종된 이 메사의 표면은 대부분이 맨바위로 되어 있었다. 오솔길도 별로 없고 실종자가 발자국을 남겼을 만한 모래나 부드러운 흙도 별로 없었다. 습지와 거대한 구멍, 분지, 바위틈, 협곡이 많아서 길을 잃기 쉬웠고 그런 곳에 시체가 감추어져 있으면 며칠이고 몇 해고 발견되지 않을 수도 있었다.

또 까마득한 절벽도 있다. 우리가 있는 곳에서 1.5km 떨어진 곳에 메사의 가장자리가 있는데 그곳에서 화이트 림 벤치까지는 360m의 깎아지른 절벽이다. 화이트 림 벤치에서 다시 450m 아래가 콜로라도강이다. 그쪽으로는 찾아볼 만한 곳이 별로 없었다.

실종자의 친척(조카)으로부터 실종자가 나이 60세 가량의 아마추어 사진가이며 심장병이 있고 이곳 남서부 지방에 처음 왔다는 사실을 안 우리는 수색의 대상이 이미 죽었을 것이며 그 시체가 그랜드뷰 포인트에서 북서쪽과 북동쪽으로 32km나 이어진 삐죽삐죽한 바위들 사이 어딘가에 있을 거라고 짐작했다.

그가 죽었을 거라는 가정은 보안관이 한 항공기 수색에서 사람이 있는 흔적을 발견하지 못했다는 사실과 8월의 더위가 한창인 시기에 사막에서 이틀 이상 지났으니 그가 지니고 있던 물(지니고 있었는지도 분명치 않지만)로 60세의 남자가 낯선 지형과 기후 속에서 생명을 지탱하기는 불가능할 거라는 생각에 근거를 둔 것이었다.

우리는 수색할 지역을 똑같이 나누어서 수색을 시작했다. 가장 남쪽 지역을 할당받은 동생과 나는 자동차로 8km를 달려 도로가 끝나는 메사 가장자리—바로 그랜드뷰 포인트 근처—로 갔다. 여기서 우리는 갖고 간 물을 분배한 다음 헤어졌다. 조니는 고원 가장자리를 따라 북서쪽으로 갔고, 나는 그 반대 방향으로 길을 잡았다.

다음 몇 시간 동안 절벽의 가장자리를 따라가며 실종자를 찾았다. 그의 시체를 찾고 있다고 해야 옳은 말일 것이다. 그가 살아 있을 가능성은 희박했기 때문이다. 나는 갈증과 땡볕에 시달리는 사람이 피신할 만한 장소인 향나무 그늘과 툭 튀어나온 선반 바위 밑을 들여다보았다. 좁은 협곡과 바위틈 그리고 모래와 바람에 의해 바위가 파여 생긴 거대한 구멍도 들여다보았다. 마치 우물처럼 둘레의 암벽이 수직인 이런 구멍들은 사람이 빠지기 쉬운 곳이기 때문이다.

가끔 나는 절벽의 가장자리로 걸어나가 까마득한 절벽 밑을 내려다보기도 했다. 실종자가 어둠 속에서 발을 헛딛거나 또는 환한 대낮이라도 절망과 허무감에 빠진 나머지 허공의 아름다움에 이끌려 의도적으로 절벽으로 몸을 내던졌을 가능성도 전혀 없는 것은 아니었다.

"심연을 너무 오래 내려다보지 말라. 심연이 너를 들여다볼지도 모르니까." 니체는 이렇게 말했다. 그는 절벽 아래로 빨려들어가는 사람의 심리를 알고 있었던 것이다.

나는 공중을 나는 까마귀들도 유심히 살폈다. 그들이 단서를 제공해 줄 수도 있기 때문이었다.

태양이 맑게 갠 하늘에서 열기를 쏟아붓고 있었다. 매우 더운 날이었다. 나는 필요할 때면 피니언소나무나 향나무 그늘에서 쉬면서 물을 한 모금씩 마시곤 했다. 그렇게 쉬면서 장엄한 경치와 완벽한 정적을 즐기기도 했다.

그늘 속에서의 휴식은 달콤했고 바깥의 더위는 끔찍했다. 점심때가 조금 지나서 물이 떨어진 나는 수색을 포기하고 픽업트럭이 있는 곳으로 되돌아갔다. 동생이 먼저 와서 기다리고 있었다. 얼이 빠진 듯한 그의 표정으로 나는 그가 실종자를 발견했다는 걸 금방 알 수 있었다.

조니는 이미 나머지 수색대원들에게 무전으로 연락을 했다고 했다. 우리는 트럭의 그늘에서 기다렸다. 그들이 도착했다. 우리는 카운티의 검시관을 겸하고 있는 장의사 운영자가 모아브에서 그의 하얀 앰뷸런스에 알루미늄 들것과 2m 길이의 검은 고무주머니를 싣고 나타날 때까지 한 시간을 더 기다렸다. 장의사 차가 오자 조니가 우리를 시체가 있는 곳으로 안내했다.

길은 험하고 멀었다. 바위로 된 작은 협곡들과 계단 모양의 사암층을 가로질러야 했다. 자동차는 갈 수 없는 길이었다. 우리는 걸어서 갔다. 도로에서 1.5km쯤 가니 메사의 테두리를 향해 솟아 있는 선반 바위가 나타났다. 그 바위 꼭대기 근처에 향나무 한 그루가 바위에 뿌리를 박고 몸을 뒤틀며 하늘을 향해 자라고 있었다. 협곡지대에서 흔히 볼 수 있는 풍경이었다. 그 작은 나무 밑 그늘에 시체가 있었다.

가까이 다가가 보니 그는 반듯이 누워 사지를 쭉 뻗고 있었는데 몸뚱이가 풍선처럼 부풀어 있었다. 그의 바짓가랑이에는 커다란 얼룩이 져 있었고 시체 썩는 냄새가 코를 찔렀다. 어떤 이유인지는 모르지만 대머리수리는 아직 시체를 발견하지 못했는지 다른 청소부들인 까마귀 두 마리가 우리가 다가가자 무거운 몸짓으로 날아올랐다. 물통이나 물 주머니는 눈에 띄지 않았다.

실종자의 조카가 죽은 사람의 신원을 확인했다. 검시관 겸 장의업자가 고개를 끄덕였고 보안관도 만족을 표시했다. 보안관 조수와 함께 그들은 부어오른 시체를 지퍼가 열린 고무주머니에 넣는 까다로운 작업을 시작했다.

조니와 내가 죽은 사람이 왔던 길을 추적해 보았다. 매끄러운 바위에는 오솔길이 없었지만, 그가 누워 있던 자리 주위를 커다란 반원을 그리면서 살펴보니 100m쯤 떨어진 좁은 골짜기에 그의 흔적이 있었다. 모래가 약간 깔린 곳에 그의 발자국이 남아 있었다. 그곳에서 그는 좁은 골짜기로 들어섰고, 겁에 질려 왔던 길을 한 번이 아니라 두 번이나 되돌아갔으며, 선반 바위를 향해 충적토층을 기어 올라갔던 것 같았다. 그는 가까스로 선반 바위까지 올라가는 데 성공했지만, 그곳에 몸을 눕힌 후에 그의 심장이 발작을 일으켜 다시는 일어나지 못했던 것 같았다.

우리는 다른 사람들이 기다리는 곳으로 되돌아갔다. 들것 위에 놓인 검은 고무주머니 주위에 사람들이 모여 있었다. 보안관과 그 조수는 모래로 손을 박박 문지르고 있었고, 장의업자는 고무장갑을 끼고 있었다.

우리는 그랜드뷰 포인트에서 그리 멀지 않은 곳에 있었다. 향나무 근처에서 내다보는 경치는 아주 장관이었다. 남쪽으로 몇 발짝만 떼면 큰 벼랑이었고, 그 절벽 너머 멀리 또 다른 세계가 펼쳐져 있었다. 아래는 화이트 림이었고 더 아래로 내려가면 콜로라도 협곡이었다. 오른쪽에 그린강의 좁은 협곡이 있고, 정크션 뷰트(Junction Butte) 너머로 두 강이 합류하는 합수점이 보였다. 거기서 합쳐진 강물은 급류를 이루어 캐터랙트 협곡을 지나기 시작한다. 합수점 너머는 니들스 황야였다. 그곳은 소수의 카우보이들과 탐광자들에게만 알려진 미지의 땅이다. 합수점의 서편에는 또 다른 협곡들과 바위 봉우리들의 미로가 펼쳐져 있는데, 그곳은 한층 더 사람의 범접이 어려운 미지의 땅인 '메이즈(Maze, 미로)'였다.

이 메마른 수백 평방킬로미터의 테이블랜드(tableland, 테이블처럼 솟아 있는 바위 고원) 너머 저 멀리에는 크기나 높이가 우리가 서 있는 이곳에 비견할 만한 다른 큰 메사의 깎아지른 암벽들이 솟아 있었다. 그리고 메사들의 남쪽 64km 지점에 아바호산맥과 엘크리지가 있고, 동쪽 48km에 라살산맥과 투쿠니키바츠, 남서쪽 80km에 헨리산맥, 144km에 나바호산맥이 솟아 있었다. 위에서 말한 거리는 직선거리이고 도로를 따라 가자면 훨씬 더 멀다.

동쪽에 있는 소도시 모아브와 헨리산맥 근처에 있는 행크스빌, 아바호산맥 사면에 있는 단 한 개의 목장을 제외하면, 우리가 바라보고 있는 그 넓은 지역에 인간이 사는 곳은 하나도 없다. 정치지리학의 관점에서 볼 때 우리는 인류 문화의 프런티어(개척지와 미개척지와의 경계) 가운데 하나에 서 있는 셈이었다. 고무주머니에 들어 있는 사람에게는 이곳이 땅의 끝, 세상의 가장자리였을 것이다.

빛과 공간, 바위와 정적이 어우러진 장관을 내려다보고 있자니,

절벽의 가장자리를 죽음의 장소로 선택한 그 사자(死者)에게 축하를 보내고 싶은 심정이었다. 그는 훌륭한 취향을 갖고 있었고, 어쩌면 행운아였을지도 모른다는 생각이 들었다. 나는 그가 이 세상을 떠난 방식이 부러웠다. 늑대나 커다란 새처럼 미지의 세계 가장자리에 있는 바위 위에서 햇빛을 보며 혼자 죽는다는 것이 내게는 큰 행운처럼 생각되었다. 장의업자나 목사의 오만한 간섭에서 멀리 떨어진 하늘 밑, 탁 트인 공터에서 영원을 향해 열린 창문처럼 펼쳐져 있는 광대한 사막을 앞에 두고 죽는다는 것, 그것은 분명히 좀처럼 얻기 어려운 커다란 행운이었다.

죽은 사람을 두고 이런 생각을 하는 것이 매우 주제넘은 짓일지도 모른다. 또 그는 나의 이런 생각에 추호도 동의하지 않을는지도 모른다. 하지만 한편 생각하면 좁은 골짜기에서 길을 잃었다는 것을 알고 느꼈을 몇 분간의 공포가 지나간 후, 그는 편안한 체념에 빠졌을지도 모른다. 그는 숨막히는 더위 속에서 비틀거리며 경사진 바위를 지나 눈에 보이는 단 한 그루의 나무인 향나무를 향해 올라갔을 것이다. 있는 힘을 다해 그곳에 다다른 그는 그 절벽 가장자리에 누워 쉬었을 것이고, 그 후부터는 별로 고통을 느끼지 않았을지도 모른다. 자다가 숨을 거두었을지도 모르고, 자면서 절벽에서 허공을 향해 나는 꿈을 꾸었을지도 모른다.

우리는 출발 준비를 마쳤다. 벌써 몇 마리의 파리가 들것에 놓인 검은 물체 주위를 날고 있었다. 메사의 아래쪽 콜로라도 협곡 위에는 몇 마리 검은 새들이 날고 있었다. 여기서는 나는 새들의 등을 볼 수도 있을 것 같았다. 나는 좀 더 머물면서 그 새들을 관찰하고 싶었

지만 다른 사람들이 출발을 서두르고 있었다. 또 햇살은 너무 뜨거웠고 시체에서는 냄새가 나고 있었으며 그 조그만 나무의 그늘은 우리가 다 들어갈 만큼 크지 못했다. 더욱이 세상―인간의 세상―이 우리가 돌아오기를 기다리고 있었다.

8명의 살아 있는 사람들 가운데 4명이 들것을 들고 앰뷸런스가 있는 도로를 향해 내려가기 시작했다. 나머지 4명은 때가 되면 교대하기 위해서 옆에서 걸었다. 곧 교대할 수밖에 없었다. 시체는 보기보다 무거웠고 바위, 모래, 덤불, 선인장 등이 짐을 들고 걷는 것을 방해했기 때문이다. 햇볕은 사정없이 내리쬐고 있었고 냄새는 더 지독해졌으며 무엇보다도 고약한 것은 고무주머니에 든 냄새나는 물체 주위를 떼지어 날고 있는 파리 떼들의 등쌀이었다.

짐을 옮기는 일에서 제외된 죽은 사람의 조카는 우리들의 말이 들리지 않을 정도로 훨씬 앞서서 걷고 있었다. 그래서 우리는 땀을 흘리며 비틀비틀 걸으면서 그의 감정을 상하게 할 염려 없이 마음대로 지껄일 수 있었다.

"늙은이가 꽤 무겁네…."

"퉁퉁 부은 걸 보고 풍선처럼 가벼울 줄 알았나?"

"그가 '펑'하고 터져 버리면 어쩌지?"

"터지진 않을 거야. 우리가 가스를 뽑았거든."

"점심은 언제 먹지?" 누군가가 물었다. "배가 고픈걸."

"이걸 먹지 그래."

"그런데 이 늙은이는 왜 도로에서 그렇게 멀리까지 간 거지?"

"지퍼 사이로 물이 질질 새는걸."

"걱정말게. 우리 이쪽으로 가세." 보안관이 말했다. "정신 차려, 로이드. 자네 발을 헛디뎠어."

"우리가 방향은 제대로 잡은 거야?"

"이 늙은이를 주머니에서 꺼내 주면 스스로 좀 걷지 않을까?"

"그는 이렇게 태워 주는 걸 고마워하지도 않을 거야."

"이번 일이 그에게 좋은 교훈이 되었겠지. 이 다음부터는 다시는…."

이렇게 우리는 이 낯선 사람의 죽음에 대해서 이런저런 생각을 하고 있었다. 우리들 가운데 그를 아는 사람이 아무도 없었으므로 우리가 이런 상황에서 그의 운명에 대해 이런 농담을 주고받는 것은 어쩌면 당연한 일이었다. 그가 우리에게 어떤 의미를 갖는 사람이었다면, 우리는 그의 죽음을 애도할 수도 있었을 것이다. 우리가 그를 사랑했었다면 우리는 노래를 부르고, 춤을 추고, 술을 마시고, 커다란 모닥불을 피웠을 것이다. 또 여자들을 찾아서 사랑을 했을 것이다. 죽음의 그림자 아래서 사랑을 하고 아이를 만드는 일보다 더 현명한 일이 무엇이 있겠는가?

하지만 우리는 그 노인을 알지 못했다. 게다가 이 냄새 나는 시체를 떠메고 가는 우리들에게는 또 다른 느낌이 들고 있었다. 그것은 만족감이었다.

사람의 죽음이 우리를 위축시키는가? 반드시 그렇지는 않다. 그 사람의 나이, 그의 죽음의 불가피성과 적합성 그리고 지상에서의 삶의 본질 등을 감안할 때, 우리 각자에게는 말로는 표현할 수 없는 확신 같은 게 자리 잡고 있었다. 그것은 그를 잘 치워 버렸다는 생각이었다. 그의 떠남은 살아 있는 사람들에게 그만큼의 자리를 마련해 주는 것이었다. 오래된 것은 가고 새것은 오게 되어 있다. 그는 갔고 우리는 남았다. 그리고 또 다른 사람들이 태어날 것이다. 비정하고 잔혹한 과정이지만 그런 과정을 통해 세상은 깨끗해지고 아름다워 지는 것이다.

우리 본성의 일부는 이 진리와 이 진리를 받아들이려는 우리의 다른 일부에 대해 저항한다. 이 진리가 예술과 철학, 과학과 심지어 전쟁을 통해 인간이 정립한 인식, 인간은 중요하고 독특하며 자연의 모든 한계를 뛰어넘는 존재라는 인식에 위배되기 때문이다. 그러나 비정해 보이는 이 진리를 부인하려면 우리는 인간성을 부인해야 한다.

마침내 도로에 도착했다. 나는 도로를 영영 못 보는 것이 아닌가 두려워지기 시작했고, 죽음의 행진은 영원히 계속될 것처럼 보였다. 우리는 들것과 그 위에 실린 짐을 장의업자의 앰뷸런스 안으로 밀어 넣었고, 장의업자는 유타의 붉은 먼지를 뒤집어쓴 하얀 캐딜락 앰뷸런스의 문을 쾅 닫더니 출발했다. 죽은 사람의 조카가 사자의 차를 몰고 뒤를 따랐다.

대기는 다시 향기롭고 깨끗했다. 우리는 맘껏 숨을 쉴 수 있었다. 우리는 잠시 차들이 만들어 주는 그늘 아래서 쉬면서 물을 마시고 담배를 피우며 얘기를 나누었다. 누군가가 걸쭉한 농담을 했고, 잠시 후 우리는 헤어졌다. 우리는 고속도로까지 56km를 함께 달린 다음 거기서 각자 자기 갈 곳을 향해 헤어졌다. 내 동생은 블랜딩을 향해 남쪽으로 갔고 나는 아치스로 향했다.

지금은 저녁, 며칠인지는 잘 모르겠다. 빛과 정적 속에 너무 오래

나와 있었기 때문에 달력의 숫자가 나에게는 그 의미를 잃어버리고 말았다. 내가 이 순간에 분명히 알 수 있는 것은 해가 넘어가고 있다는 사실뿐이다. 아름다움과 기쁨의 행성인 금성이 서쪽 지평선 근처의 하늘에 나타나서 밝게 빛나고 있기 때문이다.

여름도 기울어 가고 있다. 사막의 늦여름이다. 요즘은 뇌우도 자주 내리지 않고, 회전초도 붉은 색조를 띠기 시작하고 있으며 여름비가 내린 후 무성했던 나도기름새, 김의털, 줄풀, 그라마풀 등 잡초들도 황갈색으로 변해 버렸다. 그래서 이런 잡초들이 가장 많은 솔트 밸리가 아침 저녁 비스듬한 햇살을 받을 때면 황금색 벨벳처럼 보인다.

몇 안 되던 쏙독새들도 완전히 사라져 버렸다. 1주일 동안 쏙독새를 한 마리도 보지 못했다. 하지만 모든 새들이 내 곁을 떠난 것은 아니다.

그랜드뷰와 메이즈가 있는 남서쪽 하늘에서 V자 모양의 검은 날개들이 노란 황혼을 배경으로 점점 더 높이 날아오르는 것이 보였다. 나는 세상 끝, 향나무 아래서 죽은 그 사람을 생각한다. 까마귀가 멀리 저 아래 누워 있던 그를 내려다보았던 것처럼 그를 본다. 그리고 그 잔혹한 눈을 통해서 나 자신을 본다.

나 자신이 풍경 속으로 가라앉는 듯한 느낌이 든다. 하나의 바위, 하나의 나무처럼 사막 속에 박혀 버린 느낌이다.

사막의 섬

Desert Solitaire

8월 하순이 되면 산이 떨쳐 버릴 수 없는 유혹으로 나를 이끈다. 불 같은 햇볕에 말라 버린 나는 흐르는 물을 다시 보고 싶고, 소나무를 안고 싶고, 포플러나무 껍데기에 내 이름을 새기고 싶고, 모기에 물리고 싶고, 산파랑지빠귀를 보고 싶고, 커다란 푸른 매발톱꽃을 찾아보고 싶고, 전나무숲에서 길을 잃고 싶고, 수목한계선 위를 걷고 싶고, 눈 위에서 일광욕을 즐기고 싶고, 얼음을 먹고 싶고, 바위를 기어오르고 싶고, 또 세상의 꼭대기인 투쿠니키바츠 봉우리에 서서 바람을 쐬고 싶어진다.

이틀간의 비번날을 앞둔 어느 월요일 저녁, 나는 침낭과 배낭, 등산화, 식량통을 픽업트럭에 싣고 초소와 트레일러, 원두막, 외로이 선 향나무 그리고 기둥 바위들을 뒤로한 채 출발했다.

모두들 잘 있거라. 너희들의 머슴은 산에 다녀올 테니. 말똥가리야, 이곳을 잘 지켜주렴.

그리고 관광객들은 몹시 싫어하지만 나는 몹시도 사랑하는, 흙과 모래, 침식작용으로 가득한 바위투성이 오솔길을 덜커덩거리며 달렸다.

속력을 내서 2km 남짓한 모래벌판을 지나니 다음은 홍수 때 토사가 흘러내린 지역이 나타났다. 나는 브레이크를 가볍게 밟으면서 돌과 통나무들이 흩어져 있는 그곳을 내려갔다. 30m쯤 아래 표사에 반쯤 묻힌 배수구가 보였다. 거기 걸리지 않으려고 신경을 쓰며 커다란 바위와 나무와 심한 커브가 이어지는 비탈길을 요리조리 내려가자 코트하우스 워시의 둑이었다. 둑 너머에서는 뱀처럼 가느다란 물줄기가 웅덩이와 웅덩이를 이어주고 있었다. 물가에는 흙을 뒤집어쓴 갈대와 골풀들이 늘어서 있었고, 나는 진창에 빠지지 않으려고 신경을 쓰면서 내를 건너 맞은편으로 올라섰다. 이제 여기서 포장된 도로까지 1.5km는 비교적 쉬운 구간이었다.

시계를 보니 공원 입구에서 포장도로까지 13km를 이동하는 데 17분밖에 걸리지 않았다. 시속 48km 가까운 속도로 주파한 것이다. 그 많은 장애물들을 감안할 때 아주 빨리 달려온 셈이다.

관광객들이 이 길에 대해 그렇게 불평을 하는 이유를 나는 이해할 수 없다. 용기와 운전 솜씨를 시험해 볼 좋은 기회인데. 이 정도의 모험을 회피하다니 이해할 수가 없다. 오가는 동안의 경치는 또 얼마나 멋진가? 더 이상 무엇을 바란단 말인가? 나는 이런 생각을 하면서 아치스 공원 관리소를 얼른 지나쳤다. 언뜻 보니 공원 책임자가 정원의 잔디를 깎고 있었다.

시뻘건 콜로라도 강물 위에 놓인 다리를 건넜다. 셀레늄과 비소, 라돈으로 오염된 강물이다. 모아브의 밝은 불빛 속으로 들어가니 아이들, 카우보이, 광부들이 보이고 '아토믹 카페'라는 네온사인이 번쩍였다. 그 네온사인 아래 술 파는 가게가 있다. 겨우 시간에 맞추어 온 것이다. 이곳 가게는 7시에 문을 닫는다. 나는 독일산 백포도주 한 병을 산 다음 고기와 과일, 순무를 사기 위해 시장으로 향했다. 자동차에 휘발유도 넣어야 했다.

서둘러야 한다. 해가 데드호스 포인트의 암벽 너머로 지고 있었고, 수목한계선 위 산에는 엷은 분홍빛 안개가 덮여 있었다. 서둘러 모아브를 벗어난 나는 남쪽으로 달렸다. 포장도로를 벗어나 자갈길로 접어든 다음 새로 생긴 비행장과 로이 노인의 집으로 가는 샛길을 지나 산 밑으로 갔다. 어두워지고 있었다. 나는 헤드라이트를 켜고 계속 달렸다. 나는 오늘밤에 캠프를 칠 곳을 잘 알고 있다. 그곳에 도착할 때까지는 계속 차를 달려야 했다.

윌슨 메사 꼭대기에 오른 나는 향나무와 소나무로 이루어진 작은 숲을 뚫고 동쪽으로 계속 올라갔다. 사슴 몇 마리가 길을 가로지르는 것이 자동차 불빛을 통해 보였다. 수사슴 한 마리와 암사슴 세 마리였다. 2단 기어로 계속 올라가니 소나무와 향나무가 사라지고 졸참나무와 철쭉, 옻나무, 개정향풀이 나타났다. 더 올라가니 라살산맥에 풍부하지는 않지만 꽤 있는 수종인 뱅크스소나무와 황색 소나무가 나타났다.

넓은 비포장도로를 버리고 더 좁고 더 거친 샛길로 들어섰다. 가운데 풀이 무성하게 자라고 있는 이 길은 목초지를 지나고 있었고,

그래서 헤드라이트 불빛을 받아 반짝이는 사슴들의 눈이 더 많이 눈에 띄었다. 나는 잎새들이 살랑대는 포플러나무 숲으로 들어갔다. 가늘고 길게 똑바로 자란 포플러나무는 자작나무처럼 하얀 껍질의 줄기를 갖고 있고, 또 칼로 자르기가 쉬워 양몰이꾼이나 사냥꾼, 연인들이 좋아하는 나무이다.

길에 몇 마리의 소들이 있었다. 피할 줄도 모르는 우둔한 소들은 내가 400m쯤 달려 그들을 지나치기 전까지 트럭 앞에서 왔다 갔다 했다. 길은 더 험해져서 마치 돌을 박은 골목길 같았다. 그러나 이곳의 길은 골목길과는 달리 돌이 제대로 박혀 있는 것이 아니고, 또 돌들의 크기나 모양이 제각각이었다. 매우 가파른 곳에 이르러 트럭의 뒷바퀴가 헛바퀴를 돌면서 엔진이 꺼졌다. 나는 트럭에서 내려서 돌을 주워다가 뒷바퀴를 받친 다음 액셀러레이터를 힘껏 밟아 그곳을 통과했다.

엔진이 과열되어 라디에이터가 끓어오를 지경이었지만 나는 계속 올라가면서 오른쪽 포플러나무 숲속으로 갈라지는 오솔길을 찾았다. 오솔길이 나타나자 나는 길에서 벗어나서 버려진 펜스의 뚫린 구멍으로 차를 몰아 포플러나무의 가지를 스치며 작은 풀밭으로 들어갔다. 풀밭은 삼면이 포플러나무로 막혀 있고 한쪽만이 뚫려 있었다. 나는 거기다 차를 세우고 헤드라이트를 껐다. 엔진은 1분간 공회전시킨 후 시동을 껐다.

엔진 소리가 잦아들자 숲속은 완전한 정적에 잠겼다. 차에서 내린 나는 사지를 쭉 펴고 깊은 숨을 들이마셨다. 공기가 싸늘했으므로 윗옷을 걸쳤다.

내 귀와 신경이 오랜 시간 들었던 자동차 소리에서 해방되자 머리 위에서 포플러 잎새들이 속삭이는 소리와 그리 멀지 않은 시내에서 물이 흐르는 소리를 들을 수 있었다. 별빛 속에서 나는 이슬 맺힌 키 큰 풀 속을 걸어서 내가 잘 기억하고 있는 돌화덕 옆을 지나쳤다. 시냇가 그 돌화덕은 바로 내가 만든 것이었다.

물이 나무뿌리 위와 돌틈을 세차게 흘러가고 있었다. 물은 내 발 밑에 있는 작은 웅덩이를 휘돌아 어둠 속으로 흘러갔다. 웅덩이의 수면 위에 조각난 별들이 떠 있었고, 소용돌이치는 물에도 별빛이 부서졌다. 나는 두 손으로 물을 떠서 마셨다. 산봉우리의 눈이 녹은 물은 얼음처럼 차가웠다. 그 냉기로 손이 얼얼할 정도였다.

나는 마른 막대기 몇 개를 주워다가 화덕에 불을 피운 다음 포도 주병의 마개를 열었다. 맛이 아주 그만이었다. 나는 불 가까운 땅 위에 방수시트를 깔고 그 위에 침낭을 방석 삼아 놓은 다음 편안하게 자리 잡고 앉았다. 그 안에 담긴 사막의 온기를 보존하기 위해서 잠자리에 들 준비가 될 때까지 슬리핑 백은 펴지 않을 셈이었다.

불이 알맞게 잦아들자 나는 그 위에 석쇠를 얹고 얇게 썬 쇠고기 조각을 폈다. 시장에서 산 내가 좋아하는 비프스테이크였다. 나는 손을 뻗어 술병을 잡았다.

혼자서 호젓하게 요리를 하고 술을 마시고 저녁을 먹고 디저트 삼아 담배를 피운 나는 포도주병을 비웠다. 별빛이 친절하게 나를 지켜 주었다. 나바호 인디언처럼 잔뜩 취한 나는 구두를 벗고 아늑한 닭털 침낭 속으로 기어 들어갔다. 밤 날씨는 추웠다. 얼음이 얼지도 몰랐다. 라디에이터의 물을 빼야 하는 걸까? 될 대로 되라지. 나는 투쿠니키바츠 대왕의 무릎 위에서, 집을 떠난 후 줄곧 내 보금자리가 된 침낭에 싸인 채 두 눈을 감고 잠들었다.

새벽의 달콤한 냉기 속에서 잠에서 깬 나의 귀에 다람쥐가 찍찍거리는 소리가 들려왔다. 눈을 뜨자 얼굴 위로 구부러진 긴 풀 줄기가 맨 먼저 보였다. 풀은 가장자리에서 진주처럼 반짝이는 이슬방울의 무게 때문에 구부러져 있었다. 풀 줄기 너머에는 하얀 포플러나무들이 옥수수대처럼 빽빽하게 늘어서 있었고, 그 잎사귀들은 미풍에 계속 흔들리고 있었다. 나무들은 아직 그늘 속에 있었지만 숲 위로는 햇살이 부챗살처럼 퍼지고 있었다. 그리고 하늘 한가운데 햇빛을 받은 투쿠니키바츠의 벗겨진 봉우리가 솟아 있었다. 이제 그곳을 향해 올라갈 시간이다.

얼음같이 찬 시냇물에 세수를 하자 잠이 확 달아났다. 불을 피워서 찻물을 끓이고, 석쇠에 두툼한 베이컨 조각들을 조심스레 펼쳐 놓았다. 베이컨이 지글지글 구워지는 동안 나는 프라이팬에 달걀 5개를 깨 넣은 다음 푸른 고추 조각을 더해서 스크램블드에그를 만들었다. 허기가 군침을 돌게 했다. 베이컨을 뒤집으면서 나는 산의 색깔이 더욱 짙어지는 것을 지켜보았다. 한편에서는 어치, 붉은머리딱따구리, 회색다람쥐가 번갈아가면서 나를 지켜보았다. 가장 가까운 포플러나무 껍질에는 CEM이라는 이니셜이 깊이 새겨져 있었고, 날짜는 새겨 있지 않았다. 나는 불 가까이 웅크리고 앉아서 몸을 앞으로 반쯤 기울인 채 포플러나무 타는 연기를 마시면서 몸도 덥히고 아침도 먹었다.

식사를 마친 나는 과일과 호두, 치즈와 건포도를 배낭에 챙겨 넣고 벚나무 지팡이를 들고 산을 오르기 시작했다. 나는 작은 시내를 따라 포플러나무의 녹색 그늘 속으로 난 길을 올라갔다. 미루나무처럼 살랑대는 잎을 가진 포플러는 모양은 자작나무를 닮았지만 가냘픈 잎사귀로 알 수 있듯이 버드나무과에 속한다. 미루나무나 마찬가지로 포플러 잎새들은 바람이 조금만 불어도 떨리듯 하늘거린다. 내 지팡이로 둥치를 조금만 건드려도 그 잎새들은 흔들린다. 가을이면 잎이 노란색으로 물들어 산록을 황금색 띠로 장식한다.

몇 마리 새들의 울음소리가 들렸다. 딱따구리, 쇠부리딱따구리, 어치, 지빠귀들이다. 그러나 다람쥐와 사슴 외에 다른 지상 동물의 흔적은 눈에 띄지 않았다. 소문에 의하면 시에라 라살에 몇 마리의 산사자들이 아직 살고 있고 곰도 있을지 모른다고 하지만, 그들의 흔적을 발견하는 행운은 내 몫이 아닌 듯했다. 짐승들은 드물었지만 대신 꽃은 아주 많았다. 특히 숲속의 빈터나 시냇가에는 참제비고깔, 푸른 아마꽃, 세고백합이 흐드러지게 피어 있었다.

줄기가 굵고 짙은 푸른색 꽃잎을 가진 참제비고깔은 델피닌이라는 독성 성분을 가지고 있어서 소나 양이 이 꽃을 너무 많이 먹으면 병이 나기도 한다. 그러나 보기에는 아주 아름답다. 그래서 더 많은 참제비고깔이 있었으면 좋겠다.

연한 하늘색 꽃잎에 자줏빛 줄이 있는 푸른 아마는 참제비고깔 못지않게 아름답지만 참제비고깔처럼 독성은 강하지 않다. 세고백합은 유타주의 주화다. 우묵한 컵 모양의 꽃이 아침이슬로 반짝였다. 세고백합은 양파 모양의 구근에서 자란다. 내가 배가 고프고 꽃이 더 많다면 그중 하나를 캐내어 맛을 볼 수도 있었을 것이다. 그러나 그것 대신 나는 풀 줄기를 씹는 것으로 만족했다.

더 높이 올라가자 포플러와 더글라스 전나무가 있는 캐나다 생태계가 지나가고 차츰 허드슨 생태계가 나타났다. 빽빽한 은색 전나무와 가문비나무 숲이 나타난 것이다. 그늘은 더욱 짙어지고 정적은 더욱 깊어졌다. 공기를 들이마시면 햇볕에 더워져서 줄줄 흘러내리는 수액의 향기가 느껴졌다. 오솔길도 없고 여기저기 죽은 나무들이 쓰러져 있어 올라가기가 어려웠다. 나는 시내를 버리고 수목한계선을 향해 곧장 길을 잡았다.

올라갈수록 나무들은 점점 더 작아져 정상이 가까워지자 관목 크기만 하게 변했다. 그 나무들은 바람에 꺾이고 뒤틀린 채 바위에 붙어 있었다. 나는 걸음을 멈추고 정상으로 가는 가장 좋은 코스를 찾았다.

나는 부서진 바위 위에 섰다. 장석(長石)과 석영이 줄을 이루어 박혀 있고 군데군데 녹색과 적갈색의 이끼가 자라고 있는 화강암 판석이다. 이곳은 투쿠니키바츠 북면, 동쪽과 북동쪽의 시야는 필산과 멜렌틴산이 막고 있고, 북쪽과 서쪽 그리고 남서쪽은 탁 트여 있다. 아치스의 손잡이 모양과 돔 모양의 바위들이 보이고 그 너머로 회청색의 론 절벽, 2,100m 아래에 있는 모아브 계곡과 도시, 해치 포인트, 데드호스 포인트, 그랜드뷰 포인트 등의 돌출된 지형들이 보였다. 더 멀리, 가장 먼 곳에 오렌지 절벽, 땅끝, 메이즈 등도 보였다. 평생 탐험하기에 충분한 넓은 오지가 아침 햇빛 아래 펼쳐져 있었다.

봉우리를 올려다보았다. 이 지점의 수목한계선의 고도는 3,300m

쯤 된다. 그러니까 정상까지는 수직 고도로 600m가 아직 더 남아 있다. 정상까지는 길도 없고, 내가 서 있는 곳부터는 등산을 쉽게 해 줄 단단한 바위로 된 능선도 없다. 푸석푸석한 부서진 판석들이 깔린 비탈이 끝없이 이어지고 있을 뿐이다. 중간에 몇 개의 툰드라(동토대)가 섬처럼 있고, 중간쯤에 부분적으로 눈에 덮인 클루아르(couloir, 산허리의 협곡)가 있다. 나는 정상을 향해 오르기 시작했다.

건포도를 씹으면서 바위를 기어오르면 그 바위는 시소처럼 흔들리기도 하고 밑으로 미끄러지기도 한다. 이건 등산이 아니라 산과 씨름을 하는 격이다. 등산이든 씨름이든 나에게는 상관없다. 어떻게 하면 가장 쉽게 정상까지 오를 수 있느냐가 문제일 뿐이다. 나는 바위에 피톤(piton, 암벽을 오를 때 바위에 박아 넣어 중간 확보물로 쓰는 쇠못)을 박으며 로프에 의지해서 몸을 끌어올리는 것보다, 바위 밑에서 찍찍거리는 생토끼와 아고산대에서 자라는 미나리아재비, 판석 위에서 춤추는 회색거미들을 보며 걷는 게 더 좋다. 적어도 지금은 그렇다.

나는 내 주위에서 휘파람으로 서로 신호를 보내는 새앙토끼들의 소리를 들을 수 있었지만 그들의 모습은 좀처럼 눈에 띄지 않았다. 그들은 굴이나 바위 밑 보금자리에 머물면서 그들의 집 위를 비틀거리며 지나가는 두 다리 달린 이상한 괴물의 소리에 귀를 기울이고 있을 것이다. 산토끼 비슷한 토끼목(目) 포유동물인 새앙토끼는 윗송곳니가 두 쌍 있는데 한 쌍이 다른 한 쌍의 뒤에 자리 잡고 있다. 왜소한 툰드라 식물의 질긴 뿌리를 더 잘 갉아먹기 위해서 그런 모양을 하고 있다.

바위 부스러기로 이루어진 비탈에 섬처럼 자리 잡고 있는 단단한 바위 가운데 도달한 나는 누워서 잠시 숨을 돌리면서 가까이(15cm)에 있는 미나리아재비와 꽃고비(Sticky Polemonium), 장구채 그리고 꽃이 압핀 머리보다 더 크지 않은 작은 고산대 제비꽃을 자세히 관찰했다. 나는 또 그 이름 때문에 좋아하는 로키산 고양이발가락(pussytoes, 분홍색 꽃이 피는 북미산 다년초)도 찾아보았다.

고산대 또는 아고산대 미나리아재비가 많이 보인다. 꽃받침에는 털이 나 있고 잎은 갈라져 있으며 꽃잎은 노란색으로 반짝인다. 할머니들이 하는 말로 이 꽃을 코 가까이 갖다 댔을 때 노란색이 코에 반사되면 그 사람은 버터를 좋아하는 사람이라고 한다. 나에게는 칼날 외에는 거울이 없었으므로 그 실험은 해보지 않기로 했다. 그리고 그 장난은 혼자서 하는 장난이 아니고 단둘이 있을 때 하는 놀이다. 젊은 남녀, 신랑과 신부가 하는 놀이다.

꽃고비는 매혹적인 소리를 낸다. 오렌지색 꽃밥을 가진 관 모양의 작은 보랏빛 꽃으로, 높이가 25cm쯤 되는 털이 보송보송한 줄기 위에 꽃들이 떨기를 이루고 있다. 하늘파일럿이라는 별명도 가지고 있는데 그것은 이 식물이 흔히 3,900m 이상의 고도에서 자라기 때문이다.

장구채로 말하면, 나는 지금 그 위에 누워 있다. 이 식물은 바위 위에 기분 좋은 쿠션을 만들어 준다. 작은 분홍색 꽃들은 내가 잠깐 그 위에 누워도 손상을 입지 않는다.

등산을 하면서 오래 쉬는 것은 좋지 않다. 오래 쉴수록 일어나서 다시 등산을 시작하기가 그만큼 더 어려워지기 때문이다. 황소걸음으로 착실하게 올라가는 것이 가장 좋다. 나는 꽃밭에서 몸을 일으켜 다시 산을 오르기 시작했다. 가끔 미끄러져서 뒤로 물러나기도 했지만 장기적 안목으로 보면 정상을 향해 전진하고 있었다.

눈앞에 긴 눈밭이 펼쳐졌다. 나는 곧장 그리로 향했다. 눈이 밟고 오를 수 있을 만큼 단단하고, 발로 차도 될 만큼 부드럽기를 바라면서.

나는 또한 물을 마실 수 있기를 바랐다. 고지의 찬 공기가 갈증을 부채질하고 있지만 내 배낭에는 물이 들어 있지 않았다. 눈밭에 충분히 가까워지자 눈 녹은 물이 내가 올라가고 있는 켜켜이 쌓인 판석 밑을 흘러가는 소리가 희미하게 들렸다.

잠시 후 눈밭 가장자리에 도달한 나는 표면 가까이 흐르는 물을 찾았다. 걸음을 멈추고 물을 마셨다. 얼음 알갱이가 섞인 물은 이가 시릴 정도로 차고 기가 막히게 맛이 있었다.

몇 발짝 더 가니 종 모양으로 휘어진 눈밭이 정상으로 향하는 좁은 골짜기를 따라 300m쯤 뻗어 있었다. 그 위로 갈 수 있을 듯했다. 나는 조심스럽게 그 위에 올라 발로 눈을 힘차게 찍으며 올라갔다. 눈은 예상했던 대로 단단했고, 처음 몇 걸음은 순조로웠다. 그러나 발 디딜 곳을 찾아 눈을 찍어 내는 것은 쉽지가 않았다. 얼음도끼가 있다면 몰라도, 이러다가는 금방 미끄러져 출발한 곳으로 되돌아가고 말 것 같았다. 다소 아쉬웠지만 나는 눈밭을 버리고 바위 위를 가로지르는 코스를 택하기로 했다.

산비탈이 돌 부스러기로 덮여 있는 것은 이상한 일이지만, 이것은 투쿠니키바츠산의 특징이다. 화산처럼 거의 대칭을 이루고 있는 투쿠니키바츠의 사면은 모든 면이 균일하게 풍우에 침식되어 이런 모양을 갖게 되었다. 이웃에 있는 필산(Mt. Peale)과는 아주 딴판이다.

그 산은 단단한 기반암(基盤岩)으로 이루어진 암벽과 능선을 따라 오를 수 있고 그래서 약간 더 높다고 관측자들은 말한다.

그렇다면 왜 투쿠니키바츠를 오르는가? 이 산을 오르는 것이 나는 더 좋기 때문이다. 내가 오르지 않으면 아무도 이 산을 오르지 않을 것이고 누군가는 이 산을 올라야 하기 때문이다. 또 이 산이 라살 산맥에서 가장 모양이 특이하고 아치스의 내 테라스에서 바라볼 때 가장 아름답고 가장 뚜렷하게 보이기 때문이다. 그리고 무엇보다 나는 이 산의 이름이 좋다. 투쿠니키바츠—우테족의 말로 '태양이 머무는 곳'이라는 뜻이다.

산이 나에게 저항하는 듯했다. 나는 천천히, 힘들게, 미끄러운 판석 위를 기어 올랐다. 반쯤 올라갔을 때, 산이 갑작스런 폭풍우로 나를 공격했다. 처음엔 바람이 불며 봉우리 위에 기분 나쁜 회색 구름이 지나가는가 싶더니 진눈깨비가 쏟아지고 이어 우박이 돌의 폭포처럼 쏟아지기 시작했다. 나는 윗옷을 입고 모자를 깊이 눌러쓰고는 계속 위로 올라갔다. 달리 무슨 방도가 없었다. 몸을 피할 만한 곳도 없고, 가만히 그 자리에 있어 봤자 더 힘들고 괴로울 뿐이었다.

몇 분 후 폭풍우가 잦아들고 구름이 갈라지더니 태양이 얼굴을 내밀고 내 몸을 덥혀 주며 좀약처럼 바위틈에 쌓인 우박을 녹였다. 날씨가 좋아지면서 지형도 올라가기가 더 수월해졌다. 돌 부스러기가 끝나고 눈이 덮이지 않은 단단한 바위가 나타났고 나는 그 바위를 타고 풀이 덮인 단단한 정상으로 올라갈 수 있었다. 정점임을 표시하는 놋쇠판 위에 돌무더기가 쌓여 있었다. 나는 돌무더기를 바람막이로 삼고 앉아서 따뜻한 햇볕을 받으며 점심을 먹었다. 아주 가까이 있는 듯 보이는 태양이 어두운 자줏빛 하늘에서 유난히 눈부시게 빛났다.

실제로 태양의 색깔이 변해 있었다. 사막에서 보는 태양은 황금색이었고 지평선에 걸려 있거나 모래폭풍이 일 때는 핏빛이었다. 그러나 해발고도가 3,900m인 이곳에서 보는 태양은 하얀 별처럼 보였다. 검푸른 하늘에서 불타고 있는 하얀 불덩어리 같았다.

오렌지 껍질을 벗기면서 나는 지상을 관찰했다. 시에라 라살의 봉우리들을 사막이 둘러싸고 있었다. 사막은 불타는 바위, 메마른 테이블랜드, 황량한 협곡의 바다였다. 이 높은 곳에서 내려다보니 협곡지대가 지도처럼 드러나 보였다. 각 골짜기의 지명을 정확히는 모르더라도 대충 짐작은 할 수 있을 것 같았다.

점심을 다 먹었을 때쯤 바람이 완전히 잦아들었다. 나는 옷을 벗고 투쿠니키바츠의 정상에 벌렁 누웠다. 나와 우주 사이에는 내 생각이 있을 뿐 아무것도 없었다. 나는 내 의식을 우주를 향해 열어 보려고 애썼다. 우주의 기운이 있는 이곳에서 우주적 통찰력을 얻어 보려고 노력했다. 그러나 내 생각은 결국 지구로 향하고 만다. 나는 작고 유한한 보잘것없는 존재를 벗어날 수 없는가 보다.

아무려면 어떤가. 해발 3,900m의 이 고지에서 깊은 사고를 한다는 것은 어차피 불가능한 일인지도 모른다. 바람이 다시 일기 시작했다. 나는 일어나서 눈밭 가장자리를 따라가며 춤을 추었다. 저 아래 숲속 어딘가에 나의 캠프, 나의 트럭, 나의 화덕이 있다. 나는 그리로 내려가는 빠른 길을 찾기 시작했다.

수목한계선에서 정상까지 올라오는 데 약 2시간이 걸렸다. 둥그런 곡선을 그리고 있는 300m의 눈밭을 내려다보니 내려가는 데는 5분도 채 안 걸릴 것 같았다. 나는 옷을 입고 배낭을 멘 다음 바위를 넘어 눈밭의 위쪽 끝으로 내려갔다.

눈밭은 너무 가팔라 보였다. 나는 시험삼아 납작한 돌을 눈 위로 굴려 보내 보았다. 돌은 빠른 속도로 미끄러져 내려갔다. 점점 속도가 붙은 돌은 공중에 눈안개를 일으키면서 미끄러지더니, 눈밭의 끝에 가서는 바퀴처럼 골짜기 밑바닥까지 굴러내려가서 바위에 부딪쳐 깨졌다. 돌이 바위에 부딪치는 소리가 약간의 시간 간격을 두고 내 귀에 들려왔다.

내게 필요한 것은 브레이크 장치였다. 얼음도끼가 있다면 좋았을 텐데. 얼음도끼만 있다면, 나는 발뒤꿈치를 대고 앉아서 눈밭을 미끄러져 내려가면서 도끼날로 눈밭 위를 찍어 방향과 속도를 조절할 수 있을 것이다.

나는 다시 커다란 돌을 눈밭 위로 내려보내 보았다. 돌은 첫 번째 돌이나 마찬가지로 내려가다가 점점 속도가 빨라졌고 무엇엔가 걸리면서 눈밭 바깥으로 나가더니 골짜기의 나머지 부분을 바퀴처럼 굴러 내려갔다. 이제 알 것 같았다. 요령은 몸을 납작 엎드리는 것이다. 눈밭의 경사는 맨 아랫부분에서는 덜 가팔랐다. 아래쪽의 바위에 부딪치기 전에 속도를 늦추거나 멈추는 것이 가능할 것 같았다.

나는 납작한 돌을 고른 다음 그것을 끌고 눈밭의 가장자리까지 갔다. 그리고 두 발뒤꿈치를 눈 속에 박고 아래쪽을 향한 다음 돌 위에 걸터앉아 두 손으로 돌을 잡고 그 앞부분을 들어 올렸다(지팡이는 한쪽 옆구리에 끼고). 나는 자세를 바로한 다음 깊은 숨을 들이마셨다.

아무런 일도 일어나지 않았다. 내 두 발이 눈 속에 박힌 채 들어올리라는 내 명령에 복종하지 않으려는 것 같았다. 본능이 이성보다 더 강한 탓이리라. 나는 다시 발들에게 땅에서 떨어지라고 재촉했다. 마지못해 발이 위로 들어 올려졌다. 이 친구들아, 이렇게 생각하라구. 아무도 영원히 사는 사람은 없어.

마침내 하강이 시작되었다.

이제 논쟁하기에는 너무 늦었다. 또 으레 그렇듯 공포에 질릴 시간조차 넉넉지 못했다. 나는 점점 가속이 붙으며 빠른 속도로 비탈을 미끄러졌다. 있는 힘을 다해 등산화의 발뒤꿈치로 제동을 걸었지만, 얼굴을 향해 날아오는 눈보라 때문에 앞을 볼 수가 없었다. 반쯤 내려왔을 때 나는 타고 있던 판석을 놓쳐 버렸고 잠깐 동안 맨몸으로 미끄러져 내려갔다. 판석이 내 목에 거의 닿을 정도로 나를 뒤쫓아 내려오고 있었다. 나는 가까스로 그 돌을 다시 잡아서 엉거주춤 올라탔다. 그러나 내가 제대로 자리를 잡기도 전에 단단한 화강암이 앞길을 막고 있는 것이 보였다. 나는 판석을 놓아 버리고 옆으로 굴러서 간신히 그 장애물 옆을 아슬아슬하게 스치며 미끄러져 내려갔다. 그러면서 나는 통제불능 상태에 빠졌지만 천만다행히도 눈밭이 평평해지기 시작했다. 나는 등산화를 신은 발을 몸 앞에 놓고 뒤꿈치로 눈을 찍으며 속도를 줄였다. 그 결과 골짜기 맨 밑에 있는 부서진 바위 앞, 몇십 센티미터 지점에서 멈출 수 있었다. 내가 그 자리에 앉아서 쉬고 있을 때 무언가가 내 옆에 와서 멎었다. 아마도 내가 처음에 타고 내려오던 판석의 일부분인 듯했다. 잠시 후 내 지팡이가 내려왔다.

크게 다친 곳은 없는 것 같았다. 다만 두 손이 찰과상을 입고 감각이 마비되었고, 등산화의 바닥과 뒤창이 몇 가닥 실과 2개의 구부러진 못에 의지해 등산화 몸체에 겨우 매달려 있었다. 돌로 등산화 못을 다시 박아 뒤창을 고정시키고, 돌 부스러기 위를 걷는 어려운 길로 다시 산을 내려가기 시작했다. 얼마 지나지 않아 왜소한 가문비나무들이 나타나더니 수목한계선에 이르렀다.

투쿠니키바츠를 오르는 데는 반나절이 걸렸지만 정상에서 수목한계선까지 내려오는 데는 30분이 채 안 걸렸다. 해가 지기 전에 또 한 차례 등산을 해도 될 만한 시간이 남아 있었다. 하지만 등산화의 상태가 엉망이었다. 내가 걸음을 떼어 놓을 때마다 밑창이 너덜거렸고 발가락이 밖으로 비죽 나오는가 하면 뒤창이 뒤틀리곤 했다. 어서 캠프로 돌아가서 신발을 갈아 신어야 했다.

가는 길에 가문비나무와 전나무가 살랑대는 포플러나무와 뒤섞여 있는, 시원하게 그늘지고 물기가 많은 장소에서 나는 푸른 매발톱꽃 한 송이를 발견했다. 푸른 매발톱꽃은 산의 야생화 가운데서도 가장 귀하고 아름다운 꽃이다. 그 꽃은 홀로 피어 있었다. 다른 꽃들도 있을 법한데, 아마 사슴들이 다 먹어치운 모양이었다. 홀로 피어 있으니 그 아름다움이 더 유별난 것 같았다. 마음속으로 나는 그 꽃을 내가 알고 있는 소녀에게 바치고, 칼을 꺼내서 가장 가까이 있는 포플러의 부드럽고 하얀 껍데기에 그 소녀와 매발톱꽃을 기리는 적절한 말을 새겼다. 50년 후에도 내가 새긴 그 말은 그대로 있을 것이다. 다만 나무가 자람에 따라 크기가 지금의 두 배로 커져 있겠지.

나는 지금 이 순간 매발톱꽃과 소녀, 나무, 거기에 새긴 말, 풀, 산, 하늘, 태양에 대해 느끼는 나의 사랑이 오래 간직되고 자라서 결코 스러지지 않기를 바랐다.

마침내 캠프로 돌아왔다. 젖은 내 두 발은 얼어 있었다. 불을 피우고 맨발을 불 쪽으로 약간 들고서 감각이 되돌아오기를 기다렸다. 숲속의 빈터는 조용했다. 포플러 잎새들의 속삭임과 시냇물 소리가 들릴 뿐이었다. 늦은 오후의 햇빛을 받아 대기는 따뜻했다. 이곳에는 바람도 불지 않았다. 하지만 산봉우리들 위로 구름이 지나가고 있는 것으로 보아 그곳에는 아직도 바람이 불고 있다는 것을 알 수 있었다. 마른 양말에 모카신(mocasin, 북미 원주민들이 신던 부드러운 가죽신)을 신고 저녁식사 준비를 했다. 핀토콩을 고추를 넣어 다시 튀기고 달걀 몇 개를 프라이하고, 감자 한 개를 은박지에 싸서 구웠다. 배가 무척 고팠다. 마지막 코스로 차를 마시고 시가를 피웠다.

숲은 조용했다. 이 고지대 숲에는 새도 몇 마리 없었다. 햇볕에 구워지다시피 하는 저 아래 사막보다 동물들이 더 적은 것 같았다. 아마 이 고도에서는 여름이 너무 짧고—너무 아름다워 오래 지속될 수 없다—겨울이 길기 때문이리라.

하지만 새 한 마리가 노래하고 있었다. 이건 분명 우는 것이 아니라 노래를 부르고 있는 것이다. 그 노래가 너무 간결하고 구슬퍼서 시가를 피우는 즐거움을 거의 앗아가다시피 했다. 어떤 종류의 새인지 모르겠다. 그것이 새인지도 분명치 않았다. 그 곡조는 대략 다음 악보와 같고 그 곡조는 렌티시모(lentissimo, 매우 느리게)로 자꾸자꾸 반복되었다.

한참 동안 그 새(타운센드 솔리테르라고 불리는 딱새과의 새)의 구슬픈
노래를 감상한 후 산책에 나섰다. 낡은 울타리를 넘어 비포장도로로
나간 다음 조금 걸으니 넓은 목초지가 나왔다. 이곳에선 해가 지는
것을 지켜볼 수 있다. 메사와 협곡, 고원과 평화로운 사막이 위스키
색깔의 석양과 라일락 색깔의 황혼에 잠겨 있었다. 정적의 바다 가
장자리에는 불이 붙은 듯한 구름들이 지평선 위로 흘러가고 있었다.

누군가의 빌어먹을 놈의 암소들—스코비의 것인지 맥키의 것인
지 낙인이 보이지 않았다—이 목초지 아래쪽에서 나를 향해 하품
을 했다. 내가 한 팔을 내두르며 그놈들을 찌르는 시늉을 하자 소들
은 사슴들처럼 나무숲으로 달아났다. 나는 엉겅퀴와 죽어 가는 미
역취(소들이 너무 뜯어먹었기 때문이다), 헬리안델라라는 작은 해바라기
사이를 걸으면서 해바라기의 머리를 몇 개 꺾어주며—씨가 퍼지는
것을 도와주는 것이다—내 고독의 의미를 되씹어 보았다. 그러나
아무런 결론에 도달하지 못했다.

내일 아침 나는 투쿠니키바츠와 토마스키산 사이에 있는 고개의
정상까지 올라가 볼 계획이다. 그 고개 너머 멀지 않은 곳에 작은 호
수가 있다. 물가에 동의나물과 서양가새풀이 자라고 있는 그 산속
호수의 물은 흑요석처럼 검게 반짝인다. 밑바닥이 없는 것일까? 틀
림없이 그럴 것 같다. 내 친구 몇이 그곳에 살고 있는데 나는 오랫동
안 그들을 만나지 못했다.

그들을 만난 다음 나는 다시 모아브로 돌아갈 것이다. 외로운 향나무와 붉은 모래와 기기묘묘한 바위들이 있는 나의 일터로. 내 근무의 마지막 달, 9월을 맞으러.

에피소드와 비전

Desert Solitaire

레인저 양반, 아치스 내셔널 모뉴먼트가 어디 있지요?

손님, 나는 모릅니다. 다만 그것이 어디 있었는지는 가르쳐 드릴 수 있습니다.

노동절이다. 들고나는 사람들이 많다. 시즌의 마지막 방문객들이다. 그들은 들소 떼처럼 도시에서 떼거리로 몰려온다. 여기서 고속도로까지 꾸불꾸불 이어져 있는 비포장도로에서 먼지가 뿌옇게 일어나서 유카 잎새와 겨자처럼 노란 래빗브러시, 애스터와 가을 해바라기의 꽃잎 그리고 꽃이 피고 있는 야생 메밀에 내려앉는다.

내가 그들에게 무슨 말을 할 수 있을까? 바퀴 달린 연체동물처럼 금속 껍데기 속에 갇힌 그들을 내가 어떻게 그 감옥에서 해방시킬 수 있을까? 공원 레인저가 깡통 같은 그 자동차를 따는 오프너가 될

수는 없을까? 나는 이렇게 말하고 싶다. 이보세요. 제발 그 기계에
서 나오라구요. 그 바보 같은 선글라스를 벗어 버리고 맨눈으로 주
위를 둘러보라구요. 그리고 그 빌어먹을 카메라를 내던져 버리라구
요. 구두를 벗고 뜨거운 모래에 발가락을 묻어 보라구요. 거칠고 생
생한 땅을 느낄 수 있을 테니까. 발톱이 한두 개 찢어져서 피가 난다
고 죽는 건 아니잖아요? 아주머니, 제발 그 창문 좀 내리라구요. 사
막을 제대로 보려면 그 냄새를 맡아야 한다구요. 먼지가 많다구요?
물론 먼지가 많지요. 그게 바로 유타라고요. 하지만 이건 좋은 먼지
예요. 철분이 풍부한 유타의 붉은 먼지지요. 엔진을 끄고 그 쇠수레
에서 나와서 비정상적으로 확장된 당신의 정맥을 쭉 펴라구요. 브래
지어를 벗어 버리고 늙어서 쭈글쭈글해진 가슴에 뜨거운 햇볕을 좀
쬐어 주라구요. 라디에이터가 끓어오르고 연료펌프가 증기로 막힌
차 안에서 지도를 곁눈질해 보는 신사 양반, 그 번쩍이는 승용차에
서 나와서 걸어 보라구요. 부인과 아이들을 잠깐 버려 둔 채 협곡 안
으로 조용한 산책을 해보라구요. 거기서 길을 잃고 헤매다가 기분이
내킬 때 돌아오라구요. 그것이 당신과 당신의 부인 그리고 아이들에
게 좋은 일이 될 테니까요. 아이들에게도 좀 놀 시간을 주세요. 아이
들을 차 밖으로 내보내서 바위를 기어오르면서 방울뱀과 전갈을 쫓
아다니고 개미집을 찾아보도록 하란 말입니다. 그래요. 아이들을 내
보내세요. 그들을 해방시키라구요. 어린애들을 그 답답한 관 속 같
은 데 가두어 두다니, 그게 말이나 됩니까? 네, 부인, 제발 그 모터 달
린 휠체어에서 내리세요. 스펀지고무 등받이에서 벗어나 허리를 꼿
꼿하게 펴고 서세요. 그리고 걸으세요. 우리의 아름답고 축복받은

땅 위를 걸으시란 말예요.

"코카콜라 판매기 어디 있지요?"

"죄송하지만 여긴 그런 게 없습니다. 물 한잔 마시겠습니까?"(그녀
는 머뭇머뭇한다.)

"레인저 양반, 이곳 도로는 아주 고약하군요. 도대체 언제 길을 포
장한답니까?"(사람들이 내 말을 들으려고 내 주위에 모인다.)

"제가 이곳을 떠나기 전날 할 겁니다."(나는 미소를 지으며 말하고 그들
은 웃는다.)

"여길 어떻게 빠져나가죠?"

"방금 도착하시지 않았습니까?"

"그건 알고 있습니다만 어떻게 여기서 나가죠?"

"오신 길로 나가야 합니다. 도로는 여기서 끝나니까요."

"그럼 우리는 같은 경치를 두 번 봐야겠군요."

"나가면서 보면 더 멋지게 보이지요."

"레인저 양반, 저기 있는 저 작은 트레일러 안에서 사시나요?"

"네, 부인. 거기서 잘 때도 있지만 대개 밖에서 잡니다."

"결혼했나요?"

"진지하게 하지는 않았지요."

"여기서 살자면 무척 외롭겠네요."

"아뇨, 좋은 동반자가 있습니다."

"아내 말인가요?"

"아뇨, 나 자신이죠."(모두 웃는다. 그들은 내가 농담을 하고 있다고 생각한다.)

"무슨 일로 소일하죠?"

"관광객들과 얘기를 나누죠."

"TV도 없나요?"

"TV요? 들어보세요, 부인… 여기서 TV가 눈에 띈다면 나는 대포를 가지고 나와 미친개를 쏘아버리듯 그것을 날려 버릴 겁니다."

"어머나! 왜 그런 말씀을 하시죠?"

"TV의 원리가 무엇이죠, 부인?"

"글쎄, 모르겠는데요."

"진공관이죠. 당신의 머리를 진공관에 처박으면 어떻게 되는 줄 아세요?"

"머리를 처박아요?"

"가르쳐 드리지요. 뇌가 빨려들어 간다구요."(웃음!)

"이보시우, 여기서 러복까지 거리가 얼마나 되우?"

"러복이 어디죠?"

"텍사스 러복 말이우."

"정확한 거리는 모르지만 그리 멀지는 않을 것 같군요."

"레인저 양반, 여기 위험한 동물이 더러 있습니까?"

"관광객들이 있지요."(웃음. 진실을 말해도 그들은 내 말을 믿지 않는다.)

"1년 내내 이곳에서 일합니까?"

"아뇨. 여름에만 하지요."

"겨울에는 뭘 합니까?"

"쉬지요."

"이런 일을 하고 얼마나 받습니까?"

"너무 많이 받지요. 하지만 난 그중 일부를 4월 15일에 되돌려 주지요."

이런 대화가 오간 후, 나는 짧지만 지독하게 재미없는 이 아치스 공원의 지질에 관한 강의를 한다. 그런 다음 그들을 캠프장과 피크닉장으로 보낸다. "길을 잃거든 꼭 제게 알리십시오."

미국은 위대한 나라다. 그것이 사실이기만 하면 무슨 말이든 하고 싶은 말을 할 수 있다. 그러나 아무도 그 말을 진지하게 받아들이지 않을 것이다.

저녁식사 시간이 지난 다음 나는 얼마간의 죄의식과 후회하는 마음을 갖고—그들 대부분은 선량한 사람들이고 나의 무성의한 대답에 만족할 정도로 단순한 사람들은 아니기 때문에—모닥불 주위나 피크닉 테이블로 그들을 다시 찾아가서 피클병을 열어 주기도 하고 그들의 맥주를 얻어 마시기도 하면서 이런저런 대화를 나눈다. 그러다가 운이 좋으면 말이 통하는 사람을 하나 또는 두세 명을 만나기도 한다.

이 마지막 대목 주말에 이곳을 찾은 사람들 가운데는 모아브 주민들과 유타주의 토박이인 모르몬교도(말일성도)들이 많았다. 자유주의적인 내 친구들 중에는 말일성도들을 경멸하는 사람도 있었다. 그들은 모르몬교회를 분파적 어리석음과 정치적 반동의 보루로 보고 있다. 그 교회 신도들은 인종적 편견이 많고 종교적으로 편협한 노나싱당(Know-Nothing Party, 1850년대에 활동한 국수주의 정당) 지지자들이라는 것이다. 이 편협하고 무식한 투표자들은 소득세 누진제, 국제연합, 도시 재개발, 외국에 대한 원조, 선거구 조정, 공공 복지사업, 65세 이상 노인에 대한 의료보험 심지어 학교 아동들에 대한 점심 무료급식까지도 무조건 반대하는, 실질적 또는 잠재적 존 버치 협회(미국의 반공극우단체) 추종자들이라고 했다.

그런 자유주의적 친구들은 J. 브래컨 리 같은 사람을 유타주 주지사로 뽑는 종파와, 에즈라 T. 벤슨 같은 사람을 농무부장관으로 기용하는 아이젠하워에게 무엇을 기대할 수 있겠느냐고 묻는다. 함(Ham)의 버림받은 자손들이라며 흑인들에게 교회의 신도가 될 수 있는 자격을 제대로 주지 않는 종파, 모로니라는 정체불명의 천사를 후원천사로 받들고 있고, 창시자인 조지프 스미스가 자기 겨드랑이 밑에 순금 금괴를 끼고 있다(그가 말한 금괴의 크기가 사실이었다면 그 무게가 500kg은 되었을 것이다. 금은 비중이 19.3이나 되는 무거운 금속이기 때문이다)고 주장했다는 종파, 그들의 공식적인 기관지 《더 데저렛 뉴스》가 판권란에 "우리는 미국의 헌법이 신에게서 받은 것임을 믿는다"는 주장을 싣고 있는 종파(그러나 전지전능한 신이 왜 마음을 바꾸어 제18차 헌법 개정을 했는지는 밝히지 않고 있다)가 바로 모르몬교라고 그들은 공격한다.

이들의 주장이 정확하다는 것은 인정하지만, 교리가 별난 것은 모르몬교만이 아니다. 예를 들면 침례교는 영혼 구제의 전제 조건으로 완전한 '침례'를 주장한다. 모든 기독교도들은 '완전히 담가져야 한다'는 것이다(무엇에 얼마나 오랫동안 담가져야 하는지는 명시하고 있지 않다). 포피(包皮) 수집자인 야훼를 받드는 유대교는 어떤가. 야훼는 빛을 먼저 창조하고 며칠 후에 마치 우연히 생각난 김에 하듯이 태양을 만들었다고 그들은 주장하고 있다. "엿새 동안 그분은 일하셨고 이레째 되는 날 그분은 쉬셨다." 성모승천을 주장하는 로마 가톨릭은 어떤가. 그들의 주장은 삽으로 탄환을 쏘듯이 충격방지용 헬멧이나 여압복(압력 저하로부터 비행사를 보호하는 옷)도 없이 성모를 로켓에 태워 외계로 보내는 것이 아니고 무엇인가. 한 번에 한쪽 코로만 숨을 쉬어야 한다는 힌두교의 성스러운 코 의식은 또 어떤가. 하긴 쥐꼬리만 한 지식을 가지고 빈정거리며 유서 깊고 존경할 만한 종교를 공격해 대는 이 촌구석의 무신론자도 조금도 나을 것은 없다.

그 교리의 우스꽝스런 측면을 제쳐 놓는다면, 우리는 모르몬교도들이 찬양할 점이 많은, 따라서 보존할 가치가 있는 생활양식을 이룩했다는 점은 인정할 수 있다. 놀라운 용기와 특출한 인내심으로 점철된 그들은 개척자적 이주(예를 들면 브리검 영과 그의 28명의 아내의 이주)를 감행했을 뿐만 아니라 서부에서 가장 거칠고 정착이 어려운, 그러나 가장 장엄한 지형에 정착했다. 그 사실만으로도 그들은 존경받을 만하다. 그러나 특이한 점은 그들이 이런 어려운 환경에 정착하는 문제를 공동체가 합심해서 해결했다는 점이다. 상부상조와 협력, 공유를 중시하는 그들의 태도는 미국의 다른 지역사회에서도 볼 수 있는 것이긴 하다(사실 이런 태도는 미개척지에서 살아남기 위해서는 필수적이다). 그러나 모르몬교도들은 의도적, 의식적으로 이런 태도를 견지함으로써 더욱 성공적인 결과를 이끌어낼 수 있었다. 예를 들면, 어떤 지역에 정착할 때 그들은 그 지역 일대에 뿔뿔이 흩어져서 제각기 격리된 농장이나 목장을 세우지 않았다. 대신 모두가 함께 살 수 있는 조그맣고 아름다운 마을을 세우고, 그 한복판에 교회를 세웠다. 교회는 종교의 중심일 뿐 아니라 공동체의 사회적, 정치적 구심점이었다(이것은 뉴잉글랜드의 초기 마을 형태와 비슷하다). 다음에 공동작업으로 관개시설을 구축하고 물을 댈 수 있는 땅을 각 가구별로 공평하게 나누었다. 협곡이나 메사 같은 오지는 누구든 거기서 소 기르기나 농작물 재배를 하고자 하는 사람들에게 개방되었다. 거의 모든 마을 사람들이 오지에 나가 목축이나 농사를 지었다[이렇게 해서 형성된 '열린 목장'은 대규모 울타리와 테일러 방목법(Taylor Grazing Act)의 등장으로 이 목장이 소수의 기득권자들에게 돌아갈 때까지 지속되었다]. 각 공동체는 교회를 통해서 오늘날의 공공 복지 서비스 비슷한 것을 만들어서 사고나 질병, 불운이나 기타 불행으로 곤경에 빠진 사람들에게 푸짐한 도움을 주었다. 간단히 말해서 모르몬교도들은 모두가 참여할 수 있는 활기찬 공동생활을 유지하며 부의 편차가 심하지 않은 일사불란하고 자족적인 공동체를 구축했다. 그리고 그 공동체는 각 구성원이 중요성을 유지할 수 있을 정도로 작았다. 그 공동체에는 반대자나 반체제파를 위한 자리까지도 마련되어 있었다. 각 마을에는 담배를 피우고 차나 독주를 마시며 심지어 민주당 당원이기도 한 가짜 모르몬교도들이 소수 있었다.

그 후 새로운 미국의 생활양식, 산업주의, 상업주의, 도시화, 거칠고 넝마 같은 개인주의의 범람으로 모르몬 공동체는 이제 사라져가고 있다. 그러나 모아브, 카나브, 볼더, 에스칼란테 같은 작은 도시에서는 아직 손으로 자른 사암 벽돌로 지은 예쁜 집과 가장자리에 관개용 도랑과 거대한 미루나무가 있는 조용한 거리, 정원과 물을 끌어 댄 목초지, 말을 타고 있는 아이들을 볼 수 있다. 이런 광경은 20세기의 막바지를 살고 있는 우리들에게 19세기의 풍경을 생각나게 해 준다.

사람들로 말하면, 적어도 내가 모아브나 모아브 주위에서 알게 된 사람들은 정치적 견해가 대체로 매우 보수적이고 구식 윤리를 지니고 있다. 그러나 바로 이런 이유로, 또는 이런 기질에도 불구하고 그들은 촌사람들의 덕성을 지니고 있다. 즉 친절하고 손님을 환대하며 정직하고 자립심이 강하고 자신감이 넘친다. 매우 재미있는 사람들은 못 되지만, 알아서 나쁠 게 없는, 친구나 이웃으로 좋은 사람들이다. 스스로 자기 앞가림을 할 수 있고, 또 그렇게 할 수단을 갖고 있는 이들이 연방정부가 도시의 늘어나는 무산계급을 먹여 살리는 데 쓸 세금을 과연 내야 하는가 하는 의문을 갖는 것은 놀라운 일이 아니다. 이들에게는 그런 도시들이 캘커타나 카이로, 그런 먼 외국의 도시들처럼 느껴지는 것이다.

그러나 이 모든 것이 변하고 있다. 도시화가 가속화되면서 유타주의 모르몬교도들도 그들이 미국의 다른 지방들 그리고 세계와 상호 의존하고 있다는 사실을 인식해 간다. 솔트레이크시티에도 복잡한 사회문제들—공기오염, 교통체증, 청소년의 반항, 사생아 등—이 등장하고 있다. 머지않아 말일성도들도 대부분의 미국인들에게 낯익은 불만과 절망의 징후들에 맞닥뜨리게 될 것이다.

한편 이곳 사막 지방의 주민들은 오래전부터 전해 내려오는 이상한 생활 방식이나 태도를 고집하고 있다. 친절한 여인이며 모르몬교의 독실한 신도인 레슬리 맥키의 아내는 자기가 일방적으로 내 영혼을 자기 영혼에 붙들어 맸다고 내게 말했다. 자기 신앙의 가르침에 따라 자기는 길을 잃고 지옥에 떨어질 것이 분명한 영혼들을 구원하는 특별한 기술을 습득했다는 것이다. 내가 그녀의 말을 제대로 이해했다면, 내 영혼을 자기 영혼에 붙들어 맺다는 것은 그녀가 천국에 갈 때 내 영혼도 연에 매달린 연줄처럼, 나의 동의가 있고 없고에 상관없이 천국으로 끌려 올라가게 된다는 것을 뜻한다. 그렇다면 그녀가 지옥으로 가면 어떻게 되는가? 그녀는 그런 일은 절대로 일어날 리가 없다고 나를 안심시켰다. 자기는 이미 구원받았고, 우리 두 사람을 위한 자리가 이미 예약되어 있다는 것이다. 더욱이 그녀는 나보다 한 세대 정도 나이가 더 많다. 이런 시차는 어떻게 되는가? 나는 한창 살 나이에 그녀를 따라 천국으로 가야 하는 것일까? 그녀가 나보다 20년이나 30년 먼저 죽을 것이니만큼 이것은 심각한 문제가 아닐 수 없다. 그러나 그녀는 이 점에 관해서는 애매모호한 태도를 취하고 있다. 그렇다면 그것은 당사자의 의심을 불러일으키지 않고 이 세상에서 이교도들을 제거해 버리려는 음험한 음모가 아닐까?

하지만 이제 때는 너무 늦었다. 좋아하든 좋아하지 않든 나는 이미 천국으로 가는 중이기 때문이다.

우리는 시온으로 행진한다.
아름답고 아름다운 시온으로.
우리는 시온으로 올라간다.
그 아름다운 사랑의 도시로.

어쨌든 기대해 볼 만한 일이다. 나로서는 하나도 밑질 것이 없다. 하지만… 우리 서두르지 맙시다. 뭐가 그리 급합니까?

투쿠니키바츠와 다른 높은 산봉우리들 위에 새로 눈이 내렸다. 그 산봉우리들은 정오의 태양 아래서 설화석고로 만든 탑처럼 빛나다가 저녁에는 딸기아이스크림처럼 부드러운 분홍빛을 띤다. 아주 매력적이다. 그러나 나는 사막이 더 좋다.

왜? 사막에는 무언가가 있기 때문이다. 시원스런 대답은 못 되는 것 같지만, 세상에는 산사람이 있고 바닷사람이 있고 사막쥐가 있는 법이다. 나는 사막쥐다. 하지만 왜? 사막이 어째서 산이나 대양보다 더 매력적이고 매혹적일까?

호메로스에서 멜빌, 콘래드에 이르는 세계의 위대한 창작자들은 바다의 부름을 받았고 그 힘과 신비, 리듬과 고대로부터 이어지는 무변성에 반응을 보였다. 그리고 산은 최소한 루소(페트라르카가 조짐을 보였다)와 인간에게 새로운 진실의 세계를 열어준 낭만주의운동 이래, 수많은 시인과 소설가, 과학자 그리고 동상에 걸린, 표현력이 다소 부족한('산이 거기 있기 때문에' 산에 오른다) 등산가들에 의해 열심히 탐험되고 예찬되어 왔다. 그러나 사막은 상대적으로 무시되어 왔다.

물론 완전히 무시됐던 것은 아니다. '깨끗하기' 때문에 사막을 좋아한 토머스 E. 로렌스가 있었고, 하마터면 사막에서 실종될 뻔했던 또 한 사람의 미치광이 영국인 찰스 M. 다우티(『아라비아 사막 기행』)가 있었다. 사막을 이해하려고 애쓴 미국인들도 몇 명 있었다. 『비가 적은 땅』을 쓴 메리 오스틴, 부당하게 잊혀진 책 『사막』의 저자 존 C. 반다이크, 『사막의 목소리』를 쓴 조지프 우드 크루치가 있고, 또 비록 단편적이지만 그들의 작품 일부에서 사막을 다룬 당대의 소설가들인 폴 볼스와 윌리엄 이스트레이크가 있고, 또한 21살의 나이에 유타 남부의 협곡지대에서 실종된 후 영영 돌아오지 못한『사막의 오솔길에서』의 저자인 젊은 에버렛 로이스 같은 잘 알려지지 않은 인물들도 있다. 에버렛 로이스의 실종은 1930년대 중반에 일어났는데, 그의 당나귀와 장비 일부는 발견되었지만 그 자신은 영영 발견되지 않았다. 그는 협곡 어딘가에서 야생 배와 야생 양파를 먹고 강과 협곡, 절벽의 신들과 교유하면서 아직도 살아 있을는지도 모른다. 사막에 관련된 책을 소개하면서 빼놓을 수 없는 것은 월리스 스테그너의 역사 연구서『서경 100도 너머 모르몬 지구』와 파월의 고전적 탐험기『콜로라도강과 그 협곡 탐험』이다.

내가 위에서 언급한 책들은 그 어느 것도 내가 여기서 묻고자 하는 질문에 직접 답을 주지는 못한다. 내가 묻고자 하는 질문은 "영적 매력 측면에서 사막을 다른 풍경과 구분되게 하는 특질과 특성은 무엇인가?"이다. 이런 특질과 특성(그런 것이 환상이 아니고 존재한다면)을 규명하는 데 주의해야 할 것은 탐험자들에게 잘 알려진 위험—관찰자가 심안으로 본 것을 실제로 존재하는 사항과 혼동하는 것, 외부적 현실이 아니라 사색자의 거울을 내놓는 것—이다. 이 위험을 피하려다 반대되는 위험—관찰자와 피관찰물을 지나치게 격리함으로써 현상을 왜곡시키는 것—에 빠질 수도 있다. 그러나 이런 어려움을 피할 도리는 없다. 바위에 부딪치지 않고 캐터랙트 협곡을 타고 내려올 수는 없는 노릇이기 때문이다. 구명복을 입고 또는 입지 않고 대담하게 도전하되 성냥이 젖지 않도록 조치를 취하고 무사하기를 기원하는 수밖에 없다.

출렁이는 바다, 우람하게 솟은 산, 조용한 사막—이들의 공통점은 무엇일까? 또 이들의 근본적인 차이점은 무엇일까? 장엄함, 색채, 광대함, 오래되고 원초적인 것의 힘, 인간이 완전히 파악하거나 이용할 수 없는 이런 특질들을 셋은 모두 가지고 있다. 바다와 산, 사막은 각기 궁극적인 그 무엇을 가지고 있는 듯한 느낌을 준다. 산은 자연 생성 과정에서 야만적인 힘을 보여 주고, 바다는 그 단조롭고 광대한 표면 밑에 생명의 풍요로움과 복잡함 그리고 다산성을 감추고 있다. 사막은 무슨 말을 하고 있을까?

사막은 아무 말도 하지 않는다. 완전히 수동적이며 작용을 받을 뿐, 작용은 하지 않는 사막은 존재의 앙상한 유골처럼 놓여 있을 뿐이다.

그 명징성과 단순성에도 불구하고 사막은 신비의 베일을 쓰고 있다. 사막은 움직임이 없고 조용한 가운데 우리에게 미지의 그 무엇, 알 수 없으면서도 곧 그 정체를 드러내려고 하는 그 무엇을 어렴풋이 암시해 준다. 사막은 행동하지 않기 때문에 기다리고 있는 듯하다. 하지만 무엇을 기다리는 것일까?

대양을 항해할 때 우리는 다른 쪽 해안에 도착하고 그곳에서 우리가 기대했던 대로 우리가 떠난 해안에 있던 것과 거의 똑같은 모든 것을 발견한다. 항해하는 동안 우리는 단조로운 광대한 바다와 텅빈 하늘을 볼 뿐이다. 다시 말해서 여행 자체 그리고 앞으로 만나게 될 것에 대한 기대가 중심이 된다. 대양 자체는 여행의 매개물에 불과하다. 사실 바다의 가장 매력적인 부분은 그것이 육지와 만난다는 점이다. 사람들이 좋아하는 것은 해안이지 대양 자체가 아니다.

산에 오를 경우 우리가 끝까지 버틴다면 정상에 도달한다. 정점에 이르는 것이다. 정상에 오른 다음에는 할 일이 아무것도 없다. 다시 내려오는 일이 있을 뿐이다. 그곳의 날씨는 대개 너무 적대적이어서 하산을 지체하기 어려운 게 보통이다. 그곳의 상황은 사고와 명상에 적합하지 않다. 산을 내려오면서 우리는 차츰 더 우호적이고 더 편안하고 더 인간적인 환경으로 접어들게 된다. 숲이 나타나고 흐르는 시냇물이 보이고 양지바른 목초지가 나타난다. 곧 소의 방울소리가 들리고 마을이 보이고 도로가 나타난다. 이 낯익은 것들이 우리를 안심시켜 준다.

그러나 사막은 다르다. 눈 쌓인 산봉우리처럼 적대적도 아니고 대양의 표면처럼 광대하고 단조롭지도 않다. 적절한 준비만 한다면 여유롭게 탐험하고 꽤 오래 거주할 수 있는 곳이 사막이다. 그러나 사막을 인간이 살기에 적절한 환경이라고 할 수는 없다. 사막에 사는 소수의 사람들은 자연적인 또는 인공적인 오아시스 주위에 모여 살고 있을 뿐이다. 황량하고 조용하며 기이한 사막은 그 형태나 색깔이 낯설고 기묘하며 그 안에는 믿을 수 없을 정도로 강인하고 교활한 동물들이 간혹 살고 있을 뿐이다. 사막에는 식물들도 이상한 돌연변이종들만이 뿌리를 내리고 있다. 사막의 식물들은 대부분 앙상하고 가시가 돋쳐 있고 발육이 제대로 안 되고 뒤틀려 있다. 하지만 모두 하나같이 끈질기다.

사막에는 인간의 감성이 적응할 수 없는, 또는 지금까지 적응할 수 없었던 그 무엇이 있다. 사막이 시와 소설, 음악과 미술의 대상이 거의 되지 못한 이유가 여기 있을 것이다.

여러 해 동안 가까이 접하고 탐험한 후에도 낯설음이라는 이 사막의 특질은 여전히 감소되지 않고 그대로 남아 있다. 햇빛처럼 투명하고 만질 수는 없지만, 언제나 어디나 존재하는 사막은 끝없이 인간을 유혹한다. 사막 어딘가에 엄청난 보물이 숨겨져 있을 것 같은 느낌에 이끌려 인간은 탐험에 나선다. 이 황금의 유혹에 한번 걸려들면 당신은 탐광자가 되어 평생 이 사막을 헤메게 된다. 그렇게 되면 당신은 에버렛 로이스가 왜 협곡지대로 점점 더 깊이 들어가서 결국은 미궁 속에 갇혀 버리고 말았는지, 옛날의 탐광자들이 왜 금을 발견하고도 번 돈을 노름과 술, 계집질로 탕진하고 다시 불볕이 내리쬐는 언덕으로 탐색에 나섰는지를 이해하게 될 것이다. 하지만 무엇을 탐색한단 말인가? 그들은 말할 수 없었을 것이다. 나 역시 말할 수 없다. 은이니, 금이니, 동이니 하고 중얼거렸을지 모르지만 그것은 핑계에 불과했다. 이름도 모르고, 한번도 본 적이 없는 그 보물을 누가 어떻게 찾을 수 있겠는가? 그들은 설사 그것을 발견했다 하더라도 알아보지 못했을 것이다.

사막의 심장은 어디 있을까? 나는 그 정확한 위치는 모르지만 미국 남서부 어딘가에 그것이 있을 거라고 생각하곤 했다. 슈퍼스티션 산맥의 위버스 니들 암석 기둥에 있는지도 모르고, 데스밸리 위쪽 퓨너럴산맥에 있는지도 모르며, 그랜드뷰 포인트 밑 화이트 림 부근의 어느 곳, 또는 랜드 오브 스탠딩 록스 한복판에 있는지도 모른다고 생각했다. 그러나 그런 것이 아니었다. 나는 이제 사막에는 심장이 없으며 사막이 내놓는 수수께끼에는 해답이 없고 그 수수께끼 자체도 인간의 혼돈된 의식이 만들어 내는 환상에 불과하다고 확신하고 있다.

내가 말할 수 있는 것은 다만 사막에는 무언가가 있다는 것뿐이다. 사막에는 산에는 없는 그 무엇, 장엄하고 아름다운, 빛나고 광대하고 오래된, 바다가 갖지 못한 무엇인가가 있다.

곁들여서 말하고 싶은 한 가지는 내가 말(馬)을 좋아한다는 것이다. 바다에서는 말은 쓸모가 없고 산에서는 대체로 말보다 노새가 더 쓸모가 있다. 그리고 물론 사람들도 좋아한다. 사막에서 사람을 발견하기란 라듐을 발견하는 것만큼이나 드문 일이지만, 사막에서 만나는 사람들은 우수한 인종이다. 베두인족, 카자크족, 쿠르드족, 몽고족, 아파치족, 칼라하리족 그리고 오스트레일리아의 애보리진을 생각해 보라. 산에 사는 사람들은 근친결혼으로 퇴화하기 일쑤며, 그 누구도 바다에서는 오래 산 적이 없다. 그리고 다른 사람들, 도시와 평원에 사는 비참한 주민들은 솔직히 말해서 같은 종족의 일원이라고 보기도 어려운 형편이다.

어느 날 저녁 이런 사막에 대한 나의 생각을 어떤 관광객에게 피력하다가 나는 문명과 과학, 인류에 대해 적대적이라는 비난을 받았다. 물론 나는 그 말을 칭찬으로 받아들였다. 그러나 동시에 놀랐고, 감정이 상했으며 약간 충격을 받기까지 했다. 그 관광객은 나에 대한 공격을 반복했다. 나는 대답했다. 나는 인류의 일원이며(물론 내 자의에 의해 그렇게 된 것은 아니고, 나는 사전에 인간이 되겠느냐는 의사타진을 받지 못했지만) 나 자신을 사랑하고 있다고(매우 사랑하는 건 아니지만). 그러니 내가 인류에 적대적이란 말은 성립되지 않는다고 말했다. 나

는 또 탈레스, 데모크리토스, 아리스타르코스, 파우스투스, 파라켈수스, 코페르니쿠스, 갈릴레오, 케플러, 뉴턴, 다윈, 아인슈타인 같은 과학자를 누구보다도 사랑하고 찬미한다. 그런 내가 어떻게 과학에 적대적일 수 있겠는가? 그리고 내가 가장 힘들여 지키려고 하고 존중하는 모든 것—그중에는 황야에 대한 사랑도 포함된다—이 문명이라는 용어에 의해 이해되는 판국에 내가 어떻게 문명에 적대적일 수 있겠는가?

하지만 우리는 서로 의사소통이 잘 안 되었다. 밤새도록 우리는 피니언소나무 반쯤을 태워 에너지와 온기와 빛을 내면서 이 문제를 가지고 왈가왈부했다. 새벽이 되어서야 우리는 대충 합의에 도달했다. 그의 도움으로 나는 내가 인류에 적대적인 것이 아니라 인간중심주의, 즉 세상이 오로지 인간을 위해서만 존재한다는 견해에 적대적이라는 것, 단순히 지식을 뜻하는 과학에 적대적인 것이 아니라 잘못 응용된 과학, 기술에 대한 숭배, 과학주의라고 명명될 수 있는 왜곡된 과학에 적대적이라는 것 그리고 문명이 아니라 문화에 적대적이라는 사실을 발견했다.

과학주의의 한 예로 그는 과학이 인간의 수명을 연장시켰다는 요즘 유행하는 미신을 들었다. 기술을 뜻하는 과학이 인간의 평균수명을 약 15분쯤 단축시켰다고 주장할 수도 있다는 것이다. 15분은 대륙간탄도미사일(ICBM)이 소련과 미국 사이를 나는 데 걸리는 시간이다. 과학이 인간의 수명을 연장시켰다는 그 미신은 통계라는 단순한 속임수에 기초하고 있다고 그 관광객은 지적했다. 즉 현대적인 의학 기술이 없었던 원시 문화에서는 태어난 아기의 절반 가량이 1년을 못 넘기고 죽었다. 하지만 1년을 넘긴 나머지는 대개 70년을 살았다. 그런데 통계학자는 태어난 사람을 모두 합한 수로 그 사람들의 생존 햇수를 나누어 평균 수명을 35세라고 발표한다는 것이다. 속기 쉬운 사람들은 이 평균수명과 실제의 수명을 혼동하고 의학이 인간의 수명을 연장하는 기적을 이루었다고 믿는다는 것이다. 3천여 년 전에 쓰여진 구약성서에서조차도 인간에게 배정된 수명이 '70년(three score and ten)'이라고 말하고 있는데도 이 거짓말을 그대로 믿는다는 것이다. 영웅들은 물론 그보다 훨씬 더 오래 살았다. 그들은 기술적으로 아직 살아 있는 환자와 그와 연결된 각종 기계들이 쉽사리 구분되지 않는 병원에서 그렇게 오래 산 것이 아니다. 하지만 이것은 사실 누구나 알고 있는 상식이다. 그보다 훨씬 더 흥미로운 것은 문명과 문화의 구분이다.

문화(Culture)란 전체로서 간주되는 어떤 주어진 사회의 생활 방식을 뜻한다는 데 우리는 의견의 일치를 보았다. 문화는 어떤 시대와 장소에 자리 잡은 어느 특정한 사회에 대해 일컫는 인류학적 용어로서 경제, 예술, 종교 등 그 조직의 모든 측면을 포함한다. 예를 들면 미국은 문명이 아니라 문화이다. 소련도 마찬가지로 문화이다. 둘 다 본질적으로 산업 문화이며 전자는 국가자본주의, 후자는 국가사회주의를 표방하고 있다. 두 나라는 서로 경쟁하고 있는 듯 보이지만, 이것은 서로 달라서가 아니라 근본적으로 서로 비슷하기 때문이다. 그들이 경쟁하면 할수록 더욱더 비슷해진다.

문명(Civilization)은 다양한 역사적 문화들의 산물로서 우리가 문화라고 부르는 것과 겹치는 카테고리이지만 결코 문화와 같은 것은 아니다. 문화는 문명이 거의 없거나 아예 없어도 존재할 수 있다. 대개 문화는 문명이 없는 곳에서 존재하는 것이 보통이다. 하지만 문명은, 그것이 지탱되기 위해서는 문화에 의지해야 한다. 이것은 정신이 신체에 의존하는 것과 마찬가지다. 문명은 귀하고 연약한 반독립적인 실체로 예술과 이념, 일련의 사건이라는 가느다란 실에 의해 얽혀져 있고, 뚜렷한 구조나 시간과 공간상의 분명한 위치를 가지고 있지 않다. 그것은 진화의 의식적인 전면이며 위대한 영혼들의 공동체, 지성의 동맹체, 참가하기를 바라는 모든 사람들에게 열려 있는 보이지 않는 공화국, 권력이나 제도가 아니라 격리된 인간들에 기초한 민주적 귀족 제도이다. 노자, 장자, 고타마 싯다르타, 디오게네스, 에우리피데스, 소크라테스, 예수, 와트 타일러, 잭 케이드, 페인과 제퍼슨, 블레이크와 번스와 베토벤, 존 브라운과 헨리 소로, 월트 휘트먼, 톨스토이, 에머슨, 마크 트웨인, 프랑수아 라블레와 프랑수아 비용, 스피노자, 볼테르, 스파르타쿠스, 니체와 토마스 만, 루크레티우스와 교황 요한 23세 그리고 1만 명의 다른 시인들, 혁명가들, 이름이 알려졌거나 잊혀진, 살아 있거나 죽은 이런 독립적인 영혼의 소유자들, 이들의 영웅적 행동이 인간의 생활에 모험과 영광, 의미를 주고 있는 것이다.

　문명과 문화의 차이를 더욱 분명히 해보자.

　문명은 인류 역사의 강력한 추진력인 반면, 문화는 대개 삶의 진전을 끌어내리는 경향이 있는 제도와 기구의 불활성 덩어리이다.

　문명은 화형을 당하는 조르다노 브루노(Giordano Bruno, 이탈리아의 철학자, 무한 우주론과 지동설을 끝끝내 철회하지 않아 화형에 처해짐)이고, 문화는 8년간의 심문 끝에 브루노를 캄포 디 피오리의 화형대로 보내는 벨라르미노 추기경이다.

문명은 사르트르, 문화는 콕토.

문명은 한창 젊었을 때의 스타인벡이며 문화는 늙어서 나긋나긋해진 스타인벡이다.

문명은 상부상조, 자기방어이며 문화는 재판관, 법률책, 법과 질서를 옹호하는 세력이다.

문명은 봉기, 반란, 혁명이며 문화는 헝가리와 베트남에서 볼 수 있었던 것과 같은 국가와 국가의 전쟁, 기계와 인간의 전쟁이다.

문명은 관용, 공정, 유머 또는 열정, 분노, 복수이며 문화는 입학시험, 가스처형실, 박사 논문, 전기의자이다.

문명은 독일군과 싸우는 우크라이나의 농부 네스토르 마흐노이고, 러시아 혁명기의 적군, 백군 그리고 다시 적군이며 문화는 스탈린과 러시아 조국이다.

문명은 물을 포도주로 바꾸는 예수이고 문화는 물 위를 걷는 그리스도이다.

문명은 한 손에 화염병을 든 젊은이이며 문화는 그를 총으로 쏘아 쓰러뜨리는 소련의 탱크나 로스앤젤레스의 경찰이다.

문명은 자연 상태 그대로의 강이며 문화는 59만 2천 톤의 시멘트이다.

문명은 흐르지만 문화는 지치고 병들고 질식된 피처럼 탁해져서 응고된다.

아침에 나의 손님(나는 그때까지도 그의 이름을 모르고 있었다)은 그의 침낭으로 기어들어가 잠이 들었다. 나는 일하러 가야 했다. 나는 저녁에 그를 보러 다시 돌아왔지만 그는 가 버리고 없었다. 그가 방명록에 남겨 놓은 이름(J. 프로메테우스 버드송)은 누가 보아도 가짜라는 것을 알 수 있었다. 그는 다시 돌아오지 않을 것이다.

하지만 동지들, 기죽지 말라. 예수도 실패했으니까.

곧 또 다른 어릿광대가 센트럴파크 국립공원이니 디즈니랜드 국립공원이니 하는 꿈같은 국립공원 계획을 가지고 나타날 것이다. 그는 이렇게 말할 것이다. 이봐요, 당신들 도대체 뭐가 문제요? 이 쓰레기를 쏘아 버립시다. 여긴 도로가 엉망이야. 도로를 포장하라구. 더 좋게 하려면 공원 구석구석까지 포장도로를 건설해야 해. 누가 어떤 차를 몰고서라도 어디나 갈 수 있게 해야 된다구. 미국은 민주국가니까. 그런 다음에 입장료를 톡톡히 받으라구. 어차피 공짜로 입장시킬 수는 없지. 그건 사회주의와 조직화로 나가는 길이니까. 그다음에는 그 이상한 옷을 입은 레인저들을 없애 버려야 해. 예쁜 여직원들을 고용해서 입장권을 팔고 캠프파이어 옆에서 관광객들과 이야기를 나누게 해야 해. 그리고 광고를 하라구. 광고를 해야 해. 광고를 하지 않고 어떻게 사람들이 모여들기를 기대할 수 있겠나? 그리고 이 아치스 공원은 조명이 부족해. 오색의 네온사인을 빙글빙글 돌리라구. 음악소리도 울리구. 모든 곳에 밤새도록 불을 환하게 밝히고, 24시간 교대 근무를 하면서 계속 움직이라구. 그러면 당신의 상품을 사려는 사람들이 200만 명이나 줄을 설 테니까. 이 나라는 자유로운 나라야. 자유로운 나라가 좋다는 게 뭔가? 그리고 다음에는 야영지가 문제야. 야영지를 손봐야 해. 아주 엉망이니까. 어디에다 주차해야 할지도 분명지 않구. 어느 것이 누구의 주차공간인지도 알 수가 없어. 그러니까 페인트로 금을 긋고 번호를 매기도록 해. 캠핑 장소를 깨끗하고 산뜻하게 다듬어야 해. 또 아직도 땅에다 나무로 불을 피우고 있는데 그건 지저분하고 낭비적이야. 작은 화덕을 만들고 숯덩이를 파는 게 좋아. 가스를 끌어들이고 버너를 장치하면 더 좋지. 야영지를 아예 없애 버리면 더 좋구. 까짓것 있어 봐야 시간만 지체되고 복잡하기만 해서 행정적 문제들만 만들거든. 이 사람들은 미국을 보고 싶어 한다구. 그 너절한 캠프파이어 주위에 앉아서 미국을 보고 싶어 하는 사람은 없어. 그들에게서 돈을 받고 대신 쇼를 보여 주라구. 그리고 다른 데로 떠나보내는 거야. 그게 사업을 제대로 하는 것이지….

휴일이 지나면 이상하면서도 달콤한 정적—그러나 어떤 음악보다도 더 좋은—이 아치스를 뒤덮는다. 나는 즐거운 마음으로 넘치는 쓰레기통을 비우고 축축하게 젖은 묵은 신문들을 읽는다. 또 흩어진 맥주 깡통과 음료 깡통을 모아서 쓰레기장에서 쓰레기와 함께 태운다.

까치와 어치가 피니언소나무에서 울고 있다. 소나무에는 연초록색의 통통한 솔방울이 다닥다닥 붙어 있다. 금년에는 잣 수확이 괜찮을 것 같다. 도로가와 모래언덕에는 각종 국화가 꽃을 피우고 있다. 가운데가 노랗고 선명한 자주색 꽃잎을 가진 이 꽃들은 바위와 붉은 모래로 된 배경과 좋은 대조를 이루고 있다. 그들이 생명을 구가하는 소리가 들리는 것 같다. 하이데거의 생각은 역시 틀린 것 같다. 인간만이 존재하는 유일한 생물은 아닌 것이다.

또렷하면서도 상한 버터처럼 악취를 풍기는 차미사(chamisa)도 있고, 가을에 되살아나는 노새 귀 모양의 해바라기도 있고 야생 메밀, 겹물망초, 노란 보리지도 있으며 또 5km쯤 떨어진 산비탈에는 포플러가 벌써 황금색으로 물들고 있다. 봄에 점화된 후 끔찍한 여름 내내 연기를 내뿜던 불꽃처럼, 나의 사막은 추위와 눈 그리고 회색빛 겨울이 오기 전에 마지막으로 잠깐 동안 현란하게 불타오를 것이다.

밤마저 변했다. 나는 난방과 일종의 의식을 겸해 계속 모닥불을 피웠다. 캠프파이어 위를 올려다보니 새로운 별자리들이 하늘을 지배하고 있는 것이 보였다. 용자리, 거문고자리, 궁수자리, 전갈자리 대신 새로운 그룹의 별자리들이 들어와서 자리를 차지하고 있다.

커다란 W자 모양의 카시오페이아는 무엇, 아니 누구를 상징하더라? 1572년 이 별자리 부근에 햇빛이 비치는 대낮에도 보일 만큼 밝은 정체불명의 별이 나타나서 유럽의 모든 기독교도들을 소란 속으로 몰아넣었다. 그들에게는 돼지라는 이름이 붙은 이 별을 두려워할 만한 충분한 이유가 있었다. 17년 전에 그들은 옥스포드에서 리들리 주교와 래티머 주교를 산 채로 태워 죽였고, 다시 1년 후에 영국에서 크랜머 대주교와 277명의 종교 지도자들을 태워 죽였으며, 12년 전에는 암부아즈에서 1,200명의 위그노(Huguenot, 프로테스탄트 칼뱅파교도)들을 교수형에 처했고, 10년 전에는 기록되지 않은 수의 사람들이 바시에서 학살되었으며, 뒤이어 벌어진 신구교도 간의 대립은 1572년 8월 24일 성 바르톨로뮤 축일의 대학살로 절정에 달했다. 화체설(trans-substantiation, 성체성사에서 빵과 포도주의 형상은 그대로이나 본질은 예수의 살과 피로 완전히 실체화한다는 설)과 공존설(con-substantiation, 성찬식의 빵과 포도주가 예수의 육체 및 피와 동질이라는 설), 어린아이가 태어나면서 저주를 받느냐, 아니면 좀 더 후에 저주를 받느냐를 둘러싼 논쟁이 이런 참사와 학살을 불러왔던 것이다. 오늘날 핵물리학계의 고위 사제들은 핀 포인트에서 몇 개의 전자가 회전할 수 있느냐를 놓고 논쟁을 벌인다. 이 논쟁이 어떤 결과를 가져올까? 당사자들의 논쟁은 평화적이다. 요즘은 구경꾼들만이 태워 죽임을 당한다.

카시오페이아에서 멀지 않은 곳에 페가수스가 있다. 페가수스는 그리스인들에게 날개 달린 말이며, 페니키아인들에게는 배의 상징이다. 어떤 천문학자들은 이 별자리의 주요 별들이 엄청난 속도로 우리를 향해 접근하고 있다고 주장한다. 그러나 다른 천문학자들은 같은 별들이 엄청난 속도로 우리에게서 멀어지고 있다고 주장한다. 이 문제에 대한 견해는 수백 년의 세월이 흐르는 동안 수정되고 교환되고 잊혀지고 다시 되살아났다. 과학도 시와 마찬가지로 인간이 만들어 낸 산물일 뿐이다.

페가수스는 하나의 별에 의해 안드로메다와 연결되어 있다. 쇠사슬에 묶인 귀부인인 안드로메다는 동쪽 하늘에 낮게 떠 있다. 이 별자리 안에 맨눈으로도 보이는 거대한 성운이 있다. 최초로 발견된 성운이다. 7×50 배율의 내 쌍안경으로 이 성운을 보면 그야말로 장관이다.

이 밖에도 물병자리, 염소자리, 양자리, 고래자리 등이 있고, 양자리와 플레이아데스성단 중간쯤에 아주 작고 희미한 파리자리가 있다. 여간해선 잘 보이지도 않는 이 별자리는 점성술사들도 업신여기고, 나 이외의 모든 사람들이 무시해 버리는 별자리다. 너무나 멀리 떨어져 있는 이 작은 별자리는 이미 죽어 없어져 버렸는지도 모른다. 그들이 아직 살아 있을 때 마지막으로 보낸 희미한 신호가 우리 시야에 들어오고 있는지도 모른다.

별자리 이야기는 그만하기로 하자. 인간이 아득히 멀리 떨어져 있는 별들에 마음을 빼앗길 수 있다는 것은 흥미로운 일이다. 다른 세계에도 지성을 가진 생명체가 있을까? 어쩌면 이렇게 먼저 물어야 할지도 모른다. 지구에 지성을 가진 생명체가 있는가? 그에 대해서는 바로 이 유타주, 이 협곡 안에도 충분한 신비가 있다.

오늘 편지를 한 통 받았다. 턱수염을 기른 밥 워터먼이 그의 랜드 로버와 45m의 새 나일론 로프를 가지고 애스펀에서 올 예정이라고 한다. 우리는 마침내 메이즈(The Maze, 미궁)를 함께 둘러볼 계획이다.

미지의 땅

Desert Solitaire

"우리에게 정말 그 로프가 필요할까?"

워터먼이 우쭐대며 그의 새 나일론 로프를 사려서 슬링(sling, 장비와 신체 등을 연결해 매다는 밧줄)과 카라비너(Carabiner, 피톤의 구멍과 자일을 연결하는 타원형 또는 D자형 금속고리), 브레이크 바(brakebar, 카라비너에 연결해 사용하는 하강 브레이크) 등의 장비들과 함께 배낭에 넣는 것을 보고 내가 물었다. "누가 그걸 지고 가지?"

"내가 지겠어." 그가 뻣뻣한 멋진 턱수염 사이로 유쾌하게 말했다. "자넨 물을 운반하라구."

하지만 우리는 메이즈를 탐험하기 전에 어떻게 거기에 가는지를 먼저 알아내야 했다.

모아브에는 그곳에 가 본 적이 있다고 주장하는 사람이 단 한 사람 있었다. 번디라는 자동차 정비공이었다. 우리는 그를 찾아갔다.

그는 쭈그리고 앉아서 모래 위에 지도를 그리며 말했다. 그린리버에서 휘발유를 넣어요. 그곳이 휘발유를 넣을 수 있는 마지막 장소니까요. 20갤런의 휘발유를 여분으로 준비하고 남쪽 행크스빌 쪽으로 40km 내려가세요. 템플 정크션을 지나서 1.6km쯤 가면 동쪽으로 나 있는 좁은 비포장도로가 보일 겁니다. 그 길로 들어서세요. 50~60km 가면 오래된 오두막집에 도착하게 되는데 그곳이 프렌치 스프링이에요. 거기서 물통들을 채우는 게 좋을 거예요. 물을 채울 수 있는 마지막 기회일지도 모르니까요. 거기서 남쪽 땅끝 쪽으로 몇 킬로 더 가면 플린트 트레일 입구에 닿게 되지요. 트레일로 접어들면 주위를 잘 살피며 가세요. 북쪽으로 10km쯤 가면 엘라터라이트 뷰트를 지나 빅워터 샘에 닿게 되지요. 샘에는 물이 없을 수도 있어요. 1년중 이 시기에는 물이 없는 경우가 많으니까요. 북동쪽으로 방향을 잡고 나아가세요. 빅워터 샘을 지나 11km쯤 가면 메이즈 오버룩(overlook, 전망대)에 이르는데 트레일은 거기서 끝나지요. 거기서부터는 아마 날개가 필요할 겁니다.

우리는 그의 지시를 충실히 따랐다. 그의 지시는 정확하고 올바른 것으로 판명되었다. 우리는 행크스빌 도로에서 몇 킬로밖에 떨어지지 않은 그린리버 사막에서 첫날밤 야영을 했다. 아침에 일찍 일어난 우리는 새벽에 동쪽으로 나아갔다. 숨어 있는 강을 향해서 사막을 가로질렀다. 샌라파엘리프의 삐쭉삐쭉한 바위들이 이른 아침 햇살을 받아 반짝이고 있었고 그 위로 템플산이 솟아 있었다. 템플산은 우라늄 산지이고 독이 있는 샘들이 많은 곳이며 더티데빌강의 수원지이다. 우리들 주위에는 그린리버 사막이 북과 남, 동으로 뻗어 있었다. 이 사막은 나무가 전혀 없는 평원이다. 향나무 한 그루 보이지 않고 모래와 블랙브러시, 부채선인장, 몇 그루의 해바라기가 보일 뿐이었다. 정동쪽으로 안개에 싸인 푸른 라살산맥이 보였다. 이 산맥은 직선거리로는 96km밖에 안 되지만 도로를 따라가면 거리가 그 두 배가 된다. 겉으로 보아서는 이곳과 그곳 사이에 환상적이고 복잡하며 건널 수 없는 깊은 골짜기가 놓여 있다는 것을 전혀 짐작할 수 없었다. 우리가 다가가고 있는 고원보다 낮은 고도에 콜로라도강과 그 지류인 그린강이 넓은 협곡들과 개울들을 거느리고 숨어 있었다.

먼지 이는 구불구불한 도로를 달려감에 따라 경치는 점점 좋아졌다. 불그레한 모래언덕들이 나타났고 빽빽하게 늘어서 있는 반달 모양의 해바라기 숲도 나타났다. 해바라기들은 점점 많아져서 수 에이커의 황금색 해바라기밭이 되었다. 해바라기 사막이라고 이름 붙여야 할 것 같았다. 얼굴에 흰 반점이 있는 소도 몇 마리 보였고 목장과 풍차도 지나쳤으며 픽업트럭을 타고 나오는 목장 주인도 만났다. 아무도 이 지역에서 살고 있지는 않았지만 그래도 이곳이 이용되고는 있었다. 우리가 만난 목장 주인은 아마 행크스빌이나 그린리버마을에 그의 집을 가지고 있을 것이다.

강까지 반쯤 왔을 때 고도가 서서히 높아지기 시작했다. 마치 남쪽에서 그랜드캐니언으로 다가가고 있는 것 같았다. 우리가 보게 될 풍경도 규모나 장관이 그랜드캐니언과 흡사할 것이었다. 그러나 그 층이 그랜드캐니언처럼 분명치가 않고 색깔도 그랜드캐니언처럼 현란하지 않다. 고도가 높아지면서 식물이 더 풍성해졌다. 사막치고는

미지의 땅

너무 풍성하다고 해야 할 것 같았다. 향나무들이 나타났다. 처음에는 군데군데 몇 그루씩 나타나더니 점점 무리지어 나타났다. 솔방울이 달린 피니언소나무들도 보였고 해바라기, 차미사, 황금색 벌풀, 진홍색 펜스테몬, 스칼렛길리아(고도 2,100m에 있음), 자줏빛 애스터, 그리고 일종의 노란 아마도 보였다. 다수의 향나무(암나무)들은 연푸른색의 열매들로 덮여 있었다. 딱딱한 향나무 열매는 진처럼 쌉쌀한 맛을 갖고 있다. 꽃밭과 나무들 사이에는 그라마풀과 반짝이는 줄풀이 빽빽하게 자라는 목초지가 있다. 그러나 소나 말, 사슴이나 들소는 한 마리도 보이지 않았다. '밥, 제발 이 기계를 그만 멈추고 차에서 내려서 풀을 좀 먹자구!' 나는 생각했다. 그러나 밥은 땅끝을 향해 그의 랜드로버 액셀러레이터를 밟아 댔다.

어치 떼들이 날아오르고 참새들은 우리 앞에서 총알처럼 날고, 붉은꼬리매 한 마리가 머리 위로 날아올랐다. 우리는 점점 더 높이 올라갔고 그러자 땅이 푸석푸석해지기 시작했다. 해피캐니언으로 향해 더 올라가니 도로가 두 갈래로 갈라진 곳이 나왔다. 한 갈래는 오래된 길로 바위투성이의 별로 사용되지 않는 길이었고, 또 한 갈래는 불도저로 새로 닦은 길이었는데 숲속으로 나 있었다. 아무런 도로표지도 없었다. 우리는 멈춰 서서 지도를 보고 더 오래된 길을 택했다. 새 도로는 어느 석유탐사대가 닦은 도로인 것 같았다.

도로를 따라가다 보니 밀라드캐니언의 가장자리 가까이 이르렀다. 초소에 작은 성물함 같은 것이 설치되어 있었다. 우리는 차를 세웠다. 나무상자에는 방문자의 방명록이 들어 있었다. 방명록은 아주 새것으로 10명 가량의 이름이 적혀 있을 뿐이었다. B. L. M.(Bureau of

Land Management, 토지관리청)이 만들어 놓은 방명록이었다. "관광객들이 들어오지 못하게 하라." 솔트레이크시티에서 온 어떤 관광객은 이렇게 적어 놓았다. 동료 관광객으로서 우리는 그의 견해에 전적으로 동의했다.

프랑스 샘으로 갔다. 2개의 강철 컨테이너와 오래된 오두막이 보였다. 텅 빈 오두막은 문이 열려 있었다. 집 안 벽에는 물로 얼룩이 진 커다란 컬러사진이 한 장 붙어 있었다. 벌거벗은 여자 사진이었다. 어느 카우보이가 붙여 놓은 것이리라. 우리는 샘을 발견할 수 없었지만, 열심히 찾아보지도 않았다. 우리 물통들은 모두 물이 가득 차 있었기 때문이다.

우리는 협곡 사이의 고원을 따라 남쪽으로 차를 몰고 내려갔다. 고원 양쪽에는 수직 암벽이 자리 잡고 있었다. 키가 작은 피니언소나무와 향나무 숲 사이사이로 우리는 안개가 낀 깊은 숲속과 첨탑 같은 바위, 뷰트, 오렌지색 절벽들을 언뜻 볼 수 있었다. 다시 도로가 두 갈래로 갈라진 곳이 나왔고 우리는 이번에도 더 오래되고 사람들이 지나다닌 흔적이 더 적은 왼쪽 길을 택했다. 얼마 안 가서 급경사가 나타났다. 플린트 트레일이 시작되는 곳이었다. 우리는 차를 세우고 차에서 내려 주위를 살펴보았다.

플린트 트레일은 사실 지그재그로 비탈을 내려가는 지프차의 길이다. 고원의 깎아지른 암벽에 유일하게 뚫린 이 오솔길은 160km나 뻗어 있다. 원래는 말을 타고 갈 수 있는 오솔길이었는데 우라늄 탐광자들이 지프차가 다닐 수 있도록 넓혀 놓았다. 탐광자들은 저 아래에서부터 트럭으로 실어나를 만한 가치가 있는 그 무엇도 발견하지 못했고, 그래서 이 길은 방치되어 있었다. 더욱이 최근에 내린 비로(우리가 본 많은 풀들과 꽃들은 이 비 덕분에 생겨난 것이었다) 오솔길은 심하게 침식되어 흙이 모두 물에 쓸려가 버리고 바위가 드러나 있어 어떤 곳은 도로라기보다는 계단에 더 가까웠다. 랜드로버를 몰고 이 길을 내려갈 수는 있겠지만 다시 올라오기는 정말 어려울 것 같았다.

하지만 우리 두 사람 모두 지레 겁을 먹고 물러설 생각은 추호도 없었다. 우리는 메이즈에 들어가기로 단단히 마음먹고 있었고, 워터먼은 자기 랜드로버에 대해 대단한 믿음을 갖고 있었다. 우리는 오로지 들어가는 데만 신경을 썼고 뒷일은 그때 가서 보자는 생각이었다.

근처에 있는 피니언소나무들에서 금방 떨어진 열매를 깨물면서 우리는 연료탱크를 채우고 빈 휘발유통과 휘발유가 가득 찬 통을 덤불에 감추었다. 소나무 열매는 맛이 좋고 헤이즐넛보다 더 달지만 먹기가 쉽지 않았다. 이빨로 껍데기를 부순 다음 혀로 땅콩 알맹이보다 더 작은 속살을 껍데기와 분리시켜야 했다. 만약 어떤 사람이 피니언 열매 외에는 먹을 것이라곤 아무것도 없이 프렌치 오두막에서 겨울을 보내게 됐다면, 과연 그가 굶어 죽지 않을 정도로 그 열매를 빨리 까먹을 수 있는 방법을 알아낼 수 있을까? 이 문제의 해답은 아마 인디언들이 알고 있을 것이다.

나는 랜드로버에서 벗어나 휘발유 연기를 맡지 않게 된 것을 기쁘게 생각하면서 앞장서서 플린트 오솔길을 걸어 내려가며 치울 수 있는 돌멩이들을 길에서 치웠다. 워터먼이 1단 기어로 차를 몰면서 뒤를 따랐다. 내려가는 길은 길이가 6.4km나 되었고, 고도는 약

600m였다. 어떤 곳은 길이 너무 좁아서 차의 측면이 암벽에 긁히기도 했다. 커브가 너무 급해서 그곳을 통과하기 위해 차를 몇 번 전진시켰다가 후진시켜야 하는 곳도 있었다. 하지만 만사가 탈없이 진행되어 우리는 결국 밑바닥까지 내려가는 데 성공했다.

우리는 거기서 잠깐 휴식을 취하면서 뷰트 밑 여기저기에 흩어져 있는 석화된 거무스레한 나무토막들을 살펴보았다. 북동쪽으로 메이즈의 일부가 보였다. 우리가 지금 있는 바위층 너머, 분홍색과 흰색의 바위가 무늬를 이루고 있는 지역이 바로 메이즈였다. 이곳에는 촛대 바위, 도마뱀 바위 그리고 이름 없는 거석(巨石)들이 많이 있었다.

강과 가까워진 데다가 사막지대로 내려왔기 때문에 더위가 느껴지기 시작했다. 우리는 다시 출발하기 전에 셔츠를 벗었다. 도로의 끝까지는 아직 20km 이상 더 가야 했다. 우리는 판석과 모래 위에 희미하게 난 오솔길을 따라 계속 전진했다. 군데군데 향나무가 있었고 발육이 불량한 부채선인장, 유카 그리고 살아 있으면서도 생명이 없는 것처럼 보이는 블랙브러시도 보였다. 오솔길은 오르막과 내리막이 번갈아 나타나고 습지를 통과하는가 하면 능선을 따라 달리기도 했다. 대부분의 길이 사륜구동 엔진을 필요로 했다.

우리 느낌으로 한 시간쯤 더 갔다고 생각될 무렵, 녹색과 황금색이 비슷한 비율로 섞인 잎사귀들이 반짝거리는 미루나무들의 반가운 모습이 나타났다. 사잇길로 접어들어 그 나무들이 있는 곳으로 다가가자 오래된 목장의 흔적과 불을 피웠던 구덩이가 보였고, 협곡의 암벽에 있는 타마리스크와 버드나무 덤불에서 흘러나오는 10여 개의 작은 시내도 보였다. 빅워터 샘이 분명했다. 랜드로버에는 아직 물이 많이 남아 있었지만, 그래도 물을 보니 반가웠다.

우리는 잎새들이 금박지처럼 반짝이며 사각사각 소리를 내는 커다란 포플러나무 그늘에서 점심을 먹고 시원하고 맛 좋은 물로 배를 채운 다음 낮잠을 잤다. 몇 마리의 파리와 살랑거리는 나뭇잎들 그리고 물 흐르는 소리가 평화로운 정적이라는 배경에 감칠맛을 더해 주었다.

사막과 어울리는 음악은 어떤 음악일까를 생각해 보았다. 바흐의 음악은 바다, 드뷔시의 음악은 숲속의 빈터, 베토벤의 음악은 거대한 산과 유사성을 가지고 있다고 볼 수 있다. 그렇다면 사막을 표현한 음악가는 누구일까?

모차르트? 야외 타입이라고 할 수 없는 이 친구는 너무 우아하고 대칭적이며 형식적으로 완벽하다. 비발디, 코렐리, 몬테베르디? 사원의 내부, 유연한 건축물이 연상될 뿐이다. 재즈? 재즈도 기껏해야 그 기원의 한계를 벗어나지 못한다. 재즈는 우울한 나이트클럽과 어둡고 슬픈 밤의 방들에서 피어오르는 마리화나 연기에서 추출된 실내 음악, 도시의 음악일 뿐이다. 그 신경질적인 에너지에도 불구하고 기쁨이 없는 소리이다.

사막은 나에게 그와는 아주 다른 어떤 것, 베르크, 쉰베르크, 에른스트 크레네크, 안톤 베베른 그리고 미국인인 엘리엇 카터 같은 음악가들의 황량하고 메마른 작품들을 생각나게 한다. 쉰베르크와 크레네크가 한동안 미국 남서부에서 살았기 때문이 아니다. 그건 그저 우연일 뿐이다. 이 음악가들은 순전히 음악적으로 다른 어떤 음악가의 음악보다 사막의 분위기와 정서를 더 잘 표현하고 있다. 이 음악가들의 음악에도 그런 일면이 있듯이, 사막도 음조 속에 잔인함, 순수함, 비정함을 모두 담고 있다. 낭만적이지도 고전적이지도 않고, 움직임과 감정이 없으며 또 동시에 고뇌에 차 있고 심오하다.

죽음처럼? 아마 그럴지도 모른다. 사막에서의 삶이 가장 용감하고, 밝고, 계시와 기적에 차 있는 것처럼 보이는 이유가 아마 여기 있을 것이다.

워터먼에게는 또 다른 문제가 있었다. 글렌캐니언을 함께 탐험했던 뉴컴이나 마찬가지로—턱수염을 기른 사람들의 공통점이랄까?—그는 돌아가고 싶어 하지를 않는다. 더 정확히 말하면, 애스펀으로 돌아가고 싶어 하지 않는다. 그곳에서는 징병위원회가 그, 즉 로버트 워터먼을 기다리고 있다. 미국 정부가 어딘가에서 또 전쟁을 벌이고 있는 것 같다. 그곳이 어디인지 나는 잊어버렸는데, 아마 이번에도 또 다른 대륙에서 전쟁을 하고 있을 것이다. 그런데 그들은 워터먼이 그곳에 가서 그들을 위해 싸워 주기를 바라고 있다. 워터먼은 가고 싶어 하지 않는다. 갔다가는 죽을지도 모른다. 무엇을 위해 죽는단 말인가?

진정한 애국자라면 누구라도 그랬겠지만 나는 그에게 이곳 바위 층 밑에 숨으라고 권했다. 규칙적으로 그에게 필요한 물건을 갖다주고, 뉴스도 전해 주고, 필요한 다른 것들도 갖다주겠다고 제의하기까지 했다. 그는 귀가 솔깃했지만 다음 순간 자기 여자 생각을 했다. 그 여자는 덴버에 있다. 나는 그 여자도 데려오겠다고 말했다. 그는 생각해 보겠다고 했다.

우리는 물주머니를 다시 채우고 랜드로버에 올라탄 다음 전진을 계속했다. 엘라터라이트 뷰트 밑의 험한 길을 10km 남짓 더 갔다. 우리는 그동안 갈라진 길에서 머뭇거리기도 했고, 길을 잘못 들어 다시 되돌아 나오기도 했다. 그러다가 마침내 해질 무렵 벼랑 근처에 다다랐다. 벼랑 밑이 메이즈의 북쪽 부분이었다.

사방으로 부챗살처럼 뻗어나간 깊고 좁은 협곡들과 모랫바닥에 드문드문 솟아 있는 나무들—오크나무일까? 미루나무일까?—이 내려다보였다. 한 협곡과 다른 협곡을 나누고 있는 것은 회색, 밤색, 장미색의 층이 화려하게 수놓아진 얇은 사암 칸막이였다. 암벽 가운데 하나의 꼭대기에는 4개의 거대한 거석들이 빌딩처럼 일렬로 서 있었다. 검붉은 색깔에 각진 모서리를 가진 이 수직 바위들 꼭대기는 딱딱하고 하얀 바위 부스러기가 크림처럼 덮여 있었고, 그 너머에는 수많은 협곡들이 엘라터라이트 메사(엘라터라이트 뷰트 밑에 있다) 밑으로 그리고 남쪽과 남동쪽으로 아득하게 뻗어 있었다. 정말 미궁, 지붕이 날아가 버린 미궁 같았다.

매우 흥미로운 광경이었지만, 당장은 먹는 것이 급했다. 우리는 향나무로 불을 피우고 저녁식사 준비를 했다. 강풍이 불어 우리가 피운 불의 불똥을 절벽 아래 벨벳 색깔의 깊은 구렁 속으로 날려 보냈다. 우리는 싸구려 시가를 피우면서 주위의 색깔이 서서히 변해 가는 것을 지켜보았다. 협곡들의 암벽, 4개의 거대한 직사각형 바위, 첨탑 같은 바위들과 뷰트 그리고 그 너머에 있는 메사에 어둠이 깃들기 시작했다.

미궁의 한쪽 끝에 우뚝 솟아 있는 4개의 거대한 직사각형 바위에 어떤 이름을 붙여야 할까? 그 바위들은 우리 앞에 펼쳐진 풍경 가운데 가장 눈에 띄는 지형지물이었다. 우리는 이 문제를 토론했다. 어떻게 보면 그 바위들은 묘비 같기도 했고, 제단 같기도 했고, 굴뚝이나 켜켜이 쌓아놓은 돌판 같기도 했다. 해가 지고 한참 후에 그믐달이 떠올랐다. 달의 제단이란 이름은 어떨까? 장엄하고 극적인 느낌을 주는 이름이다. 태양의 현판도 나쁘지 않다. 똑같이 장엄하고 극적인 이름이 아닌가? 이슈타르(Ishtar, 메소포타미아 신화 속 여신)의 무덤은 어떨까? 길가메시(Gilgamesh, 수메르와 바빌로니아 신화의 영웅)는? 비슈누(Vishnu, 힌두교 3대 신의 하나)는? 파괴자 시바는?

"구태여 이름을 붙여야 할까? 그냥 놔두는 게 좋지 않을까?" 워터먼이 물었다. 그 제의에 나는 즉각 찬성했다. 하긴 구태여 이름을 붙일 필요는 없지. 허영, 허영, 그건 허영일 뿐이야. 사물에 이름을 붙이고 싶어 안달을 하는 것은 사물을 소유하려고 안달하는 것만큼이나 나쁜 짓이지. 그것들을 그냥 내버려 두는 게 좋아. 우리가 이름을 붙여 주지 않아도 그것들은 앞으로 수천 년 더 그대로 있겠지.

그러나 다음 순간 또 다른 걱정이 떠올랐다. 우리가 이름을 붙이지 않는다면 다른 누군가가 이름을 붙일 거라는 걱정이었다. 그러자 워터먼이 그러한 수치(羞恥)가 다른 사람의 머리 위에 내리도록 내버려 두자고 말했다. 나도 그 말에 동의했지만, 그러나… 그러나 릴케는 "사물은 시인이 그들에게 이름을 줄 때까지 진실로 존재하지 않는다"고 말했다.

"릴케가 누구야?" 워터먼이 물었다. 백작 부인들에게 얹혀 살았던 독일의 시인이라고 내가 설명했다. 워터먼은 릴케의 말에도 일리가 있다고 말했다. 나는 다시 한번 그의 말에 동의했다.

명명(命名)을 통해서 지식이 생긴다. 우리는 어떤 물체에 이름을 줌으로써 그것을 파악하고 이해한다. 이처럼 언어를 통해서 전 세계가 창조된다. 하지만 우리는 독일의 시인처럼 사물 자체보다 이름 짓기에 더 관심을 갖게 되었는지도 모른다. 그러다 보니 이름이 사물 자체보다 더 실재적인 것이 되어 사물 자체를 잃어버리게 됐는지도 모른다. 그러나 이름에 상관없이 세상은 여전히 존재한다. 향나무 하나하나, 거대한 바위 하나하나는 그 특성을 유지한 채 그대로 남아 있다. 길을 잃는 것은 우리일 뿐이다. 나는 미궁 안에서 끝없는 생각의 미로를 통과했다.

내가 잠에서 깼을 때, 오래되어 닳아빠진 동전 같은 그믐달이 아직 서쪽 하늘에 떠 있었다. 밤새도록 바람이 불어 꿈자리가 뒤숭숭했다. 동쪽 절벽 정상부와 산맥 위에서는 연어 빛깔의 구름들이 바람에 의해 길고 매끄러운 물고기 모양을 빚어 내고 있었다. 아침에 하늘이 붉으면 선원들은 그것을 경고로 받아들인다. 동북쪽 하늘이 파르스름한 회색빛 구름으로 덮여 있었다.

내가 불을 피우고 아침식사를 준비할 때 바람이 갑자기 멈춰 버렸다. 그러자 무시무시한 정적이 협곡을 뒤덮었다. 해가 떠올랐다. 워터먼이 그의 슬리핑 백 안에서 몸을 움직였다.

아침식사를 한 후 우리는 메이즈로 내려갈 준비를 했다. 우리가 알고 있는 범위 내에서는 700년 전에 인디언들이 떠난 후, 메이즈로 내려가는 사람은 우리가 처음이다. 워터먼은 그의 아름다운 로프—길이가 45m나 되는—와 다른 등산 장비들을 챙겼고, 나는 식품—

건포도, 호두, 딱딱한 초콜릿, 치즈, 쇠고기 육포, 오렌지, 물—을 둘로 갈라서 꾸렸다.

화이트 림 너머 절벽은 너무 높아 우리가 가진 로프로는 내려갈 수 없었다. 그러나 동쪽으로 1.6km쯤 가니 모자바위에 뚫린 곳이 있었고, 우리는 그곳을 이용해서 아래쪽 검붉은 지층으로 내려갈 수 있었다. 그러나 아직 메이즈의 실질적인 바닥에서 근 300m나 위에 있었다. 우리는 서쪽 방향으로 붉은 바윗덩이를 가로질렀고, 거기서 몇 개의 골짜기를 발견했으며 그 골짜기를 따라 툭 튀어나온 둥그스름한 황갈색 바위로 내려갔다.

바위 밑은 다시 절벽이었다. 협곡의 바닥까지는 높이가 150m쯤 되었다. 이리저리 살펴보다 로프로 하강하기에 적당한 장소를 발견했다. 피니언소나무 한 그루가 있어 로프를 고정시킬 수 있었다. 한 가지 곤란한 점은 하강 후 그 아래에 내려가는 길이 있는지 보이지 않는다는 점이었다. 만약 거기서 더 내려갈 수 없다면, 누구든 먼저 내려간 사람이 곤경에 빠질 것이다. 암벽이 약간 앞으로 튀어나와 있어서 12~15m 정도는 로프에만 의지해 내려가야 했다. 이 말은 내려가기는 쉽지만 다시 올라오는 것은 끔찍할 정도로 힘들다는 뜻이다. 워터먼은 어떨지 모르지만 나는 그 긴 거리를 로프를 타고 올라올 수 없다고 확신했다. 물론 올라오는 데는 여러 가지 다른 기술이 있었다. 하지만 그중 어느 것도 쉽지 않았다. 나는 워터먼에게 먼저 내려가라고 권했고, 워터먼은 나보고 먼저 가라고 권했다. 우리는 이렇게 서로 먼저 가라고 양보하면서 약 10분이라는 시간을 낭비했다.

먼저 워터먼의 인내력이 다했으므로(나는 그가 그러리라는 것을 짐작

하고 있었다) 그가 먼저 밧줄을 몸에 걸고, 카라비너를 밧줄에 걸고, 이중의 밧줄을 브레이크 바 주위로 통과시키면서 뒤로 미끄러져 내려갔다. 나는 좁은 선반 바위 한 옆으로 기어가서 그가 로프를 몸에서 풀고 바위의 갈라진 틈 속으로 사라지는 것을 지켜보았다. 잠시 후 그는 다시 돌아와서 나에게 내려오라고 말했다. 밑바닥까지 연결된 길을 발견한 것이다.

이제 내가 공중에 매달릴 차례였다. 나는 로프 하강을 해본 적이 없었고, 그래서 신경이 곤두서 있었다. 나는 절벽 가장자리에서 몸을 뒤로 젖히고서 밑을 내려다봤다. 까마득한 저 아래에서 나를 올려다보고 있는 워터먼을 보니 솔직히 약간의 현기증이 났다.

"뭘 기다리고 있나?" 그가 물었다.

"이 로프가 끊어지진 않겠지?"

"내가 내려올 때 아무 일 없었잖아."

"그랬지. 하지만 난 자네보다 더 무겁다구."

"그런가? 그래도 한번 해보라구."

아주 유머가 풍부한 친구였다. 하지만 내가 이 곤경에서 벗어날 수 있는 명예로운 방법은 없었다. 1분간 더 망설이며 이런저런 기술적 질문을 한 끝에 나는 몸을 더 뒤로 젖히고 두 눈을 로프에 고정시킨 채 내려갔다. 아무 일도 없었다. 반 시간 후, 우리는 모래로 된 협곡의 바닥에 도착했다. 메이즈 안에 들어선 것이다. 우리는 로프를 회수해서 가지고 왔기 때문에 절벽 가장자리로 올라갈 때는 다른 길을 찾아봐야 했다. 그러나 그 문제는 잠시 뒤로 미루기로 했다. 필요하다면 우리는 이틀을 이 안에서 묵을 수도 있다. 이틀을 버틸 만한 먹을 것을 가지고 왔기 때문이다.

대기는 뜨겁고, 맑고, 건조했으며 우리의 물통들은 거의 비어 있었다. 우리는 바닥까지 내려오는 데 3시간을 소모했다. 따라서 우리가 해야 할 첫 번째 일은 물을 찾는 것이었다. 우리는 협곡을 따라 걸어 내려가기 시작했다. 우리가 계속 내려간다면 콜로라도강과 합류하기 직전의 그린강에 이를 것이다. 지도상으로 볼 때 강은 16km쯤 떨어져 있었다. 물론 도중에 장애물이 있을 것이다. 어떤 장애물이 있는지 우리는 알지 못했다.

1km도 못 가서 미루나무들이 나타났고 바닥이 단단한 모래톱이 나왔다. 나는 내 주먹만 한 크기의 구멍을 팔꿈치 깊이로 팠다. 그러자 축축한 자갈이 나왔다. 10cm쯤 더 파고들어 가자 물이 보였다.

근처에 야생 갈대밭이 있었다. 나는 갈대 두 줄기를 잘랐다. 하나는 굵은 것이었고 다른 하나는 가는 것이었다. 나는 가는 갈대를 꽂을대로 사용해서 굵은 갈대의 마디에 있는 심을 뚫어 냈다.

우리는 이제 60cm 길이의 빨대를 갖게 되었다. 내가 그것을 목이 말라 쩔쩔매는 워터먼에게 내밀었다. 그는 그것을 구멍에 꽂고 맛있게 물을 마셨다. 그다음, 내가 그것을 받아서 모래를 불어낸 후 물을 마셨다. 물은 미지근하고 냄새가 났지만, 그런대로 먹을 만했고, 마시고 나니 기분이 아주 상쾌했다. 기분이 훨씬 더 좋아진 우리는 나무 그늘에 앉아서 점심을 먹었다. 나는 빨대 여기저기에 구멍을 몇 개 더 뚫어서 조잡한 리코더를 만들어 아틀라스산맥의 이쪽 사면에서는 일찍이 들어본 적이 없는 이상한 음계의 곡을 거칠게 연주했다. 내가 리코더 연주를 마치자 워터먼이 돌아와 낮잠을 자기 위해서 누웠다. 이번에는 내가 탐험에 나섰다.

협곡 암벽의 한 곳에서 나는 3개의 아치, 즉 자연의 다리가 층층이 있는 것을 발견했다. 모두 같은 급한 물살의 수로 위에 가로놓여져 있었다. 골짜기를 따라 더 올라가니 두 갈래로 갈라진 길이 나타났다. 복잡하게 갈라진 협곡의 가지 가운데 첫 번째 길이었다. 주협곡인 더 넓은 골짜기는 왼쪽으로 구부러져 있었는데 충적토가 쌓인 그 바닥에는 산쑥과 더 많은 미루나무들이 있었다. 이 골짜기는 다시 더 많은 작은 골짜기로 갈라졌는데, 그 암벽들에는 많은 깊은 동굴이 있어서 인디언의 유적이 있을 법했다. 하지만 나는 오른쪽 골짜기를 택했다. 우리가 간밤에 야영을 한 절벽 가장자리 밑에 있는 골짜기였다. 나는 암벽을 살피며 꼭대기로 올라갈 만한 길이 있나 찾아 보았다.

얼마 후, 나는 모래분지에 있는 아름다운 연못에 당도했다. 바위로 된 협곡 바닥을 흘러내리는 얼마 안 되는 물이 이 못의 수원이 되고 있었다. 나는 그 물을 마시고 내 물통을 채운 다음 그곳을 떠났다. 이 협곡도 다른 협곡들이나 마찬가지로 자꾸 가지를 쳤다. 나는 매번 오른쪽으로 갈라진 골짜기를 택했고 마침내 막다른 곳에 도달했다. 100m가 넘는 깎아지른 암벽이 푸른 하늘을 향해 솟아 있었다. 나는 연못으로 다시 돌아가서 물로 몸을 적셨다.

못 옆에 있는 평평한 사암에 누워 있던 나는 고원 밑 암벽의 밑뿌리로부터 협곡 안으로 돌출한 손가락 모양의 능선을 발견했다. 우리가 그 능선에 올라설 수만 있다면, 협곡을 가로질러 우리가 내려왔던 암벽에 난 통로로 되돌아갈 수 있을 듯했다. 여기서 보기에 그것은 가능할 듯 보였다.

내가 그 능선을 조사해 보러 떠나려고 하는데 워터먼이 내 뒤를 좇아 나타났다. 우리는 함께 능선으로 올라갔다. 올라가 보니 붉은 바윗덩어리까지 능선이 이어져 있었다. 바위가 부서져서 잡고 오르기가 까다로운 곳이 두 군데 있었지만, 대부분의 루트는 쉬워 보였다. 우리는 메이즈의 바닥으로 되돌아가서 짐을 꾸리고 로프를 챙겼다. 가능하면 탐험을 더 해보고 싶었다.

그러나 벌써 늦은 오후였고 일몰까지는 시간이 그리 많지 않았다. 우리의 슬리핑 백은 절벽 위 랜드로버에 있었고, 우리에게 먹을 것이라고는 호두와 건포도뿐이었다. 우리는 더 이상의 탐험은 내일로 미루고 어둡기 전에 메이즈에서 빠져나가는 것이 최선이라는 데 의견을 모았다. 우리는 그 능선이 시작되는 연못으로 갔다. 가는 길에 워터먼이 뱀을 그린 암각화를 손가락으로 가리켰다. 그것은 내가 아까 보지 못하고 지나쳤던 것이다. 인디언들이 여기 살았었다는 증거였다. 우리가 알고 있는 범위 내에서는 인디언 말고는 이곳에 왔던 사람들이 없다. 우리는 어디에서도 백인의 흔적을 찾을 수 없었다. 소나 말의 흔적도 없었고, 헬리콥터가 내려앉은 흔적도 없었다. 하지만 사실 그때까지 우리는 메이즈의 작은 일부분―아마 1%쯤―을 보았을 뿐이다. 메이즈의 심장부는 여전히 미지의 상태로 남아 있다.

우리는 능선으로 올라갔고 절벽을 기어오른 다음 비탈진 붉은 바위를 어렵지 않게 가로질러 동쪽으로 1.5km쯤 나아갔다. 거기서 하얀 바위를 따라 꼭대기로 올라갈 수 있는 골짜기를 발견했다. 우리는 전진하면서 돌멩이로 우리가 간 길을 표시해 놓았다. 이 길은 앞으로 1천 년 동안 애비-워터먼 오솔길로 알려질 것이다. 그럴지도 모른다는 얘기다. 토지관리청이나 공원관리청이 걷기 싫어하는 관광객들을 위해 리프트를 설치함으로써 우리가 발견한 오솔길을 쓸모없는 것으로 만들어 버릴 가능성이 더 높다.

우리는 해가 지기 조금 전에 절벽 꼭대기에 당도해서 서둘러 저녁을 먹은 후 잠자리에 들었다. 이곳은 춥고 바람이 심하게 불기 때문이다. 오렌지 절벽 위 지평선에는 황혼을 맞은 주홍색 구름이 기분 나쁘게 걸려 있었고, 우리의 웅크린 몸뚱이 위로는 밤새도록 바람이 윙윙 불어 댔다.

아침에도 바람은 여전했다. 날씨는 더 추워졌고 하늘 전체가 폭풍우 구름으로 덮여 있어 비가 내릴 것 같았다. 또 찬 냉기로 미루어 보아 눈이 내릴 가능성도 있었다. 9월 중순에 고원에 진눈깨비가 내리는 것은 드문 일이 아니다. 나는 워터먼을 깨우려고 했다. "눈, 눈이 오려나 봐." 내가 그에게 말했다. 그는 슬리핑 백 안에서 몸을 더 웅크릴 뿐이었다. 그는 집으로 돌아가고 싶어 하지 않았다.

나는 큼직한 모닥불을 피우고 그 불꽃 속에 커피포트를 놓았다. 그리고 프라이팬에 한 덩어리의 베이컨을 놓고 포크로 잠깐 휘저었다. 세찬 바람이 불에 부채질을 해대어 불똥과 불등걸 그리고 향나무 껍데기 조각을 3m 떨어진 절벽 아래로 날려 보냈다. 바싹 마른 회전초가 북쪽 언덕을 넘어와서 춤을 추며 메이즈 위의 허공으로 날아갔다. 환상적이었다. 그러나 위험하기도 했다. 폭풍우가 닥친다면 우리는 랜드로버로 그 험한 산길을 되돌아갈 수 없을 것이 뻔했다. 몇 개의 빗방울이 내 발 옆의 사암에 떨어졌고 또 슬리핑 백 안에 있는 워터먼을 부드럽게 두드렸다. 그래도 그는 꼼짝도 하지 않았다. "아침, 우리 아침 먹자구." 내가 그에게 말했다. 마침내 그가 깨어났다.

우리는 아침을 먹으면서 상황에 대해 논의했다. 우리는 각기 하루씩의 여분을 가졌고 그 이상의 여유는 없었다. 나는 아치스로 돌아가야 하고 그는 동쪽 사면 너머에 있는 콜로라도대학교로 가서 가을학기에 등록을 해야 한다. 만약 우리가 폭풍우에 의해 여기 갇힌다면 여러 날 후에나 빠져나갈 수 있게 될 것이다. 우리에게는 남은 식량도 많지 않았다. 물론 비상사태를 맞으면 우리는 언제라도 메이즈로 다시 내려가서 하이킹으로 강까지 내려간 다음 뗏목을 만들어 타고 하이트까지 80km를 떠내려갈 수도 있었다. 그런 다음 누군가 자동차를 타고 그곳에 온 사람이 있으면 그의 자동차를 얻어 타고 문명 세계로 나갈 수 있을 것이다. 우리는 아쉽지만 곧 돌아가기로 의견의 일치를 보았다.

잠자리를 둘둘 말고 장비를 차 안에 싣는 데는 불과 몇 분밖에 걸리지 않았다. 지직 소리를 내며 불 위로 쏟아지는 가벼운 빗줄기가 우리의 동작을 더 빠르게 했다. 곧 우리는 지프차를 몰고 빅워터 샘으로 되돌아가기 시작했다. 다음에 이곳에 올 때는(그때가 어서 오기를!) 은색과 청색의 반짝이는 금속 조각, 붉은 초, 은색 종, 금색 별, 서리 앉은 지팡이 등 크리스마스 장식을 가지고 와야겠다고 생각했다. 가장 외로이 서 있는 향나무 하나를 골라서 그 나무를 호화롭게 치장해 놓으리라. 그러면 그 나무는 바람과 해와 새들이 그 장식을 다 없애 버릴 때까지 한 두어 해 동안 황야 속에서 그 아름다운 자태를 뽐낼 수 있지 않을까.

플린트 트레일 밑까지 도착했다. 폭풍우가 점점 다가오고 있었다. 바람이 더 강해졌고 온도는 더 내려갔다. 그러나 다행히도 심한 비는 아직 내리지 않고 있었다. 워터먼은 저단 기어로 바꾸었고 나는 차에서 내려서 차 뒤를 따라가면서 커브를 돌 때 힘을 보탰다. 큰 어려움은 없었다. 올라가는 것이 내려가는 것보다 더 어렵지 않다는 것이 판명되었다. 그러나 꼭대기에 도착한 후 우리는 자동차의 라디에이터에 물을 약간 더 넣어야 했다.

우리는 이제 해발 2,100m 지점에 올라와 있었다. 진눈깨비가 하늘에서 쏟아져 먼지를 진흙탕으로 바꾸어 놓을 때 우리는 재킷을 입고 후드를 머리에 썼다. 워터먼이 휘발유를 더 채우는 동안 나는 주머니에다 피니언소나무 열매를 채워 넣었다. 그것을 필요로 하는 사태가 닥칠지도 모르기 때문이었다. 우리는 프랑스 샘 부근에 있는 낡은 오두막을 지나고 숲을 지나, 눈과 비의 안개 밑에서 회색빛으로 변한 꽃이 만발한 목초지를 지나 계속 달렸다. 우리는 토지관리청의 사물함 앞에 차를 세우고 우리의 방문 기록을 남겼다.

'메이즈로 처음 내려가 보았음.' 워터먼은 방명록에 이렇게 적었지만, 우리는 과연 우리가 거기 처음으로 내려간 사람인지 확신할 수 없었다. 나는 이렇게 적었다. '제발 이 지역을 그대로 내버려 두기를—애비.' 그 밑에 워터먼이 이렇게 덧붙였다. '애비를 위해서 이 지역을 그냥 내버려 두어라—신.' 대기는 나부끼는 백만 개의 눈

송이들로 가득 찼다. 우리는 서둘러 64km의 사막길을 주파한 후 포장도로에 당도했고, 어둑어둑해질 무렵 모아브에 도착했다. 칵테일과 디너를 먹기에 딱 알맞은 시간이었다. 밖에서는 가을철 들어 찾아온 첫 번째 가장 큰 폭풍우가 덴버에서 솔트레이크시티에 이르는 고지대 전체를 눈으로 뒤덮고 있었다.

기반암과 패러독스

Desert Solitaire

관광객들은 집으로 돌아갔다. 몇 사람이 아직도 모래와 먼지에 뒤덮인 철제 공룡을 타고 나타나곤 하지만, 대다수의 관광객들은 누가 부르기라도 한 것처럼, 우리가 좋게 말해서 미국 문명이라고 부르는 연기 낀 정글과 늪지대로 돌아갔다. 그들 수백만 명이 고속도로와 거리를 메우고 상처 입은 사슴처럼 경적을 울려 대면서 주차할 곳을 사냥하는 모습이 눈에 선하다. 그들은 사물의 중심인 이 황야에 나를 혼자 남겨 둔 채 떠났다. 황야는 가장 의미 있는 모든 일이 일어나는 곳이다(일몰과 월출, 신음 소리를 내는 바람과 정적, 구름의 천변만화, 노랗게 변하는 나뭇잎, 느긋하게 하늘로 날아오르는 독수리… 이런 것들보다 더 의미 있는 일이 어디 있겠는가).

하지만 나에게 과연 내 동료 시민들의 타락과 비참을 동정할 자격이 있을까. 나 역시 비록 한 시즌 동안이긴 하지만 이 협곡지대를 떠나야 할 몸이 아닌가. 나도 겨울은 복작거리는 인간 세상에서 보내야 할 신세다. 오늘은 내가 아치스에서 보내는 마지막 날이다. 오늘 밤 나는 비행기로 덴버로 가서 거기서 뉴욕행 제트기를 타게 될 것이다. 물론 나에게는 이성이 알지 못하는 이유들이 있다. 하지만 흄이 일찍이 말했듯이 이성은 열정의 노예이며 노예여야 한다. 그는 모든 것을 이미 예견했다.

낡은 픽업트럭은 여기 남아 있을 것이다. 나는 그 트럭을 친구의 집 뒷마당에 끌어다 놓고 라디에이터의 물을 빼고 엔진을 잠갔으며 트럭 앞부분을 비와 먼지로부터 보호하기 위해서 두꺼운 천으로 덮어 놓았다.

짐도 다 꾸렸고 나의 캠핑 장비도 잘 꾸려 놓았다. 내 구레나룻까지도 깨끗이 깎았다. 오늘 아침 나는 은행원처럼 반질반질한 얼굴로 거울 앞에 서서 최근에 풀을 먹인 하나밖에 없는 나의 하얀 셔츠를 입어 보았다. 쇠사슬 갑옷을 입는 기분이었다. 나는 목에 넥타이까지 매고 그 고리를 적당하게 조여야 했다. 문명 세계로 돌아간다는 것, 그것은 정말 지겨운 일이다. 하지만 의무가 나를 부르고 있다. 그렇다. 나는 그것이 너무 싫기 때문에 내 급료의 상당한 부분을 비행기표에 쓰면서까지 떠나기를 미루어 왔다.

균형, 그것이 비결이다. 온건한 극단주의. 양쪽 세계의 최선을 취한다. 한 번에 한 세계만을 고집했던 소로와는 달리, 나는 양쪽 세계를 최대한 이용하려고 하고 있다. 사막에서 6개월을 보내고 나서 나는 겨울 동안의 일선 전투 임무에 지원하려고 한다. 미국이라는 과대망상의 황량한 거리에서 공공복지부의 사회복지 상담원으로 봉사할 계획이다. 사실 주로 사적이고 이기적인 목적에서 하는 일이 지만, 보다 보편적인 이유도 포함되어 있다. 햇빛과 별, 바람과 하늘, 황금빛 모래 속에서 26주를 보내고 나서, 나는 호보컨(Hoboken, 미국 뉴저지주의 도시)의 조개수프집 바닥에서 조개껍데기가 덜그럭거리는 소리를 다시 듣고 싶은 것이다. 나는 42번가의 유쾌한 혈색 좋은 얼굴들과 애틀랜틱 애비뉴를 채우고 있는 떠들썩한 군중들을 보고 싶다. 땅끝, 데드호스 포인트, 투쿠니키바츠와 의지가 굳은 사람들은 신물이 나게 보았으니, 이제 창문이나 지붕에서 뛰어내리는 누군가도 보고 싶다. 이제 나 혼자만의 고독한 생활도 신물이 난다. 지하철 승객들의 재담과 지혜가 담긴 대화, 택시 운전사의 예리한 조언, 저지시티 경찰관의 온화한 웃음소리 그리고 대뉴욕시 100만 사생아들의 행복한 웃음소리도 들어보기로 하자.

사실 사막은 나를 미치게 만들었다. 그래도 괜찮다. 이곳에서는 가끔 이상한 친구들을 만나곤 한다. 예를 들면 간밤에 멜빵을 한 반바지 차림의 한 친구가 나타났다. 그는 바이에른 악센트가 있는 영어를 했다. 포르쉐 차를 타고 독일 뮌헨에서 휴가를 온 공구 제작자인 그는 그의 차 후드 밑 엔진이 있어야 할 자리에 뢰벤브로이 맥주 한 상자를 싣고 왔다. 그는 내가 트레일러 뒤에 피운 모닥불을 발견하고 맥주를 들고 어슬렁어슬렁 다가왔다. 나는 그를 만난 것이 기뻤다. 그런데 알고 보니 그는 우스꽝스런 나치스였다. 미국이 히틀러와 함께 싸우지 않고 그에 대항해서 싸운 사실 때문에 그는 아직도 감정이 상해 있었다. 미국인들은 독일인들과 닮은 데가 많다. 그러니까 독일인들과 함께 더러운 러시아인들을 상대로 싸웠어야 한다는 것이 그의 주장이었다. "꼭 그렇다고는 할 수 없지요" 하고 나는 정중하게 그의 호의적인 주장을 뿌리쳤다. 우리는 밤새도록 논쟁을 벌였다. 나는 미국인들을 옹호했고 그는 나에게 반유대주의의 긍정적 측면을 설명했다. 이처럼 평행선을 달리는 두 사람의 독백은 동이 틀 무렵, 하마터면 살인으로 이어질 뻔했다. 나는 그가 가져온 뢰벤브로이 맥주병으로 그의 골통을 부숴 버릴 수도 있었다. 실제로 그러고 싶은 유혹을 강하게 느꼈다. 그러나 피로가 엄습했고 더욱이 나에게는 그럴 만한 배짱이 없었다. 또 그는 아직 아치스와 그랜드 캐니언도 보지 못했다. 마침내 그가 떠날 때 나는 속으로 이렇게 빌었다. 가다가 팬벨트가 끊어져 버려라. 타이어에 펑크가 나고 연료 펌프가 베이퍼록으로 막혀 버려라. 그가 영영 다시 돌아오지 않기를…….

10월. 래빗브러시 꽃이 만발해 있다. 다른 곳에 가길 갈망하는 수천 개의 회전초가 분주하게 평원을 가로지르고, 노란 뾰루지 같은 꽃이 산허리에 나타나기 시작했다. 포플러 숲이 가을빛으로 물들어 가고 있었다.

매일매일의 저녁노을은 언제 보아도 새롭다. 진홍과 황금빛의 그 장엄한 광경은 신이 천상에 피자 파이를 만들어 놓은 것이 아닌가 하는 생각을 하게 한다. 밤이 되면 은빛과 푸른빛의 별들이 하늘을 수놓는다.

오늘밤에는 눈보라가 칠 것 같다. 움직임이 없이 정체된 찬 공기, 이상하게 불안정한 태양빛 그리고 하루 종일 북동쪽 하늘을 덮고 있는 회색 구름장에서 그것을 느낄 수 있다.

관용 트럭을 타고 마지막으로 공원을 둘러보았다. 밸런스드 록을 지나 동쪽으로 달려 더블 아치와 윈도스 아치로 갔다가 다시 돌아와서 북동쪽의 턴보우 오두막으로 갔고, 거기서 오솔길을 따라 델리키트 아치로 갔고, 다시 돌아와서 북서쪽 불타는 용광로(Fiery Furnace)를 지나 악마의 정원으로 들어갔다. 그곳에서 나는 마지막으로 오솔길을 걸어서 터널 아치, 파인트리 아치, 랜드스케이프 아치, 파티션 아치, 나바호 아치, 월 아치를 둘러보았고 길의 끝에 있는 더블오 아치까지 가보았다. 이것들은 내 것, 나의 자녀들이다. 소유권으로도 내 것이며 사랑의 권리로, 하늘에서 내린 권리로도 내 것이다. 이제 나는 그것들을 겨울바람과 눈, 굶주리는 사슴과 피니언어치, 그리고 생각 속에서도 깨지지 않는 공허와 정적에 넘겨준다.

깊은 정적 속에, 우중충하고 엄숙한 빛 속에 그것들은 서 있다. 시간에 의해 가운데가 파여 나간 지느러미 모양의 바위들, 조잡하지만 강인하고 아름다운 향나무들, 죽었거나 죽어 가고 있는 피니언소나무들, 래빗브러시와 블랙브러시 같은 관목들, 씨앗을 맺고 말라 버린 애스터와 해바라기 줄기들, 검은 뿌리를 가진 푸르스름한 은빛의 샐비어… 인간이 없는 이곳을 상상하기는 얼마나 어려운가. 그러나 그것은 얼마나 필요한 일인가. 아마도 이 아름답고 깨끗한 원시의 땅은 내가 떠나는 것, 관광객이 끊어지는 것을 고맙게 생각하며 안도의 숨―바람의 속삭임―을 내쉴 것이다. 우리가 마침내 다 떠나 버리면 이 장소와 그 창조물들은 인간의 조급하고, 불안하고, 음울한 의식의 방해를 받지 않고 그들의 원초적 과정으로 되돌아갈 수 있을 테니 말이다.

인간이 떠나는 것을 고마워한다고? 이 또한 인간의 허영심이 만들어 낸 또 하나의 표현일 뿐이다. 이곳의 돌, 식물과 동물, 이 사막 풍경은 우리가 있건 없건, 우리가 오든, 머물든, 떠나든, 그런 일에는 아무 관심도 없다. 우리가 살건 죽건, 사막에게는 그런 일은 전혀 관심의 대상이 되지 않는다. 광기에 빠진 인간들이 지구상의 모든 도시를 검은 쓰레기 더미로 만들어 버리고, 이 혹성 전체를 살인적인 가스의 구름으로 뒤덮는다 해도 이 협곡과 언덕, 이 샘들과 바위들은 여기 그대로 있을 것이다. 햇빛이 협곡 틈으로 스며들 것이고, 물이 만들어질 것이고, 온기가 땅을 감쌀 것이다. 그리고 충분한 시간—아주 긴 시간이겠지만—이 흐른 다음에는 생물들이 다시 나타나서 이번에는 아마 다른 길, 더 좋은 길을 가게 될 것이다. 나는 뉴멕시코 주의 트리니티라는 곳에 가 본 적이 있다. 그곳은 우리 현명한 인간들이 최초의 원자탄을 터뜨린 곳이다. 원자탄을 터뜨렸을 때 그 무서운 열기가 모래를 녹였었다. 그러나 내가 갔을 때는 풀들이 되살아나 있었고, 선인장과 메스키트나무도 있었다. 이 동물적 믿음의 기반암 위에 나는 굳건히 서 있다. 이러한 믿음이 결국에는 나를 패러독스의 계곡 밖으로 인도해 줄 것이다.

그렇다. 지구를 딛고 나무를 두드리고 돌을 만져라. 모두에게 행운이 깃들기를.

오후 내내 산들은 폭풍우 구름에 싸여 있었다. 무서운 전쟁터 같다. 투쿠니키바츠는 이미 함락되어 사나운 증기 속으로 익사해 버

렸다. 푸른빛이 사막을 덮고 있다. 나는 긴 내복에 코트를 입고 모자를 쓰고, 스카프를 두르고, 장갑을 끼고도 추위를 느끼며 원두막 부근의 내 테라스에 머물러 있었다. 원두막은 이제 바람에 나뭇가지가 하나하나 날아가 지붕이 벗겨졌고, 붉은 깃발은 바람에 찢겨 걸레처럼 되었다. 풍경들은 중국산 화재경보기처럼 요란하게 쩔렁거렸다. 삼나무 기둥들과 향나무 통나무들도 모두 마지막 거대한 모닥불로 태워졌다. 사방이 트인 바위 위에서 투명한 장미처럼 타올랐던 불꽃은 내가 세상에 보내는 신호였지만, 아무도 그 신호를 보지는 못했을 것이다. 그래도 상관없다. 나와 유타의 붉은 모래는 그것을 보았으니까. 560개의 회전초가 바람에 실려 지평선을 향해 굴러가고 있다. 그것들 역시 영영 되돌아오지 않기를.

모든 것은 움직이고, 모든 것은 변한다. 제자리에 머물러 있는 것은 아무것도 없다. 모든 것이 변하는 이 영원한 순간만 아무것도 변하지 않을 것이다. 나는 완전히 보이지 않게 되기 전에 되돌아올 것이다. 가야 할 시간이다.

트레일러를 깨끗이 청소한 다음 문을 잠궜다. 수도관의 물도 빼고, 가스를 차단하고, 창문을 단단히 닫았으며, 발전기는 캔버스천 밑에 보관했다. 내 소유물들은 트럭에 실었다. 붉은 스카프와 풍경들은 어떻게 할까? 그것들은 그냥 제자리에 남겨 놓아 겨우내 휘날리고 쩔렁거리게 할 작정이다. 아무도 그것들을 보고 듣는 사람은 없겠지만 그래도 그것들은 끝까지 제 소임을 다할 것이다.

출발 준비가 모두 끝났다. 시계를 보니 나는 이미 정부를 위해서 공짜로 10분간을 더 근무해 준 셈이다. 나는 떠나기 전에 산들이 새로 내린 눈으로 덮인 장엄한 광경을 보았으면 했다. 하지만 폭풍우는 밤새도록 계속될 것 같다. 나는 또 3만 3,000에이커의 정원에 있는 붉은 바위와 아치들과 뷰트들 그리고 산봉우리들과 균형 잡힌 바위들이 저녁빛으로 빛나는 광경을 보았으면 했다. 그러나 태양 역시 구름 속에 묻혀 있었다.

불꽃이 죽어 가고 있었다. 불똥들이 모래와 돌 위에 흩어졌다. 이제 가는 일 외에 아무 할 일이 없었다. 마침내 모든 준비를 끝내고 나니 어디론가 빨리 떠나고 싶은 충동이 나를 사로잡았다. 나는 기묘한 돌기둥들과 죽은 가지로 바람을 막고 있는 외로운 향나무에 대한 작별 의식을 거행하려던 계획—나는 시시한 음악을 연주할 생각이었다—을 갑자기 취소하고 돌아서서 트럭으로 서둘러 간 다음 차문을 쾅 닫고 출발했다.

모아브의 공원 본부에 도착해서 공항에 전화를 걸어 보니 오늘밤에 덴버로 떠나는 비행기가 한 대도 없다고 했다. 폭풍우 때문에 이 지역의 모든 항공편이 취소되었다고 했다. 새로 온 레인저인 밥 페리스가 톰슨 마을까지 태워다 주겠다고 제의했다. 거기서 덴버로 가는 밤 열차를 탈 수 있다는 것이다. 나는 그의 제의를 받아들이고 친절한 그의 아내가 차려 주는 훌륭한 저녁을 먹은 후, 나의 짐을 그의 승용차에 싣고 북쪽으로 48km 떨어져 있는 철로를 향해 출발했다.

하늘과 땅이 주는 축복은 끝이 없다. 우리가 모아브 계곡을 벗어나서 북쪽으로 뻗은 고원에 이르렀을 때, 도로를 가로질러 눈이 날리더니 태양이 구름 밖으로 얼굴을 내밀고 지평선 바로 위에서 이

글거렸다. 몇 분 동안 콜로라도 협곡에서 책절벽에 이르는 전 지역―바위산, 메사, 탑 모양과 돔 모양의 바위, 협곡의 암벽, 평원, 저습지, 모래언덕―이 동쪽의 어둠에 대비되는 선명한 호박색으로 빛났다. 동시에 나는 산봉우리가 구름 위로 선명히 드러나는 것을 보았다. 마터호른처럼 뾰족하고, 에베레스트처럼 눈이 덮인 무적의 투쿠니키바츠가 모습을 드러냈던 것이다.

"페리스, 차 세워요. 우리 돌아갑시다."

그러나 그는 액셀러레이터를 더 세게 밟아 댔다.

"안 돼요. 그러다간 기차를 놓쳐요." 그가 말했다.

투쿠니키바츠를 보려고 학처럼 목을 길게 빼고 있는 나를 보며 그가 덧붙였다. "걱정말아요. 내년 봄에도 모두 그대로 여기 있을 테니까."

해가 넘어갔다. 나는 다시 도로로 시선을 옮겼고 우리는 시가에 불을 붙였다. 우리가 시가 연기를 내뿜는 동안 승용차는 눈과 밤으로 녹아드는 세상을 달렸다.

그래, 맞는 말이야. 그 편이 좋겠지. 아니 신의 뜻으로 이곳이 어떻게 변할 수도 있겠지. 하지만 사막은 내년 봄에도 여기 그대로 있을 거야. 다음 순간 또 다른 생각이 내 머리에 떠올랐다. 내가 다시 돌아왔을 때 이곳이 지금과 똑같을까? 나도 지금과 똑같을까? 이 세상에 다시 예전처럼 될 수 있는 일이 과연 있을까? 내가 다시 돌아온다 해도.

역자 후기

급진적인 자연 보존주의자인 에드워드 애비의 『사막의 고독』을 출간하겠다고 출판사에서 찾아왔을 때, 나는 알려질 책은 결국 알려지게 마련이라는 생각을 했다. '서부의 소로'로 불리는 애비의 책 『사막의 고독』은 세계 생태주의 문학의 최고봉에 도달한 걸작으로 평가받는다. 환경운동이라고 하면 녹색만을 떠올리는 이들에게 이 책은 인간의 손때가 묻지 않은 황야의 아름다움을 호소했고, 도로를 통해 문명과 연결되지 않은 황무지 사막과 그 속에서 존재하는 인간의 고독에 대해 노래했다.

에드워드 애비는 이 책에서 관광객을 끌어들이기 위해 국립공원과 내셔널 모뉴먼트를 개발하고 도로를 건설하는 것 자체가 자연을 파괴하는 행위라고 주장했다. 국립공원의 개발과 보존을 둘러싼 논쟁은 우리 사회에서도 전국에서 활발하게 전개되고 있다(설악산 케이블카 반대 운동 등). 얼마 전까지만 해도 개발의 목소리에 가려 보존의 목소리는 미약하기 그지없었다. 그러나 지금은 우리 사회도 ESG 경영을 비롯한 환경에 대한 높은 인식을 바탕으로 자연보존에 눈을 돌릴 만한 단계에 접어든 것 같다. 참고로 애비는 국립공원 구역 안에서는 일체의 동력 기관의 출입을 금해야 한다고 말한다. 국립공원은 반드시 걷거나 자전거 혹은 노새를 타고 구경하고 탐험하도록 해야 한다는 것이다. 그가 지금 우리나라 국립공원의 케이블카를 보면 어떤 말을 할까?

『사막의 고독』은 저자가 1956년과 1957년 사이 유타주 남동부에 있는 아치스 내셔널 모뉴먼트에서 봄부터 여름까지 파크 레인저(공원 관리원) 일을 하면서 쓴 일지를 토대로 삼고 있다. 당시 이 공원의 도로는 바위투성이 비포장도로로 찾는 사람들이 많지 않았고 따라서 저자는 공원 안의 트레일러에서 혼자 살면서 원시의 때 묻지 않은 자연을 한껏 즐기고 탐험할 수 있었다. 그러나 이곳도 1958년부터 개발이 시작되어 도로가 포장되고 관광객들을 위한 거대한 주차장이 생겼다. 결국 저자는 이곳의 공원 관리원 노릇을 그만두고 떠나게 된다. 그때의 경험을 바탕으로 저자는 때 묻지 않은 자연의 절경을 마구 파괴하는 산업화된 관광의 폐해를 역설하고 있다.

저자는 황야를 사랑한다. 편의상 '황야'라고 번역했지만 'wilderness'는 인간의 발길이 거의 미치지 않는, 야생의 상태가 온전히 보존되어 있는 지역을 가리킨다. 그는 미국 남서부의 사막과 협곡지대를 탐험하는 데서 무한한 즐거움을 느꼈다. 그런 탐험을 즐기다가 죽을 고비를 간신히 넘긴 에피소드들이 이 책에도 몇 번이나 등장한다. 이 책을 통해서 황야의 돌, 식물, 동물 등에 대한 저자의 해박한 지식 또한 확인할 수 있었다. 황야에서 침묵으로 보낸 젊음의 한때를 저자와 함께 간접 경험하는 진귀한 독서 체험을 하시기를 바란다.

2023년 1월

역자 황의방

사막의 고독

초판 1쇄 인쇄 2023년 5월 25일
초판 1쇄 발행 2023년 6월 5일

지은이 에드워드 애비
옮긴이 황의방

발행인 정상우   펴낸곳 (주)라이팅하우스
편집인 주정림   디자인 오필민 디자인

출판신고 제2022-000174호(2012년 5월 23일)
주소 경기도 고양시 덕양구 으뜸로 130 위프라임트윈타워 1131호
주문전화 070-7542-8070   팩스 0505-116-8965
이메일 book@writinghouse.co.kr   홈페이지 www.writinghouse.co.kr

한국어출판권 ⓒ 라이팅하우스, 2023

ISBN 979-11-978743-7-6 (03300)